21世纪全国高等院校旅游管理类创新型应用人才培养规划教材

旅游学概论

李玉华　仝红星　主　编

杨延武　王丽杰　闫　玮　副主编

北京大学出版社
PEKING UNIVERSITY PRESS

内容简介

本书全面系统地介绍了旅游学的理论与实务。全书共分 14 章，包括绪论、旅游的起源和发展、旅游者、旅游体验、旅游资源、旅游业、旅游产品、旅游市场、旅游目的地、旅游辅助系统、旅游文化、旅游业的公共管理、旅游的影响和旅游业的发展趋势。

书中提供了大量与旅游学有关的案例、图片、专栏资料、人物介绍和形式多样的思考题，以供学生阅读、训练使用，便于学生巩固所学知识和培养实践能力。本书有很强的实用性和操作性。

本书可作为高等院校旅游管理类专业的本科教材，也可供旅游行业及相关从业人员学习参考使用。

图书在版编目(CIP)数据

旅游学概论/李玉华，仝红星主编. —北京：北京大学出版社，2013.1
(21 世纪全国高等院校旅游管理类创新型应用人才培养规划教材)
ISBN 978-7-301-21610-1

Ⅰ. ①旅… Ⅱ. ①李…②仝… Ⅲ. ①旅游学－高等学校－教材 Ⅳ. ①F590

中国版本图书馆 CIP 数据核字(2012)第 281779 号

书　　　名：	旅游学概论
著作责任者：	李玉华　仝红星　主编
策 划 编 辑：	刘 嵩
责 任 编 辑：	刘 嵩
标 准 书 号：	ISBN 978-7-301-21610-1/C · 0845
出 版 发 行：	北京大学出版社
地　　　址：	北京市海淀区成府路 205 号　100871
网　　　址：	http://www.pup.cn　新浪官方微博:@北京大学出版社
电 子 信 箱：	pup_6@163.com
电　　　话：	邮购部 62752015　发行部 62750672　编辑部 62750667　出版部 62754962
印 刷 者：	北京虎彩文化传播有限公司
经 销 者：	新华书店
	787mm×1092mm　16 开本　22 印张　528 千字
	2013 年 1 月第 1 版　2018 年 7 月第 3 次印刷
定　　　价：	42.00 元

未经许可，不得以任何方式复制或抄袭本书之部分或全部内容。
版权所有，侵权必究
举报电话：010-62752024　电子信箱：fd@pup.pku.edu.cn

编写委员会

主　编　李玉华(洛阳理工学院经济与工商管理系)

　　　　仝红星(河南科技大学管理学院)

副主编　杨延武(中共洛阳市委党校)

　　　　王丽杰(郑州轻工业学院管理系)

　　　　闫　玮(洛阳理工学院经济与工商管理系)

编　委(按姓氏笔画排序)

　　　　王　锋(洛阳理工学院经济与工商管理系)

　　　　王丽杰(郑州轻工业学院管理系)

　　　　仝红星(河南科技大学管理学院)

　　　　闫　玮(洛阳理工学院经济与工商管理系)

　　　　李玉华(洛阳理工学院经济与工商管理系)

　　　　吴　莹(洛阳理工学院经济与工商管理系)

　　　　杨延武(中共洛阳市委党校)

　　　　唐静雯(洛阳理工学院经济与工商管理系)

前　言

旅游是近现代人类文明进步的产物，是一种满足人类高层次需要的、涉及面极其广泛的综合性社会经济文化活动。旅游业是综合性强、关联度高、覆盖面广、带动性大、从业人员多的新兴产业，目前我国旅游增加值占 GDP 比重的 4%以上，旅游业已经成为我国新的经济增长点。2009 年 12 月，《国务院关于加快发展旅游业的意见》明确提出要把"旅游业培育成为国民经济的战略性支柱产业和人民群众更加满意的现代服务业"，这标志着发展旅游业已经成为国家的重大战略，旅游业将成为推动经济社会发展的重要引擎。因此，深入学习研究旅游活动及其引发的各种现象与关系发展规律，编写具有较高质量的旅游学教材，提高旅游相关人员素质和旅游管理水平，十分重要而迫切。

本书共分 14 章。第 1 章、第 2 章是绪论、旅游的起源和发展，主要阐述旅游的概念、特点、构成、基本类型、学科体系，旅游的起源和发展过程，旨在阐述"什么是旅游"这一主题；第 3 章、第 4 章是旅游主体，即旅游者和旅游体验，阐述旅游者的定义、基本类型、影响因素、旅游心理、行为特点，旅游需求的特点与产生条件、规律，以及旅游体验的类型、影响因素，旅游观赏的特点、审美过程，旅游消费的构成和人际互动；第 5 章、第 6 章是旅游客体和旅游媒体，即旅游资源和旅游业，阐述旅游资源的特点分类、调查评估和保护开发，旅游业的作用、性质和特点，旅行社的分类、作用和方式，旅游饭店的类型、等级和发展，旅游交通的作用和发展；第 7~9 章是旅游产品、旅游市场和旅游目的地，阐述旅游产品的性质和特点、构成和分类、开发和营销，旅游市场的分类、特征、需求与供给，旅游者流动规律，国内外旅游市场概况，旅游目的地的基本属性、类型和意义，旅游目的地的可持续发展；第 10 章是旅游辅助系统，阐述网络信息系统的构成和特征、影响因素，地理信息系统的功能和特点，旅游解说及旅游解说系统；第 11 章、第 12 章是旅游文化和旅游业的公共管理，阐述旅游文化的内涵和构成、特点和功能、形成和发展、地位和作用，各国旅游经济管理体制、国际旅游组织和我国旅游行政组织、旅游行业组织、旅游政策、旅游法规和旅游安全管理；第 13 章、第 14 章是旅游的影响和旅游业的发展趋势，阐述旅游对经济、社会文化和环境的积极影响和消极影响，以及实现旅游业健康良性发展的应对策略，世界和我国旅游业的发展现状和趋势。

本书的编写特点如下。

(1) 理论的系统性、前沿性和开放性。在编写过程中，编者力求把中外旅游学研究历史和最新成果"浓缩"在本书中，并尽可能构成较为严密的理论系统。同时，对当前旅游学研究的困境、热点等问题也加以反映，以期对培养教师和学生开放的学术态度有所裨益。

(2) 强调实践性、应用性和生动可感性。旅游学有较强的理论色彩，但是旅游首先是一种实践性、应用性和审美性活动，所以本书在强调理论述说的同时，提供了大量生动的案例和形式多样的思考题，目的在于避免学生在学习中产生枯燥感，并对其提高研究和应用能力有所帮助。另外，本书力求重点突出，具有较强的针对性。

本书由李玉华负责全书结构的整体设计、草拟写作提纲、组织编写工作和最后统稿定稿，由仝红星、杨延武协助修改通稿。各章具体分工如下：第 1 章由仝红星编写，第 2 章、第 3 章由王丽杰编写，第 4 章、第 11 章由吴莹编写，第 5 章、第 6 章由唐静雯编写，第 7 章、第 8 章由王锋编写，第 9 章、第 10 章由闫玮编写，第 12～14 章由李玉华编写。

  本书在编写过程中，参考了有关书籍和资料，在此向其作者表示衷心的感谢！本书在出版过程中，得到北京大学出版社李虎、刘鬻等老师的精心指导和大力支持，在此一并表示衷心的感谢！

  由于作者水平所限，书中难免存在不足之处，敬请读者批评指正。

编　者

2012 年 5 月

目 录

第1章 绪论 ·· 1
  1.1 旅游的概念 ·· 2
    1.1.1 旅游一词的来源 ···························· 2
    1.1.2 旅游的定义、本质及基本属性 ················ 3
    1.1.3 旅游的特点 ······························ 7
  1.2 旅游活动的构成 ···································· 8
    1.2.1 旅游活动的构成要素——"三体"说 ············ 8
    1.2.2 现阶段旅游活动的"新六要素" ················ 9
  1.3 旅游活动的基本类型 ································ 11
    1.3.1 按旅游活动的地理范围划分 ·················· 11
    1.3.2 按旅游活动的内容划分 ······················ 12
    1.3.3 按旅游活动的组织形式划分 ·················· 15
  1.4 国内外旅游学的研究态势 ·························· 16
    1.4.1 国外旅游学的研究态势 ···················· 16
    1.4.2 国内旅游学的研究态势 ···················· 17
  1.5 旅游学学科与研究方法 ···························· 18
    1.5.1 旅游学学科概述 ·························· 18
    1.5.2 旅游学研究的基本方法 ···················· 21

第2章 旅游的起源和发展 ································ 27
  2.1 旅游的起源 ·· 28
    2.1.1 旅行的产生 ······························ 28
    2.1.2 游览活动的出现 ·························· 29
    2.1.3 旅游的产生 ······························ 29
  2.2 我国的旅游发展 ···································· 29
    2.2.1 中国古代的旅行与旅游 ···················· 29
    2.2.2 中国近代的旅游 ·························· 32
    2.2.3 中国现代旅游的发展 ······················ 33
  2.3 世界的旅游发展 ···································· 35
    2.3.1 古代世界旅游的发展 ······················ 35
    2.3.2 世界近代旅游 ···························· 36
    2.3.3 世界现代旅游的发展 ······················ 38

第3章 旅游者 ·· 44
  3.1 旅游者概述 ·· 45
    3.1.1 国际旅游者的定义 ························ 45
    3.1.2 国内旅游者的定义 ························ 46
    3.1.3 旅游者的统计标准 ························ 47
  3.2 旅游动机与行为 ···································· 49
    3.2.1 旅游动机 ································ 49
    3.2.2 旅游动机的基本类型 ······················ 51
    3.2.3 影响旅游动机的因素 ······················ 52
    3.2.4 不同旅游阶段旅游者心理和行为的特点 ········ 54
  3.3 旅游需求 ·· 56
    3.3.1 旅游需求的概念 ·························· 56
    3.3.2 旅游需求的特点 ·························· 56
    3.3.3 旅游需求产生的条件及影响因素 ·············· 57
  3.4 旅游者类型及其特点 ······························ 59
    3.4.1 观光型旅游者 ···························· 59
    3.4.2 娱乐消遣型旅游者 ························ 60
    3.4.3 医疗保健型旅游者 ························ 61
    3.4.4 文化型旅游者 ···························· 61
    3.4.5 公务型旅游者 ···························· 62
    3.4.6 家庭事务型旅游者 ························ 62
    3.4.7 宗教朝觐型旅游者 ························ 62
    3.4.8 购物型旅游者 ···························· 63

第4章 旅游体验 ·· 67
  4.1 旅游体验概述 ······································ 68
    4.1.1 旅游体验的概念 ·························· 68
    4.1.2 旅游体验的基本特征 ······················ 70
    4.1.3 旅游体验的类型 ·························· 71
  4.2 旅游体验的核心要素 ······························ 72
    4.2.1 旅游情境 ································ 72

4.2.2 旅游产品 …………………… 73
　　4.2.3 旅游愉悦 …………………… 74
4.3 旅游体验的满足过程 ………………… 75
　　4.3.1 旅游体验的影响因素 ……… 75
　　4.3.2 旅游体验的满足过程 ……… 78
4.4 旅游体验的实现 ……………………… 80
　　4.4.1 旅游体验的实现原则 ……… 80
　　4.4.2 旅游体验的实现要素 ……… 82
　　4.4.3 旅游体验的实现途径 ……… 83

第 5 章　旅游资源 …………………… 86

5.1 旅游资源概述 ………………………… 87
　　5.1.1 旅游资源的概念 …………… 87
　　5.1.2 旅游资源的特点 …………… 87
　　5.1.3 旅游资源的分类 …………… 90
5.2 旅游资源调查和评价 ………………… 94
　　5.2.1 旅游资源调查 ……………… 94
　　5.2.2 旅游资源的价值评估 ……… 102
　　5.2.3 旅游资源评价的基本方法 … 103
5.3 旅游资源保护 ………………………… 107

第 6 章　旅游业 ……………………… 112

6.1 旅游业概述 …………………………… 113
　　6.1.1 旅游业的概念 ……………… 113
　　6.1.2 旅游业在推动旅游发展中的
　　　　 作用 …………………………… 114
　　6.1.3 旅游业的性质和特点 ……… 115
6.2 旅行社 ………………………………… 117
　　6.2.1 旅行社的定义 ……………… 117
　　6.2.2 旅行社的分类 ……………… 117
　　6.2.3 旅行社开展业务的
　　　　 主要方式 ……………………… 120
6.3 旅游饭店 ……………………………… 123
　　6.3.1 饭店的类型 ………………… 123
　　6.3.2 饭店划分标准、考核内容
　　　　 及评定原则 …………………… 123
　　6.3.3 饭店业中的集团化经营 …… 125
　　6.3.4 我国饭店业的发展 ………… 127
6.4 旅游交通 ……………………………… 129

　　6.4.1 旅游交通的任务和作用 …… 129
　　6.4.2 主要的旅行方式 …………… 129
　　6.4.3 我国旅游交通的发展
　　　　 与问题 ………………………… 133
　　6.4.4 影响旅游者选择旅行
　　　　 方式的因素 …………………… 135

第 7 章　旅游产品 …………………… 138

7.1 旅游产品概述 ………………………… 139
　　7.1.1 旅游产品的概念 …………… 139
　　7.1.2 旅游产品的性质和特点 …… 140
7.2 旅游产品的构成与分类 ……………… 142
　　7.2.1 旅游产品的构成 …………… 142
　　7.2.2 旅游产品的分类 …………… 148
7.3 旅游产品的生命周期 ………………… 149
　　7.3.1 投放期 ……………………… 149
　　7.3.2 成长期 ……………………… 149
　　7.3.3 成熟期 ……………………… 149
　　7.3.4 衰退期 ……………………… 150
7.4 旅游产品的开发和促销 ……………… 151
　　7.4.1 旅游产品开发 ……………… 151
　　7.4.2 旅游产品促销 ……………… 153

第 8 章　旅游市场 …………………… 158

8.1 旅游市场概述 ………………………… 159
　　8.1.1 旅游市场的概念 …………… 159
　　8.1.2 旅游市场的分类 …………… 159
　　8.1.3 旅游市场的特征 …………… 162
8.2 旅游需求与供给 ……………………… 163
　　8.2.1 旅游需求 …………………… 163
　　8.2.2 旅游供给 …………………… 169
8.3 旅游者的流动规律 …………………… 175
　　8.3.1 旅游者流向与流量 ………… 175
　　8.3.2 旅游客流运动的影响因素 … 175
　　8.3.3 国际旅游者流动规律
　　　　 及特点 ………………………… 177
8.4 国内外旅游市场概况 ………………… 178
　　8.4.1 国内旅游市场 ……………… 178

目 录

  8.4.2 国际旅游市场⋯⋯⋯⋯⋯179

第9章 旅游目的地⋯⋯⋯⋯⋯⋯⋯184
9.1 旅游目的地概述⋯⋯⋯⋯⋯⋯185
  9.1.1 旅游目的地的概念⋯⋯⋯185
  9.1.2 旅游目的地的基本属性⋯⋯186
  9.1.3 旅游目的地的类型⋯⋯⋯192
  9.1.4 旅游目的地的作用和意义⋯195
9.2 旅游目的地的空间结构⋯⋯⋯⋯196
  9.2.1 旅游目的地空间组织形态⋯196
  9.2.2 旅游目的地空间相互作用⋯199
9.3 旅游目的地的功能配置⋯⋯⋯⋯199
  9.3.1 旅游目的地的功能
     配制原则⋯⋯⋯⋯⋯⋯199
  9.3.2 旅游目的地的基本
     功能分区⋯⋯⋯⋯⋯⋯200
  9.3.3 旅游地功能分区的
     布局模式⋯⋯⋯⋯⋯⋯201

第10章 旅游辅助系统⋯⋯⋯⋯⋯⋯209
10.1 旅游网络信息系统⋯⋯⋯⋯⋯210
  10.1.1 旅游网络信息系统的
     重要性⋯⋯⋯⋯⋯⋯210
  10.1.2 旅游网络的构成和特征⋯212
  10.1.3 建立和完善利于旅游
     网络化的政策环境⋯⋯216
10.2 旅游地理信息系统⋯⋯⋯⋯⋯217
  10.2.1 旅游地理信息系统的概念⋯217
  10.2.2 旅游地理信息系统的功能⋯218
  10.2.3 旅游地理信息系统的
     应用意义⋯⋯⋯⋯⋯⋯218
  10.2.4 旅游地理信息系统的特点⋯219
  10.2.5 旅游地理信息系统的
     设计原则⋯⋯⋯⋯⋯⋯220
10.3 旅游管理信息系统⋯⋯⋯⋯⋯220
  10.3.1 旅游信息化⋯⋯⋯⋯⋯220
  10.3.2 旅游管理信息系统的
     概念、特征及作用⋯⋯221
10.4 旅游解说系统⋯⋯⋯⋯⋯⋯⋯222

  10.4.1 旅游解说⋯⋯⋯⋯⋯⋯222
  10.4.2 旅游解说系统⋯⋯⋯⋯224

第11章 旅游文化⋯⋯⋯⋯⋯⋯⋯⋯231
11.1 旅游文化的内涵与构成⋯⋯⋯232
  11.1.1 文化的内涵⋯⋯⋯⋯⋯232
  11.1.2 旅游文化的内涵⋯⋯⋯233
  11.1.3 旅游文化的构成⋯⋯⋯234
11.2 旅游文化的特征和功能⋯⋯⋯238
  11.2.1 旅游文化的特征⋯⋯⋯239
  11.2.2 旅游文化的功能⋯⋯⋯241
11.3 旅游文化的形成和发展⋯⋯⋯242
  11.3.1 旅游文化的发展过程⋯⋯242
  11.3.2 中国旅游文化的形成发展⋯243
11.4 旅游文化的地位和作用⋯⋯⋯250
  11.4.1 旅游文化的地位⋯⋯⋯250
  11.4.2 旅游文化的作用⋯⋯⋯251

第12章 旅游业的公共管理⋯⋯⋯⋯256
12.1 国家旅游管理体制⋯⋯⋯⋯⋯257
  12.1.1 旅游管理体制的含义、
     特点及构成⋯⋯⋯⋯⋯257
  12.1.2 世界各国的旅游管理体制⋯258
12.2 国际性的旅游组织⋯⋯⋯⋯⋯264
  12.2.1 国际旅游组织的概念
     及类型⋯⋯⋯⋯⋯⋯264
  12.2.2 主要国际性旅游组织⋯⋯264
12.3 国家旅游组织⋯⋯⋯⋯⋯⋯⋯269
  12.3.1 国家旅游组织概述⋯⋯⋯269
  12.3.2 我国旅游行政组织⋯⋯⋯270
12.4 国家旅游行业组织⋯⋯⋯⋯⋯271
  12.4.1 国家旅游行业组织概述⋯⋯271
  12.4.2 中国旅游行业组织⋯⋯⋯271
12.5 旅游政策与旅游法规⋯⋯⋯⋯272
  12.5.1 旅游政策⋯⋯⋯⋯⋯⋯272
  12.5.2 旅游法规⋯⋯⋯⋯⋯⋯276
12.6 旅游安全管理⋯⋯⋯⋯⋯⋯⋯277
  12.6.1 旅游安全概述⋯⋯⋯⋯277

12.6.2 做好安全管理工作 ……… 279

第13章 旅游的影响 ……… 286

13.1 旅游的经济影响 ……… 287
　　13.1.1 旅游对经济的积极影响 ……… 287
　　13.1.2 旅游对经济的消极影响 ……… 292
13.2 旅游的社会文化影响 ……… 293
　　13.2.1 旅游对社会文化的积极影响 ……… 294
　　13.2.2 旅游对社会文化的消极影响 ……… 296
　　13.2.3 正确对待旅游的社会文化影响 ……… 298
13.3 旅游的环境影响 ……… 299
　　13.3.1 旅游对环境的有利影响 ……… 299
　　13.3.2 旅游对环境的消极影响 ……… 302
　　13.3.3 人类对旅游和环境影响关系问题的研究 ……… 304
　　13.3.4 旅游对环境影响的保护对策 ……… 305
13.4 旅游消极影响的应对策略 ……… 309
　　13.4.1 树立正确的可持续旅游发展观 ……… 310
　　13.4.2 实现旅游业健康良性发展 ……… 311

第14章 旅游业的发展趋势 ……… 316

14.1 世界旅游业发展现状和趋势 ……… 317
　　14.1.1 世界旅游业的发展现状 ……… 318
　　14.1.2 世界旅游业的发展趋势 ……… 322
14.2 世界旅游经济发展模式 ……… 324
　　14.2.1 旅游经济发展模式的概念及类型 ……… 324
　　14.2.2 旅游经济发展的主要模式 ……… 325
14.3 我国旅游业的发展现状和趋势 ……… 327
　　14.3.1 我国旅游业的发展现状 ……… 327
　　14.3.2 我国旅游业的发展趋势 ……… 329
14.4 旅游业的可持续发展 ……… 334
　　14.4.1 可持续发展的由来和内涵 ……… 335
　　14.4.2 旅游的可持续发展 ……… 337

参考文献 ……… 341

第1章 绪 论

教学目标

通过本章学习,熟悉旅游的概念、本质和特点;了解旅游活动的构成与特点;掌握旅游活动的基本类型;了解旅游学学科体系的构成及最新研究趋势。

教学要求

知识要点	能力要求	相关知识
旅游的概念	能够理解旅游的概念 掌握旅游的特点 能够正确认识旅游的作用	旅游的本质 国内外有关旅游的定义
旅游活动的构成	能够理解旅游活动的构成要素	"三体"说 "新六要素"说
旅游活动的基本类型	能够准确掌握旅游活动的类型 能够把握旅游活动发展的最新趋势	国内旅游、国外旅游
旅游学学科	能够了解旅游学学科的基本现状和学科体系	旅游学的研究对象和研究内容

导入案例

中国旅游的标志

"马踏飞燕"(或马超龙雀)原为东汉的一件青铜器,出土于甘肃武威雷台,如图 1.1 所示。这件青铜器整体高 30 多厘米,造型非常独特:一匹骏马三足腾空,右后蹄踏着一只飞鸟,只有一足落地。东汉时期的艺术家把这样很难保持平衡的形象处理得很好,既表现了马的飞逸神采,又保持了构图的平衡,充分展现了中国古代的青铜雕造的高超技术。

1971 年 9 月,郭沫若陪同柬埔寨宾奴亲王访问兰州,看到了这件珍藏在甘肃省博物馆的稀世珍宝,将之命名为"马踏飞燕"。1983 年 10 月,国家旅游局将"马踏飞燕"定为中国旅游的标志。同时,它也是武威市的城标。自 1973 年以来,我国先后在美国、英国、法国、日本、瑞典、墨西哥、奥地利、意大利等 10 多个国家和我国香港地区展出出土文物,均以"马踏飞燕"的形象为代表制作巨幅海报。在伦敦展出时,英国媒体称:"铜奔马(即马踏飞燕)已成为一颗吸引人的明星。"

图 1.1 马踏飞燕

(资料来源:昵图网. http://www.nipic.com.)

骏马在中国古代是作战、运输和通信中最为迅速有效的工具。西汉时期,汉武帝为了远征匈奴，开拓疆土，从大宛国引进大宛良马。汉武帝非常爱马，赐其名为"天马"。传说，这种马流的汗为红色，像鲜血一样，所以人称"汗血宝马"。在整个汉代，人们爱马敬马，而武威又是几千年来的良马繁殖基地(到现代都是中国最大的军马场所在地)，所以才会出土这样工艺精湛的青铜马塑像。

(资料来源：http://blog.sina.com.cn/s/blog 649e84fc0100m99i.html.)

问题：
1. 中国旅游的标志是什么？
2. 中国旅游标志来历是怎样的？

旅游是近现代人类文明进步的产物，是一种满足人类高层次需要的涉及面极其广泛的综合性社会经济文化活动。如今旅游业已发展成为世界上最庞大的综合性产业，并且表现出日益强劲的持续增长态势。旅游学作为一门综合性的尚在形成发展过程中的新兴学科，是以研究旅游主体、旅游客体和旅游媒体及其相互关系为核心，研究旅游活动发展规律的学科。本章主要对旅游和旅游学的概念进行全面的阐述和分析。

1.1 旅游的概念

1.1.1 旅游一词的来源

在西方，旅游来源于拉丁文的"tornare"和希腊文的"tornos"，其含义是"车床或圆圈；围绕一个中心点或轴的运动"。这个含义在现代英语中演变为"顺序"。后缀"ism"被定义为"一个行动或过程，以及特定行为或特性"，而后缀"ist"则意指"从事特定活动的人"。词根"tour"与后缀"ism"和"ist"连在一起，指按照圆形轨迹的移动。所以，旅游指一种往复的行程，即指离开后再回到起点的活动；完成这个行程的人也就被称为旅游者(tourist)。

在日常语境下，旅行与旅游经常被作为同义词混用。但在旅游学科研究中，一般还是将旅行和旅游区分开的，旅行只是简单地指人的空间位置的暂时移动，而旅游的含义要复杂得多。习惯上，人们将古代的帝王巡游、骑士冒险、信徒朝圣、居民迁徙、航海贸易、文人游学等都称为旅行，而旅游的出现则在19世纪以后，此时旅行接待业已渐成气候，开始出现近代旅游的萌芽。

这也可以从旅行与旅游两个英语单词的词源上得到印证，旅行的英文是"travel"，一般认为，"travel"一词来源于古法文"travallier"，这个词的词根(travail)的意思是"辛苦的劳动"，这反映出中世纪旅行的艰辛。尽管朝觐旅游以宗教目的为主，但也带有社会和娱乐内涵。17世纪英国出现了"大旅游"(grand tour)，"tour"一词是由古法文"tourner"转化而来，字面意思已不仅仅指旅行(空间位置的移动)了，而是包含了整个游程和线路。1811年，"tourism"一词首先出现在《牛津词典》中，释义为以消遣为动机的旅游理论与实践。这也就是说，"tourism"一词既指旅游业，也有旅游学的意思。旅游一词在德文"fremdenverkehr"中，是由"fremden(外来者)"与"verkehr(交往)"两个词汇组合而成的。可以看出，早期的德国学者将旅游看作一种人际交往。旅游在日文中使用的是"观光"一词，关于该词的出处有两种说法：一是取自《易经》中"观国之光"及《左传》中"观光上国"；二是从英语"sight-seeing"一词直译而来的,但目前我国习惯将"sight-seeing"译成游览。我国台湾地区至今沿用"观光"一词。这说明日本学者将旅游看成游客个人的游览观赏活动。

仅从这些词义上看,就可发现"旅游"一词在国际上是多义性的。它之所以难以界定,部分原因就在于它用一个词概括了地理学、经济学、企业管理学、市场营销学、社会学、人类学、历史和心理学等学科的众多概念,而不同学科有不同的概念结构体系,不同概念体系的研究视角和强调重点都各不相同,所以出现冲突是不可避免的。

1.1.2 旅游的定义、本质及基本属性

1. 旅游的定义

1) 国内旅游定义

《中国百科大辞典》"旅游学"条目指出:"旅游是人们观赏自然风景和人文景观的旅行游览活动。包含人们旅行游览、观赏风物、增长知识、体育锻炼、度假疗养、消遣娱乐、探亲猎奇、考察研究、宗教朝觐、购物留念、品尝佳肴,以及探亲访友等暂时性移居活动。从经济学观点看,是一种新型的高级消费形式。"

李天元教授在其《旅游学概论》中指出:"旅游是人们出于移民和就业任职以外的其他原因离开自己的长住地前往异国他乡的旅行和逗留活动,以及由此所引起的现象和关系的总和。"

谢彦君等人在其《旅游学概论》中将旅游定义为:"旅游是个人以前往异地寻求审美和愉悦为主要目的而度过的一种具有社会、休闲和消费属性的短暂经历。"

申葆嘉等人在其《旅游学原理》中提出:"旅游是产业革命以后分化自旅行的非定居者在地域上的移动和暂时逗留所引起的关系和现象的总和;他们不会导致长期居留,并且不利用旅游从事任何赚钱活动。"

魏向东在其《旅游学概论》中提出:"旅游是旅游者在自己可自由支配的时间内,为了满足一定的文化享受目的,如休憩、娱乐、保健、求知、增加阅历等,通过异地游览的方式所进行的一项文化体验和文化交流活动,并由之而导致的一系列社会反应和社会关系。"

知识链接(一)

旅行家徐霞客与"中国旅游日"

5月19日是"中国旅游日"。该节日是国务院于2011年批准的非法定节假日。该节日起源于2001年5月19日,浙江宁海人麻绍勤以宁海徐霞客旅游俱乐部的名义,向社会发出设立"中国旅游日"的倡议,建议将《徐霞客游记》开篇之日(5月19日)定名为中国旅游日。2009年12月1日,国务院下发了《关于加快发展旅游业的意见》,提出了设立"中国旅游日"的要求。2009年12月4日,国家旅游局正式启动了设立"中国旅游日"的相关工作。2011年3月30日,国务院常务会议通过决议,自2011年起,每年5月19日为"中国旅游日"。

徐霞客(1586—1641年)是我国明代伟大的旅行家、地理学家、史学家、文学家。他撰写的《徐霞客游记》既是系统考察祖国地貌地质的地理名著,又是描绘华夏风景资源的旅

游巨篇，在国内外具有深远影响，可以说是我国旅游学的权威著作。

1613年5月19日，徐霞客从浙江宁海开篇，写下恢弘巨著《徐霞客游记》，揭开了他壮行天下的序幕。毛泽东曾经说过："我很想学徐霞客……他是走一辈子，就这么走遍了……"徐霞客不仅在旅游线路、旅游时间上前无古人，而且他边游边写，给后人留下世界奇书《徐霞客游记》，这是一部融地理学、地质学、社会学、文学和旅游学于一体的百科全书，是中华民族的骄傲，是开发大旅游的宝库。

徐霞客对人类文化的贡献，在于以人文精神与科学精神的文字，将中华民族赖以生存的山川大地予以逼真的描画；在人与自然、人与社会、人的自我意识等方面，完成了开拓性的全方位生态探讨与审美观照。现在把"5月19日"定为"中国旅游日"，正是为了纪念徐霞客和他所代表的文化内涵。

(资料来源：http://baike.baidu.com/view/3101583.htm.)

2) 国际旅游定义

据美国旅行资料中心20世纪70年代初对收集到的80种研究报告统计，对于旅游及旅游者的相关定义就达43种之多。目前国际旅游学界对于旅游仍无统一的定义，较为流行和较有代表性的定义有以下几种。

德国学者莫根罗特的旅游定义是，暂时离开自己的住地，为了满足生活和文化需求，或个人的各种愿望，而作为经济和文化商品的消费者逗留在异地的人的交往。

瑞士学者亨齐克和克拉普夫认为，旅游是非定居的旅行和短暂停留而引起的一切现象和关系的总和。这种旅行和逗留不会导致长期居住或从事任何赚钱活动。20世纪70年代这一定义被旅游科学专家国际联合会采纳，故又称为"艾斯特"定义。

日本学者田中喜一对于旅游的定义为，旅游是基于自由的动机而离开原居住地做旅行活动，并于逗留期间获得愉快的消费生活。

20世纪50年代奥地利维也纳经济大学旅游研究所对旅游下的定义是，旅游可以理解成暂时在异地的人的闲暇时间活动，主要是出于修身养性；其次是获取教益、增长知识和扩大交际；再次是参加各种各样的有组织的活动，以及改变与此相关利益方的关系和作用。

1963年在罗马举行的联合国旅行和旅游会议首次通过国际旅游者的定义，即旅游者是到一个国家逗留至少24小时的游客，其目的是为了休闲或商务。

法国文化学者让·梅特森认为，旅游是一种消遣活动，它包括旅行或在离开定居地点较远的地方逗留。其目的在于消遣、休息或为了丰富他的经历和文化教养。

美国参议院国家政策研究会对旅游的定义是，人们出于日常工作以外的任何原因，离开其居家所在的社区，到某个或某些地方旅行的行动和活动。该定义中的旅游也包括商务旅游。

澳大利亚地理学者利珀将旅游定义为一个与5种因素互相作用的开放系统，这5种因素为环境、人文、旅游者、地理(客源区、交通路线和目的地)及产业。这5种因素又与自然、技术、社会、文化、经济和政治等因素相互作用和影响。从某种程度上说，基于休闲和离家暂居至少一晚以上旅游者是系统中的动力因素。

旅游还可以分为广义定义和狭义定义两大类，即宏观地将旅游看成一种因人际交往而产生的社会现象(由此引发的现象和关系的总和)和微观地将旅游看成一种纯个人的一种休闲方式或一项经济产业。

综合以上分析，可以认同世界旅游组织的旅游定义："旅游是指人们为了休闲、商务或其他目的离开他们的惯常环境，去往他处并在那里逗留连续不超过一年的活动。"同时强调，"访问的目的不应是通过所从事的活动从访问地获取报酬"。这一定义有3个要点：第一，规定了外出目的，包括休闲、娱乐、度假、探亲访友、商务、医疗保健、宗教朝圣等；第二，离开其惯常环境到其他地方的旅行；第三，在外连续逗留时间不超过一年。

2．旅游的本质

旅游的多义性反映的是旅游概念的多层结构，旅游首先是一种人的基本需要(生理的和精神的)，但这种需要满足与否，并不影响人的生存和繁衍后代；其次，是在这种需要支配下，可能付诸实施而产生的行为和活动；再次，由于旅游活动达到一定规模后，产生出的一系列提供和丰富这种活动的产业和系统；最后，由于人的频繁交往而造成人地关系(人与环境)、人群关系(主人与客人)发生变异的现象。

在这个概念的多层结构中，最基础和最核心的是人的基本生理需要(或生理欲求)，是构建旅游定义的关键。从第一层次看，旅游是人们一种短暂的生活方式和生存状态，是人们对于惯常的生活和工作环境或熟悉的人地关系和人际关系的异化体验，是对惯常生存状态和境遇的一种"否定"。这是人们对旅游下的最基本的定义，由于社会经济发展水平不同，每个人的文化背景不同、社交圈不同、惯常活动范围不同，旅游动机和目的地的选择不尽相同，上述定义中也包括离开惯常环境的商务活动。

所谓"惯常的生活和工作环境或熟悉的人地关系和人际关系"在空间上并不限于居住区本地，与逗留时间也没有必然关系。对于在香港上班、在深圳居住的人士而言，香港的职场和深圳居住的社区都是他的惯常环境。因此，他每天往返深港两地并不是旅游，而是通勤(即便是因加班不回家，在饭店寄宿，离开深圳住所24小时以上)。相反，如果他去深圳周边的乡镇度假就是旅游。从第二层次看，旅游是由于人的这种与生俱来的需要和行为得到满足和释放时，所产生的社会关系和现象的总和。

简言之，人们将旅游看作一种基于人自身的需要而产生的一种普适的人文现象。以深受现象学思潮影响的存在主义哲学来看，旅游也是一种"存在先于本质"。旅游作为一种人的自身基本需要，是与生俱来的，是先天的，并不受外界条件的变化而改变，对于现在学术界总结的旅游的种种性质和属性(如经济性、社会性等)，则是人们后天赋予的。旅游产生的历史要远先于旅游产业的存在。

因此，旅游的出现要远早于旅游业存在的例子，古今中外比比皆是。从人性的个体上看，那时人们对于旅游的需求和体验与今天的旅游者没有本质上的差别，面对大自然的崇高和灿烂的文化艺术时，产生的审美和移情体验都是一样的。社会经济的发展和科学技术的进步，只是使得旅游变得更加方便、更加廉价、更加舒适、更加大众化而已，直至能够成为一项经济产业，1841年托马斯·库克组织的铁路包价旅游团的真正意义也就在于此。因此，只能说旅游业是社会经济发展到一定阶段的产物，而作为人的基本需要的旅游则不是。

总之，旅游的本质可以表述为以下几个方面。

(1) 旅游是人的空间位置的移动(与一般货物贸易物的移动有很大不同)，这种移动是暂时的，这是旅游消费区别于其他消费活动的一个显著特征。

(2) 旅游可以有一个或多个动机，但一般认为旅游的动机与游憩(或康乐)有关，当然也可能包括商务、教育、健康或宗教等因素，这一切构成了旅游的基础。

(3) 旅游活动需要一定的交通基础设施、住宿、营销系统、游憩(或康乐)和景区服务的支持，这一切构成了旅游产业的基础。

(4) 旅游不仅仅是游客个人的一种休闲和游憩(或康乐)的消费方式。从空间上看，旅游不仅仅是客源地向目的地单向的人员流动，而是由客源地、通道和目的地构成的一个完整的空间系统。

(5) 旅游整体的空间系统，不仅是一个经济系统，更是一个文化系统和社会系统，这是旅游目的地系存在的理论基础。

3. 旅游的基本属性

1) 旅游的消费属性

在大众旅游活动过程中，必然涉及食、宿、行、游、购、娱等多种要素，每一要素的发生，显然都是一种典型的消费行为。旅游在其全过程中既不向社会也不向旅游者个人创造任何外在的可供消费的资料，相反，却吞噬着旅游者以往的积蓄和他人的劳动成果。

当然，由于旅游自身的特征使然，旅游消费与人们的日常消费往往存在诸多差异。从时间维度上说，旅游消费是一种"间歇式消费"，两次消费的发生通常相隔较长一段时间；而日常消费是一种"连续性消费"，年复一年、日复一日地重复性发生。从行为方式上说，旅游消费是一种"井喷式消费"，在短短的旅游期间集中消费额度大，无理性消费成分较多；日常消费则是一种"溪流式消费"，理性色彩较为浓郁，凡事表现为精打细算，小进小出。从实际效用上说，旅游消费主要是一种心理体验过程，谋求精神上的欢娱；日常消费则主要是为了维持人们日常生活的必需所做出的购买行为。

2) 旅游的休闲属性

法国著名建筑设计师勒科尔·西比埃说过："休闲是走出机械化这座地狱的大门，它能为每个家庭带来幸福，挣脱陋室的羁绊。"从主观上来讲，人们外出旅游旨在借助各种休闲活动来调节原有的程式化生活。在旅游观览与体验过程中，自然奔放的随意性和畅神自娱的目的性始终占据着主导地位，人们短暂地进入一种相对自由状态，没有了生活与工作的压力，也无须劳作，真正达到了"身"与"心"的双重休整。旅游是生活的休闲阶段，是多种休闲活动的集合，旅游者在目的地停留期间，除了吃、喝、睡等满足生理需要的活动之外，所有其他活动，如观光、游览、聊天、购物、棋牌、健身等都具有鲜明的休闲性质。

旅游还是人们打发闲暇时间的一种积极手段。不同于其他一些消闲方式，旅游既可以增广知识见闻，又能扩大社会交往，许多康体性质的旅游活动还有益于生命机体的调适，因而备受人们的青睐。但是，用于旅游的闲暇时间必须具备一定的完整性。从这一层意义而言，人们的旅游行为往往集中于公休假日。在我国，周末双休日和春节、"十一"黄金周是旅游的高峰期，前者适宜于近程旅游休闲，后者则适合到较远的距离之外去体验异域风情。带薪假期是大规模推动度假旅游的有效措施,工作性质的不同,导致人们带薪假期的存在状态也有所不同。

3) 旅游的社会属性

以往人们在分析旅游的性质时,主要强调它具有经济属性,或者认为旅游是一种"社会经济现象"。这种判断的依据是旅游全过程中所离不开的消费行为。这在表面上看似乎没有错,但实际上颇值得讨论。

一般认为,经济对于旅游这种本质上属于审美与愉悦范畴的现象只是一种外部支持条件,却不是内在本质构成。也就是说,没有这种经济上的外部支持,仍可以有旅游,否则就无法解释古人靠两腿的推动而旅游,今人靠自制的或早先购入以备他用的交通工具外出旅游的情形。如果认定旅游本质上具有经济的属性,那么它就必须是旅游不可或缺的东西。

旅游的社会属性的存在不仅因为审美意识作为旅游的前提条件而社会性地存在,而且在不同的社会条件下,人们的旅游需求还表现为受时代的强烈社会影响所具有的特征。例如,中国古代的旅游就像是中国文化的一面折光镜,在这面镜子里,或隐或显地反映出时代文化的影子,或强或弱地袒露着中国文化的灵魂。先秦的朦胧,魏晋的颓废,隋唐的高昂,明清的恬静,以至于 20 世纪 60 年代在西方兴起的追逐 3S(Sun,太阳;Sea,大海;Sand,沙滩)和今天普遍倡导的生态旅游,无不反映了不同时代、不同社会在旅游价值观方面的变化。这种变化的根源当然不是经济的,而是社会的。

1.1.3 旅游的特点

旅游是人类满足高层次需要的一种活动,是人类文明进步的产物。受社会经济多种因素的影响,旅游活动的形式、内容和规模在不同历史时期表现不同,但旅游活动的基本特征却是一致的。以上对旅游概念的各种表述不尽相同,但对旅游现象的综合性、文化性、活动的异地性和暂时性、往返的流动性等特点基本取得了共识。

1. 综合性

旅游者在外出旅游期间,对吃、住、行、游、购、娱等方面的服务都有需求,离不开旅行社设施、餐饮设施、住宿设施、交通运输设施、邮政电信设施、会议设施和商场设施等。旅游者外出进行旅游活动的形式多种多样,如观光、探险、娱乐、探亲访友等,对旅游活动客体内容的要求千差万别。旅游资源既有自然的也有人文的,既有物质的又有精神的。旅游活动和社会的、经济的、文化的、自然的要素都有联系,涉及经济社会的诸多方面,多要素构成的复杂关系反映了旅游活动具有综合性的特点。

2. 文化性

旅游活动的目的和形式多种多样,游历名山大川、体验奇风异俗、欣赏音乐舞蹈、品尝美味佳肴、遍访名胜古迹都是人们旅游的目的,旅游者期望在精神和物质两方面都有所收获。个人的兴趣爱好可能不同,但追求精神愉悦、学习文化知识、获得审美享受、寻求自身发展和价值承认却是古今旅游者开展旅游活动的共同愿望。因此,旅游具有文化享受的特点。

3. 异地性

旅游是旅游者离开常住地，到异国他乡进行的精神文化活动，是一种特殊的生活方式。人们长期在一个地方生活，对日常所见的环境会感到平淡乏味，希望到异地猎奇探新，进行文化交流和生活体验，而旅游活动则能实现人的这种需要，异地的自然风光、人文景观、民俗风情可满足他们的愿望。因此，异地性是旅游的特点之一。

4. 短暂性

旅游是旅游者在异地短时期的活动，人们离开常住地一段时间又返回常住地，是一种不同于在常住地的活动形式。因此，短暂性是旅游的特点之一。当然为了统计的需要，有关组织对"暂时"的长短做了规定，如世界旅游组织规定不超过一年。

5. 流动性

旅游活动是暂时的异地活动，旅游者离开常住地一段时间又返回常住地，这就决定了旅游活动的流动性。旅游者从客源地流向旅游目的地，从一个游览地流向另一个游览地。旅游者的流动构成了对交通的需求，成为旅游活动的特点。

1.2 旅游活动的构成

吃、住、行、游、购、娱六要素，是旅游活动最低层次的需要、最基本的保证。离开六要素无从谈旅游，它们是旅游活动发展初期的产物。我国旅游业经过数十年的发展，旅游活动的要素是否有变化呢？现阶段旅游活动的"新六要素"为资源、环境、文化、科技、余暇、金钱。

1.2.1 旅游活动的构成要素——"三体"说

旅游活动是一种涉及面极其广泛的综合性社会经济文化活动，它涵盖了旅游活动过程中的食、住、行、游、购、娱各个环节。旅游活动是由旅游主体、旅游客体、旅游媒体三大要素构成的。

1. 旅游活动的主体——旅游者

旅游者又称游客，指离开自己的居住地到旅游目的地做旅游访问的人。旅游的发展历史证明，旅游是先有旅游者的旅游活动，然后才有为旅游者服务的旅游从业队伍。旅游者是旅游活动的主导性因素，其数量、消费水平、旅游方式是决定旅游业内部各种比例关系及其相应协调的主要因素。因此，旅游者是旅游活动中最活跃的因素，居于主体地位。

2. 旅游活动的客体——旅游资源

旅游资源是指客观存在于自然环境和人文环境中，能对旅游者产生一定吸引力的事物和现象。在旅游活动的各个构成要素中，旅游资源处于客体或对象的地位。当一个人有了足够用于旅游花费的金钱和时间后，以其娱乐和求知等旅游目的出发，他首先考虑的必然是去哪个国家或地区才能满足自己的旅游需求。这时，吸引旅游者的决定因素，就是合其口味的旅游资源了。固然，当一个人准备去某国或某地区旅游时，同时也会考虑那里的生活条件和服务设施，但这只是第二、三位的需要。只有那些具有不同民族特色和地域特色的旅游资源，没有别的办法可以代替，其观感也不是靠别人的介绍或纸上的字画就能真切感受到的，旅游者必须自己亲临其境才能获得真正的精神满足。因此，旅游资源是旅游活动的客观基础，是一个国家、一个地区招徕客源、开拓市场、发展旅游的重要的物质基础和条件。

3．旅游活动的媒体——旅游业

旅游业是以旅游者为对象，为旅游活动创造便利条件并提供其所需商品和服务的综合性产业。旅游业的范围极为广泛，涉及许多经济部门和非经济部门，其中最直接的部门就是旅行社、旅游饭店和交通等。

旅游业是联系旅游主体和旅游客体之间的媒介、桥梁和纽带。在现代旅游活动中，旅游者对旅游服务的需求，主要通过旅游业来提供。在现代大众旅游阶段，几乎没有哪个旅游者不在利用旅游业提供的服务。虽然使用旅游业提供的旅游服务并非是旅游者的旅游目的，但旅游业在客源地与目的地之间，以及在旅游动机与旅游目的的实现之间架起了一座便利的桥梁。在已经具备需求条件的前提下，旅游者不必再为旅游过程中可能遇到的各种困难而担心，他们的旅行及在旅游目的地期间的生活和活动都可以由有关企业为他们安排。旅游业的这种便利作用的刺激，使旅游活动的规模越来越大，并且使人们外出旅游的距离也越来越远。

旅游业在推动旅游发展方面的再一作用就是它的组织作用。在供给方面，旅游业需要根据市场的需要组织自己的一系列配套产品。在需求方面，旅游业更是通过各种方式为自己的产品组织客源。从旅游诞生之日起，它的组织作用就表现得非常突出，而且正是由于这种组织作用才使旅游业从无到有并推动了旅游活动的规模发展。

总之，旅游活动的三大要素是相互联系、互为制约的，它们共同构成了旅游活动的统一体。其中一个要素的变动必然会引起其他要素的相应变动。例如，旅游者的旅游兴趣和决策，直接影响到旅游地的选择；旅游者的客流量和流向，以及旅游者的时空变化，会影响旅游地的开发的规模、服务设施的规模和档次的需求，还会影响饭店、旅行社、交通运输等旅游媒体的工作；如果旅行社旅游宣传很有特色，旅游地本身也具有吸引力，就会反过来影响旅客流向和流量的变化，旅游地开发规划、环境保护、旅游媒体的交通运输、服务等就会相应地受到影响。

1.2.2 现阶段旅游活动的"新六要素"

美国学者马斯洛提出了"需求层次理论"，认为人们普遍具有5种基本需求，而且是有层次的。他认为，人们一般是按照这样的层次来追求需要的：当低一层次得到满足后，高一层的需求变为迫切的主导需要。比照人们旅游活动的需求变化，人的旅游需要是随着人们的满足程度在不断变化中的，旅游活动的六要素吃、住、行、游、购、娱，是人们最初在旅游活动中的要求,当旅游者已经体验了旅游活动最基本的过程后,必然会提出更高的享受需求。人们已不满足以游览、观光为主的旅游活动了,他们会在旅游环境、提高审美、体验生活、扩大社交、休闲健身等方面提出新要求。旅游活动原有的六要素已不能适应旅游发展的需要了。

"新六要素"指资源、环境、文化、科技、余暇、金钱,是旅游发展到一定时期的产物。人们在研究旅游要素过程中认为"新六要素"在围绕旅游产业基本构成的基础上,同时又有超越旅游产业构成的成分,在与旅游活动相关的大环境上分析,除了一些物质的要素之外,也考虑了重要的非物质要素,如文化要素等,是更大范围上的旅游活动要素。

1. 资源——旅游活动之源泉

中华人民共和国国家标准 GB/T 18972—2003《旅游资源分类、调查与评价》将旅游资源定义为"自然界和人类社会凡能对旅游者产生吸引力,可以为旅游业开发利用,并可产生经济效益、社会效益和环境效益的各种事物和因素"。旅游资源是旅游业产生、生存、发展的关键,它与旅游产业是"皮与毛"的关系,旅游资源孕育和维持着旅游业的全部生命,是人类旅游活动、旅游经济的主要源泉。可以说,没有旅游资源就没有人类的旅游活动。

2. 环境——旅游活动之基础

人类的一切活动都是在一定的环境中进行的。旅游环境是以旅游者为中心的,涉及旅游目的地、旅游依托地的,并由自然生态环境和人文生态环境构成的复合环境系统。环境与资源既有同一性,又有差异性。环境是相对人类这个主体的客观对象,资源是环境中被人类利用的部分。环境是旅游业生存和发展的物质基础。环境对旅游产品质量和提高游客在旅游服务中的地位至关重要。同时,合理有效的旅游发展对环境保护有促进作用。

3. 文化——旅游活动之灵魂

文化的基本构成一般认为有3个层面,即物质文化、制度文化和精神文化。所谓物质文化即文化的物质状态,如建筑、器物;所谓制度文化即文化的制度状态,如管理规则、行为习惯;所谓精神文化即文化的精神状态,如观念、意识等。有关旅游活动的旅游目的地、旅游载体、旅游对象、旅游活动、旅游规划、旅游营销管理、旅游服务等,无不蕴涵着这3种文化形态。

文化是旅游之所以成为人类一种生活方式的根基。旅游需求和旅游活动正是人的精神和文化的高层次需求及其满足,也正是人之自在为人的重要标志。人在饥寒交迫受到生理需求压迫的状态下,无从谈到旅游;人在劳心费计受到功利事务压迫的状态下,也无暇顾及旅游。只有在低层次需求已满足而产生了高层次需求,需要自由自在地体验与欣赏生活的时候,尤其是在休闲的状态下,人才能进入真正的旅游。这就使旅游本质地与人性高层次需求联系起来,内在地与人的文化本性联系起来,必然地与人的审美活动联系起来,而且最终的走向必定是随着人性需求的提升而由猎奇观光趋向休闲自乐。可以说,旅游就是人的文化活动,旅游消费是文化消费,旅游服务是文化服务,旅游产业是文化产业。

4. 科技——旅游活动之动力

当人们迈入知识经济的时代，科学技术早已融入旅游业的方方面面。历史的发展证明社会生产的每一次飞跃式进步，都是依赖于科学研究的新发现，以及新技术的应用。新科技革命使人们的一切正在经历重大变革，旅游业作为新兴的产业也不例外地受到冲击与影响，而且科学技术正在逐步主导着旅游业的发展。国际旅游竞争力一般经历旅游资源竞争、旅游产销竞争、资本实力竞争和创新竞争 4 个阶段，每个阶段的推进对科技的依赖程度越来越高。在经济全球化和知识经济时代，如何利用科学技术增强旅游业的国际竞争力，加快旅游业的发展，是我国旅游业的重大战略问题。

5. 余暇——旅游活动之机遇

旅游需求产生的最基本决定变量包括旅游支付能力、充足的余暇时间和旅游动机。在 3 个变量同时得到满足时，旅游需求就能得以实现。1995 年我国实行"周五"工作制后，国内旅游蓬勃发展的现实表明，有充足且集中的余暇时间对旅游市场的变化十分重要。旅游产业作为国民经济新的增长点，就需要将旅游需求的实现尽可能最大化，在更大程度上、更大范围内带动经济增长。因此，更多的市场化旅游需求需要有更多、更长、更集中的余暇时间。我们可以进一步改革劳动用工制度，切实实行带薪休假制度，进一步探究缩短劳动时间，增加余暇时间的有效途径。

6. 金钱——旅游活动之保障

旅游活动也是一种经济活动，人们的旅游活动需要有一定的经济能力支撑，特别是现代旅游涉及面广、活动范围大、旅游周期变化快、旅游危机增多，所以具备较强的经济能力是实现旅游的重要保证。

1.3 旅游活动的基本类型

1.3.1 按旅游活动的地理范围划分

国内旅游和国际旅游在旅游统计中具有重要意义。旅游活动通常是由近及远、先国内而后国外进行的，国内旅游是一个国家或地区发展旅游业的基础。

1. 国内旅游

国内旅游是指常住国内的人们为了休闲、商务和其他目的，离开他们的惯常居住环境，到国内某些地方去及在某些地方停留，不超过一年的活动。国内旅游的主要特征是常住国内和旅游界限不超出居住国的政治疆域。

根据旅游者游览距离的远近，国内旅游可分为地方性旅游、区域性旅游和全国性旅游。

(1) 地方性旅游。地方性旅游一般是指当地居民在本区、本县、本市范围内的旅游，实际上是一种短时间、近距离、活动项目较少的旅游活动，常由亲戚朋友或家庭、小集体自发组织。

(2) 区域性旅游。区域性旅游是指人们离开居住地，到邻省、邻市、邻县的旅游区点的旅游活动，如长沙居民去张家界三日游、厦门组织的武夷山七日游就属于区域性旅游。

(3) 全国性旅游。全国性旅游是指跨越多个省份的旅游活动，如由广州经湖南，到北京、新疆等地的旅游活动就属于全国性的旅游。

2．国际旅游

国际旅游是指人们为了休闲、商务和其他目的，离开他们的常住国，到其他国家或地区，停留时间不超过一年的活动。国际旅游包括出境旅游和入境旅游。目前台湾同祖国尚未统一，香港、澳门虽已回归，但作为特别行政区实行高度自治的情况下，特别是考虑港澳台同胞来大陆旅游时需要交付外币，以及这些外币收入对内地经济的意义，所以港澳台同胞来大陆地区旅游被视为入境旅游。由于类似的原因，我国大陆地区的居民前往港澳台地区访问，也被视为出境旅游。

国际旅游又可分为跨国旅游、洲际旅游和环球旅游等形式。

(1) 跨国旅游。跨国旅游是指以不跨越洲界为界限的旅游活动，如西欧各国在欧洲内的跨国旅游就属于这一类型。

(2) 洲际旅游。洲际旅游是指跨越洲际界限的旅游活动，如欧洲人到深圳来参加高新技术交流会、美国人到北京登长城等都属于洲际旅游。

(3) 环球旅游。环球旅游是指以世界各大洲的主要国家(地区)的港口风景城市为游览对象。

1.3.2 按旅游活动的内容划分

1．观光旅游

观光旅游主要指旅游者到异国、异地游览名山大川、欣赏人文古迹、领略风土人情的游览活动，并从中获得美的享受，满足其愉悦身心和增长知识的需要。它是最古老、最普遍的旅游活动方式，也是目前我国旅游接待中最基本的类型。

观光旅游的特点有3个：一是观光范围广，其内容不仅有自然风光、动植物等，还包括历史古迹、文化名胜、民族风情、人民生活、建设成就等；二是适应性强，即无论老幼妇孺，无论何种职业、何种身份的人，都适宜进行观光旅游；三是接待方便，即参加观光旅游的人一般没有什么特殊要求，便于安排。

2．度假旅游

度假旅游一般是为了追求闲适，寻求幽雅清净的生活环境，是以欢度假期、避暑防寒、治疗疾病和参加一些有特色的消遣娱乐活动为主要目的的旅游活动类型。

度假旅游者去的地方或是温泉，或是森林，或是海滩，或为乡村。由于度假旅游可以消遣娱乐、消除疲劳、增进身心健康，而且形式多样，因而越来越受到旅游者的关注和喜爱。例如，在号称"世界旅游王国"的西班牙，每年接待几千万的国际旅游者，大多数旅游者进行的是游海滩、寻阳光和海水浴等度假、消闲、保健相结合的活动。

3. 文化旅游

文化旅游是人们为了满足文化知识的需要，通过旅游来观察社会，体验民风民俗，了解异地文化，以丰富自己的文化知识为主要目的的旅游活动。文化旅游具体包括历史文化旅游、民俗文化旅游、区域文化旅游和宗教文化旅游等。

当今社会科学迅速发展，教育日益普及，人们的文化素质也越来越高，求知的愿望也越来越强烈。人们逐渐将旅游活动中所含的文化知识的程度作为衡量旅游活动层次的重要指标。人们通过此种形式的旅游活动，加深了对旅游地历史、地理、艺术、教育、科学技术和文物古迹的了解，可以在深层次上充实精神生活，增长知识，同时也使旅游本身得到深化和发展。

4. 宗教旅游

宗教旅游主要是以朝圣、求法、取经及宗教考察为主要目的的旅游活动。宗教旅游是世界上一种最古老的旅游形式之一延续至今，仍然具有很大的吸引力。

每年的 12 月，约有 200 万左右的伊斯兰教信徒前往麦加朝觐，如图 1.2 所示；山西的五台山、四川的峨眉山、安徽的九华山、浙江的普陀山，以佛教名山而著称，每年去这些佛教圣地的中外游客络绎不绝；欧洲的大教堂、印度的圣地、东南亚的寺院，都以其悠久的历史和宏伟的建筑吸引着大量的宗教信徒，同时也有大批游客前往瞻拜、游览。在现代，纯宗教目的的旅游已逐渐发展成为游山玩水和宗教活动相结合的旅游方式。

图 1.2 麦加朝觐

5. 商务旅游

商务旅游是指以经商为主要目的，把商业经营活动与旅游活动结合起来的旅游方式，它是旅游活动发展史上较早的形式之一。在现代社会中，由于经济活动的日益频繁，商务旅游者已成为旅游市场中的主要客源。

商务旅游的特点如下：一是旅游频率高，由于寻求商务发展，加上市场行情不断变化，这类人员常常需要外出，目前世界商务旅游的人数至少占旅游者总数的 1/3；二是消费水平高，商务旅游者的旅行经费由公司开支，其旅游消费标准要比其他类型高；三是对旅游设施和服务质量要求高，由于业务需要，商务旅游者往往要求居住的饭店具有较好的条件，如具有完善的现代通信设施和便利的运输工具。

6. 购物旅游

购物旅游是一种以到异地购物为主要目的，结合都市观光的旅游方式。它是随着社会经济发展、交通发达、人们的生活水平日益提高而兴起的。

当前世界购物旅游主要有两种形式：一种是广泛存在于一些国家边境地区的短期购物

旅游,主要采用两国间的物产、价格、税收的差异来吸引邻国旅游者;另一种是跨国、跨洲专线购物旅游。

据统计,每年进入我国香港地区的国际旅游者中有60%左右的人是为了购物,其购物费用也占全部旅游费用支出的69%,使香港成为享誉世界的"购物天堂"。近年来,我国人民由于生活水平的普遍提高,到上海、广州、厦门等地购物的人数也日益增多。

7. 生态旅游

生态旅游是旅游者以旅游区的自然景观及人文景观为主要游览对象,以理解、欣赏并提高自身修养及生态保护为目的,并对保护旅游地的自然生态环境及改善社会经济环境做出积极贡献的旅游活动。

生态旅游作为一种独特的旅游类型,其基本特点如下:一是活动以大自然为舞台,通过到自然界观赏、旅行、考察、探险等认识自然奥秘,提高环境意识,促进生态平衡;二是孕育着科学文化内涵,生态旅游是旅游发展高级化的产物,具有丰富的文化和科学内涵,虽然活动形式一般,但品位高雅;三是以生态学思想作为设计依据,生态旅游以不改变生态系统的完整为原则,具有科学性和专业性;四是强调利益共享和公平性,重视地方居民利益,通过保持当地自然生态系统和文化的完整来实现利益共享,从而达到旅游的可持续发展。

由于生态旅游具有尊重自然与文化的异质性,强调保护生态环境与为当地社区居民谋福,提倡人们认识自然、享受自然、保护自然,因此,它被认为是旅游业可持续发展的最佳模式之一,成为旅游市场中增长很快的一个分支。

8. 专项旅游

专项旅游有时也称特殊兴趣旅游,它是针对各种特殊的旅游需求,根据各接待国或地区旅游资源的特点,精心设计和制作的旅游活动项目,形成以某一活动内容为主的专项旅游活动,如南岳衡山的"寿"文化节、山东潍坊的风筝节(见图1.3)等。

图 1.3 山东潍坊风筝节

显而易见,应用任何一种标准划分出来的任何一种旅游类型都会使用其他标准划分出来的类型发生交叉或联系。因此,划分类型本身只是一种手段而不是目的。在旅游类型划分方面，了解哪些常用的划分标准是必要的，但更重要的是如何根据自己的研究需要去选用恰当的划分标准，以及针对划分出来的旅游类型去分析其需求特点和行为特点，否则也就失去了对旅游活动进行类型划分的意义。

1.3.3 按旅游活动的组织形式划分

1．团体旅游

团体旅游是指一定数量的有着共同或相似目的的人们组织起来，以集体方式进行的旅游活动。团体旅游一次参与活动的人数一般在 15 人以上，旅游者的基本活动项目的费用按一次计算，先购买后消费，一次购买逐步消费。典型的团体旅游是旅行社组织的团体包价旅游。团体旅游是自 20 世纪 50 年代以来旅游活动中所采取的主要方式，在国际旅游和国内旅游中都广泛存在。

团体旅游是一种集体性质的旅游，通常通过旅行社组织游览活动，其优点有 4 个。第一，省时方便。旅游者的交通、食宿、游览项目及导游工作等都由旅行社负责安排，省去旅游者很多事宜，他们不必亲自为此而奔波。第二，价格便宜。参加旅游团在很多方面能够得到旅游企业的优惠，因而价格比较便宜。第三，有安全感。很多旅游者在出发前会为在旅途中购买机票、预订旅馆而发愁，尤其是在旅游旺季，以及在旅游设施较为缺乏的国家和地区，旅游者担心不能按时抵达和离开某地，不能顺利订到旅馆、饭店，因而缺少安全感。参加旅游团体，这一切都由旅行社负责安排，就会减少他们的不安全感，解除其后顾之忧。此外，参加团体旅游，由于能够得到旅行社和导游人员的照料，因而与散客旅游相比，更能保障旅游者的人身和财务安全。第四，享受导游服务。参加团体旅游项目，旅游者一般都能享受旅行社提供的导游服务，从而可以使旅游者克服语言障碍，更好地了解旅游地的文化历史、民俗风情及旅游景点的一些情况，顺利地完成旅游活动。团体旅游的缺点就是缺乏自由度，旅游日程、项目和时间的安排都由旅行社决定，单个旅游者必须服从，从而限制了个人的意志和爱好。另外，团体旅游日程安排一般比较紧张，有人认为它是一种"赶鸭子"式的旅游方式，这是很多旅游者难以接受的。最后，团体旅游参加游客比较多，个人的兴趣、爱好千差万别，在旅途中，容易发生意见分歧，进而产生矛盾和冲突，如果解决不好，会使整个旅途不愉快。

2．散客旅游

散客旅游是相对于团体旅游而言的，主要是指个人、家庭或结伴(一般不超过 15 人)，不经过旅行社或只办理委托手续，并按零星价格承办，以非团体方式进行的旅游活动。旅游者一般自己选定或安排旅游日程和旅游活动。散客旅游的特点是参与的人数少，具有明显的分散性和随意性，活动自由灵活，自主性和选择性强，旅游者能根据个人意愿安排旅游日程、路线，选择节目和内容。近年来，世界散客旅游有日渐流行的趋势。

旅游者最终选择何种旅游方式，要根据自己的具体情况而定，包括个人的经济水平、身体状况、兴趣爱好。一般来说，讲究豪华享受的高薪阶层，大都喜欢个人旅游方式，而中下层人士则喜欢参加"价格便宜"的旅游团；精力旺盛、富有冒险精神的青年人比较喜欢能给予他们更多"活动自由"的散客旅游；而中年人则把"方便"、"安全"、"省心"作为首要考虑的因素，宁愿参加团体旅游。

1.4 国内外旅游学的研究态势

1.4.1 国外旅游学的研究态势

现代旅游自 19 世纪 40 年代在英国出现以来，西方社会就开始了有关促进旅游业发展的研究。1899 年，意大利商业部长博迪奥发表的《关于意大利外国旅游者的流动与花费》一文，被公认为是把旅游作为科学研究对象进行系统理论研究的开始。我国关于旅游学的研究仅仅是从 20 世纪 80 年代才开始的。从世界范围来看，相对于其他比较成熟的学科而言，旅游学是一个相当年轻的学科。

1．国外旅游学研究的基本特征

(1) 把旅游学作为社会科学范畴来研究。现代旅游是伴随着市场经济的发展而逐渐发展起来的，旅游发展过程中所产生的各种矛盾是市场经济社会生产循环过程中必不可少的一环。因此，旅游学被纳入社会科学的研究范畴。

(2) 旅游学是比较多地通过理论途径来研究的。在任何一个社会科学门类的学术性理论研究中，各个理论层次之间存在内在的联系：基础理论—专业理论—应用理论，三者之间尽管存在一定的制约关系，但是在各自的发展过程中也存在独立运行的特性。旅游学比较多地采用了在 3 个层次上的学术性研究，注重了跨学科的综合研究。这从方法论的角度反映了旅游学具有复杂性和整体性的学科特征。

(3) 把旅游现象作为旅游学的主要对象来研究。旅游既是一种社会经济现象，又是一种社会文化现象。旅游活动与社会经济、政治、文化、艺术、科学技术等各种社会要素都有十分复杂而密切的关系，现代旅游不仅只是人们跨越空间界线的简单运动，而且是复杂而敏感的社会、经济和文化活动。旅游学研究的任务就是要建立对旅游现象的解释和预言，这种对旅游现象的解释和预言就是旅游学理论。

2．国外旅游学研究的阶段

实际上，国外旅游学的研究经历了艰难而曲折的发展历史。分析起来，大致经历了 4 个阶段。

1) 旅游学研究的起步阶段

19 世纪 70 年代，产业革命引起了欧洲社会的根本变革，形成了资本主义社会和市场经济体系，旅游条件得到了充分的改善和提高，旅游者的数量、旅游消费的规模和旅游活动的内容持续不断地增长和变化，引起了人们的关注。在这种背景下，开始了应用统计学方法研究旅游学的历史。意大利商业部长博迪奥 1899 年发表的《关于意大利外国旅游者的流动与花费》一文，不仅成为开始旅游学研究的标志，而且为人们认识旅游现象的内涵提供了范式基础。德国、意大利、奥地利和英国的学者首先从经济学的角度开始了旅游学的研究，相继出版了旅游学的著作。

2) 旅游学研究的功利性阶段

两次世界大战在改变世界政治格局的同时也改变了世界经济发展的状况，对各个国家来说，战后发展经济的意义无疑是非常重要的。在这种时代条件下，旅游学研究出现了功利性的思想：旅游的经济属性成为了普遍性的认识。1927 年，罗马大学的马里奥蒂在《旅游经济讲义》一书中将旅游现象界定为一种旅游业的经营活动，旅游业是一个劳动密集型的行业。这种思想影响了几代人对旅游现象性质的认识，几乎成为人们审视旅游现象的一种思维定势。随后，柏林大学葛留克斯曼出版了《旅游总论》一书，他在书中提出"旅游学需要从不同的学科去研究而不只是从经济学的角度考察"的观点，招致了许多旅游学研究者的批评，因而这种观点在当时并没有形成影响。

3) 旅游学研究的综合化阶段

直到 20 世纪 60 年代，因为全球化的大众旅游方兴未艾，美国、加拿大和日本等国家的学者们加入到旅游学研究中，出现了众多学科向旅游学领域广泛渗透的现象，"旅游的经济属性思想一统天下"的情况才发生了根本性的变化。1972 年，英国萨里大学的 S. 梅特利克和 A. 伯卡特出版了《旅游学的过去、现在和未来》一书，他们指出：旅游活动涉及许多领域，引起了不同学科研究者的兴趣和重视，纷纷借助某一学科的理论和方法从某一方面或某一层次揭示旅游活动的规律。这个时期，经济学、社会学、政治学、心理学、市场学、管理学、生态学、地理学、规划学、历史学、美学等学科为旅游学科的发展都做出了积极的贡献。从某种意义上说，这正体现了旅游学所要求的在更大范围内和更深刻程度上的综合和深化。

4) 旅游学研究的前学科阶段

进入 20 世纪 80 年代，旅游学研究经过 100 年的成果积淀，旅游学理论体系基本达到了"前学科"阶段。这个阶段的旅游学研究主要有 3 个明显的特点。第一，理论体系的尝试性研究比较活跃，取得了比较多的阶段性成果。美国的利珀 1981 年出版了《旅游学的发展趋势》，美国的乔威斯克 1988 年出版了《旅游学原理与方法》，英国的库珀与弗瑞奇尔 1993 年出版了《旅游学理论与实务》等，属于这类成果的典型代表。第二，旅游学的方法论研究成为热点。美国的《旅游研究年刊》1988 年编辑出版了《旅游研究的方法论》专辑，英国的斯蒂芬·J. 史密斯 1989 年出版了《旅游分析手册》等，都对旅游学的方法论进行了研究。第三，学术导向性的旅游期刊发挥了重要作用。美国的《旅游研究年刊》自 1974 年创刊以来，相继推出了《旅游社会学》、《旅游地理学》、《旅游管理学》、《旅游教育》、《国际旅游经济学》、《旅游人类学》、《旅游与政治科学》、《旅游与社会心理学》、《旅游民俗学》、《旅游与环境科学》、《旅游符号学》、《旅游社会科学》等 27 期专辑，对旅游学的"前学科"研究成果进行了阶段性总结，从 1997 年开始把专辑研究成果上升到"旅游社会科学系列丛书"的层面出版专业著作。英国的《旅游管理》也从 1997 年开始推出旅游学研究的系列专辑，从而促进了旅游学研究对象和研究内容的界定及研究方法的改进。

1.4.2 国内旅游学的研究态势

中国的旅游学研究是伴随着我国的改革开放事业而逐步发展起来的，经历了从无到有、从零散到系统、从翻译借鉴到自主创新、从肤浅到深刻的发展过程,为建设旅游学科理论体系奠定了基础。

综观国内旅游学的发展态势,可以归纳出国内旅游学研究具有4个基本特征。

1) 开展时间比较晚

1978年,我国开始实施改革开放政策,现代旅游业随之发展起来了。在这种背景下,国内学者开始了旅游学的研究工作,1982年,邓观利在天津人民出版社出版了《旅游概论》,这是国内第一本关于旅游学的专业教材;1986年,《旅游学刊》在北京旅游学院创刊,这是国内第一种研究旅游学的专业期刊。相对而言,我国的旅游学研究比欧洲晚了将近一个世纪。

2) 以翻译借鉴为主

继邓观利出版《旅游概论》之后,王洪滨、杨时进等人也出版了《旅游概论》,这些著作在编写体例、概念术语和内容表述等方面比较多地受到国外的影响,一个明显的标志是这些学者均没有将"旅游学"这个概念提出来。直到1991年,南开大学的李天元出版了《旅游学概论》,"旅游学"这个概念才第一次出现在国内的旅游学研究中。随后,出版的多本以"旅游学概论"或"旅游学"的著作,一直未能取得重大的突破。

3) 认识论的功利性倾向

从我国已经出版的旅游学教材来看,旅游学研究的内容主要建立在旅游结构论研究的基础上,也就是旅游学术界和旅游实业界普遍存在着的几种习惯说法:第一是吃、住、行、游、购、娱的"六要素"说,第二是旅游主体(旅游者)、旅游客体(旅游资源)、旅游媒体(旅游业)的"三体"说,第三是"旅游产业"说。这3种习惯说法,实质上反映了人们把旅游活动仅仅理解为经济学现象的功利性倾向。

4) 旅游学研究依赖高等旅游教育

我国旅游学研究的学者队伍主要集中在高等院校,研究成果主要体现在教材建设和学术论文中,使旅游学研究的发展深刻地打上了高等旅游教育的烙印。

1.5 旅游学学科与研究方法

1.5.1 旅游学学科概述

1. 关于旅游学学科性质

对这个问题的讨论尚未能达成一致。第一种意见认为,旅游学是一门综合性质的社会科学,涉及各个学科领域,旅游学属于社会科学。第二种意见认为,作为一门应用基础科学,旅游学的研究对象与现代旅游活动的性质和广域关联度密切相关,旅游学属于应用基础科学。第三种意见认为,旅游学属于边缘性学科。这种观点是目前国内旅游学术界的主流。例如,有的学者认为,旅游学是一门新兴的交叉边缘学科,它涉及社会学、经济学、美学、心理学、市场学、地理学、历史学、法学、文化学、医学、教育学、生态学、环境学、政治学、交通学等学科,因而具有高度的复杂性和综合性。第四种意见认为,旅游学属于综合性学科。以上争论不仅与旅游学研究的特定兴趣中心——学科主题日益清晰地突显出来的客观事实相背离，而且也不符合旅游学研究成果的功利作用越来越显著的客观事实。

旅游学作为一个独立的学科在我国至今还没有得到广泛的认可。国内旅游学术界有一个基本的共识：1991 年以前，国内是没有"旅游学"这个概念的，直到 1991 年，李天元与王连义共同主编的《旅游学概论》出版，国内才开始使用"旅游学"这个概念。

1992 年 11 月 1 日，国家技术监督局颁布了中华人民共和国国家标准 GB/T 13745—1992《学科分类与代码》，在一级学科"经济学"中设有二级学科"旅游经济学"，而且"旅游经济学"是由"旅游经济学理论"、"旅游经济管理学"、"旅游企业管理学"、"旅游事业史"和"旅游经济学其他科学"等三级学科所构成的。1997 年，教育部颁布了《授予博士、硕士学位和培养研究生的学科、专业目录》，这个学科目录中，在一级学科"管理学"中设有二级学科"工商管理"，"工商管理"是由"会计学"、"企业管理"、"旅游管理"和"技术经济及管理"等 4 个三级学科所构成的。在这个学科目录中，使用了"旅游管理"概念，并且把"旅游管理"划归为管理学的三级学科。

2．旅游学学科体系

旅游产业的发展，催生了旅游学学科，并且推动着它一天比一天更加成熟。旅游学理论体系包括两个不同的层次，一是综合层面，二是分支学科层面。旅游学主要包括 3 个研究方向，如图 1.4 所示。

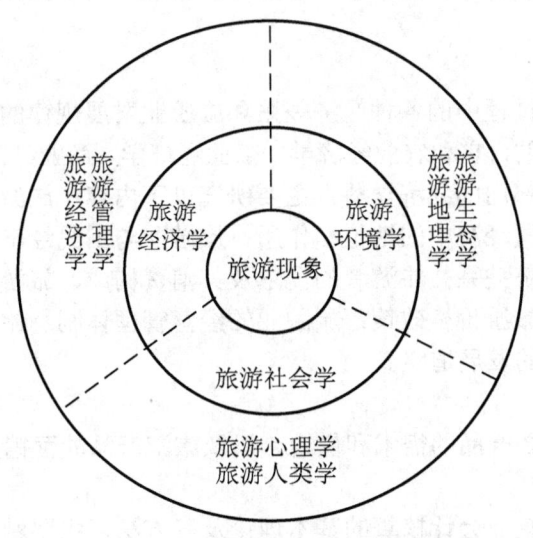

图 1.4　旅游学学科的三足鼎立模型

1) 综合层

综合层是指旅游学的基本理论，它由 3 部分组成，即概念体系、理论体系和方法论。概念体系是旅游学的基础，旅游学的基本概念主要包括旅游、旅游者、旅游学、旅游业、旅游管理、旅游产品、旅游市场、旅游经济、旅游资源、旅游设施、旅游服务、旅游动机、旅游文化等。作为一门新兴的综合研究性边缘学科，旅游学尚未形成特有的有影响力的理论，其理论主要是通过多学科的综合研究途径逐步从其他相关学科移植、渗透和融合而来的，形成旅游学的独特的理论系统，如旅游地生命周期理论、旅游可持续发展理论、旅游规划理论、旅游者行为理论等。还有方法论，不仅要运用一般的科学方法，还必须运用旅游学特有方法。

2) 分支学科层

旅游是一种综合的社会现象，旅游活动所带来的社会接触和文化交流对社会政治、文化等方面产生广泛的影响。这种影响既有积极的，也有消极的。因此，为促进旅游活动和旅游业的健康发展，必须研究旅游活动可能产生的社会文化影响，探讨旅游社会文化影响的产生机制及调控措施。主要包括下列分支学科。

(1) 旅游人类学。

旅游人类学主要研究从旅游地的居民和游客之间人际关系的角度来研究旅游地的文化现象和演变，以及这种文化现象对旅游地社会的影响。因此，可以认为，旅游人类学就是从文化和美学的角度，研究旅游地居民、社会团体、旅游开发者与旅游者之间关系的科学。

(2) 旅游心理学。

旅游心理学是以心理学知识为中心，研究人的旅游行为和心理的学科，是心理学的一个分支。其内容由两部分组成：旅游者心理和旅游工作者心理。旅游者心理研究旅游者在旅游活动中的行为及其规律；旅游工作者心理研究旅游服务心理、管理者心理、旅游设施中的心理学问题和旅游管理工作中的心理学问题。通过这一学科的研究，对于发展旅游事业、扩大旅游客源、提高服务质量、改善旅游经营管理、科学安排旅游设施和开发旅游资源等，都有重要意义。

(3) 旅游经济学。

研究旅游经济活动过程中的各种经济关系和旅游业发展规律的学科，是从整个旅游经济活动全过程进行研究的，它和农业经济学、工业经济学、商业经济学、物资经济学一样，是研究国民经济中某一部门的经济学科。主要研究以下内容：旅游业的产生和发展及其性质、特点；旅游业在国民经济中的地位和作用；旅游业与国民经济其他部门的关系及旅游业内部各企业之间的经济关系；旅游者的需求及其消费构成，旅游收入的分配与再分配；旅游市场的供求关系与旅游价格政策；旅游业的经营管理体制；旅游业的宏观经济效益与微观经济效益；旅游业的发展道路。

(4) 旅游市场学。

旅游市场学研究旅游产品的需求和供给，以及旅游产品的营销策略。

(5) 旅游会计。

旅游会计研究旅游企业会计核算的基本理论及其方法，主要结合旅游饭店、旅行社、景区和旅游公司的实际业务，阐述如何运用会计基本理论来进行账务处理。

(6) 旅游统计。

旅游统计是研究旅游经济现象总体的数量特征和数量关系的方法论科学，是旅游经济学和统计学的交叉学科，也是统计学的理论与方法在旅游经济中的具体运用。

(7) 旅游管理学。

随着旅游活动和旅游业的发展，旅游管理也越来越重要，越来越复杂，旅游管理便成为旅游学研究的一个重要方向。旅游管理包括旅游行业管理和旅游企业管理，它以管理学的理论为基础，探讨旅游活动和旅游业的管理理论和管理方法。具体包括下列分支学科：旅游组织、旅游政策法规、旅游行业标准和质量管理、旅游饭店管理、旅行社经营管理、旅游交通管理、旅游风景区经营管理、旅游信息管理、旅游电子商务等。

(8) 旅游环境学。

现代旅游业的蓬勃发展在给人们的生活带来巨大满足的同时，也对旅游目的地和旅游依托地造成了一系列严重的环境影响。研究解决旅游业发展面临的旅游资源保护、旅游生态建设和旅游业可持续发展问题。主要包括下列分支学科。一是旅游生态学，运用生态学的基本原理和方法，研究人类旅游活动过程与其环境相互作用、相互影响的内在规律及其调控的一门生态学分支学科。具体来讲，旅游生态学主要是研究人类旅游活动对旅游区及其周边地区的生态环境和生物多样性的影响，以及旅游环境对游客身心和行为的影响。同时，旅游生态学也研究旅游资源的保护与开发、生态规划、生态建设、生态管理及其可持续利用等方面的内容。二是旅游地理学，研究人类旅行游览与地理环境关系的学科，旅游地理学不仅同地理学的许多分支关系密切，而且与社会学、民俗学、考古学、历史学、建筑学、园林学、经济学彼此渗透，因而它又是一门边缘学科，它具体又包括下列分支学科：旅游资源学、旅游景观学、旅游规划、野外旅游探险考察等。

旅游学是一门正在形成的学科，随着旅游实践活动的不断深入，新的问题需要科学认识和解释，旅游学与其他学科的交叉渗透也会产生新的研究领域，旅游学要达到理论体系和学科体系完整的成熟还要经历一段过程。因此，旅游学界尽快确立旅游学的理论体系，逐步建立与完善旅游学的科学体系，无论对于旅游实践还是旅游理论，都具有十分重要的意义。

1.5.2 旅游学研究的基本方法

根据旅游学的研究对象、研究内容及学科性质，结合国内外旅游学研究者提出来的基本方法，本书认为，旅游学的研究必须注意以下 4 种方法。

1. 系统分析的方法

系统分析的方法就是从系统的观点出发，着重从整体和部分、内部和外部之间的相互联系、相互制约的关系中综合地、精确地考察研究对象，以达到最佳目标的一种研究方法。将这种方法应用于旅游学的研究，要求把旅游学看成一个有机的、完整的系统，相应地把旅游活动也看成一个由各方面因素组成的、相互联系和影响的有机统一体。在研究过程中，对旅游活动内部要看到旅游者、旅游吸引物和旅游业之间相互作用、相互制约的关系；在旅游活动外部，也要看到其与经济、社会文化、环境之间相互作用、相互制约的关系。同时，在研究旅游学过程中，还要避免用静止的观点看问题。旅游学的研究内容本身是在不断发展变化的，影响旅游活动的各种因素也在不断地发生变化，因而旅游学的研究内容也处在不断地发展变化之中。要用历史的发展观点看问题，不仅要研究旅游的过去和现在，而且还要研究旅游的趋势和未来。在研究过程中，要注意一定社会、一定阶段的旅游所处的社会历史环境，要紧密联系一定的社会生产力水平和一定社会的生产关系，并把它们放到一定的历史条件下去考察。只有这样，旅游学研究才有可能获得科学的正确结论。

2. 理论分析与实际调查相结合的方法

旅游学是一门发展中的学科，它相对于经济学、管理学、社会学、文化学、地理学等学科而言具有不成熟性。因此，在研究过程中，既要认真学习这些相关学科的基本原理和基本方法，又要认真吸收旅游学研究过程中所取得的科学成果，更要将理论和实践结合起来，充分重视旅游的实践活动，注重调查研究。由于这门学科研究的历史不长，尤其在我国，只是20世纪90年代初期才开始的事，因此，有必要加强对旅游发展过程中的新特点、新经验、新问题进行调查分析。只有这样，才能不断丰富旅游学的内容，推动旅游学理论的发展与成熟。

3. 定性分析与定量分析相结合的方法

定性分析与定量分析相结合的方法，是科学研究领域中的基本研究方法之一。对旅游学基本问题的研究，除了要进行定性分析以外，一定要进行定量分析。例如，旅游目的地的最佳游客接待规模、旅游从业人员的最佳结构、旅游企业的生产效率、旅游资源的开发与保护、旅游目的地的环境质量、旅游业对国民经济发展的贡献率等，都是需要定量研究的问题。因此，旅游学的研究，必须充分收集和分析有关的数据资料，科学地确定旅游活动之间的量化关系，在质和量统一的基础上获得正确的结论。

4. 多学科综合研究的方法

现代科学发展的一个显著特点是自然科学与社会科学相互交叉和渗透，以及自然科学与社会科学内部的各门学科之间的相互交叉和渗透。这种发展的必然结果是产生了许多边缘学科。这些边缘学科的产生，也为自然科学和社会科学中各门学科的研究提供了许多新的非常有效的工具。例如，旅游业实践过程中对地理信息系统(GIS)的推广和应用，为旅游目的地环境承载力的测定、旅游者流量与流向的分析、旅游区接待能力预警系统的运行等提供了信息收集与分析处理的工具。

旅游学是一门涉及内容广泛的学科，旅游学的研究要求综合运用人类学、社会学、心理学、哲学、文学、法学、生态学、地理学、市场学、体育科学、教育学、政治学、管理学、经济学、统计学、运筹学、信息技术、系统工程等多学科的知识。这些学科的发展与综合应用，为旅游学的研究提供了十分有利的条件。

本章小结

本章作为旅游专业课程学习的起点，首先介绍旅游的定义，然后以旅游活动的各种现象为切入点，研究旅游的本质和特征、基本类型及旅游活动的构成，最后阐述了旅游学学科体系的基本框架。

旅游是人们为了休闲、商务或其他目的离开他们的惯常环境，去往他处并在那里逗留连续不超过一年的活动。旅游的本质包括消费属性、休闲属性和社会属性。旅游的特点具有综合性、文化性、异地性、短暂性和流动性。

第1章 绪 论

旅游活动由旅游者、旅游资源和旅游业构成了"三体说",由资源、环境、文化、科技和金钱组成了"新六要素"。旅游活动具有有普及性、持续性、地缘性、季节性、脆弱性和综合性的特点。

旅游活动按地理范围划分为国内旅游和国际旅游;按内容划分为观光旅游、度假旅游、文化旅游、宗教旅游、商务旅游、购物旅游、生态旅游和专项旅游等;按组织形成划分为团体旅游和散客旅游。

作为一门综合性的尚在发展中的新兴学科,旅游学是以研究旅游主体、旅游客体和旅游媒体及其相互关系为核心,研究旅游活动发展规律的学科。目前旅游学主要包括旅游经济学、旅游社会性和旅游环境学3个研究方向。

关键术语

旅游　旅游的特点　旅游类型

复习思考题

一、填空题

1. 旅游是一种基于人自身的需要,而产生的一种普遍的_____现象。
2. 传统旅游的六要素是指_____、_____、_____、_____、_____、_____。
3. 现阶段旅游活动的"新六要素",即_____、_____、_____、_____、_____、_____。

二、简答题

1. 旅游的本质属性是什么?
2. 旅游活动有哪几种基本类型?
3. 旅游活动的特点是什么?
4. 旅游学的研究对象是什么?

三、名词解释

旅游　旅游业

四、案例分析

旅游关注——太空旅游离我们究竟有多远

"这将是我生命中最美妙的一段经历,在失重中挑战自己的生理、情感和智力,从太空中遥望我们美丽的地球,人生还有什么比这更有意义的?"美国富翁奥尔森在出发前对记者说。为了这一天,这位60岁的老人,不仅支付2 000万美元的"搭车费",还经历了累计达500小时的魔鬼式训练。在奥尔森乘坐飞船升空时,前来送行的女儿克里斯特塔用数码摄像机记录下历史的瞬间,她激动地对记者说:"我真嫉妒他,刚才他还在我的身边,现在却置身地球之外，天哪，太难以置信了！"是啊！有多少人因为羡慕而充满了期待。而这期待的人中，一位姓蒋的深圳市民已付出了100万元人民币的报名费。

1. 太空游：一个天才的狂想

"在一个地方住得久了，总是希望能挪挪窝，即便挪不了，也会偶尔幻想一下，画饼充饥。"许多连国门都没有迈出过的普通游客只能这么说。可地球上就有这么3个人，以2 000万美元为代价，真的把自己的窝暂时挪到太空上。他们身体健康、精神正常，对生活的热情让人发高烧。他们当中，有一个是富翁，另一个也是富翁，第三个还是富翁。一位评论家对此评论说：我们要向经营太空旅游项目的公司致敬，是他们天才的狂想，让只会在科幻片前惊呆的人类开始成为了科幻片的主角；但我们更应向努力把太空游平民化的公司致敬，因为地球上80%的居民都是平民。而美国航空航天工业前景研究委员会的一份报告称：太空游将是本世纪一大热点产业，市场需求不可限量，如果价格合适，"要求上天的人会和去公园闲逛的人一样多"。面对巨大商机，各航天大国自然不会轻易错过。

近年来，国外已有多家公司描绘着未来太空旅游的蓝图，考虑在今后20年内筹划建造亚轨道飞行器、轨道旅馆以及地月游船等。美国"太空历险"公司2002年7月宣布，计划在2005—2006年间，以小型火箭飞机进入太空旅行。每名游客只需花98万美元，就可以和1名机师一起搭机，飞上100千米高空漫游1小时。旅客在这期间可以体验失重状态，由太空俯瞰地球的景致。而亚特兰大太空工程公司董事长约翰·奥兹进一步指出，太空旅游价格起码得降到5万～10万美元一次，才能让大众接受。他认为未来的"太空巴士"每次应坐20人左右，而非像现在那样，由一个富翁包机。俄罗斯一家公司则向公众展示了全球首架可以重复使用的太空旅游飞船模型，这是人类历史上首次专为旅游设计的旅游飞船。在日本，世界首家"太空旅游俱乐部"和策划未来太空旅游具体事宜的世界首家太空旅游旅行社已经开张，计划耗资6.28亿美元设计建造一艘可重复使用的太空旅游飞船"旅行者号"。

针对"太空旅游"引发的热潮，"神五"总指挥袁家军在接受采访时乐观地预计，20年后中国人有望实现"太空旅游"。袁家军说，目前中国的空间技术商业化还没有形成一个很好的机制，随着技术的发展，空间技术的商业化对中国的载人航天事业发展会起到很大的推进作用，随着载人航天国际商业开发步伐的加大，预计在今后20年时间内，太空旅游的发展会越来越快，20年后中国人也将有望实现"太空旅游"。

2. 太空有什么好玩的

去太空能"玩"什么？(见图1.5)这是很多人关注的问题。中国空间技术研究专家庞之浩虽然是"纸上谈兵"，但却一语道破"天机"。庞之浩说，由于没有大气层遮挡，太空和地面环境差别巨大，空间站内的游客可以分外清晰地欣赏璀璨星空，或用天文仪器对天体发出的可见光和射线进行地面所无法实现的全波段观测。而故乡地球则以轮廓线格外分明、色彩鲜活深邃的全新形象，不分上下左右地映入眼帘，令人无限眷恋。由于空间站高速绕地飞行，因此，每隔90分钟便可经历一昼夜的变化。此外，在微重力作用下，空间站内的人和所有未固定物品都能飞来飘去，文弱的人可像大力士般举起质量很大的物体，或轻易地凌空使出"旋风腿"等绝招。

图1.5 人在太空中

除了旅游观光之外，现在已去过太空的3个游客，有两人带有特殊的使命。据悉，奥尔森在进入空间站的第一天，就同另外两名新"到站"的宇航员一起熟悉紧急逃生路线，以防意外。奥尔森整个太空游为期11天，他先是要在"联盟号"飞船内度过两天的飞行路程。在抵达目的地国际空间站后，奥尔森便迎来此行最精华的部分——在国际空间站与宇航员们同吃同住达8天，并围绕地球飞行120圈，总里程超过300万英里(1英里=1.609 344千米)。拥有材料学博士学位的奥尔森要进行10项科学试验，其中包括晶体培养和地球大气湿度测量等。

而第二位登上太空的28岁的南非人马克·沙特尔沃思，并不喜欢人家把他看成仅是一个太空游客。他自称自己是一个十足的宇航研究员，并且在太空进行一系列的实验。实验中最重要的一项，就是寻找抗艾滋病疫苗。其中包括用蛋白质研制抗艾滋病疫苗等，希望通过这些实验来提高人体器官的免疫力。沙特尔沃思自豪地表示，这些实验对全人类都具有重大意义，而对他的祖国南非来说，那里的艾滋病防治形势更为紧迫，人们所受的痛苦也更多，他希望此次太空之旅能够帮助自己的祖国战胜艾滋病。

3. 一个不易实现的梦想

2 000万美元的票价，无疑是世界上最昂贵的"门票"。有报道称，太空旅游之所以昂贵，是由于目前高昂的航天运输费用造成的，无论是美国的航天飞机还是俄罗斯"联盟"型飞船，把每千克有效载荷送上近地轨道的成本都在2万美元以上。此外，配合航天飞机和飞船发射、跟踪联络及再入返回等地面设施的费用也不低。

如果价格降不下来，太空旅游的普及就无从谈起。不过世界各国也一直在想方设法降低太空活动的费用，美国、俄罗斯、欧空局、日本、印度等国家和组织，正在发展可完全重复使用的航天运载器技术，希望能把航天运输价格降低到目前美国航天飞机的1/10甚至1/100，这给梦想实现太空旅游的人带来了新的希望。

太空旅游的安全性，一直是科学界探讨的问题，由于火箭、飞船(本身)及其操作过程十分复杂，因此存在一定的危险。虽然航天科学家和工程师们长期以来为此花费了许多心血以提高可靠性和安全性，对火箭、飞船的研制、生产和操作运行制定了一系列严格的规范措施，并在实践过程中不断地加以改进完善，但还是免不了灾难事故的发生。

除经济实力外，身体也是一个重要因素，太空游需要"身体健康，18岁以上，独立责任行为人，无心脏病、高血压、传染性疾病、精神疾病等重大疾病；不构成飞行安全隐患，对飞行器和其他人员无破坏或伤害倾向；参加报名无不良用意；个人具备良好道德修养，注重社会公德"的条件。接受严格体能测试后，合格者要在美国或俄罗斯接受为期几个月的训练。

4. 中国首位准太空游客将露面

据美国太空探险公司中国代理方、香港太空旅游有限公司总裁蒋方证实，奥尔森回到地球后，将于 2005 年 10 月 19 日和美国太空探险公司 CEO 一起到北京。由于恰逢中国"神六"上天，奥尔森希望能有机会与宇航员会面，与他们面对面交流太空感受，他还表示，自己非常关心中国的航天事业发展。

值得关注的是，据透露，此前被报道的首位花百万元人民币游太空的中国报名者、深圳的蒋先生，也会一起在北京首次露面。此前，美国太空探险公司和香港太空旅游有限公司在深圳签订合作协议。"太空旅游"正式在中国揽客。

这个合作项目首先以组团的形式开发"拓展团"，十几个人为一个团，在美国进行为期 16 天的太空文化考察，进行地面太空训练项目，参观宇航局航天发射中心。团内每个人所需的费用为十几万元人民币。据美国太空探险公司透露，要真正体验轨道飞行并到国际空间站生活至少要花 2 000 万美元。据中方合作公司介绍，太空游保险费用也十分惊人，所有中国游客都将在美国本土上保险，如出现意外，赔偿金也将会高达上千万美元。

(资料来源：http://www.chuguo.cn.)

问题：
1. 你认为太空旅游能实现吗？
2. 太空旅游需要哪些基本条件？

第2章 旅游的起源和发展

教学目标

通过本章学习，了解旅游起源的时间及背景；掌握中国旅游发展的各个阶段及发展概况；理解世界旅游的发展阶段及其主要特点。

教学要求

知识要点	能力要求	相关知识
旅游的起源	能正确认识旅游产生的基础条件	旅游产生的时间 旅游产生的基础条件
中国现代旅游的发展	能客观分析当今中国旅游业发展现状	中国现代旅游业的发展阶段 各个阶段的发展概况
世界近代旅游的发展	能将近代旅行社和现代旅行社业务进行客观的比较	工业革命对近代旅游发展的影响 托马斯·库克和近代旅游业的诞生
世界现代旅游的发展	能根据现代旅游发展的原因分析当前一些旅游现象	世界现代旅游发展的原因 世界现代旅游发展的特点

导入案例

国务院对《全国年节及纪念日放假办法》作出修改

根据《国务院关于修改〈全国年节及纪念日放假办法〉的决定》，2008年1月1日起我国施行新的《全国年节及纪念日放假办法》，全体公民放假的节日：新年，放假1天(1月1日)；春节，放假3天(农历除夕、正月初一及初二)；清明节，放假1天(农历清明当天)；劳动节，放假1天(5月1日)；端午节，放假1天(农历端午当日)；中秋节，放假1天(农历中秋当天)；国庆节，放假3天(10月1日、2日及3日)。部分公民放假的节日及纪念日：妇女节(3月8日)，妇女放假半天；青年节(5月4日)，14周岁以上的青年放假半天；儿童节(6月1日)，不满14周岁的少年儿童放假1天；中国人民解放军建军纪念日(8月1日)，现役军人放假半天。少数民族习惯的节日，由各少数民族聚居地区的地方人民政府，按照各该民族习惯，规定放假日期。

(资料来源：http://news.163.com/07/1216/12/3VR7D3070001124J.html.)

问题：
1. 新的节假日制度的实施，对我国旅游者出游会产生什么影响？
2. 新的节假日制度的实施，对我国旅游业发展会产生什么影响？

旅游是一个历史范畴，是社会生产力发展到一定程度、人类社会发展到一定阶段的必然产物，并随着社会生产力的发展、人类社会历史的演进而不断地发展变化。那么，旅游是何时产生的？如何产生的？产生以后又是怎样发展的？这是旅游研究中首先要探讨的问题，更是本章着重阐述的内容。

2.1 旅游的起源

2.1.1 旅行的产生

旅行是社会生产力发展到一定阶段的产物，是随着社会大分工的深入，商品经济的繁荣发展和社会秩序的相对稳定而产生的。

在原始社会的新石器时代中期之前，由于社会经济条件所限，这一时期的人类客观上既无开展旅行的物质基础，主观上亦无外出旅行的愿望。当然，这一时期人类也有从一个地方到另一个地方的活动，但这些活动都是因某种自然因素(如天灾)或特定的人为因素(如战争)而被迫进行的，完全都是出于生存的需要，远远算不上现今意义上的旅行和旅游。

到了原始社会末期，生产力的进步和社会经济的发展促使手工业日渐形成专门性的行业，并最终从家庭生产中分离出来，人类历史上的第二次社会大分工(手工业同农业和畜牧业的分离)也因此出现。之后，随着生产分工和交换范围的扩大，到了原始社会瓦解和奴隶制社会开始形成之时，专门从事经商贸易的商人开始出现，这便是人类历史上的第三次社会大分工——商业从农、牧、手工业中分离出来。社会分工的发展使得不同产品交换的地域范围不断扩大，基于这一发展，人们需要了解其他地区的生产和需求情况，需要到其他地区去交换自己的产品或货物，因而也就产生了外出旅行的需要。因此，人类最初的外出旅行远非休闲或度假目的，而是出于产品交换、经商贸易或扩大对其他地区了解与接触的需要而促发产生的一种经济活动。因此，联合国世界旅游组织(United Nations World Tourism Organization，UNWTO)在其有关的研究报告中明确指出："在最初的年代中，主要是商人开创了旅行的通路。"

阅读案例 2—1

美洲土著居民——印第安人

印第安人(Indians)是美洲土著居民。此人种分布于南北美洲各国，属蒙古人种美洲支系。印第安人以前曾称为红种人，因为他们的皮肤经常是红色的，后来才知道这些红色是由于习惯在面部涂红颜料所给人的错误认识。研究者认为，印第安人的祖先可能是在大约两万年前从亚洲渡过白令海峡到达美洲的，或者通过冰封的海峡陆桥过去的。他们与亚洲同时代的人有某些相同的文化特色，如用火、驯犬及某些特殊仪式与医疗方法等。印第安人经过两万多年的分化，产生了许多不同的民族和语言，在历史上曾建立过 4 个帝国，最重要的是中美洲的阿兹特克帝国和南美洲的印加帝国，发明过玛雅文字，在天文学方面的造诣也相当深，为世界提供了玉米、番薯、西红柿、烟草、可可等作物。由于殖民者迫害和杀戮印第安人，毁灭印第安文化，致使现在残存的印第安古代文明材料已经不多。

(资料来源：张超广. 旅游学概论[M]. 北京：冶金工业出版社，2008.)

2.1.2 游览活动的出现

旅行是旅游的凭借和形式，游览才是旅游的核心与内涵。因此，在考证了旅行的产生后，就需对游览活动的出现再做探索，因为这是旅游产生不可或缺的重要因素。

原始先民在生产劳动过程中逐渐产生审美意识。审美意识产生以后，伴随社会实践的发展以及人类思维的发达，审美对象也日益丰富起来，一些与人类生产生活直接相关或间接相关的事物与对象，开始逐渐进入人类的审美领域，从而为游览活动的萌芽与产生提供了必要的主客观条件。随着社会历史的发展和人类自身的进化，出于审美需要目的消遣、娱乐及享受人生价值的游览活动开始出现，当然这种活动可能发生在常住地，也可能发生于异地。当个体的游览活动以旅行的方式偶尔地、不经常地出现在异地时，旅游便萌芽了；当个体的游览活动以旅行的方式出现在异地且成为一项经常性的活动或现象时，旅游就产生了。

2.1.3 旅游的产生

现代意义上的旅游是从古代旅行发展而来的，这一观点已达成共识。但是作为一种活动或现象的旅游又是何时出现的呢？旅游既不是有人类就有的，也不是近代社会(或市场经济)的产物，而是社会生产力发展到一定阶段，人类意识、精神需求发展到一定程度的必然产物，是异地游览活动与旅行相孕育的产物。旅游是人类自身进化和在社会发展过程中产生的，其基础条件是人类意识的发展、精神需求的提高和社会、经济、文化等的发展与进步。为此，可以断言：旅游的产生应该是在原始社会末期。虽然这一时期的旅游活动规模小，参与人数少，社会影响不大，尚未成为一种普遍的社会现象。但这并不影响旅游活动已经产生的事实。

2.2 我国的旅游发展

我国的旅游活动自原始社会末期起源之后，经历了古代旅行与旅游(19世纪40年代之前)、近代旅游(19世纪40年代至第二次世界大战结束)和现代旅游(第二次世界大战结束后至今)3个阶段。

2.2.1 中国古代的旅行与旅游

中国古代旅游是指1840年鸦片战争以前的各时代的旅游活动。古代中国旅行与旅游历史的发展大体可分为两个时期，即神话传说时期和信史时期。

《诗经》、《山海经》和《史记》等古籍中，均记载了我国先民的旅行活动。传说中的华夏始祖黄帝是一个性好远游、足迹遍天下的古代帝王，他"披山通道，未尝宁居"、"迁徙往来无常处"的旅行活动的传说在《史记·五帝本纪》中已有记载。而大禹治水，居外13年，为踏遍山水地理，走遍大半个中国，吃尽千辛万苦，"三过家门而不入"的事迹更是妇孺皆知。尽管神话传说不能完全据为信史，古代先民为了谋取生活资料，或因其他原因的迁徙与旅行和现代意义的旅游也有本质区别，但它却揭开了中华民族旅游历史的扉页。

信史时期又可依次分为奴隶社会时期和封建社会时期。

1. 中国奴隶社会的旅行

中国奴隶制社会时期，旅行发展的情况同西方奴隶社会旅行发展的情况基本相同。在商代，生产工具和生产技术的进步及新的社会分工使得效率空前提高，从而也使商朝成为中国奴隶社会经济繁荣时期。剩余劳动产品的增加和以交换为目的的商品生产的扩大，加之商人阶级对生产和流通的促进，使商品经济得到很大发展。夏代发明的航舟车到了商代更加普及和进步，牛马等大牲畜也普遍用于交通运输。因此，这一时期商代商人的足迹从东北到渤海沿岸乃至朝鲜半岛，东南达今日浙江，西南达到今日之皖鄂乃至四川，西北达到了今日之陕甘宁甚至远及新疆……到春秋战国时期商业活动有了更大的发展，出现了许多大商人，他们负货贩运，周游天下。

2. 中国封建社会的旅行

在中国长达两千多年的封建社会中，特别在各统一朝代期间，由于社会政治安定，社会经济有了很大发展。无论是以都江堰和灵渠为代表的水利工程技术和由此而带来的农业生产的进步，还是后来在手工业的发展，都使得近代以前的中国在社会经济方面领先于西方世界。社会的安定与经济的繁荣为封建社会时期的旅行活动发展奠定了新的物质基础。

旅行和交通是密不可分的。水陆交通的便利是中国古代旅行和旅游得以顺利发展的重要物质基础。水运交通在中国有着悠久的历史，早在春秋时期便有水运的记载，水运交通一直是中国封建社会时期重要的交通方式。隋代在发展水路交通方面贡献最大。隋文帝时期首先开凿了山阳渎，打通了淮水连通长江的水路。隋炀帝时期，又相继开凿了通济渠、邗沟、永济渠和江南河，从而构成了连通华北与江南的运河网，由此水路交通日盛。同时，陆路交通也在不断发展。秦朝修建了驰道、直道和五尺道，形成了以咸阳为中心、四通八达的道路网。隋代开凿的京杭大运河如图 2.1 所示。秦以后历代的驿站制度不断完善，推动了道路建设不断有新的发展。到清朝时，驿站的设置范围已扩展到外蒙古、新疆和西藏地区。

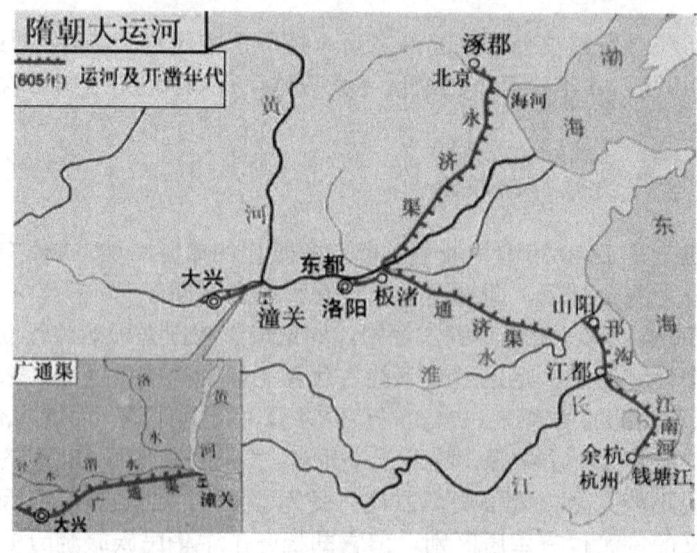

图 2.1　隋代开凿的京杭大运河

社会经济和交通的发展为我国封建社会时期旅行活动的发展提供了必要的经济基础和物质条件。在这一时期中,各种非经济目的旅行也在不断扩大,主要包括历代帝王为宣扬权威而巡视四方的"帝王巡游";历朝官吏为执行政治、经济与军事任务而出使各地的"宦游";文人学士游历四方的"士人漫游";宗教信徒的修行问道的"云游";各民族喜庆节日的"佳节庆游";一些专家、学者为求证真理、探索客观世界而进行的学术考察旅行。但是当时最为常见并且数量最大的,仍然是商人的商务旅行。

阅读案例 2-2

秦始皇巡游天下

历史证明,历代封建帝王大规模的巡游之风,是从秦始皇(公元前 246—前 210 年)开始的。公元前 221 年,秦始皇平定六国,第二年便开始外出巡游。10 年中他 5 次大巡游,西到流沙,南到北户,东至东海,北过大夏,走遍了东西南北四方。公元前 220 年第一次巡游,秦始皇从咸阳出发,沿着渭河河谷,一直走到陇西(今甘肃临洮)。返回路上向北行到泾水上的北地(今甘肃庆阳)。公元前 219 年第二次巡游,秦始皇东行,到山东邹县的峄山刻石纪功,登泰山祭祀封禅,到烟台芝罘岛,沿渤海向东到成山头,向南到琅邪郡(治所在今山东胶南县西南夏河城),又南行到彭城(今江苏徐州),在泗水寻找周朝的九鼎。又南行过淮河到衡山,至汉水经南阳返回。公元前 218 年第三次巡游,秦始皇又向东游,经河南、山东到芝罘、琅邪(今琅邪山),沿漳水从上党回来。公元前 215 年第四次巡游,秦始皇到河北的碣石(今河北昌黎北)。公元前 210 年第五次巡游,秦始皇南下,出武关,沿汉水到湖北的云梦,乘船沿长江东渡到丹阳(今安徽当涂东),再到钱塘(今浙江杭州),又渡浙江到会稽(今浙江绍兴)祭大禹陵。而后北上琅邪、荣城、芝罘。秦始皇大规模的巡游活动,主要是颂扬自己的功绩。在他的 5 次巡游中,有 4 次在 7 个地方立巨石刻字建碑,记述他统一天下,利泽长久,"皇帝之明,临察四方"。

(资料来源:《当代中国》丛书编委会. 当代中国的旅游业[M]. 北京:当代中国出版社,1994:4.)

3. 中国古代旅游的特点

中国古代旅游除了具有世界古代旅游时期的共同特点外,还具有自身的特色。

1) 文化色彩浓厚

中国封建社会漫长而文化灿烂,不像西欧中世纪社会那样黑暗愚昧,所以同古代西方社会相比,中国古代旅游活动更加丰富多彩,以过年过节为主题的观赏风俗、探亲访友的旅游类型多种多样。

2) 来华旅游者人数众多,出国旅游者较少

封建时代的中国政治安定、文化发达,科技先进,远远领先于西方。外国使者、商人、学者、僧侣来华旅游络绎不绝。唐朝时日本先后 19 次派遣唐使来中国学习,吸收唐朝文化,每次使团少则一二百人,多则五六百人。当时西亚一带的商人来华经商的也不在少数。

3) 交通工具先进,道路邮传和馆舍制度完善

中国古代交通工具先进,道路邮传和馆舍制度完善,为中国古代旅游的发展奠定了良

好的物质基础。至宋元时期,指南针用于航海,航海技术和造船技术高度发达。先秦时期中国已有官立的馆舍制度,至魏晋更有进一步发展。宋朝时旅馆业又有新的特点,出现了带文学色彩、广告性质的店名,如熙熙楼——"天下熙熙,皆为利来;天下攘攘,皆为利往",表示生意兴隆。交通和旅馆业的发展水平,充分反映了中国古代旅游活动的规律和状况。

2.2.2 中国近代的旅游

1840年鸦片战争后,列强凭借坚船利炮打开了中国的大门,中国逐渐沦为半殖民地半封建的社会。这个时期中国的旅游活动也明显带有半殖民地半封建的烙印。

一方面,随着殖民主义者政治、经济和文化的入侵,大批资本主义国家的商人、传教士、学者和冒险家纷纷来到我国。一时间,古老、神秘的东方古国中国成了外国冒险家的乐园。这一时期外国人来华旅行和旅游与帝国主义的殖民侵略活动紧密相连,许多人选择中国的名胜之地,如庐山、北戴河、青岛等地建造别墅供自己消遣享乐。

另一方面,中国人出国旅行的人数也大大增加,其中有的是出国考察游历的旅行者,有的是出国留学的留学生。鸦片战争后,清朝统治阶级中的一些有识之士提出"师夷之长以制夷",主张解放思想,打开眼界。从19世纪40年代开始,有不少人到欧美等地游历和学习,他们还著书介绍西方的政治、经济、历史和科学技术。18世纪70年代,清政府推行"洋务运动",先后派出大批留学生去欧美学习,这种出国留学热潮一直延续到19世纪末20世纪初,至1906年中国出国留学生已达8 000多人。

与此同时,一些外国的旅游企业也纷纷侵入中国,抢占和瓜分中国市场,如英国的"通济隆"、美国的"捷运"、日本的"国际观光局"等先后在上海、天津、广州等地设立代办机构,包揽中国的旅游业务。这些对于旅游活动和旅游业的发展客观上起了推动作用。20世纪20年代,中国近代旅游业在上海诞生。1923年8月,上海商业储蓄银行总经理陈光甫(见图2.2)创办了上海商业储蓄银行旅行部,专门经营旅游业务,为出游者安排行程及办理各种手续事宜。1927年6月,旅游部从上海商业储蓄银行中独立出来,成立"中国旅行社"。这是中国设立最早、规模最大的一家旅行社。在中国旅行社成立与发展的同时,中国还出现了许多类似的旅游组织,如铁路游历经理处、公路旅游服务社、浙江名胜导游团等。1935年以后,社会团体方面也相继成立旅游组织,如中国汽车旅行社、精武体育会旅行部、现代旅行社、萍踪旅行团等。

图2.2 创办中国第一家旅行社的陈光甫
(资料来源:历史千年网站. http://www.lsqn.cn.)

近代时期的中国,除了出现旅行社外,在旅游资源开发方面,也曾利用外资在庐山、北戴河、莫干山等地设了避暑区。

这些旅游企业虽然刚刚起步,规模不大,实力较弱,但旅游开始纳入有组织的企业经营范畴,标志着一个新兴产业中国近代旅游业的产生。

2.2.3 中国现代旅游的发展

1949年中华人民共和国成立，揭开了中国现代旅游的新篇章。综观中国现代旅游业60余年的发展历程，我国现代旅游业的发展大致可划分以下4个阶段。

1．初创阶段(1949—1957年)

这一时期，中国旅游业发展的主要任务是增进我国与世界各国人民的了解和友谊，宣传我国的社会主义制度。

新中国旅游业是以华侨服务社和中国国际旅行社两个旅游机构的建立为诞生标志的。1949年11月19日，厦门市军管会接管了旧华侨服务社，并进行整顿，于同年12月正式创立了新中国第一家国营华侨服务社。到1956年，全国已有十几个城市相继成立华侨服务社。虽然各地华侨服务社是为了满足华侨和侨眷出入国境旅游等需要而产生的，它以服务华侨为宗旨，不以营利为目的，但是它们为开创新中国旅游业奠定了基础。为了适应外交和旅游形势发展的需要，经周恩来总理提议和当时的政务院批准，中国国际旅行社(简称国旅)于1954年4月15日正式成立，这是新中国第一家经营国际旅游业务的旅行社。中国国际旅行社成立时性质为"国营企业"，当时的主要任务就是做好政治接待。与此同时，随着经济建设和外交工作不断开展，海外华侨和港澳同胞回国探亲、观光人数日益增多，原地方性华侨服务社已不能适应新形势的需要。1957年4月22日，经国务院批准，中国华侨旅行服务总社在北京成立。与新中国成立初期的华侨服务社相比，这个时期的华侨旅行服务总社发生了很大变化：第一，在全国形成了一个统一的旅游服务网；第二，业务上从以接待为主拓展到以宣传、组织、接待等旅行社基本业务为主。华侨旅行服务总社的成立标志着中国旅行社业务的发展进入一个新的历史阶段。

2．开拓阶段(1958—1965年)

1958—1965年是中国旅游业的开拓阶段，它的标志是中国旅行游览事业管理局的成立。1964年7月22日，全国人大常委会批准成立中国旅行游览事业管理局(简称旅游局)，作为国务院直属机构。其主要任务：负责对外国自费旅游者的旅游管理工作；领导各有关地区的国际旅行社和直属的服务机构的业务，组织我国公民出国旅行；负责有关旅游的对外联络和对外宣传工作。国务院还明确规定，发展我国旅游业的方针和目的，首先是为了宣传我国社会主义建设的成就，扩大对外政治影响，学习各国人民的长处，加强和促进同各国人民之间的友好往来和相互了解；其次才是通过旅游业为国家增加外汇创收，积累资金。以上情况表明，这一阶段我国发展旅游业的动机仍然是以政治动机为主。但中国旅行游览事业管理局的成立和发展旅游事业方针政策的制定，标志着中国现代旅游业开始走上轨道。旅游局这一负责管理旅游工作的政府机构的成立，为我国旅游业的发展提供了很大动力。1965年，国旅接待外国团体和零散旅游者达21 235人次，是建社以来接待人数最多的一年，相当于1964年的4倍，旅游收入超过200万美元。我国旅游业出现了开拓前进的良好局面。

3．停滞阶段(1966—1977年)

20世纪60年代中期，现代大众旅游迅速普及于世界各地，并得到高速发展，而我国正值"文化大革命",旅游业遭到了严重干扰和破坏。由于推行极"左"路线,认为"旅游就是资产阶级生活方式",我国现代旅游业的发展受到猛烈冲击。大部分地方华侨旅行服务社被撤销或被合并,到 1969 年,华侨旅行服务总社也被撤销。至此,中华人民共和国成立后发展起来的华侨旅行服务系统已不复存在。与此同时,旅游设施被破坏,旅游经营管理规章被废弃,旅游系统干部职工或被下放,或被批斗。另外,对来华旅游者在"政治上强加于人",要他们同农民"同吃、同住、同劳动",强令他们承认"中国是世界的革命中心"。凡此种种,不但使新中国旅游业陷于瘫痪,而且也大大损害了我国的国际形象,使海外侨胞爱祖国爱家乡的热情受损,国际旅游者来华旅游动机削弱,每年来华外国旅游者骤减至三四百人,而海外华侨和港澳同胞来大陆的旅行团几乎绝迹。

进入 20 世纪 70 年代,我国旅游业逐步得到恢复和发展。1971 年 2 月,毛泽东对旅游接待计划做出重要批示。周恩来亲自抓旅游工作,提出"旅游工作要宣传自己,了解别人"的方针。另外,70 年代我国的国际地位出现了重大转折。1971 年新中国在联合国的合法席位得到恢复,1972 年中美"上海公报"的发表和中日建交等一系列重大外交事件,为我国旅游业的恢复和发展提供了有利的国际环境,美日游客数量逐渐增多,接待人数有所增加。

4.全面发展时期(1978 年以后)

1978 年改革开放以后,在邓小平旅游经济思想的指导下,旅游业由外事接待型转为经济创汇型,并逐步发展成为国民经济新的增长点。

1978 年以来,我国旅游业全面发展具体表现在以下几个方面。

(1) 旅游业从外事接待型转为经济创汇型、旅游业经济产业的属性明确了,旅游业成为国民经济的重要组成部门,并逐步发展成为国民经济新的增长点。

(2) 旅游管理体制不断改革与完善。为了加强对旅游业的领导和干预,1982 年,全国人大常委会批准"中国旅行游览事业管理局"更名为"中华人民共和国国家旅游局",成为面向全行业,统管全国旅游事业的国家旅游组织。至今不仅各省、自治区、直辖市都已设置了旅游局或旅游管理委员会,而且很多市、县也根据当地旅游业发展的需要设立了相应的旅游行政管理组织。为适应社会主义市场经济的需要实行依法治旅,国家旅游局还先后颁布了一系列旅游法规,许多省份也先后出台了旅游管理条例,保障了我国旅游业持续、健康、快速发展。而对于作为经济实体的旅游企业,国务院在 1984 年就确定了在管理体制上实行"政企分开,统一领导,分散经营,统一对外"的原则,指出"旅游经营单位由事业型向企业型转变,自主经营、参与行业竞争"。旅游管理体制的改革和完善,推动着我国旅游业不断走向成熟。

(3) 三大市场全面发展,国际地位日益提高。我国旅游业从改革开放前单一入境旅游市场发展到入境旅游、国内旅游、出境旅游 3 个市场互促互补的全方位发展。入境旅游持续快速增长。1978 年我国入境旅游为 180.9 万人次,1999 年增至 12 647.59 万人次,比 1978 年增长 68.9 倍。2009 年国际旅游外汇收入达 380 亿美元,比 1978 年的 2.6 亿美元增长 145.2 倍,中国旅游业的国际地位日益提高。

2.3 世界的旅游发展

2.3.1 古代世界旅游的发展

自原始社会末期人类旅行起源开始,至19世纪近代旅游产生,世界旅游发展经历了奴隶社会和封建社会漫长的历史时期。

1. 奴隶社会的世界旅游

奴隶社会时期,社会经济、政治和文化的发展为旅游发展奠定了一定的物质基础,世界各地的旅游活动都有一定程度的发展,特别是古埃及、古巴比伦、古印度、古中国、古希腊、古罗马等人类文明发源地,已成为旅行最活跃的地区。

公元前28世纪—公元前23世纪,埃及进入古王国时代,建立了以法老为首的中央专制政体。并大规模修建金字塔和神庙,吸引了无数人前来旅行、观赏。新王国时代(公元前1570年—公元前1085年),埃及便成为了世界闻名的旅游胜地。并且出现了非生产性的祭祀旅行和拜谒旅行。埃及与邻国的交往也十分密切。据记载,公元前1490年,埃及荷赛普赛特女王访问旁特地区(估计是现在的索马里),是世界上第一次为了和平和游览观光目的而进行的旅行活动。

公元前8世纪以后,古希腊、古罗马兴起。公元前5世纪,古希腊奴隶制达到全盛时期。宗教旅行和商贸旅行在古希腊最为活跃,当时的提洛岛、特尔斐和奥林匹亚山是著名的宗教圣地。在古希腊雅典西南332千米处的奥林匹亚山建有宙斯神庙(古代世界七大奇观之一,见图2.3),每4年举行一次盛大的宙斯神大祭活动,同时举办大规模的运动会(今天的奥林匹克运动会即源于此)。节庆期间,举行宙斯神大祭,同时举行赛马、赛车、赛跑、角斗等体育活动。据可靠文献记载,古代奥林匹亚节庆活动(公元前776年)是世界上最早以寻求乐趣为目的的群众性旅游活动的真实写照,延续至今,已发展成现代国际性的奥林匹克运动会。

图 2.3 希腊雅典宙斯神庙遗址

(资料来源:尚游旅行网. http://www.51555155.com.)

古罗马时代是世界古代旅行的全胜时期。古罗马帝国幅员辽阔,政治统一,水陆交通非常发达,加上铸币的使用,以及希腊语和拉丁语的流行,大大方便了旅行者的旅行游览活动。当时奴隶主贵族、商人、学者、宗教人士的旅行游览十分频繁，并开始出现了艺术鉴赏、疗养、徒步行走、游览古迹、建筑观赏、自然观光等各种目的的闲暇性旅行游览活动。

2．封建社会的世界旅游

公元7—8世纪，阿拉伯帝国处于鼎盛时期，由于伊斯兰教的朝觐制度，使得宗教旅游规模巨大。当时，经商和考察旅行也受到鼓励，著名的旅行家有苏莱曼、马苏迪、伊本·巴图塔等。

罗马帝国于5世纪解体之后，欧洲逐渐进入封建社会。欧洲中世纪是最黑暗的时代。因此，这一时期的旅游发展受到制约，基本上处于停滞阶段。到了11世纪，欧洲港湾、交叉路口、行政中心的城市开始兴起，如意大利的威尼斯、热那亚、米兰等。城市手工业和商业的发展带动经济交往，贸易和交通发展较快，商务交流使旅行有了一定起色。与此同时，欧洲封建主为扩张而组成的十字军，在近两个世纪的时间(1096—1270年)8次东征，给近东各国人民带来了灾难，但也促进了东西方的往来。以威尼斯商人为代表的商人队伍在十字军东征以后逐渐取代拜占庭、阿拉伯商人，架起了东西方商贸和文化交流的桥梁，涌现出一批杰出的旅行家。意大利商人马可·波罗(1254—1324年)即是其中的杰出代表，他游历东方几十年后写下的《马可·波罗行记》，促进了东西方的文化交流，对后来的"地理大发现"也产生了一定影响。

15世纪，西班牙、葡萄牙和英国已是海上强国，极力到海外(东方)寻找黄金和香料。当时，人们已经接受"地圆说"，而由于土耳其占据近东，使通往东方的地中海通路被割断。为寻找新航路，便形成了远航探险的热潮，开始了延续几个世纪的"地理大发现"时代，出现了一系列影响世界的事件，如哥伦布"发现"美洲，达·伽马开辟了通往印度的海上航行新线路，麦哲伦为环球旅行开辟了航线等。新航路的开辟不仅扩大了人们的视野和活动范围，加强了世界各地人民的相互往来，而且就其本身来说，也是一次伟大的旅行活动，对旅游的发展产生了深远的影响。

3．古代旅游发展的特点

世界古代旅行、旅游活动源远流长，受时代社会经济条件的制约，有着自身的发展规律和特点。

(1) 旅行和旅游活动的兴起和发展同一个国家或地区的社会政治经济状况有着直接的联系。不同历史时期的旅行和旅游活动的规模、范围、形式和内容，总是受到当时社会政治经济状况的促进或制约。

(2) 旅行以宗教旅行和商务旅行为主，非经济目的的消遣旅行较少。

(3) 古代旅游活动主要是上层阶级的活动。古代旅游活动仅限于统治阶级、富豪和文人，即主要是王公贵族、地主统治阶级及附庸阶层人士的活动。广大劳动人民由于政治、经济的双重压迫，客观上无能力参加旅行和旅游活动。

2.3.2 世界近代旅游

19世纪中叶到20世纪40年代第二次世界大战结束的这一段时间，通常被认为是世界近代旅游的发展时期。

1．产业革命对近代旅游发展的影响

19世纪后半叶的欧美地区，无论是国内旅游还是国际旅游都有了突破性的进展，这在很大程度上是和产业革命的影响分不开的。产业革命指资本主义机器大工业代替工场手工业的过程，是历史上资本主义政治经济发展的必然产物。它于18世纪60年代首先发生于当时资本主义最发达的英国，到19世纪30年代末，在英国基本完成。美、法、德、日等国的产业革命也都在19世纪内先后完成。产业革命给人类社会带来了文明与进步，给社会生活的各个领域带来了巨大变化，对旅游的产生与发展也产生了重大而深远的影响。

1) 产业革命加速了城市化的进程

(1) 产业革命使很多人的工作和生活地点从农村转移到了工业城市。这一变化最终会导致人们需要适时地逃避城市生活的紧张节奏和拥挤嘈杂的环境压力，产生对回归自然的追求。大量的事实证明，城市居民外出旅游的数量和出游率大大高于乡村居民，时至今日依然如此。因此，工作和生活地点方面的这种变化对产业革命后旅游活动的发展是一重要的刺激因素。

(2) 城市化也改变了很多人的工作性质。随着大量人口进入城市，原先那种随农时变化而忙闲有致的多样性农业劳动开始为枯燥、重复的单一性大机器工业劳动所取代。这一变化终将促使人们强烈要求休假，以便能够获得喘息和调整的机会。用今天的术语讲，这一变化成为促使人们产生旅游动机的重要原因。

2) 产业革命带来了阶级关系的新变化

产业革命造就了工业资产阶级，从而使社会生产的财富不再只流向封建贵族和大土地所有者，也流向了资产阶级，从而扩大了有财力参与外出旅游的人数。此外，产业革命也造就了出卖劳动力的工人阶级。随着生产力的提高和工人阶级的不懈斗争，终将使资本家有可能增加工人的工资及给予他们带薪假日。虽然从根本上讲，资本家的让步不过是榨取相对剩余价值的欺骗手段，但对于广大劳动者来说，他们将因此有可能加入旅游者的行列。但应当指出的是，工人阶级争取带薪假期的斗争经历了一个多世纪，直到20世纪才在社会立法方面真正获得胜利。

3) 产业革命带来了科学技术的进步

蒸汽机的发明是这次产业革命的重要标志。它的改进和应用，解决了交通运输的动力问题，促成了新的交通方式的产生，轮船和火车相继出现。新交通工具的发明改变了人们外出旅行的方式，而且这些新兴的旅行方式在费用、速度、运载能力和半径范围等方面，均比传统的公共马车优越得多，从而使大规模的人员流动成为可能，导致旅游者规模不断扩大。

2．托马斯·库克与世界近代旅游产业的产生

产业革命不仅使更多的人产生了外出旅游的需要，而且也提供了众多的旅游机会。但由于当时绝大多数人都没有旅行游览的经验，对异国他乡的情况不大了解，有关旅行的手续、语言及货币方面的障碍也是人们外出旅游所担心的问题。因此，这时社会上急需一种能够联系旅游者与旅游对象之间的中介服务。顺应这种社会需求，英国人托马斯·库克(1808—1892年，见图2.4)率先设立了相应的旅游服务机构，导致了近代旅游业的产生。

图 2.4　世界近代旅游业之父：托马斯·库克
(资料来源：上海旅游高等专科学校. http://sit.shnu.edu.cn.)

1841 年，时任英国中部地区禁酒协会秘书长的托马斯·库克利用包租火车的形式于 7 月 5 日组织了一次从英国中部地区的莱斯特前往拉夫巴罗的禁酒大会，参加这次活动的人数达 570 人之多，往返约 30 英里，每人交费 1 先令(Shilling，英国 1971 年前用的货币单位)。此次活动被当时的人们称为"伟大的创造"，并普遍被后来的人们看作是近代旅游活动的开端。

在成功组织团体旅游活动的基础上，又经过三四年的实践和准备，托马斯·库克在家乡莱斯特创办了世界上第一家旅行社——托马斯·库克旅行社(即现在的通济隆旅行社的前身)，开辟了旅行业务代理的先河，标志着近代旅游业的诞生。旅行社成立之后，于当年夏天首次组织团体消遣旅游。这次团体旅游活动是从莱斯特出发，最终目的地是利物浦。全程为期一周，参加人数为 350 人。这次团体旅游活动的组织具有以下特点：第一，这次旅游活动的组织不再是"业余行为"，而是出于纯商业性的营利目的；第二，此前托马斯·库克组织的团体旅游都是当日往返的一日游，而这次组织的团体旅游则是在外过夜数天的长途旅游；第三，在筹备和组织这次活动期间，托马斯·库克做了大量的实地考察工作，以便确定全程的各个停留地点和游览内容，特别是了解该地是否有足够数量的廉价住宿设施；第四，为了让参加这次旅游的人了解全程活动的安排情况，托马斯·库克组织编写了一本《利物浦之行手册》，介绍有关这次活动的出发时间、集合方式、沿途停留的地点、参观和游览的项目、住宿设施安排及其他有关活动须知的内容，据信这是世界上第一本这类内容的旅游指南手册；第五，在这次全程旅游活动中，托马斯·库克不仅本人担任该旅行团的陪同和导游，在途经威尔士地区停留参观期间，还聘用了地方导游。总之，托马斯·库克从考察线路、组织产品、广告宣传、销售组团、直至领队陪同和提供导游，全面体现了当今旅行社的基本业务，开创了旅行社业务的基本模式。

19 世纪下半叶，由于托马斯·库克的倡导，近代旅游开始成为一项经济活动。欧洲成立了许多类似旅行社的组织，如英国 1875 年成立的登山俱乐部和 1885 年成立的帐篷俱乐部，1850 年以后美国运通公司开始兼营旅行业务。到了 20 世纪初，世界旅行代理业务有了很大发展。托马斯·库克父子公司、美国的运通公司和比利时铁路卧车公司已成为世界旅游业的三大公司。

2.3.3　世界现代旅游的发展

现代旅游通常是指第二次世界大战结束以后，特别是 20 世纪 60 年代以来，迅速普及于世界各地的社会化旅游活动。

1. 战后世界现代旅游迅速发展的原因

1) 战后世界人口迅速增加

在战后初期,全世界人口仅约为 25 亿人。到 20 世纪 60 年代,已增加到 36 亿人。在短短的 20 年中,世界人口增加了 44%。世界人口基数的扩大成为战后大众旅游人数增加的基础。

2) 战后世界经济迅速发展

据统计,以 1979 年的美元价值计算,战后 1949 年的全世界生产总值为 25 000 亿美元;到 20 世纪 60 年代末,则上升为年 62 000 亿美元。几乎所有国家战后的经济增长速度都大大超过了战前的增长速度。经济的发展使得众多国家的人均收入,或者更确切些说,使得众多国家居民的家庭平均收入迅速增加,尤其是在那些经济基础原先就较雄厚的西方国家中更是如此。到 60 年代,这些国家开始形成所谓的"富裕社会"。人们收入的增加和支付能力的提高对旅游活动的迅速发展和普及无疑起到了极其重要的刺激作用。

3) 交通运输工具的进步

第二次世界大战结束以来,铁路和轮船虽然在不少国家中仍为人们的重要旅行方式,但就世界范围讲,特别是在经济发达的工业化国家中,这些传统的旅行方式逐渐为汽车和飞机所代替。在欧美发达国家中,拥有小汽车的家庭比例不断增大,长途公共汽车运营网络也不断扩大和完善。汽车成为人们中、短途外出旅游的主要交通工具。这种旅行方式所具有的自由、方便、灵活等特点自然缩短了人们旅行过程中的时间距离。与此同时,民航运输的发展也使得人们有机会在较短的时间内做长距离旅行,特别是外出做国际、洲际乃至环球旅游。航空旅行因而成为人们最重要的远距离旅行方式。

4) 生产自动化程度的提高使劳动者的闲暇时间增加

战后,随着科学技术的进步,各产业生产过程的自动化程度不断提高,生产效率因而不断提高,同时也大大减少了生产同样数量的同样产品所需要的时间。战后生产自动化程度的提高使劳动时间有条件得以缩短,加之劳动阶级坚持不懈的斗争,从而使人们的带薪假期有可能得以增加。到 20 世纪 60 年代以后,很多国家都在不同程度上规定了带薪假期制度,劳动者享有的带薪假期为每年 2~6 周。这种变化使人们的闲暇活动得以更多地开展。作为闲暇活动重要形式之一的外出旅游有了时间上的保证。参加旅游活动的人数迅速增加,并且出游的距离和在外逗留的时间也大大加长。

5) 各国城市化进程普遍加快

战后,经济发达国家农村人口不断下降,城市化进程普遍加快,因此导致城市化浪潮席卷全球。1950 年,世界的城市人口只占总人口的 28.7%,到 1980 年,已达到 42%,到 20 世纪 90 年代,已经远远超过了 50%。绝大部分城市居民都在城市从事单调乏味的重复性工作,身心承受着极大的压力。他们需要定期使自己紧张的体力和神经得到放松,从而更向往重返没有城市污染和工业污染的大自然,向往能使人耳目一新的异域环境。这一情况成为战后旅游度假迅速发展的重要社会心理原因之一。

6) 战后世界各国教育事业的发展刺激了人们旅游动机的产生

战后,各国教育事业不断向新的广度和深度发展,加之信息技术进步的影响,越来越多的人对自己乡土和本国以外其他地区和国家的事物增加了了解,并因此产生兴趣,这种好奇心的增长增强了他们的求知欲,刺激了他们外出旅游的动机。这一情况对于战后旅游热的兴起和发展无疑也有极其重要的影响。

2. 世界现代旅游发展的特点

1) 普及性

普及性是指现代旅游活动参加者的范围已普及到社会各阶层而且普通劳动大众已成为现代旅游活动的主体。与古代旅游和近代旅游相比,普通劳动大众成为活动的主体是现代旅游最重要的特征。在第二次世界大战之前,旅游活动作为一种精神享受,参与者主要以社会上的少数上层人士为主。战后,随着世界经济的增长、社会财富的增加,越来越多的劳动大众已有经济能力参与到旅游活动中来,从而使现代旅游活动在世界大多数地区演变为一种社会性活动。另外,旅游的普及性还表现在社会旅游的兴起方面。自20世纪60年代以来,随着社会经济水平的提高,旅游正在成为人们现代生活中的一个重要组成部分。在经济发达国家,旅游已经变成与衣食住行同等重要的生活必需品,大多数家庭每年都有自己的旅游计划和旅游预算,即便是一些收入较低的家庭,依靠自己的经济实力无法实现旅游,政府和社会有关组织会提供资助或补助,帮助他们外出旅游,这便是所谓的社会旅游(social tourism),也称社会补贴旅游。社会旅游这一现象的出现,说明旅游活动作为现代社会生活的必要组成部分,其普及开展已被提到社会发展的工作日程上来。

2) 地域的集中性

现代旅游活动已经普及到世界各地,现代旅游者也几乎是无处不至,但是,现代旅游的空间分布表现出明显的不平衡性。由于旅游资源的质量和地理分布存在着空间差异,旅游业发展水平也存在着地域差别,而旅游者的旅游动机和旅游行为空间差异性相对较小,从而导致旅游者的流量和流向往往表现出地域的集中性,即人们往往集中到某些地区、某些国家乃至某些线路和景点从事旅游活动。从全世界国际旅游接待量的地区分布格局看,国际旅游者集中活动于欧洲、北美和亚太地区,其他地区所占比重很小,并且这样的一种分布格局自第二次世界大战结束以后一直没有太大的变化。就一个国家而言,旅游接待量在其中各地的分布往往也会呈现相对集中的特点。正是由于旅游活动地区分布的不均衡,才有了旅游热点(地区)、温点(地区)和冷点(地区)之说。从来访旅游者在一个地区或一个城市中的活动情况看,同样也多是集中某些区域乃至某些景点,而不是于各处平均分布。例如,伦敦是世界上著名的旅游城市,旅游景点众多,但80%以上的游客都集中在市内的特拉法格广场、威斯敏斯特大教堂、白金汉宫和伦敦塔这些景点。

3) 季节性

现代旅游的季节性是指游客流向、流量集中于一年中相对较短时段的趋势,它反映了现代旅游在时间上分布的不平衡,导致旅游企业的市场经营具有明显淡旺季。通常人们把旅游客流量明显较多的时期称为旺季,把旅游客流量明显较少的时期称为淡季,其余时期则称为平季。

旅游季节性的成因主要包括自然因素和社会因素两个方面。自然因素多出现在旅游目的地。旅游目的地气候条件对旅游季节性的形成具有重大的影响,当旅游目的地的旅游吸引力本源为大自然造物时,这种影响更为严重。社会因素多出现在客源地,往往与人们外出旅游的目的和带薪假期的时间分布有关。

4) 竞争的激烈性

现代旅游活动规模之大,普及速度之快,发展势头之强劲,已经成为全世界关注的社会现象,旅游业在推动经济发展中起着越来越重要的作用。发展旅游和旅游业不仅可以促进经济发展,而且可以通过旅游增进国家和人民之间的相互了解和友谊,塑造旅游目的地的良好形象,更重要的是,发展旅游还可以提高人民的生活质量,也有助于提高一个国家或地区的人口素质。可见,旅游业具有经济、社会、环境和文化四大功能。世界各国政府和旅游目的地的地方政府都对现代旅游的发展给予了越来越大的关注。现代旅游的竞争是全方位的、多层次的,也是空前激烈的。这种竞争不仅表现在国家之间、地区之间,还表现在旅游企业之间。

本章小结

就旅游的起源来看,旅游是人类自身进化和在社会发展过程中产生的,其基础条件是人类意识的发展、精神需求的提高和社会、经济、文化等的发展与进步。

我国的旅游活动自原始社会末期起源之后,经历了古代旅行与旅游(19世纪40年代之前)、近代旅游(19世纪40年代至第二次世界大战结束)和现代旅游(第二次世界大战结束后至今)3个阶段。中国的古代旅行具有文化色彩浓厚、来华旅游者人数众多等自身特色。近代中国旅游具有明显的半殖民地半封建烙印。新中国成立后,现代旅游在曲折中不断发展。

就世界范围来看,人类的旅游活动也经历了古代旅游、近代旅游和现代旅游3个阶段。19世纪之前的古代旅行,以宗教旅行和商务旅行为主,旅行活动无专业的组织机构参与代理。近代以欧美地区为主的旅游活动蓬勃发展和产业革命有着密切的关系,世界上第一家旅行社的创立标志着近代旅游业的诞生。第二次世界大战后,现代旅游活动迅速发展,表现出普及性、地域的集中性、季节性和竞争激烈性的特点。

关键术语

旅游的起源　古代旅游　近代旅游　现代旅游

复习思考题

一、填空题

1．联合国世界旅游组织在其有关的研究报告中明确指出:"在最初的年代中,主要是＿＿＿＿开创了旅行的通路。"

2．就旅游的起源来看,旅游是人类自身进化和在社会发展过程中产生的,其基础条件是人类意识的发展、精神需求的提高和社会、经济、文化等的发展与进步。旅游的产生应该是在＿＿＿＿。

3．综观中国现代旅游业50余年的发展历程,我国现代旅游业的发展大致可划分＿＿＿＿、＿＿＿＿、＿＿＿＿、＿＿＿＿4个阶段。

二、简答题

1. 中国古代社会的旅游有哪些主要类型？
2. 新中国成立后，我国旅游业的发展经历了哪几个阶段？各有什么特点？
3. 世界古代旅游发展有哪些特点？
4. 简述产业革命对近代旅游的影响。
5. 世界现代旅游迅速发展的原因是什么？现代旅游发展具有哪些特点？

三、名词解释

现代旅游　　普及性　　季节性　　地域集中性

四、实际操作训练

课题： 旅游企业发展历史调查。
实训项目： 调查当地某旅游企业的发展历史。
实训目的： 从一个侧面了解当地旅游业的发展历史。
实训内容： 调查当地的某旅行社或某旅游景点或某酒店的创立和发展历史。
实训要求： 将参加实训的学生分成若干谈判小组，按照自身兴趣选取当地的某旅游企业作为调研对象，调查了解该旅游企业的创立和发展的历史。

五、案例分析

斯里兰卡旅游业发展历史

斯里兰卡(以下简称斯)是典型热带岛国，风光迤逦，自然资源丰富，更兼有数千年的漫长历史，人文浓厚，民风淳朴，具备了发展旅游业得天独厚的条件。

1966年斯政府为适应旅游业不断发展的需要开始建立锡兰旅游促进局，并授权该局协调、组织和旅游促进等职能，它的主要服务对象是酒店、旅行社、旅游业从业人员培训等旅游部门。该局具有相当行政管理权力，并且具有为斯旅游部门提供政府、一般行业组织所不能提供的旅游促进与服务的社会职能。

从1966年开始，斯旅游业开始迅速发展，当时赴斯旅客的主要消费内容是海滩休闲、游泳、冲浪和潜水，但同时也有很多旅客游览斯历史遗址，如Kandy古城，殖民统治期间留下的茶叶、橡胶和椰子种植园等。1976—1982年，赴斯旅客人数增长较快，平均每年增长24%，到1982年达到407 230人次。

1982年后斯国内民族冲突开始，安全形势急剧下滑。1983年，赴斯旅客骤减至337 342人次，较1982年下降17%，主要原因是由于安全问题导致斯主要旅游来源国西欧国家赴斯旅客大幅减少。

国内民族冲突对斯旅游业影响深远，甚至可以说，斯旅游业发展的历史就是斯国内民族冲突历史的影射。自1983年开始的整个20世纪80年代，斯旅游业直线下降，1986年下降到230 106人次，到1988年下降到180 000人次。面对这种情况，斯政府采取了一些优惠措施，如为旅游部门提供优惠贷款、减少税赋等来恢复旅游业的增长。锡兰旅游促进局也在世界各国开展了一系列的旅游促销活动，但到 1987 年仍然没有恢复到 10 年前的水平，反而较 10 年前下降了 23%。

20 世纪 90 年代开始斯国内安全形势有所缓和，旅游业开始复苏。1990 年赴斯旅客从 1989 年的 200 000 人次上升到 310 000 人次，到 1994 年达到 415 000 人次，已经恢复并超过 1982 年的水平。

1996 年在科伦坡发生恐怖袭击事件，斯旅游业再度受挫，赴斯旅客由 1995 年的 403 101 人次大幅下降到 302 265 人次，之后又开始恢复并快速增长，到 1999 年达到整个 20 世纪 90 年代的最高峰 440 000 人次。并在 1999 年，斯旅游业对斯 GNP 的贡献率开始达到 2%，创汇 2.749 亿美元，成为全国创汇最高的四大部门之一，仅次于纺织服装出口、劳务和茶叶出口 3 个主要部门。

2002 年斯政府和泰米尔猛虎组织达成历史上的第一个停火协议，斯国内赢得短期的安全和平局势。旅游业在此背景下，从 2003 开始高速增长一直到 2004 年 11 月印度洋海啸灾难发生。由于受海啸影响，2005 年赴斯旅客人次下降，但由于国际援助组织、政府观察团、志愿者等访斯旅客大幅上升，较 2004 年相比下降幅度很小。

2006 年斯旅业小幅回弹，达 559 603 人次。但 2007 年以来，由于安全形势的开始恶化导致主要旅客来源国西欧国家赴斯人数大幅减少，2007 年 1~5 月间，赴斯旅客人次同比共下降 40%。

(资料来源：http://www.doc88.com/p57235278144.html.)

问题：
1. 斯里兰卡旅游业的发展具有哪些特点？
2. 影响斯里兰卡旅游业发展的主要因素有哪些？
3. 斯里兰卡旅游业发展的哪些方面体现了旅游活动发展的规律？

第3章 旅 游 者

教学目标

通过本章学习,理解各类旅游者的定义及统计标准;熟悉旅游动机含义及基本类型;了解不同旅游阶段旅游者心理和行为的特点;掌握旅游需求的概念、影响旅游需求的因素及旅游需求规律和弹性。

教学要求

知识要点	能力要求	相关知识
各类旅游者的定义及统计标准	能读懂并分析旅游者统计资料	国际旅游者的定义 国内旅游者的定义 我国对入境旅游者和国内旅游者的统计标准
旅游动机和行为	能根据不同阶段游客的需求特点进行有针对性的服务	旅游动机的含义 旅游动机的基本类型 影响旅游动机的因素 不同旅游阶段旅游者心理和行为的特点
旅游需求	明白调查游客旅游需求时须从哪些方面着手	旅游需求的概念 影响旅游需求的因素 旅游需求规律和弹性

导入案例

把握历史新机遇——旅游业的发展和"前进"

改革开放30多年来,我国旅游业从无到有,迅速崛起,在国民经济和社会发展中发挥着日益重要的作用——总收入超过1万亿元人民币。在2009年,我国的旅游接待人次将超过20亿,旅游总收入将超过1.2万亿元人民币,将成为全球旅游经济体系率先走出衰退的国家之一,也是我国国民经济各行业率先复苏的行业之一。在2009年12月的《国务院关于加快发展旅游业的意见》中明确提出:"把旅游业培养成国民经济的战略性支柱产业和人民群众更加满意的现代服务业。"这将为我国旅游业带来新的发展机遇。预计2012年我国旅游总收入将达到1.44万亿元人民币,增长率为11.6%。到2020年,中国可能超过法国成为世界第一大最受欢迎的旅游目的国。

另外,我国居民的休假时间不断增多,包括周末双休、法定假日等公众假期已达115天,部分职工还可享受5~15天的带薪休假,我国已达到中等发达国家的休假时间水平。

随着居民收入和休闲时间的不断增加,居民消费将由实物为主向实物与服务消费并重转变,旅游将是消费升级的主要受益行业。中国旅游研究院副院长戴斌说:"可以预见,中国拥有庞大的出游消费潜力,将成为国际旅游业,特别是包括东盟在内的区域旅游率先复苏与持续繁荣发展的动力源泉。"

近几年,我国大规模的基础设施建设,包括道路、机场和铁路的修建,也为旅游业的快速发展创造了条件。专家表示,加快发展旅游业一方面可以最大限度地利用近年来建设的基础设施,另一方面则有助于加快国民经济从出口和投资拉动型向内需型转变。

尽管全球经济面临许多不确定因素,但我国旅游业面临的重大机遇和基本环境没有改变,旅游业总体发展趋势也不可能改变或逆转。我国经济社会发展的基本面没有改变,旅游业发展的动力依然强劲。我国对外开放不断扩大,各项改革稳步推进,城乡居民收入继续增长,居民旅游消费需求潜力依然巨大。改革开放30多年奠定的坚实基础,将有力地支撑我国旅游业发展。

(资料来源:http://www.hrjtlzz.com/Gansu/asp/News Disp.asp?id=32.)

问题:
1. 改革开放30多年来,我国居民旅游需求和消费的迅速增长,受到哪些因素的影响?
2. 我国旅游业的发展面临哪些重大机遇和有利因素?

旅游是人的活动,旅游者是旅游活动的主体。没有旅游者,就没有旅游活动这一社会现象,更不会有旅游业的产生和发展。因此,要研究旅游,必须研究旅游的主体,即旅游者。

3.1 旅游者概述

3.1.1 国际旅游者的定义

1. 国际联盟的定义

早在1937年,国际联盟的统计专家委员会(Committee of Statistics Experts of the League of Nations)就提出了"国际旅游者"的定义,并界定了其具体范围。

国际旅游者是指离开自己的居住国到其他国家访问超过24小时的人,具体包括下列人员:①为消遣、家庭事务或身体健康原因而出国旅行的人;②为出席国际会议或作为公务代表而出国旅行的人(包括科学、行政、外交、宗教、体育等会议或公务);③为工商业务而出国旅行的人;④在海上巡游过程中登岸访问的人员,即使其停留时间不超过24小时。

不在国际旅游者之列的包括:①到某国就业谋职的人,不管其是否订有合同;②到国外定居者;③到国外学习、食宿在校的学生;④日常跨越国境到邻国工作的边境居民;⑤边境临时停留的旅行者,即使在境内时间超过24小时也不算旅游者。

2. 罗马会议的定义

1963年,联合国在罗马召开国际旅行与旅游会议(又称罗马会议),对国际联盟的定义进行了修改和补充,对旅游者的统计范围做了新的规范,具体内容如下。

凡纳入旅游统计中的来访人员统称为游客(visitor),指除了为获得有报酬的职业以外,基于任何原因到非自己常住国家观光、访问的人。游客外出的目的可以是消遣活动(包括娱乐、度假、疗养、保健、学习、宗教和体育活动等)，也可以是工商事务、家庭事务、公务、出席会议等。根据游客在一个国家停留的时间长短将其分成两类：在一个国家做短暂停留超过24小时的称为旅游者；在一个国家做短暂停留不超过24小时的称为游览者(包括海上巡游途中来访的游客)。

这一定义不包括那些在法律意义上并未进入所在国的过境旅客(如未离开机场中转区域的航空旅客)，国际联盟的统计专家委员会界定的不在旅游者之列的5种人员继续适用。

这一定义具有以下几个特点。

第一，规定了游客外出旅游的目的是除了为获得有报酬的职业以外的其他任何目的，既包括消遣性目的，又包括工商事务、家庭事务等非消遣性目的。

第二，把来访者在一个国家停留的时间作为划分游客的标准，并根据其停留时间是否超过24小时，将游客划分为旅游者和短程游览者，在旅游统计中分别进行统计，可操作性更强。

第三，对游客的界定不是根据其国籍进行的，而是依据其定居国或常住国来确定。

罗马会议定义于1968年得到了联合国统计专家委员会和国际官方旅游组织联盟(世界旅游组织的前身)正式确认，并被其他一些国际性旅游组织所采纳。

3. 世界旅游组织的定义

1981年，世界旅游组织在其出版的《国内与国际旅游统计资料收集与提供方法手册》一书中，对国际游客定义及统计范围做了如下界定。

国际游客(international visitors)包括下列人员：①为了娱乐、医疗、宗教仪式、家庭事宜、体育活动、会议、学习或过境进入国家者；②外国轮船船员或飞机机组成员中途在某国稍做停留者；③停留时间不足一年的外国商业或公务旅行者，包括为安装机械设备而到达的技术人员；④负有持续时间不足一年使命的国际团体雇员或回国进行短期访问的旅行侨民。

下列人员不包括在国际游客之列：①意图向目的国移民或在该国谋求就业的；②以外交官身份或军事人员身份进行访问的；③任何上述各类人员的随从人员；④流亡者、流浪者或边境上的工作人员；⑤打算停留一年以上者。

根据是否在目的国住宿设施中过夜，国际游客又被分成国际旅游者和短程国际游览者。国际旅游者是指在目的国住宿设施中至少度过一夜的游客。短程国际游览者是指未在目的国住宿设施中过夜的游客。其中包括乘坐游船的乘客，这些乘客可能在所停靠的港口地区进行多日访问但每天回到船上住宿。短程国际游览者还不包括正在过境途中的乘客，如降落于某个国家但未在法律意义上正式进入该国的航空班机过境乘客。

通过比较可以发现，上述定义与罗马定义所反映的内容是基本一致的，只是在个别条款的解释上有细微的差别。目前，世界各国在对国际旅游者进行界定时都是以罗马定义为基础，这也说明国际上就国际旅游者的界定已在原则上达成共识。

3.1.2 国内旅游者的定义

就国内旅游者而言，目前国际上尚无统一的理解。各个国家在参照世界旅游组织所提供的国内旅游者定义的基础上，针对本国情况又分别给出了自己的定义。

1. 世界旅游组织的定义

与对国际游客的划分类似，国内游客也被区分为国内旅游者(domestic tourists)和国内短程游览者(domestic excursionists)。国内旅游者指在本国某一目的地旅行超过 24 小时，但不足一年的人，其目的可以为消遣、度假、体育、商务、公务、会议、疗养、学习和宗教等。但是，国内旅游者不包括那些外出就业的人。国内短程游览者是指基于以上任何目的在访问地逗留不足 24 小时的人。

2. 北美国家的定义

北美的加拿大和美国是以出行距离为标准来衡量其是否属于国内旅游者。但在其国内，不同的部门采用的标准也有不同。加拿大政府部门规定：旅游者是指离开其居住地边界至少 80 千米以外的地方旅行的人。这和一些省份使用的标准有所不同，如安大略省用的是 40 千米的标准。在美国，国家旅游资源评价委员会(the National Tourism Resource Review Commission)用至少 80 千米(单程)作为衡量尺度。美国旅游数据资料中心和美国调查统计局(the US Travel Data Center and the US Bureau of the Census)用的标准则是 160 千米。另外，所有这些定义多数都不涉及逗留时间的长短。

3. 欧洲国家的定义

与北美国家不同，以英国为代表的一些欧洲国家采用的标准则是旅游者在异地逗留的时间。英格兰旅游局在其进行的英国旅游调查(British Tourism Survey)中规定，国内旅游者是指基于上下班以外的任何原因，离开居住地外出旅行过夜至少一次的人。

法国旅游总署的定义则是：凡以下列原因离开自己的主要居所，外出旅行超过 24 小时但不超过 4 个月的人均可视为国内旅游者。这些原因包括：①消遣(周末度假或假期)；②健康(温泉浴或海水浴治疗)；③出差或参加各种形式的会议(体育比赛活动、讨论会、朝圣或代表大会等)；④商务旅行；⑤改变课堂教学的修学旅行(如海上课程或滑雪课程)。

但下列人员不属于国内旅游者：①外出活动不超过 24 小时的人；②不论是否订有劳动合同，凡前往某地是为了就职、就业或从事职业活动的人员；③到某地区定居的人员；④在寄宿学校或一般学校读书的学生或年轻人及现役军人；⑤到某一医疗单位治疗或疗养的人员；⑥在各自应享有的规定假期内，为家庭事务(疾病或死亡)而探亲访友的人员。

从以上几个定义可以看出，各国在界定国内旅游者时存在标准不一、外延互异的情况，给国际间的统计比较和分析造成了很大的障碍。再加上用语的差异，使国内旅游者的整个概念体系更加混乱。

3.1.3 旅游者的统计标准

由于国际上对旅游者尤其是国内旅游者的界定没有达成一致，因而各国在国际旅游者和国内旅游者的统计标准上也有所差别。在这主要介绍我国对入境旅游者和国内游客的统计标准。

1. 来华入境旅游者的统计标准

根据国家统计局和国家旅游局的规定，凡纳入我国旅游统计的来华旅游入境人员统称(来华)海外游客。海外游客是指来我国大陆观光、度假、探亲访友、就医疗养、购物、参加会议或从事经济、文化、体育、宗教活动的外国人、华侨、港澳台同胞。他们在我国连续停留时间不超过 12 个月，并且活动的主要目的不是通过所从事的活动获取报酬。其中，外国人指属于外国国籍的人，包括加入外国国籍的中国血统的华人；华侨指持有中国护照但侨居外国的中国同胞；港澳台同胞指居住在我国香港、澳门和台湾地区的中国同胞。

按照在我国大陆访问期间停留时间的差别，海外游客划分为以下两类：①海外旅游者，即在我国大陆旅游住宿设施内停留至少一夜的又称过夜游客；②海外一日游游客，即未在我国大陆旅游住宿设施内过夜，而是当日往返的海外游客，又称不过夜游客。

下列人员不属于海外游客：①应邀来华访问的政府部长以上官员及随从人员；②外国驻华使领馆官员、外交人员及随行的家庭服务人员和受赠养者；③在我国驻期已达一年以上的外国专家、留学生、记者、商务机构人员等；④乘坐国际航班过境，不需要通过护照检查进入我国口岸的中转旅客；⑤边境地区(因日常工作和生活而出入境)往来的边民；⑥回大陆定居的华侨、港澳台同胞；⑦已经在我国大陆定居的外国人和原已出境又返回我国大陆定居的外国侨民；⑧归国的我国出国人员。

从上面可以看出，我国在旅游统计中是以过夜与否作为主要执行标准，并且把实际将在亲友家过夜的来华旅游者排除在海外旅游者的统计范围之外。这和欧洲一些国家差别较大，如西班牙是以入境作为其旅游统计的标准，这是因为西班牙接待的绝大部分旅游者都来自于欧洲，交通便利，当日往返的游客在其中占了很大比例。

2. 国内游客的统计标准

在国家统计局对国内游客的统计标准中，国内游客是指任何因休闲、娱乐、观光、度假、探亲访友、就医疗养、购物、参加会议或经济、文化、体育、宗教活动而离开长住地到我国境内其他地方访问，连续停留时间不超过 6 个月，并且访问的主要目的不是通过所从事的活动获取报酬的人。所谓长住地，是指在近一年的大部分时间内所居住的城镇(乡村)，或者虽然在这一城镇(乡村)只居住了较短时间，但在 12 个月内仍将返回的这一城镇(乡村)。

根据是否过夜，国内游客分为国内旅游者和国内一日游游客两类。国内旅游者是指我国大陆居民离开常住地在境内其他地方的旅游住宿设施内至少停留一夜，最长不超过 6 个月的国内游客；国内一日游游客是指我国大陆居民离开常住地 10 千米以上，出游时间超过 6 小时，但不超过 24 小时，并未在境内其他地方的旅游住宿设施过夜的国内游客。

同时规定，下列人员不在国内游客统计之列：①到各地巡视工作的部以上领导；②驻外地办事机构的临时工作人员；③调遣的武装人员；④到外地学习的学生；⑤到基层锻炼的干部；⑥到境内其他地区定居的人员；⑦无固定居住地的无业游民。

与国际旅游的统计标准一样，我国的国内旅游统计并未将在亲友家过夜的国内旅游者包括在内。因此，我国关于国内游客人次的统计数字可能低于实际规模。

阅读案例 3-1

2009年中国旅游业统计公报

2009年是我国旅游业特别是入境旅游经受严峻考验和挑战的一年，全国旅游行业化挑战为机遇，保持了旅游业总体平稳较快增长。全年共接待入境游客1.26亿人次，实现国际旅游(外汇)收入396.75亿美元，分别比上年下降2.7%和2.9%；国内旅游人数19.02亿人次，收入10 183.69亿元人民币，分别比上年增长11.1%和16.4%；中国公民出境人数达到4 765.63万人次，比上年增长4.0%；旅游业总收入1.29万亿元人民币，比上年增长11.3%。

1. 入境旅游业实绩

入境旅游人数12 647.59万人次，比上年下降2.7%。其中，外国人2 193.75万人次，下降9.8%；香港同胞7 733.60万人次，下降1.3%；澳门同胞2 271.84万人次，下降1.1%；台湾同胞448.40万人次，增长2.2%。

入境过夜旅游者人数5 087.52万人次，比上年下降4.1%。其中，外国人1 769.69万人次，下降10.2%；香港同胞2 549.79万人次，下降0.7%；澳门同胞384.80万人次，下降0.8%；台湾同胞383.24万人次，增长0.9%。

国际旅游(外汇)收入达396.75亿美元，比上年下降2.9%。

2. 国内旅游业实绩

全国国内旅游人数19.02亿人次，比上年增长11.1%。其中，城镇居民9.03亿人次，农村居民9.99亿人次。

全国国内旅游收入10 183.69亿元人民币，比上年增长16.4%。其中，城镇居民旅游消费7 233.79亿元，农村居民旅游消费2 949.90亿元。

全国国内旅游出游人均花费535.4元，比上年增长4.8%。其中，城镇居民国内旅游出游人均花费801.1元，农村居民国内旅游出游人均花费295.3元。

在春节、"十一"两个"黄金周"中，全国共接待国内游客3.37亿人次，实现旅游收入1 516亿元。

(资料来源：http://www.cnta.gov.cn/html/2010-10/2010-10-20-10-43-69972.html.)

3.2 旅游动机与行为

3.2.1 旅游动机

心理学认为，人的各种行动都由动机引起，是为了实现某些未被满足的需要而进行的。所谓需要，就是客观刺激通过人体感官作用与大脑所引起的某些缺乏状态。动机则是指促进和维持人的活动，并促使活动指向一定目的的心理倾向。具体到旅游动机，是指促发一个人有意去旅游，以及确定到何处去、做何种旅游的内在驱动力。

和其他动机一样，旅游动机的产生也是来自于人类的需要。人到底有多少种需要？旅游动机的产生又是为了满足人类的哪些需要？迄今为止心理学家也难以取得一致的看法。

其中，人本主义心理学家马斯洛的需要层次理论在研究人的需要这一领域具有较大影响。马斯洛把人类的需要分成以下 5 个层次。

(1) 生理需要：食物、饮水、空气等。
(2) 安全需要：治安、稳定、秩序和受保护。
(3) 社交需要：也称归属和爱的需要，包括情感、集体荣誉感、(家庭、朋友等的)情感联系。
(4) 受尊重的需要：自尊、个人声望、名誉、地位、成就等。
(5) 自我实现的需要：充分发挥个人能力、实现理想和抱负、取得成就。

这 5 种层次的需要是按照由高到低的层次组织起来的，如图 3.1 所示。一般来说，当低层次的需要基本满足以后，就会出现较高层次的需要，人们就是在不断的追求中出现新的需要，产生新的行为动机。

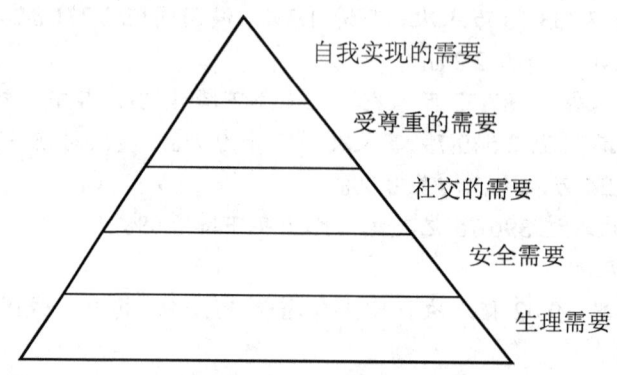

图 3.1 马斯洛需要层次理论

马斯洛的需要层次理论对解释人的行为具有重要而普遍的意义。旅游动机的产生到底是出于哪一层次的需要呢？一般认为，一个人不大可能会为了满足较低 3 个层次的需要而希望外出旅游。原因有 3 个。第一，一个人或其家庭的经济收入达到一定水平后才能旅游。因为凡在经济上有能力外出旅游者，其温饱等基本问题早已得到解决，所以不可能为满足生存需要而旅游。第二，待在自己的家乡比去任何其他地方都更有心理上的安全感，所以为了安全需要而计划外出旅游的可能性也很小。当然旅游者在旅游期间也需要安全，但这显然不是其外出旅游的目的。第三，一个人归属和爱的需要的满足，只能在其日常生活和工作过程中才能得到并且长期维持，因为只有在生活和工作的长期接触中，人们才能真正相互了解和产生感情。只有在此基础上，才能使一个人的地位在群体中得到承认，才能获得真正的爱和友谊。因此，人们不大可能为满足社交这一需要而外出旅游。

受尊重的需要除了包括在他人心目中受到重视、赏识或尊重之外，也包括取得成就、提高地位和自信心等表现自己的需要。人们一方面要感觉到自己对世界有用，另一方面也需要借助某些外部事物提高自我形象。旅游就是一种很有效的提升自我形象的手段。人们外出旅游，特别是到外国名胜地区、政府要人去过的地区、名人到过或居住过的地区去旅游，常为人们所羡慕和崇敬，受到重视和赏识，从而有助于满足个人受尊重的需要。因此，有一些人外出旅游是为了满足尚未得到满足的受尊重的需要。自我实现的需要，它往往是通过各种挑战自我极限的方式表现出来的。在旅游活动中，有些人为了实现自己的抱负，显示其能力，到一些艰苦的、人迹罕见的地方旅游或探险，如攀登珠穆朗玛峰、参加巴黎—北京汽车拉力赛、驾车或徒步环游全球等，这些都是出于满足自我实现的需要。因此，可以这样认为：一部分旅游动机的产生与马斯洛的需要层次论中的后两个层次的需要是密切相关的。

此外，还有几种促发旅游动机产生的精神需要，如探新求异的需要、逃避紧张现实的需要等，而这些需要是马斯洛需要层次理论所无法解释的。

一是探新求异的需要。探新求异是指人们暂时变换原来熟悉的生活环境和生活内容而对新生活环境和生活内容的一种追求。在现代社会，人们对生活地区以外的国家和地区了解不断增多。它促使人们更加希望亲眼目睹异国他乡，亲自体验一下他乡的新异之处，以满足其好奇心和对新事物的渴望。

二是逃避紧张现实，调节身心的需要。在现代社会中，尤其是在那些高度城市化和发达工业化的国家和地区，人们的工作和生活节奏不断加快，常年处于精神高度集中的紧张之中。因此，人们热切希望能暂时避开这样的环境，到一个环境幽雅、空气新鲜的地方度过一段时间，以期较好地调节自己的身心节奏，缓解疲劳，松弛神经。

对旅游业各部门来说，认识上述促进旅游动机产生的需要，将有助于他们在接待旅游者的工作中，针对不同旅游者的需要提高服务质量。

3.2.2 旅游动机的基本类型

动机是需要的表现形式，人们的需要多种多样、纷繁复杂，导致外出旅游的动机也丰富多样。不同国家的学者从不同的角度对旅游动机进行了分类，比较有代表性的是以下几种分类。

1. 罗伯特·W. 麦金托什的分类

美国著名的旅游学教授罗伯特·W. 麦金托什将旅游动机划分为4种基本类型。

1) 身体方面的动机

身体方面的动机包括度假休息、参加体育活动、娱乐活动，以及其他直接与保健有关的活动。另外还包括遵医嘱或建议做异地疗法、洗温泉浴、矿泉浴、医疗检查及类似的疗养活动。属于这方面的动机有一个共同点，即都是通过与身体有关的活动来消除紧张。

2) 文化方面的动机

文化方面的动机的特点是希望了解异国他乡的情况，包括音乐、艺术、民俗、舞蹈、绘画及宗教等。

3) 人际方面的动机

人际方面的动机包括希望接触他乡人民、探亲访友，逃避日常的例行琐事及家庭或邻居之类的微社会环境、结交新朋友等。

4) 地位和声望方面的动机

地位和声望方面的动机主要关心个人成就和个人发展的需要。属于这类动机的旅游包括事务、会议、考察研究、追求业余癖好及求学等类型的旅游。旅游者通过旅游可实现自己想要受人承认、引人注意、受人赏识、获得好名声等愿望。

2．田中喜一的分类

日本学者田中喜一把旅游动机分为4类。
1) 心理动机
心理动机包括思乡心、交友心、信仰心。
2) 精神动机
精神动机包括知识的需要、见闻的需要、欢乐的需要。
3) 身体动机
身体动机包括治疗的需要、修养的需要、运动的需要。
4) 经济动机
经济动机包括购物的目的、商业的目的。

旅游动机可以分成多种类型，但是由于旅游是一种综合性的社会文化和经济活动，可满足人们的多重需要，因此，人们外出旅游很少只是出于一个方面的动机，往往是多种动机共同作用的结果。只不过有时是某一动机为主导动机，其他为辅助动机，或者是有的动机被意识到了，而有的动机未被意识到而已。

3.2.3　影响旅游动机的因素

影响旅游动机形成的因素很多，既有来自人们自身的因素，又有来自外部的客观环境的因素。概括起来主要有以下几个方面。

1．个性心理因素

在影响旅游动机的个人方面的因素中，一个人的个性心理特征起着重要的作用，不同个性心理特征的人有着不同的旅游动机，进而产生不同的旅游行为。心理学家把人们的个性心理因素进行了分类，以此来解释人的个性心理因素对旅游动机的影响。其中较有代表性的是美国心理学家斯坦利·C.帕洛格的心理类型模式。

帕洛格以数千美国人为调查样本，对其个性心理特点进行了详细的研究，发现人们的个性心理可以分为5种类型：自我中心型、近自我中心型、中间型、近多中心型和多中心型。它们呈正态分布，即自我中心型和多中心型的人数最少，而中间型的人数最多，如图3.2所示。

自我中心型的人的心理特征是谨小慎微，多忧多虑，不敢冒险。他们最强烈的旅游动机是休息与轻松，希望旅游目的地是熟悉的地区，有完善的旅游设施，喜欢活动量小、比较轻松的旅游活动。理想的旅游是一切都事先安排好的，因而比较欣赏团体旅游的方式，旅游的习惯做法是自己乘车到旅游目的地。而多中心型的人的心理特征则相反，他们思想开朗，兴趣广泛，无忧无虑，喜新奇，好冒险。这一类人爱好旅游，喜欢独自出游，不愿随大流，喜欢到那些偏僻的、不为人知的旅游地体验全新的经历。他们虽然也需要旅游业为其提供某些基本的旅游服务，如交通和住宿，但是更乐于有较大的自主性和灵活性。除了这两个极端类型外，中间型属于表现特点不明显的混合型，近自我中心型和近多中心型则分别属于两个极端类型和中间型中间略倾向于各极端特点的过渡类型。

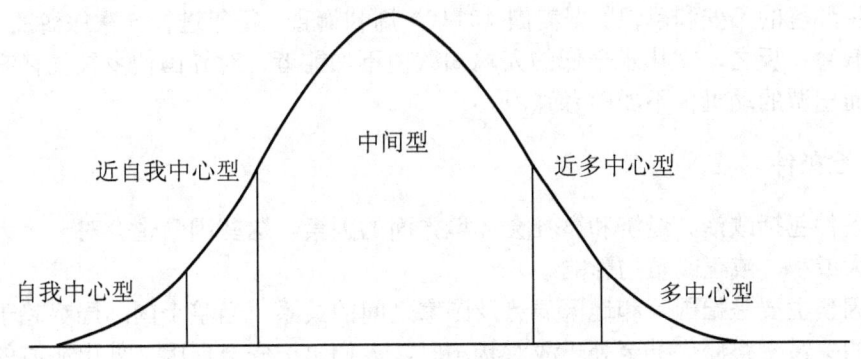

图 3.2　帕洛格的心理类型模式

2．性别、年龄和文化程度与修养

性别影响一个人的生理、心理特点及在家庭、社会中的角色和地位。长期以来，在社会中，男子更多地从事社会活动和职业劳动，女子则从事家务。这种情况不仅形成了两者在社会生活和经济生活中地位上的不同，而且也产生了旅游动机上的差别，即男子参加的社会事务活动多，接触面广，对外部情况的了解也多，从而对出外旅游的强烈程度也比女子高。不过在现代社会，随着妇女参加社会工作的增多、经济的独立，妇女对出外旅游的欲望也在增强。此外，男子和女子在生理和心理上的差别，也对旅游动机的强度和旅游项目的选择产生一定影响，如探险旅游男子较多，购物旅游则女性较多。

不同年龄阶段的人，在身体状况、心理特征、家庭状况和经济条件等方面差别较大，因而旅游动机也受到影响。青年人，包括未婚和已婚没有子女的夫妇，身体健康，没有家庭负担，闲暇时间多，加之年轻好动的性格和求知的欲望，对旅游反应强烈，一旦经济条件具备，他们出游的概率很大。不过，由于他们年轻，大都积蓄不多，经济比较拮据，出游的动机受到很大抑制。成年人则分为两个时期。第一个时期是指已婚但子女尚年幼的家庭。他们身体好，有工作，有一定的经济能力，也有求知的渴望，对旅游很感兴趣，但他们有年幼的子女要照料，携带出游甚为不便。因此，他们的旅游动机往往受到限制。不过，如果年幼的子女有亲人照看，那么出游的动机仍是很强的。第二个时期是指已婚且子女已长大的家庭。他们身体尚好，工作和事业已经打下一定的基础，经济较宽裕，又无子女拖累。因此，这部分成年人既有能力又有时间，也有出游的期望，是出游机会较好的旅游市场。而且这部分人还常常因公出差，对旅游设施和服务的档次要求也较高，所以又是经济效益最好的旅游市场。老年人，尤其是离退休人员，他们不仅有充裕的时间，而且有相当的积蓄和一定数量的退休金，还没有任何家庭负担，如果身体条件尚好，多半希望在有生之年多走走、多看看，因而出游的概率也很大。由于老年人常有怀旧忆旧的情感，对会见老相识、老朋友，观看名胜古迹，故地重游比较感兴趣，因此，他们的旅游动机往往表现为访古寻友、追宗归祖。不过，如果他们身体状况不佳，旅游动机将严重受制，即使出游，其活动节奏较慢，对安全特别注重，所以老年人一般参加包价旅游比较多。

文化程度与修养显然与一个人的受教育程度有关。受过较高程度教育的人，掌握的知识和关于外界的信息也相对较多，从而更有亲自了解世界的兴趣和热情，同时，也有助于克服对陌生环境的不安和恐惧。据美国《时代》周刊调查：每年进行 5 次旅游的人中，57%受过大学教育；反之，文化水平低的人求知欲望不如前者，对异国他乡往往怀有一种恐惧心理，因而出游的动机也不如前者强烈。

3．社会条件

社会条件包括政治、经济和微社会环境方面的因素，这些因素也会对一个人的旅游动机产生或大或小、或正或负的影响。

政治因素主要是指国际和地区局势及国家之间的关系。当整个国际局势趋于紧张，或国家之间的关系变得僵化甚至处于敌对状态时，人们出于安全原因，外出旅游的动机将大受抑制。反之，人们的旅游动机就会活跃起来。

经济因素对旅游动机的影响也是显而易见的。国家经济处于萧条而复苏乏力或经济衰退时，人们外出旅游的欲望便会减弱。因为人们担心以后的收入会减少，甚至有失业的危险，所以宁可多积蓄一些，以备应急之需，而不贸然采取行动。

微社会环境是指人们周围的人际环境，即邻里之间、同事之间、亲朋好友之间形成的社会氛围。在这个微型的社会氛围中，人们之间的相互影响往往会对一个人的态度、意见和偏好产生重大影响。如果其中大部分人都要去某地进行某种旅游活动，那么受此影响，其他人也会产生到这个地方旅游的动机。

综上所述，影响旅游动机的因素是多方面的，特别是随着现代社会经济的发展，人们外出旅游动机更是呈现出多元化、个性化的发展趋势。作为旅游经营者，应深入研究旅游者旅游动机，以便更有针对性地规划和开发产品，并在宣传和促销时找准诉求点，更有效地激发人们的兴趣，促使其产生旅游动机，大大提高工作效率。

3.2.4 不同旅游阶段旅游者心理和行为的特点

1．旅游准备阶段的心理和行为特点

当人们有了足够的余暇时间、较强的经济支付能力，产生了旅游欲望后，人们便做出外出旅游的决定，这就进入了旅游准备阶段。这一阶段旅游者处于激动与兴奋状态，开始对电视、报纸上的旅游广告感兴趣，开始注意旅行社所推荐的旅游线路，开始打探亲戚或朋友的旅游经验，以便对目的地、线路、旅行社、交通工具、住宿的宾馆饭店等做出选择和决定。旅游者对目的地的选择除了与其个性有关外，还与目的地本身的吸引力及旅游者对它的认识程度有关。通常，知名度越高，景观价值越大，交通及设施越完备，接待能力越强，吸引力越大。旅游目的地应具备各自不同的风格。只有旅游景区发挥其最大的吸引力，旅游者才会根据其需要和可能选择它。当目的地的选择决定后，他们就准备出发。这时候他们处于众多的想象与期盼中，对即将来临的旅游活动产生憧憬和向往。

2．旅游途中的心理和行为特点

当旅游者在完成准备活动后，就择定日期，乘坐交通车踏上了旅途。在旅游途中，游客的心理活动是非常复杂的。旅游者在异国他乡进行旅游，在内心深处总隐伏着一种不安的心理：担心人身、财产是否安全，他乡生活是否习惯，交通工具是否安全舒适，导游是否称职等，所以会因语言不通而产生孤独感、茫然感和不安全感，存在拘谨心理、戒备心理及怕人笑话的心理。如果求安全的心理得不到满足的话，旅游者的行为就有可能被对安全和保护的寻求所完全支配，会上升为压倒一切的主要需要。旅游者会只求安全而放弃一切，甚至整个旅游。旅游者在旅游活动中自始至终都充满着种种美好的愿望和期待，希望事事如意。这种求全的心理反映在旅游各方面：生理上的要求是可口的餐饮、舒适的住宿、方便的交通，如果这些基本要求得不到满足，就会产生强烈的反应，甚至导致过火的行为，旅游者在心理和精神上的求全心理反应在游、购、娱方面的高层次需求，就其心理需求而言，他们希望获得尊重、体谅和关怀，团内的和睦气氛、导游周到体贴的服务等能使心理上的高要求得到满足；精神上的需求反映在对奇异的风土人情、深刻的文化底蕴、内心的自我实现的追求上。旅游活动本身就是变换日常内容和环境，打破常规，追求新刺激的求新活动，所以旅游者向往种种新奇独特的事物。历史悠久的名胜古迹、罕见的自然景观、传统的民俗文化等引人入胜的刺激物就能满足游客的求新求异心理。随着旅游活动的不断展开，旅游者在精神上会更加轻松，个性表露有扩大的趋势。他感到心情愉快，会产生一种平和、轻松的心态。但是正由于这种心态的左右，游客往往忘却了控制自己，自行其是，常常表现出自由散漫、丢三落四、时间观念差等旅游病，造成一种懒散的心态。由于处于兴奋欢悦的状态，旅游者的思考力和判断力往往减弱，表现出一种人云亦云、随大流的群体心理状态。如果没有得到正确的引导，会造成严重后果。

3．旅游结束阶段的心理和行为特点

旅游活动后期，旅游者的心情波动较大。他们普遍关心的是购物问题。这是旅游服务体系中重要的组成部分。由于购物的动机各不相同，如为新奇、保值、馈赠等目的而购物，因此，能否满足个性需求，保证购物行为的顺利进行就成为后期工作的重点。在完成旅游活动，即将返家时，旅游者会对整个活动做一个较全面的回顾和总结。如果各方面总体需要大部分得到了满足，那么就对此持肯定态度，会回忆、提及、留恋此次活动，可能产生再次重游的心理需求，由此激发旅游的兴趣，引发出再去别的景点旅游的动机；反之，则会对该旅游地产生厌恶，造成极大不快的旅游心理，回去后会较长时间地记忆起此次旅游，甚至影响下次旅游的兴趣。

阅读案例 3—2

青年旅游者购物心理分析

所谓青年旅游者是指 18～25 岁的旅游者，这是旅游市场上最活跃的一部分消费者群体，对事物有很强的敏感性，对新鲜事物有强烈的好奇心。追求明显的消费个性，以独特的方式来显示自己的成熟和与众不同。同时，他们也追求时尚，追赶时尚与消费风潮。另外，青年旅游者在购物决策中带有较强的冲动性，容易受环境因素的影响，这是因为青年人一般是受情绪性购买动机的支配，常常是头脑一热，买下再说。

(资料来源：http://www.docin.com/p-376426016.html．)

3.3 旅游需求

3.3.1 旅游需求的概念

需求是指人们在一定条件下对某种事物渴求满足的欲望，是产生人类一切行为的原动力。在经济学中，需求是指消费者通过支付货币去购得某一商品或服务的意愿。在人们所需求的商品或服务为旅游产品的情况下，这种需求便成为旅游需求。根据旅游自身的特性，实现旅游需求不仅需要具备旅游意愿和经济支付能力，而且还需要拥有必要的余暇时间。因此，旅游需求实质上是指有一定支付能力和余暇时间的人，为了满足对旅游活动的欲望，在一定时间和价格条件下，愿意按照一定价格而购买的旅游产品的数量。旅游需求是对旅游产品的需求，是旅游市场形成的基础。没有旅游需求，也就无所谓旅游市场，旅游产品的价值也就无从实现。因此，对某地旅游产品的需求量是该地旅游部门和旅游从业人员都十分关切的问题。这是因为，一方面，旅游经济主管部门需要通过对旅游需求的预测来开展工作；另一方面，为了实现利润最大化，相关部门必然会千方百计地刺激旅游需求。

3.3.2 旅游需求的特点

旅游需求与一般的产品需求相比，具有以下几个主要特点。

1. 旅游需求的整体性

一次旅游活动是指旅游者从离开常住地开始直到旅游结束归来的全过程，在整个旅游过程中，食、住、行、游、购、娱等每一项活动都是深刻的旅游体验，大多数旅游者在决定旅游时，不是仅仅考虑某一方面的旅游产品或服务，而是将有关的产品或服务结合起来进行综合考虑。因此，旅游需求是整体性需求。这就需要对旅游业进行宏观调控，保证整个旅游活动过程各环节的衔接和配合，才能使旅游者获得良好的旅游感受。

2. 旅游需求的多样性

旅游需求的产生既有主观因素，也有客观条件，由于人们的兴趣爱好及所处环境的差异，会使人们产生各种各样的旅游需求。有的旅游者为了好奇、冒险而进行刺激、体验式旅游；有的旅游者为了放松、缓解工作压力而进行休闲、疗养度假、观光型旅游；有的旅游者因公务、经商、洽谈业务而进行文化型、考察学习型旅游。过去，旅游主要是对自然景观和文物古迹的观光游览，旅游目的地集中在几大风景名胜区；现代旅游者除了对山水风光、文物古迹感兴趣外，对生态旅游和民族风情旅游表现出极大的兴趣，旅游需求出现多样化发展趋势。

3. 旅游需求的多层次性

随着经济的发展，不仅潜在的旅游需求转化为现实需求，在现实消费者内部也不再是统一的低消费，由于消费能力的不同，消费者对旅游产品的消费逐渐分化，形成高、中、低3个消费层次，呈现出初级的市场细分状态。低层次旅游消费者绝大多数仍是观光旅游，中层次旅游消费者则需要更广泛的旅游产品，高层次旅游消费者从纯粹的观光型旅游向休闲度假型转变。

4. 旅游需求的季节性

旅游具有较强的季节性，一方面，由于旅游目的地的不同季节的气候条件对旅游环境的影响，在某些季节旅游很舒适，而某些季节旅游不舒适；另一方面，由于假期分布和人们外出旅游的传统习惯等因素的影响，使旅游需求出现旺季和淡季，旺季时，旅游产品供不应求，淡季时，供过于求。

阅读案例 3—3

中国旅游研究院：2010年旅游市场需求变化明显

新华社北京1月10日电(记者金小茜)中国旅游研究院10日发布的《中国旅游经济蓝皮书(第三部)——2010年中国旅游经济运行分析与2011年发展预测》指出，2010年我国旅游需求仍呈现出"大基数、稳增长、低消费"的基本特征，旅游市场需求结构有明显变化。

蓝皮书分析，伴随消费总量的上升，旅游市场需求结构在2010年有明显变化。国内旅游方面，城镇旅游人次数相对增加更快，农村旅游人次数增速放缓，城镇旅游者所占比重进一步提升。虽然目前旅游市场中的消费主流还是经济型旅游产品，但是人民群众对旅游服务的品质诉求明显上升。入境旅游方面，2010年外国人市场同比增长较快。出境旅游方面，因私出境占主体的格局进一步强化，目前我国因公出境旅游人数仅占总出境人数的10%左右。从出境目的地来看，虽然近程旅游目的地仍是首选，但中远程目的地增长更快。

(资料来源：http://www.gov.cn/jrzg/2011-01/10/content_1781502.htm.)

3.3.3 旅游需求产生的条件及影响因素

1. 旅游需求产生的条件

从经济的角度看，一般需求的形成有两个条件：一是消费者对该产品或劳务有渴求满足的欲望；二是消费者有支付能力。但旅游需求除了应具备这两个条件外，还必须有闲暇时间才能实现。另外，当今社会对外交流的日益增多也是旅游需求产生的一个重要条件。

1) 旅游者对旅游活动渴望满足的欲望

主观意愿是产生人类一切行为的原动力，当人们产生对休闲、度假、游览、观光等旅游欲望时，则意味着人们将产生旅游需求。因此，对旅游产品的购买欲望是激发旅游者的旅游动机和行为的内在动因，是旅游需求产生的主观条件。

2) 旅游者可支配收入的提高

可支配收入是指人们从事社会经济活动而得到的个人收入扣除所得税的余额，是人们可以任意决定其用途的收入。人们的可支配收入状况的变化是产生旅游需求的重要因素之一。一般来说，当人们的收入提高时，对任何商品都愿意多消费一些，而当其收入下降时，则要紧缩其需求量。但是，由于各种商品的性质不同，对收入的反应也不尽相同。一般来说，生活必需品对收入变化的反应不大，无论收入情况如何，人们总是首先保证对生活必需品的购买。收入提高时，人们不会大幅度增加生活必需品的消费，而会增加非商品性消费的支出。特别是对用于文化娱乐、旅游休闲活动的支出比例增加的幅度更大。

3) 人们闲暇时间的增多

旅游产品是一种特殊产品，消费者必须到旅游目的地去购买旅游产品，同时，行程本身又构成旅游产品的内容。因此，旅游活动必须花费一定的时间，没有时间就不能形成旅游行为。随着社会生产力发展和劳动生产率的提高，使人们用于工作的时间相对减少，而用于闲暇时间则不断增多。特别是许多国家和企业推行"每周五日工作制"和"带薪假日"，使人们的闲暇时间越来越多。有的国家和地区年休假日高达 140 天，占全年 1/3 的时间。闲暇时间的增多大大地推动了旅游需求的产生。人们不但产生短期休闲旅游，以度过美好的周末，而且逐渐增加远程旅游及国际旅游，到世界各地游览、观光，到风景名胜区休闲度假。因此，闲暇时间的增加是产生旅游需求必不可少的条件。

4) 对外交流的增多

以个体活动和个人感受为中心的旅游活动并不是人类旅游活动的全部，从世界各国旅游情况看，一种以群体活动和人际交流为中心的旅游活动，不仅在全球旅游活动中占有巨大比重，在我国旅游活动所占比重也越来越多，这就是商务旅游和会展旅游。这两种旅游不是基于个人可支配收入和闲暇时间的增多，而是基于经济发展对交流的需求、文化和科学技术对交流的需求，以及人类其他活动对交流的需求。

此外，还有一些旅游活动的产生也与个人的收入、时间无关，如由工作单位安排的福利类旅游、一些现代企业推行的奖励旅游，以及学校安排的爱国主义教育活动、社会实践活动等。这些旅游活动不是基于个人可支配收入和闲暇时间，或旅游者只支付部分旅游费用，或根本不用旅游者付费。

2．旅游需求的影响因素

由于旅游需求的多样性，影响旅游需求的因素也很复杂。要很好地了解旅游需求状况，除了研究旅游者自身的旅游动机、收入水平、闲暇时间及对外交流等直接因素外，还必须分析和研究影响旅游需求的其他因素。这些因素自身并不能产生旅游需求，而是作用于有一定基础的个人和群体，影响其对旅游活动的选择。

1) 价格水平

价格是影响旅游需求的最重要、最灵敏的因素。一定的旅游产品价格不仅影响旅游者购买能力，产生"收入效应"，还会把替代品的需求转移到旅游产品上来，产生"替代效应"。通常情况下，旅游需求量随价格的变化而呈现相反方向的变化，价格上涨，旅游需求量就会减少；价格下降，旅游需求量就会增加。由于旅游产品是非生活必需品，旅游需求对价格变化的反映程度即价格弹性较大。

2) 旅游资源和服务质量

旅游资源是保证旅游需求能够得以实现的基础。旅游资源本身的独特性具有较强的吸引力，同时，对旅游资源进行调查，充分挖掘其特色，形成有竞争力的旅游产品，也会刺激旅游需求的产生。旅游资源与旅游需求相辅相成，旅游资源刺激旅游需求产生；而旅游需求则促使旅游资源转换成经济优势,两者相互影响、相互作用和相互促进。此外,旅游经营者借一定的旅游资源和旅游设施,向旅游者提供各种旅游服务以满足旅游者的需求。事实上,在整个旅游过程中,旅游者接受较多的是无形的服务。因此,旅游服务质量就成为影响旅游需求的重要因素。

3) 旅游供给的竞争

旅游目的地的旅游供给决定着旅游需求被实现和满足的程度。由于各个旅游地相互之间及旅游地内部均存在竞争关系,因此,处于竞争关系的旅游目的地会通过"替代效应"相互作用,从而对旅游需求产生影响。

4) 货币汇率

在国际旅游中,汇率变化会影响旅游客源地与目的地的相对价格,当旅游接待国的货币升值,则实际价格上升,前往该国的旅游者或旅游停留时间就减少;反之,当旅游接待国的货币贬值,则实际价格下降,促使前往该国的旅游需求增加。可见,汇率变化不一定会引起国际旅游总量的增加或减少,但是会引起对货币升值的接待国家的旅游需求减少,而对货币贬值的接待国家的旅游需求增加。

5) 交通运输的发展

任何旅游活动都离不开一定的交通运输条件,特别是远程旅游及国际旅游,更讲求交通运输条件的舒适和方便。现代科学技术的进步为人类提供了便利的交通运输条件,从而促进了旅游需求的产生和旅游业的发展。现代航空运输业的发展,极大地缩短了旅游的空间距离;大型民航飞机、高速公路、空调客车、高速列车等交通运输的现代化,促使旅游者在旅游活动过程中的空间移动更加舒适、方便和安全。这不仅有效地刺激了人们的旅游需求,"催化"人们的旅游行为,而且缩短了旅途时间,减少了途中的劳累及单调,又进一步加快了国际旅游业的发展,使旅游业进入一种全球化发展的新趋势。

此外,居民身体素质的提高和文化素养的提高、现代消费观念的转变、目的地在客源地的旅游促销水平等,都是影响居民选择旅游出行的因素。

3.4 旅游者类型及其特点

在旅游研究和实际工作中,经常需要根据研究和工作的目的,将旅游者按照不同的标准划分为不同的类型。了解几种常见类型的旅游者的特点,便于旅游目的地政府部门及旅游企业开展针对性的宣传和促销活动。本节将重点分析以旅游者出游目的为标准划分的 8 种类型旅游者的不同需求特点。

3.4.1 观光型旅游者

观光型旅游者是指以观光游览为目的离开常住地外出旅行的旅游者。他们希望通过参观、游览异国他乡的自然景观和人文景观,增长见识,扩大视野,获得一些美好、特殊、新奇的感受。在 20 世纪 90 年代以前,观光型旅游者是世界各国最普遍、最常见的旅游者,是旅游者中的主要类型。

观光型旅游者的特点主要体现在以下几个方面。

第一,观光旅游者喜欢到知名度高的地方旅游。例如,世界八大奇观(秦始皇兵马俑、埃及的金字塔、巴比伦的空中花园、爱琴海太阳神像、土耳其的阿尔特米斯月神庙、希腊奥林匹亚宙斯神像、土耳其的摩索拉斯陵墓、亚历山大港灯塔)和我国十大名胜(万里长城、北京故宫、桂林山水、杭州西湖、苏州园林、安徽黄山、长江三峡、台湾日月潭、承德避暑山庄、西安秦陵兵马俑)多为旅游者向往的去处。

第二,观光旅游者在旅游活动过程中花费不大。一方面,由于观光型旅游者外出大多是自费旅游,对价格较为敏感。如果旅游目的地或旅游交通提高价格,旅游者会选择其他的旅游目的地或者改乘另外的交通工具。另一方面,观光型旅游者外出最主要的目的是观光、游览,因而除了在食、宿、行、游等方面花费一定的开销外,在购物、娱乐等其他方面的消费比较少。

第三,观光旅游者出游的季节性十分明显。这主要是由于旅游景观和环境受气候影响,在不同的季节吸引力不同。

第四,旅游者在旅游目的地逗留时间不长,而且重游率低。

3.4.2 娱乐消遣型旅游者

娱乐消遣型旅游者是指以娱乐、消遣求得精神松弛为主要目的而离开常住地外出旅行的旅游者。由于娱乐消遣旅游可以调节人们的生活节奏,摆脱紧张工作带来的烦恼,因此,这类旅游者正在不断增多,在发达国家的所有旅游者中,娱乐消遣型旅游者所占比重最大。

这类旅游者对娱乐的爱好是多种多样的,为了使其需求得到满足,目前世界上盛行的娱乐型旅游活动也是丰富多彩,有度假旅游、登山旅游、狩猎旅游、骑车旅游、野营旅游、越野旅游、滑雪旅游、花灯比赛旅游、垂钓旅游、欣赏民间音乐旅游、蜜月旅游等。我国也推出了各种各样的娱乐型旅游项目,如潍坊的风筝旅游、广州美食节旅游(见图3.3)、杭州的元宵灯会旅游等。此外,旅游度假区的建设也如火如荼。自从1993年我国批准设立了12个国家级旅游度假区后,各省区市也纷纷兴建了各级别的旅游度假区,成为国内外游客的娱乐消遣的主要目的地。

图3.3 广州美食节旅游

娱乐消遣型旅游者的特点如下。

第一，参与愿望较强，追求娱乐、消遣和观赏享受。

第二，外出季节性很强，除退休者外，几乎都是选择较好的季节利用带薪假期旅游。

第三，旅游的灵活性较大，如遇天气变化、不安全因素、产品质量、价格等问题时，可以临时改变计划，取消旅游或改去他处。

第四，由于娱乐消遣旅游项目内容多，一般停留时间较长，少则 1~2 天，多则 4~5 天或更长，因此，旅游者花费较多。

第五，多是自费旅游，对价格比较敏感，要求物有所值。

3.4.3 医疗保健型旅游者

医疗保健型旅游者主要是指那些为达到消除疲劳、增进身体和心理健康、治疗慢性疾病等目的而参加一些有益于身体和心理健康方面的旅游活动的旅游者。

这种旅游者参加的旅游项目主要有医疗旅游、森林旅游、温泉旅游、避暑旅游、体育保健旅游等。中国地域辽阔，不仅有数不胜数的美丽风光，众多适宜疗养的胜地，而且有独特的中国医学宝库，其中，针灸、推拿、药膳等具有奇妙的医疗效果，种类繁多的中国武术具有强身健体、祛病防身的功效，这些都会对世界各国该类型旅游者产生巨大的吸引力。目前，我国也有不少地区开展了此类旅游项目。杭州、北戴河、无锡、青岛、深圳等地建有专门的疗养院，兴办了疗养旅游。河南围绕少林武术、太极拳也开发出了"武术康体游"、"阖家习武游"、"青少年假期健身游"、"女子防身短训游"等一批旅游产品。

医疗保健型旅游者的特点：主要参与者是经济发达国家的一些旅游者及发展中国家的一些收入较高者，以中老年人居多；有较高的收入、较多的闲暇时间，停留时间较长；保持健康或恢复健康的欲望较强；对旅游项目中的保健、康复功能比较敏感。

3.4.4 文化型旅游者

文化型旅游者是指为追求精神文化需求的满足而外出旅行游览的人。该种类型的旅游者外出的主要目的是通过旅游，观察社会、体验民族风俗、了解异地文化，以丰富自己的文化知识，增长见识。

世界精彩纷呈的民族文化、社会文化、艺术文化等演绎出了丰富多彩的文化旅游种类，如历史文化旅游、民俗文化旅游、艺术旅游、寻根旅游、考古旅游、工业旅游、农业旅游、修学旅游等。我国有五千年的文明史，56 个民族，文化旅游资源非常丰富，吸引了大批的国外游客到我国旅游。近些年来，我国已接待了数百批进行文化旅游的游客，如汉语学习团、针灸学习团、中国烹饪学习团、养蜂考察团、书法绘画交流、医学交流、法学交流、蒸汽机车爱好者团等。每个游客经历了这种文化知识旅游之后，无不感到极大的满足。

文化型旅游者一般具有以下几个特点。

第一，具有较高的文化修养，较强的求知欲。

第二，多数旅游者具有专长和特殊兴趣，期望在旅行中能与同行切磋交流，相互启发，解决自己在研究中碰到的问题。

第三，对导游的文化知识基础有较高的要求，对日程安排的周密性和旅游线路的科学性比较敏感。

3.4.5 公务型旅游者

公务型旅游者是指以完成公务为主要目的，在一定的时间内到一定的地点出差的旅游者。这种旅游者参加的旅游项目主要有商务旅游、会议旅游、展览旅游、奖励旅游等，地点一般都在旅游胜地或经济发达、交通便利的大城市。

由于公务旅游市场发展潜力巨大，经济效益可观，因而成为各国旅游部门竞相开发的对象。公务旅游专营公司像雨后春笋般涌现，一座座现代化的会议中心拔地而起。各大饭店大力改善会议设施，提高会议接待能力。公务旅游咨询公司、国际公务旅游展览应运而生。亚洲、欧洲、美洲许多国家相继成立了全国性乃至国际性的公务旅游协会或公务旅游管理局之类的官方机构，协调本国的公务旅游业，提高其竞争力。

公务型旅游者的特点如下。

第一，有一定的身份地位，对旅游产品和服务质量要求较高，注重舒适、方便、快捷。

第二，经费主要由团体的公费开支，所以支付能力较强，对价格不大敏感。

第三，因为公务在身，对旅游目的地和旅游时间没有多少选择余地。

第四，人数相对较少，但出行次数频繁，不受季节影响，只要是工作需要，就会随时出行。

3.4.6 家庭事务型旅游者

家庭事务型旅游者是指以探亲访友、出席婚礼、参加开学典礼等涉及处理个人家庭事务为目的而外出的旅游者。这类旅游者的需求特点比较复杂，就一般情况而言，具有以下几个特点。

第一，总的来看，这一类旅游者的出游没有什么季节性。对于探亲访友的旅游者来说，他们不大可能利用工作时间出游，而需要利用带薪假期和传统的节假日出行。而这些时间的分布对不同民族不同国家的人而言又是不同的。对于参加婚礼、毕业典礼等社会活动的旅游者来说，其出游时间要受到这些家庭事务时间的限制。因此，总体上，这一部分旅游者的出游没有什么季节性。

第二，由于该类旅游者多是自费旅游，因此，大多对价格比较敏感。

第三，在对目的地的选择上，该类旅游者基本上没有自由度。

第四，食宿大多由亲朋好友联系安排，散布于民舍家居，难以统计，从而影响旅游统计的准确性。

3.4.7 宗教朝觐型旅游者

宗教朝觐型旅游者是指以朝圣、拜佛、求法、取经或宗教考察为主要目的的旅游者，这是世界上最古老的一种旅游者类型。全世界现有各种宗教徒近 40 亿，占世界总人口的 2/3，其中，基督教徒有 16 亿，伊斯兰教徒 8 亿，佛教徒 3 亿，他们构成了宗教旅游者的主体。

宗教朝觐型旅游者的特点主要体现在以下几个方面。

第一，出游的目的地主要是各地的宗教圣地。例如，伊斯兰教圣城麦加每年吸引200多万穆斯林朝觐。中国被称为佛教的第二故乡，古寺庙宇遍布名山胜地，每年到我国普陀山、九华山、峨眉山、五台山、天台山等佛教圣地进行朝拜、"还愿"的国内外游客也是络绎不绝。

第二，出行时间比较固定。一般都是按照宗教教义的规定，按时进行朝觐。例如，五台山每年接待国内外宗教人士、香客上万人，这些朝拜者大多于六月大法会时云集五台山。

第三，由于对宗教的虔诚，这一类旅游者的回游率一般较高。根据2002年11月安徽师范大学旅游学院九华山风景名胜区旅游市场报告课题组的调查，在抽样来访九华山的149位旅游者中，有21位是第二次来九华山旅游，有18位表示来过3次或3次以上。

第四，对宗教旅游者的接待，多根据宗教教义的规定，以相应的宗教形式加以接待，使宗教旅游者在精神上和形式上获得归属感。

3.4.8 购物型旅游者

购物型旅游者是指以购物为主要目的的旅游者，这类旅游者的出现是社会经济发展、交通发达、人民生活水平不断提高的结果。购物型旅游的特点主要表现在以下几个方面。

第一，购物型旅游者不但关注目的地商品的丰富程度、特色品种和价格高低，还关注购物的社会支持环境，如交通和进出境的便利程度。同时，也要求目的地的旅游资源，以使自己在满足购物欲的同时，还能进行观光游览活动。

第二，购物型旅游者一般来自经济发达或比较发达的国家和地区，他们对旅游产品价格不大敏感，而对旅游目的地的购物品价格比较敏感。

第三，一般季节性不强，全年均可进行购物旅游活动。

第四，旅游消费总量较大，经济效益可观。例如，浙江义乌发挥中国小商品城商品丰富、价廉物美优势，大力发展购物旅游，2002年一年接待164万人次，仅旅游购物收入就达2亿多元。

由于购物旅游者消费总量较大，带来的经济效益显著，因而成为世界各国争相开发的市场。享有"购物天堂"美誉的香港从2002年以来，每年举办香港购物节，同时和各大旅行社合作，推出特色的"香港购物节"旅游线路及产品，仅2004年购物节期间就吸引了440万游客。2006年香港购物节启动仪式如图3.4所示。

图 3.4　2006 年香港购物节启动仪式

(资料来源：乐途旅游网．http://www.lotour.com．)

本章小结

旅游者是构成旅游活动的首要条件，没有旅游者，也就没有旅游活动，也就没有旅游业。根据旅游者的旅游目的可以将其分为观光型旅游者、娱乐消遣型旅游者、文化型旅游者、医疗保健型旅游者、公务型旅游者、家庭事务型旅游者、宗教朝觐型旅游者、购物型旅游者8种类型。

旅游者的技术性定义在实际的旅游工作中具有重要意义。目前，世界各国在对国际旅游者进行界定时都是以罗马定义为基础，这也说明国际上就国际旅游者的界定已在原则上达成共识。就国内旅游者而言，目前国际上尚无统一的理解。各个国家在参照世界旅游组织所提供的国内旅游者定义的基础上，针对本国情况又分别给出了自己的定义。

旅游动机是影响旅游者出游的主观条件，旅游动机的产生来自于人类的需要。国内外学者按照不同的标准可以将其分为不同类型。影响旅游动机的因素主要包括个性心理因素，性别、年龄和文化程度与修养和社会条件3个方面。旅游动机与旅游行为之间有着密切而复杂的关系，在旅游准备阶段、旅游途中和旅游结束阶段，旅游者表现出不同的心理和行为特点。

旅游需求是我们研究旅游者时需要关注的另一个重要问题。旅游需求具有整体性、多样性、多层次性和季节性的特点。同时，它还受价格水平、闲暇时间等许多因素的影响并表现出自身的规律性。

关键术语

旅游者　国际旅游者　国内旅游者　旅游动机　旅游需求　旅游需求规律

复习思考题

一、填空题

1. 根据国家统计局和国家旅游局的规定，凡纳入我国旅游统计的来华旅游入境人员统称为_____。
2. 旅游需求与一般的产品需求相比，有以下几个主要特点：_____；_____；_____；_____。
3. _____是指旅游需求对影响因素变化的敏感性，即旅游需求量随其影响因素的变化而相应变化的状况。

二、简答题

1. 罗马定义如何界定应纳入旅游统计的人员？
2. 我国如何界定海外来华旅游人员？
3. 旅游动机的主要影响因素是什么？

4．旅游需求规律的主要内容是什么？

5．根据出游目的可以将旅游者分为哪几种类型？

三、名词解释

旅游动机　　旅游需求　　旅游需求价格弹性　　旅游需求收入弹性

四、实际操作训练

课题：在校大学生旅游市场调查。

实训项目：在校大学生旅游市场调查。

实训目的：学习调查分析不同类型旅游者的需求特点。

实训内容：通过设计调查问卷，实地调研分析并总结本市在校大学生旅游者的旅游需求特点。

实训要求：将参加实训的学生分成若干调研小组，分别去本市各大高校进行实地调研，然后根据汇总的调研材料写出调研报告。

五、案例分析

牡丹江春节旅游入账同比增两成　两万外地游客涌入雪乡

黑龙江网络广播电视台1月30日讯冰雪燃情，搅热春节喜庆热潮。2012年春节期间，牡丹江市各大景区景点和滑雪场游人如织、火爆异常，雪堡俄罗斯风情引来众人瞩目，各大滑雪场接待量趋近饱和，镜泊湖首迎冬季旅游高客流，雪乡的107个家庭旅馆更是一床难求，让节日期间的牡丹江市旅游市场赢得"开门红"。

1．两万外地游客涌入雪乡

临近春节，素以雪量大、雪型美、雪质纯而闻名国内的雪乡旅游风景区再度成为旅游热点，距离春节还有一个月的时间，雪乡的107个家庭旅馆近4 000张床位就已预订一空，大年初一就迎来了旅游高峰。大量来自珠三角、长三角地区的南方游客纷纷涌入雪乡，赏雪、戏雪，在冰天雪地里感受东北浓浓的年味。据统计，春节黄金周，雪乡旅游风景区接待游客达到两万余人次，较比去年同期增长了三成多。

2．镜泊湖迎来历年同期最高客流

春节期间，镜泊湖风景区刚刚启幕的"雪域之窗"让景区一扫往年冬季游人稀少的局面，春节黄金周接待游客达到5 700人次，整体收入近30万元，迎来历年同期最高客流。镜泊湖景区今冬开始打造冬季旅游新项目，独特的冰瀑奇观和白雪皑皑的湖光山色让人叫绝，200余座精美的冰雕雪雕和滑雪、滑冰、打雪地高尔夫球、冰壶、踢雪地足球等20多项娱乐活动，让游客尽情领略冬季镜泊湖的无穷魅力。

3．雪堡冰雕成市民出游首选

不仅雪乡、镜泊湖热点景区引人入胜，今冬位于江心岛上的"欢乐王国·梦幻俄罗斯"雪堡和"盛世中国·雪城情怀"冰雕区更是市民出游的首选。据了解，今冬雪堡和冰雕区在规划上都达到了历年之最，成为今冬雪城最吸引眼球的出游地，加之本地市民购买雪堡门票可享受半价优惠，雪堡日均接待游客达到千余人次。为让游客大饱眼福，俄罗斯表演艺术团每晚在雪堡内上演的劲歌热舞，将会持续到正月十五。

4. 滑雪场日均迎客400人

赏雪，更要戏雪。节日期间，牡丹江市各大滑雪场也迎来火爆场景，牡丹峰滑雪场日均接待达到400余人次，在初三至初六的高峰时段，每天都有近500名游客涌入雪场，特别是初五当天，日接待游客近600人。而横道滑雪场，在春节7天长假里，共接待游客2 000多名。据牡丹峰滑雪场负责人介绍，近几年来，随着人们生活水平的提高，滑雪爱好者越来越多，还有很多人自行购买雪板前来滑雪，滑雪已经成为人们冬季不可缺少的娱乐项目。

据市旅游局假日旅游统计，今年春节黄金周，全市共接待旅游者27.33万人次，同比增长17.6%；实现旅游收入6 865.5万元，同比增长19.9%。在接待的游客中，过夜旅游者为16.53万人次，收入5 785.5万元；一日游游客10.8万人次，收入1 080万元。星级饭店客房平均入住率为62%。另外，春节黄金周期间，全市旅游市场秩序良好，无安全事故和立案投诉。

(资料来源：黑龙江网络广播电视台. http://www.hljtv.com/.)

问题：

1. 春节期间，牡丹江的旅游需求呈现出哪些特点？
2. 根据以上资料，分析致使牡丹江旅游需求在春节期间呈现出以上特点的主要因素有哪些？

第4章 旅游体验

教学目标

通过本章学习，掌握旅游体验的基本概念及内涵；掌握旅游体验的核心要素；熟悉旅游体验的满足过程；了解旅游体验的实现原则与途径。

教学要求

知识要点	能力要求	相关知识
旅游体验概述	能够在旅游规划和旅游经营中带给旅游者多层次的、较高质量的旅游体验	旅游体验的基本特征 旅游体验的类型 影响旅游体验质量的因素
旅游体验的核心要素	能进行体验化旅游产品的基本的策划	旅游情境 旅游产品 旅游产品的体验化设计步骤 旅游观赏的特点、影响旅游观赏效果的因素、旅游观赏的审美过程
旅游愉悦	能够对体验过程进行分析和干预使旅游者从中获得愉快的体验	旅游愉悦分类
旅游体验的满足过程	能对具体的旅游体验过程的影响因素、要素和实现途径进行分析和策划	旅游体验的影响因素、满足过程、要素和实现途径

导入案例

额尔古纳全生态自驾车旅游产品体验记录

以下是一位北京游客跟随某自驾车旅游团6天5夜的行程体验记录。

第一天 上午乘机抵达海拉尔，由额尔古纳全生态自驾车公园的管理人员接机并入住当地三星级宾馆。下午乘3辆切诺基吉普车赴城外电视塔遥看根河湿地和夕阳中的小城风貌，根河优美的曲线和苍茫辽远的色彩令人震撼。晚餐由自驾车公园项目负责人在一家风味餐馆请吃当地烤羊肉大餐。

第二天 早饭后驾车开上小库里山，途经大片麦田，远处浅褐深绿相间的根河湿地、黄灿灿的油菜花、大片的羊群牛群、刚刚割完的麦秸散发出清新的气味。午餐是自助烧烤，别有风味。下午路上遇到一位牧羊人，率领着500多只羊配合着让团员们尽情拍照，他朴实的热情令人感动。

第三天 这段路程是额尔古纳河最精彩的部分，但军队修路在一定程度上破坏了额尔古纳河原生态的风貌。在经过太极图(又称调色板)时，我们站在坡顶顶着5级大风尽情拍摄这大自然鬼斧神工调制成的风景。晚上住在室韦镇俄罗斯民族乡接待户家的木刻楞房中。在主人热情的劝解下我们喝了白酒品尝了俄罗斯风味的饭菜,但并没有感受到期望中邻里和睦亲善的氛围。

第四天 离开室韦镇时由女团员驾驶车行进了一程,她们感受到从未体验到的愉悦。我们又在恩河小村停留了1个小时,喜欢这里没有商业气息的原生态气质,更喜欢这里保留完好的俄罗斯民族风情。这里40岁以上的村民依然穿俄罗斯服装,50岁以上的会说俄语,到处盛开着野花。中餐是由安格林林场的两位朴实的林场工人准备的,他们不善言辞但厨艺很好,制作的根雕作品也很漂亮,但不便携带所以我们没有购买。傍晚时有位团员发现自己将外套落在了林场餐厅,衣袋里有两万元现金,大家对找回这钱基本不抱希望。但在和林场工人联系后他们告知衣服在钱也在。我们既意外又欣喜,不知如何答谢这两位林场工人,这笔钱相当于他们一年的工资收入。

第五天 早餐后上莫尔道嘎森林公园,山顶有一尊成吉思汗弯弓射大雕的塑像,虽明知道是附会之作,但这尊塑像还是有"点景"的作用,大家纷纷留影。随后在领队带领下,所有团员都购买了当地一户人家的野蘑菇和蓝莓酱,还有人选择根雕工艺品。回程经过一片原始森林,在导游的带领下又一次近距离的感受了大自然带给我们的原生态的独特体验。

第六天 早餐后驱车到拉不大林河畔,但看过了莫尔道嘎森林公园的我们普遍有些审美疲劳,景致不再是关注的重点,而人与人之间结下的亲密友情则令整个团队充满欢声笑语。晚餐按内蒙古的习惯吃送行饺子、啃羊骨棒。晚上飞机准点抵达北京,大家友好道别。

(资料来源:蔡红. 中国高端旅游市场定位与开发[M]. 北京:中国经济出版社,2009:116~120.)

问题:
1. 上述案例说明了在旅游体验过程中哪些因素会影响到旅游者的体验质量?
2. 如果你是该项旅游活动的策划组织者,是否会对这个行程安排做出修改?怎样修改?

有许多人会用一句话概括外出旅游——花钱买罪受。但为什么仍不断有大批的旅游者对旅游这项活动兴致不减,乐此不疲呢?实际上无论是旅游之前的精心准备,旅游中观赏到的醉人景致、感受到的奇异的风土人情、结交到的知心好友,还是旅游结束后的无尽回忆都是旅游者得到的最大收获,也就是对整个旅游过程的一种体验。著名作家李健吾在其名作《雨中登泰山》中写道:"回过头再看看刚才走过的路,我们一步步登到山顶,是苦趣也是乐趣!"乐也好苦也罢,旅游的趣味也正是蕴含于这样的旅游体验过程之中的。

4.1 旅游体验概述

4.1.1 旅游体验的概念

20世纪70年代,美国著名未来学家阿尔·托夫勒在其名著《未来的冲击》中第一次构建了一个体验经济分析的基本框架,标志着体验经济及体验作为经济提供物的开端。1998年,B. 约瑟夫·派恩和詹姆斯·H. 吉尔摩在《体验经济》一文中指出,体验经济是继农业经济、工业经济、服务经济之后的人类经济生活发展的第四个阶段,它追求的最大特征就是消费和生产的个性化。从此，体验经济引起了国内外研究者和业界人士的广泛关注。

旅游与体验经济有着千丝万缕的联系。旅游是人们满足了基本生理需求和物质需求之后所追求的更高、更新的精神需求，讲求的是旅游者的一种愉悦、快乐的经历，就其实质而言，是一种旅程和暂居的审美体验。旅游者面对丰富的选择，不再只注重旅游产品的功能，而喜欢感性的寻找、享受产品和服务所带来的独特体验，追求文化与精神的消费。

既然旅游业是与体验密切相关的产业，那么什么是旅游体验呢？史蒂芬·佩吉等人认为，旅游体验是由一些复杂因素构成的综合体，这些因素包括个人感知、地方印象、所消费的产品等。同时，这些复杂的因素又受个人、环境、形势、个性因素，以及旅游者与他人的沟通程度等的影响，正是这些因素综合作用的结果产生了完整的旅游体验。谢彦君认为："当旅游者离家踏上出游的旅途后，便开始了旅游的体验。旅游体验是一个过程，即旅游者通过与外部世界取得联系从而改变其心理水平并调整其心理结构的过程。这种体验是旅游者的内在心理活动与旅游客体所呈现出表面形态和深刻含义之间相互交流和相互作用的结果，是借助于观赏、交往、模仿和消费等活动方式实现的一个时序过程。旅游从本质上讲就是人们离开惯常环境，到其他地方去寻求某种体验活动，体验是旅游者的核心需求。"邹统钎则认为："旅游体验是旅游者对旅游目的地的事物或事件的直接观察或参与过程以及形成的感受。"

综上所述，可以把旅游体验理解为，旅游体验是一种特定的心理体验活动，是旅游者积极参与并与旅游客体相互作用的结果，它体现着浓厚的旅游者个人情感，这种情感既包含旅游者对旅游地及其旅游产品与服务的预期和满意度，也包含旅游者与他人沟通和交流的某种认知程度。

从心理学的角度看，旅游体验是一个被"想象"充实的领悟过程。此处的想象不是凭空的幻想，而是根植于旅游主体过去的记忆和对未来的憧憬。例如，旅游者来到黄山，身处云山瀑布之中，感受似曾相识，于是便会勾出记忆库中曾到过庐山的景象。相比之下，另一位没有到过庐山的旅游者，他的回忆映像就截然不同，面对黄山的感情体验也会不同。总之，旅游体验是旅游者通过想象，用内在心灵和精神世界领悟旅游世界的价值与意义，构成自身美好记忆，达到旅游愉悦，然后再作用于内在心灵与想象的螺旋型循环过程，如图4.1所示。

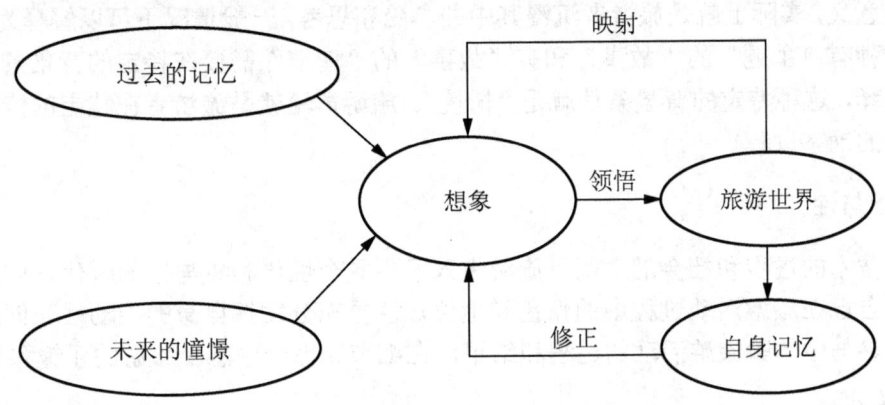

图4.1 旅游体验的心理过程

4.1.2 旅游体验的基本特征

体验一般被理解为"实际经历"或"通过实践来认识周围的事物",但在"旅游情境"下,体验是一种围绕旅游者需求所创造的难忘经历和有价值回忆的活动。具体而言,旅游体验具有以下几个方面的特征。

1. 价值性

旅游体验的价值性表现为能比以往的旅游产品给予旅游者更深刻的意义:一是满足旅游者身体需求,尤其是精神需求,并令旅游者感到愉悦,使其真切地感受环境氛围,留下极其深刻的体验;二是旅游者通过旅游体验改变自己的生活,或者说通过旅游体验把握人生的价值及满足自己在平常生活中无法满足的期望。此外,旅游体验不仅对旅游者是富有价值的,对于旅游服务人员也是富有意义的,有益于促使他们提高旅游体验过程中的服务质量。

2. 主观性

旅游体验是一种实实在在的切身感受,富有启迪、愉悦身心的特点,这种感受通过间接方式是难以获得的。一般来说,这种感受融入了旅游者的个人情感:一是旅游者个人的价值取向和情感判断决定了这种感受的基础;二是旅游者个人所处的环境条件及环境演变过程影响了这种感受的程度。可以说,这种个人感受是旅游者对旅游活动过程的一种能动性反应,具有明显的主观性。

3. 情境性

旅游体验是旅游者参与旅游活动的一种动态过程。首先,这个过程需要给旅游者一个参与其中的理由,实际上就是旅游者所期望的一种愿景,一般情况下可以解释为"主题";其次,旅游者需要明确参与这个过程的路径和方法,实际上就是旅游活动的特定流程,一般情况下可以解释为"故事";最后,旅游者参与其中,以及参与之后要能感受到这个过程的乐趣和意义,实际上就是旅游者沉浸其中的享受和思考,一般情况下可以解释为"情节"。显然,这种有"主题"的"故事"和有"故事"的"情节"需要在特定的背景条件下才能展开和演绎,这种特定的背景条件就是"情境"。旅游体验就是旅游者在特定的情境中参与旅游活动的动态过程。

4. 参与性

随着技术的进步和社会的文明,旅游进入了更具个性化和参与性的时代,旅游者开始注重改变自己在旅游活动过程中的角色和地位,注重充分发挥自身的能动性和创造性,注重在亲自参与中体验旅游活动的过程和结果,在细节和惊奇中感受旅游的乐趣和意义。

5. 文化性

随着人们对精神层面的需求愈来愈强烈,旅游活动的文化性越来越受到旅游者的关注。

首先，以满足旅游者的高层次需求为目的的旅游体验，必须深度挖掘旅游者消费背后的文化意义，在氛围与环境、项目和活动的设计中融入相关文化知识；其次，要使旅游者产生深刻的旅游体验，必须使其能充分理解旅游活动中所包含的文化内涵，所以在设计过程中要增加理解不同文化的步骤或者顾及不同的文化背景。

4.1.3 旅游体验的类型

依据不同的分类标准，可将旅游体验划分为不同的类型。科恩依据旅游者脱离日常生活及关注外部世界的程度将旅游体验划分为 5 种类型：休闲式旅游体验(the recreational mode)、转移式旅游体验(the diversionary mode)、经历式旅游体验(the experiential mode)、实验式旅游体验(the experimental mode)和存在式旅游体验(the existential mode)。

1．休闲式旅游体验

出自休闲目的的旅游体验，在性质上类似于其他类型的娱乐体验，如观赏戏剧、观看电影和电视等。旅游者能从中获得快乐，因为这种旅游体验使其身心获得放松，也使其产生一种力量感、充盈感。

2．转移式旅游体验

科技日益进步，人与人之间的沟通来往变得快捷化。人与人之间、人与社会或文化之间无形间存在着隔阂。因此，人们将旅游变成了一种消遣方式，用来逃避日常生活的枯燥乏味，醉心于一种忘却性的假日当中，藉以疗伤解闷。转移式的旅游体验是一种安慰剂，但并没有真正意义上的愉悦。

3．经历式旅游体验

这种体验方式主要是消遣旅游者在社会中心之外的徘徊，当人们意识到日常生活中的这种疏离、无意义和平庸，便会在身处的社会环境之外追求真实意义，这种体验方式是从对经验的获得开始的。

4．实验式旅游体验

这种体验方式的特点是，体验者已经不再依附于所在社会的任何精神中心，而是将自己直接投身到现实的生活当中，但又保持一个旁观者清醒的头脑，不让自己完全融入其中。这类旅游者像进行试验一样，比较各种不同的备选方案，期望最终会发现一种最适合他的特殊需要和欲望的方案。

5．存在式旅游体验

以存在的方式进行的体验是一种较为极端的形式，其特征就在于旅游者完全投身于一个被他选中的精神中心，旅游者对目的地文化的完全接纳并主动寻求自我与这种文化的同化，使旅游体验从旅游现象中抽离出来。然而，旅游体验是构成旅游现象最基本的结构性要素，它是串联旅游主体(旅游者)、旅游客体(旅游资源和旅游产品)及旅游媒体(旅游业)三要素的核心主线。因此，抽掉了旅游体验，就等于抽掉了旅游现象的基本矛盾，抽掉了旅游现象的内核，所以对于这种体验方式，学术界并不认同。

此外，旅游体验还可按功能划分为以下 5 种类型。

(1) 审美体验：旅游者通过感觉和知觉获得感官上的愉悦，进而获得由外及内的舒畅感觉。

(2) 娱乐体验：旅游者通过参与各种娱乐活动来寻求惊喜、刺激与兴奋，从而达到愉悦身心的目的。

(3) 教育体验：旅游者通过参与旅游活动来获取某种知识或技能，以及理解文化底蕴、了解历史传统等。

(4) 解脱体验：旅游者通过旅游活动从日常的工作和生活中解脱出来，以逃避压力，获得全身心的放松。

(5) 移情体验：旅游者把自己置身于他人的位置，将自己幻想为意象中的对象，从而实现情感的转移与短暂的自我逃离。

4.2 旅游体验的核心要素

4.2.1 旅游情境

在旅游体验过程中，构成旅游情境的既有物理环境(地理环境)因素，也有行为环境因素，对此所做的完整描述是构建旅游场描述的确切意义的前提。从旅游体验的角度来看，旅游情境的功能在于对旅游者心理构成"周围型刺激"。在旅游者旅途过程中，这种刺激呈现出不同的强烈程度，因而具有不同的描述价值。这里把旅游情境划分为两种类型：旅游氛围情境(tourist situations of atmosphere)和旅游行为情境(tourist situations of behavior)。

1. 旅游氛围情境

旅游氛围情境是一种概念性情境，它对行为者的心理影响主要以弥漫性的渗透为主，像是空气中的味道、海水中的盐分一样，包裹着行为者的心理感知世界，为这个世界涂抹上主观性的色彩。

整个旅游世界是一个基本情境层次。旅游世界构成一个最基本的、最大的、最模糊的主观情境，这种主观情境主要是由旅游者的旅游需要、旅游动机、旅游期望这些先在情感心理因素的作用引起的，是一种心理映照或投射，或者是一种移情。在旅游过程中所发生的旅游行为都笼罩在这个情境中，其特征在很大程度上会影响旅游体验的方式、方向和力度。当然，比较旅游行为情境对旅游体验的影响，旅游氛围情境属于远因。因此，也可以把这个层次的旅游情境称为远因旅游情境。从情境的意义上来理解旅游世界时，旅游氛围情境主要是构建了旅游世界的总体风格和意义。

2. 旅游行为情境

串联在旅游过程中的各级、各类节点，以对具体旅游行为的规定和引导作用而构成了旅游行为情境，这就是人们所说的旅游场。旅游行为情境的特征取决于旅游线路上各旅游目的地及其景观的自然、文化特征，这些特征虽然要依靠旅游者进行主观的识别和意识的融入，但基本上取决于客观的存在，而不是像旅游氛围情境那样主要是旅游者需要的主观映照或反射。旅游场作为约束和规定旅游行为发生的具体情境，与上一个层次(旅游世界)相比，更加缺乏总体的计划性，或者说，具有更加明显的不可预期性。

4.2.2 旅游产品

1．体验视野中的旅游产品

1) 它是旅游经营者提供的旅游体验

在体验经济中，旅游经营者依托商品和服务提供给旅游者体验，满足旅游者的旅游欲望和需求，旅游经营者提供的旅游体验就是旅游产品。随着经济的发展，人类社会经济提供品的演进，旅游产品内容也随之发生变化：在产业经济时代是产品和商品；在服务经济时代旅游产品是服务产品；在体验经济时代服务和物质产品成为依托，旅游经营者提供给旅游者的最终是旅游体验。

2) 它与旅游经营者提供的旅游体验对等

从旅游者角度看，旅游者购买了旅游体验后，其购买物以旅游经历的形式表现出来。旅游经历是旅游者借助旅游经营者所提供的旅游景点景区产品、旅游设施、旅游服务等，经过自身的积极参与再加工而形成的。从旅游经营者角度看，旅游经营者借助旅游景点景区、旅游设施、旅游服务等，经过旅游者的参与提供了旅游产品——旅游体验。两者的凭借物相同，并且都必须有旅游者的参与才能形成。因此，旅游者的旅游经历与旅游经营者提供的旅游体验是对等的，两者对等的连接点是旅游者的参与。

3) 其核心是旅游体验

普遍的观点都认为旅游产品的核心部分涉及旅游资源和旅游服务，它们可以满足旅游者外出旅游的最主要的需求，是旅游产品形成的基础和最具竞争力的部分。而在体验视角下，旅游产品满足旅游者消费需求的基本效用和价值，旅游者购买和消费的主体是旅游体验。因此，在体验经济中，旅游产品的核心已演变为旅游体验，它是旅游者选择旅游的根本目的，而旅游资源和旅游服务退居为旅游产品的形式部分。

4) 其本质特征是无形性与参与性

在体验经济中，从旅游经营者角度界定的旅游产品——旅游体验和从旅游者角度界定的旅游产品——旅游经历达成了高度的一致。无论是旅游体验还是旅游经历，它们都是无形产品，具有无形性。而正是旅游者的参与构筑了旅游者的旅游经历与旅游经营者提供的旅游体验相统一的平台。因此，参与性也相应成为了旅游产品的最本质特征之一。

2．旅游产品的体验化设计

为满足旅游者的体验需求，旅游经营者将各种体验元素加以组合更新，提炼出合适的体验主题，并构造出具备特殊意象的体验氛围与活动项目，从而实现各项体验因素的载体化和物质化，设计出体验型旅游产品，具体步骤如下。

1) 主题提炼与体验线索设计

构思一个良好定义的体验主题，意味着为一个参与性的故事撰写剧本，为剧情的发展提供线索，并由此展开体验的剧情。好的主题还能加强旅游者在活动中的综合体验感，并留下深刻的印象，提高旅游产品的活动品位和体验价值。主题来源于各种特殊文化的形态表现，要富有当地性和本土化特点，并且要具有感召力和实践性，使产品感知化和稀缺化，从而有利于体验活动的开展和体验产品的增值。

2) 场景布置与体验氛围营造

该步骤是指如何利用现有的体验资源搭建体验的场景或"舞台"，为旅游者提供一个体验的真实环境与氛围。例如，东部华侨城通过茶园、戏台、马车等元素构建体验场景，让旅游者获得了对茶文化较强的体验效果。

3) 活动策划与体验过程设计

在具体的体验场景和"舞台"设计基础上，根据主题线索设计体验"剧情"，策划各种活动项目，打造一个高享受的体验过程。在旅游产品的"舞台"设计和"剧情"表演中，旅游经营者扮演着导演角色，各种旅游资源和服务构成道具和舞台布景，旅游者作为主角在舞台上演出。

4) 意象塑造与体验意象设计

意象是主题在体验活动中的折射，是更加具体、更为直接的一种活动概括和图景描绘，更具现实性和宣传效果。只有赋予体验活动以形神兼备的意象，才能激活旅游者的积极主动性，引起其热烈反响，进而积极参与到体验中。"形"，鲜明生动，使得感官折服；"神"，意味深长，可以统摄心灵。因此，在旅游产品的体验化设计中，要强调内外的包装，不仅"舞台"要让旅游者乐于接受，而且"剧情"要内涵深刻，才能博得旅游者的青睐。

4.2.3 旅游愉悦

旅游体验的目的是为了追求旅游愉悦。旅游愉悦(tourist pleasure)是指旅游者在欣赏美的世界、享受美的生活时所产生的愉快的心理体验。在旅游体验过程中，旅游者所追求的愉悦，从内容上可以划分为两类：旅游审美愉悦与旅游世俗愉悦。

1. 旅游审美愉悦

旅游审美愉悦是一种通过超越性的旅游体验而获得的愉悦。在旅游审美愉悦的体验过程中，不管是对优美感的体验，还是对崇高感的追求，其中最重要的一点是审美主体面对审美对象的超功利性的认识。审美愉悦来自旅游者用全部的情感和理智对景观进行无意识、直接、瞬间的分析、判断和评价。

旅游审美体验是一种外向活动和内向活动同时进行的活动，旅游者首先感受到的是审美对象的外部形态和特征，然后通过对外部世界的感知，使内在情感达到调整、梳理、和谐，产生愉快的情感感受。这就是旅游审美愉悦的体验过程，它是一种摆脱了利害感与功利性的特殊心理过程。

2. 旅游世俗愉悦

旅游世俗愉悦是一种通过回归性的旅游体验而获得的愉悦。世俗愉悦包含众多人们非常熟悉的愉悦形式和内容,如亲人团聚时获得的天伦之乐、获得知识时感受到的顿悟之乐、观看足球世界杯时体验的激奋之乐等,都属于世俗人生的愉悦情感。

世俗愉悦体验主要建立在对感知对象的功利性认识的基础上,通过视听感官以外的其他感官来获得,是生活世界当中经常发生的愉悦形式。这种愉悦往往不与精神境界相贯通,仅停留在直接的水平上,表现为某种直接的感受或某种单纯的情感反应,在多数情况下不具有旅游审美体验所包含的深刻的人生意味。

4.3 旅游体验的满足过程

4.3.1 旅游体验的影响因素

旅游体验是一个处于不断运动变化中的动态体系,受到一系列主客观复杂因素的影响。

具体而言,可以把影响旅游者体验效果的因素划分为 4 类:一是旅游者自身因素;二是旅游体验产品特性;三是相关人群;四是旅行经历,如图 4.2 所示。

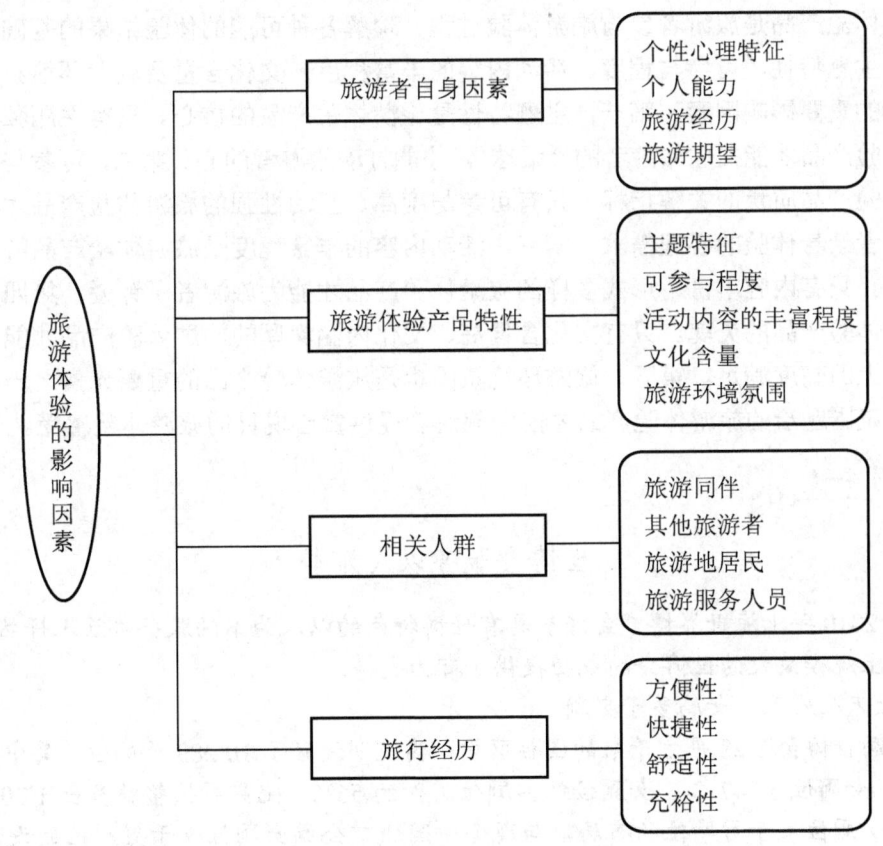

图 4.2 旅游体验的影响因素

1. 旅游者自身因素

体验同一旅游对象,不同的旅游者会有不同的体验感受,这是由旅游者自身方面的因素所决定的，主要包括旅游者的个性心理特征、个人能力、旅游经历、旅游期望等。首先，旅游者的个性心理特征自始至终地影响着旅游体验的全过程。每个旅游者，作为一个个体，一个社会的实体之一，在他的生活与教育环境的影响下，会形成心理活动上的若干固定特点，这些特点表现在诸如一定能力的发展、需求和兴趣的倾向、性格的特点等方面。一个人在其发展过程中所形成的这些相对不变的心理活动的特点，就称为个性心理特征，包括兴趣、偏好、气质、性格、能力等。其次，旅游者的个人能力，包括审美能力、观察能力、模仿能力、社交能力等都影响着其旅游体验行为及效果。再次，旅游者过去的旅游经历也影响着旅游体验的满足程度。旅游经历越丰富，体验范围越广泛的旅游者，对旅游体验产品的要求越高；反之，旅游经历越少的旅游者，更容易获得新鲜感与体验满足感。最后，旅游者的旅游期望是影响旅游体验的重要因素。期望高的旅游者，其旅游体验需求往往较难满足；期望低的旅游者，却往往能得到满意的旅游体验经历。

2. 旅游体验产品特性因素

旅游体验产品是旅游者参与旅游体验过程、理解各种可能的体验结果的基础。旅游体验产品的主题特性、可参与程度、活动内容的丰富程度、文化含量及旅游环境氛围等都是旅游体验的重要影响因素。第一，主题特性是旅游体验产品的核心。只有主题独特、风格新颖的体验产品才能抓住旅游者的"眼球"，才能打动旅游者的心。第二，可参与程度是衡量旅游体验产品质量的关键指标。只有可参与度高、互动性强的旅游体验产品才能更好地满足旅游者亲身体验的心理需求。第三，活动内容的丰富程度是旅游体验产品特性的重要表现因素。只有内容丰富、形式多样的旅游体验产品才能为旅游者所钟爱。第四，文化含量是旅游体验产品的灵魂。只有文化含量高、文化内涵深厚的旅游体验产品才能使旅游者获得精神上的高度满足。第五，旅游环境氛围也是旅游体验产品的重要元素之一。只有环境良好、氛围融洽的旅游体验产品才能向旅游者提供赏心悦目的旅游体验感受。

阅读案例 4-1

世博会服务以人为本

中国 2010 年上海世界博览会许多具有世博特色的以人为本的服务都让人怦然心动，也为这届史上规模最大的世博会的成功提供了有力支持。

1. 上万个厕位：女厕多于男厕

在本届世博会 3.28 平方千米的围栏区内，共规划设置了 10 289 个厕位，其中，男厕位 4 542 个，女厕位 5 747 个。女厕位约占厕位总数的 56%，比男厕位整整多出 1 205 个。

这种女厕位多于男厕位的布局，与现今中国城市公厕女厕位少于男厕位的设计迥然不同，可以说充分考虑了男女生理特点及相关实际需求，更具人性化。

从厕所分布密度看，展馆外公共区域的厕位约 6 000 个，平均每公顷超过 18 个厕位，而整个围栏区平均每公顷的厕位密度则超过 31 个。在世博园区，还设立了约 2 000 个水龙头，其水质达到直接饮用标准。

2. 54个参观者服务点及4项公共服务

在世博园区，54个服务点犹如"舒心驿站"，为广大参观者提供从问询接待、寄存、租赁、失物招领到儿童走失托管、母婴室、残障服务、投诉处理、参观者调查的"一站式"服务。

此外，世博会组织者还为参观者和参展者提供4项公共服务：一是在园区内设立5个医疗急救站，在参展方居住的"世博村"设立医疗点，开展医疗急救服务；二是在黄浦江两岸的浦东和浦西园区各设立一处金融营业网点，园区内设置25处ATM机，园区公共区域的商业网点均设POS机，方便银行卡交易；三是在园区内设立8个邮政服务点，提供邮政服务；四是在园区内设置约80处信息亭，每处信息亭都有2或3个信息服务终端，为参观者提供信息咨询便利。

3. 预约参观成常态

为了避免海内外参观者在同一日同一时间集中在世博园区的某些场馆或活动场所，同时为了减轻一些"热门场馆"可能出现排队和等候时间过长的现象，世博会组织者建立参观预约信息化系统，预约成为参观上海世博会的常态。参观预约包括团队提前预约和个人现场预约，可预约的对象包括各个展馆及各种活动。普通参观者持门票进入世博园区，可在预约服务终端上实施预约操作。世博园区规划设置22个综合预约点，安装176台预约机。

(资料来源：http://news.qq.com/a/20090923/001758.htm.)

3. 相关人群因素

旅游体验过程离不开与他人的交往。旅游企业服务人员的服务贯穿旅游全过程；想了解异域他乡的风土人情，离不开与旅游地居民的接触；结伴而行的旅游者，其旅游行为需要旅游同伴的配合；在旅游体验过程中，旅游者还得与其他旅游者打交道。因此，旅游体验的结果与质量，除了旅游者本人外，还受旅游服务人员、旅游地居民、旅游同伴和其他旅游者的影响。

阅读案例 4-2

那些让我思考和感动的淳朴孩子

在西江苗寨旅游期间留给我最深印象的是当地一群可爱的小女孩，我在观景台照相时看到有一个身着当地民族服装的小女孩正在跳舞(见图4.3)，我觉得很有趣就停下来仔细观赏并给她拍照。也许是我的关注让小女孩感到快乐，她又找来了自己的几个小伙伴一起跳舞给我看，最初是两三个，后来是四五个，最后竟有七八个。同游的朋友开始担心她们会不会像有的旅游景区的当地人一样在跳完之后向我狮子大开口地要报酬，但我始终无法把她们纯净的双眼和简单快乐的笑容同那些欺诈牟利的作为联系起来。她们的表演终止于一个家庭的进入，这是来观景台照相的一家人，因为觉得小女孩们的表演影响到了他们取景照相，于是他们叫停了正在表演兴头上的小女孩让她们让出地方以便他们把西江的风景装在相机中带回家。女孩们散开了，就像她们聚集起来一样迅速。她们跳舞只是因为她们想跳爱跳，她们跳舞只是因为有人喜欢看她们跳，所以她们没有任何对金钱的要求却留给我无尽的留恋回忆和反思。我们经常感叹世风日下人心不古,但我们到底又留给真诚多少信任的空间,我们总在感叹这世间缺乏美,但其实是我们将太多的关注给了自己,我们不断抱怨旅游就是在走马观花着实无趣,但在到此一游的过程中,我们除了拍照留念之外是否真正地去观察体验过当地人的世界。

图 4.3　贵州西江苗寨中纵情歌舞的淳朴女孩

(资料来源:根据旅游者讲述经历编写.)

4. 旅行经历因素

在旅游体验消费中,交通工具不仅起着空间位移的作用,旅行途中的经历也是整个旅游体验的组成部分。旅游体验以旅行开始又以旅行结束,旅行会影响整个体验过程的感受。随着消费结构的升级,旅游者对旅行时间的充裕性,以及出行的方便性与快捷性的要求也愈来愈高。安全舒适的旅途能使旅游者以良好的心情消费体验产品,从而有助于让旅游者享受一次富有意义的旅游体验经历。

4.3.2　旅游体验的满足过程

1. 旅游期望

旅游具有积极的意义,可以使人们放松身心、增长知识、陶冶情操。因此,人们在出游前总是对即将来临的旅游经历抱有良好的期望。所谓旅游期望,是指旅游者对某次旅游经历所能获得的旅游体验的心理预期,对在旅游过程中亲身感受同预先的期望相完美统一的希望。

旅游期望由于受诸多因素,如旅游者个性、社会等级、生活方式、过去的旅游经验、旅游信息的丰度与准确度等的影响,致使其具有总体上的抽象性和片面性、指向上的可替代性与可转移性的特点。

2. 旅游体验满足

旅游者的体验满足是旅游者在旅游体验中,需要得到满足后的一种心理反应,是旅游者对产品和服务的特征或产品和服务本身满足自己需要程度的一种判断。旅游者体验满足有两种情况：一种是旅游者对某次交易的满足感，即旅游者对单次消费经历的满意程度；另一种是旅游者的累积性满足感，即旅游者对旅游企业的总体及长期性满意程度。

从旅游者自身感知的角度来看，旅游体验满足分为 3 个层面：生理层面的满足是最低层面的满足，主要以感性知觉为主；心理层面的满足主要以知性理解为主，处于旅游者满足感的中间层；以超越自我为主的精神层面的满足是旅游者最高层面的满足。

3．旅游体验满足的过程

旅游体验满足不仅体现在消遣娱乐和旅游活动中，而且还体现在旅游活动结束后的回味和记忆。旅游体验满足的形成过程包括旅游者在旅游成行之前的一系列准备活动、旅游参与过程中的众多体验性因素的注入、旅途结束之后的回想与比较并形成记忆，如图 4.4 所示。在此过程中，旅游体验的满足状况会受到诸多主客观因素的影响，同时，旅游者对比于出行前的旅游期望，会产生以下几种结果。

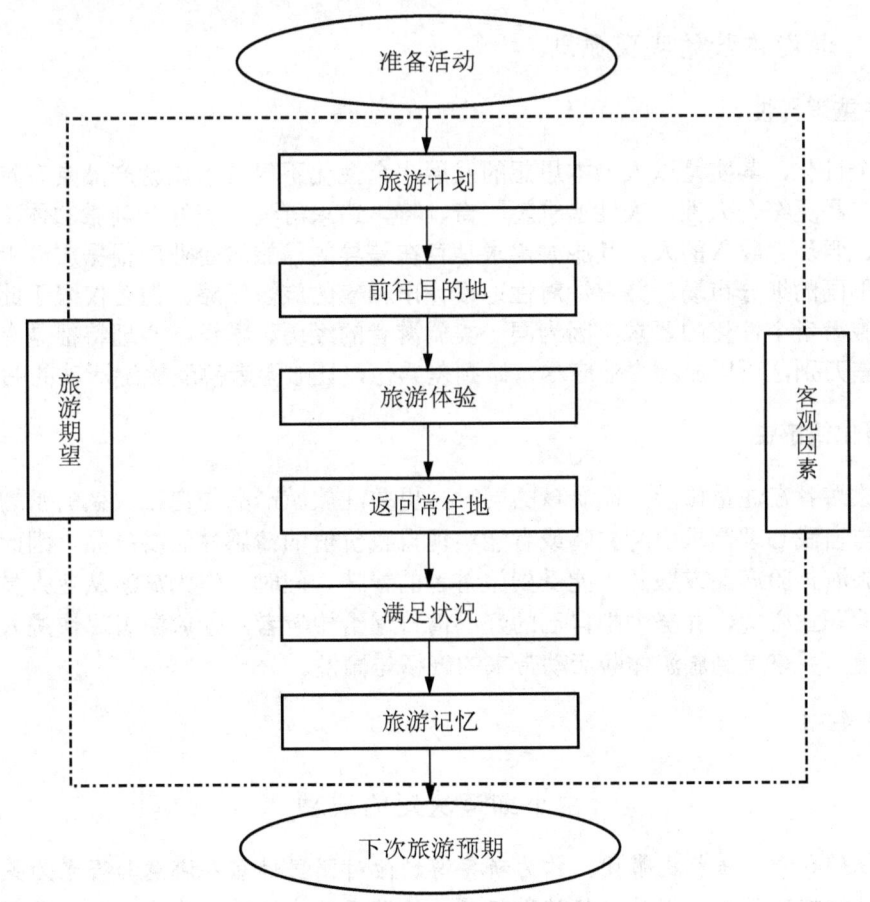

图 4.4　旅游体验的满足过程

(1) 体验满足＞旅游预期：旅游者会感到兴奋、满足，并产生重游的欲望。
(2) 体验满足＝旅游预期：旅游者会感到满足，但不一定有重游的欲望。

(3) 体验满足＜旅游预期：旅游者会感到失望、挫败，会埋怨甚至投诉。

由于旅游目的地的社会文化、经济水平、生活条件、生活习惯、价值标准等与旅游者的常住地有很大的不同，加上种种意料不到的客观条件的制约，有时难免会使旅游者或多或少地留下遗憾。事实上，要使每位旅游者都感到满意，确实难以做到，特别是出现一些超出旅游目的地或旅游企业所能控制的问题时，如天气变坏、旅游景点过度拥挤、交通承载力严重不足、犯罪等现象，旅游者就会感到失望和不满。但是，旅游企业能够做到的，就是以优质的旅游服务弥补由于客观因素使旅游者产生的不满情绪。因此，旅游行业需要与旅游消费者保持亲密的接触，并充分了解其多变的需求和品位，以满足其需要。当目的地产品和服务贴近旅游者的需求时，旅游者才有可能产生最大满意度。可以说，旅游服务对于实现旅游者由预期满足到体验满足，起着非常重要的作用。

4.4　旅游体验的实现

4.4.1　旅游体验的实现原则

1．注重差异性

注重个性化，其实是以人为本思想的发展，个性化不仅要求旅游产品具有特色，而且要求旅游产品更符合人性。人性追求新、奇、特，追求舒适、美好、刺激的体验。不同年龄、职业、学历、收入的人，其旅游需求是存在差异的。旅游企业应根据旅游者的以上特征划分出不同的细分市场，并有针对性地设计出相应的旅游线路。但若仅限于此，也不能完全满足旅游者个性化的要求，因为同一类旅游者的经历、学识、心理特征是有差异的，要求也千差万别，所以旅游企业应尽量做到差异化，让旅游者感受旅游活动的贴心感。

2．强化情感性

现代旅游者在注重旅游产品质量的同时，更关注旅游产品与自己关系的密切程度，偏好那些能与自我心理需求引起共鸣或者能实现自我价值的情感性旅游产品。因此，具有强情感性的旅游体验产品或服务才能受到旅游者的青睐。同时，作为旅游从业人员，必须要具有良好的职业心境，并努力把自己的好心情传递给旅游者，使旅游者尽快进入旅游体验氛围与情境，并享受到旅游体验活动带来的舒畅与愉悦。

阅读案例 4—3

由小细节决定的成功

旅行社的导游小张初次带团，作为新导游的他对团里的客人满意与否尤为关注，事事尽心竭力生怕有所闪失。因为时值旅游旺季，旅游目的地的接待能力已近上限，住宿和餐饮的条件都受到影响，所以小张非常认真地安排好景点参观和讲解，并积极与旅游饭店交涉尽全力为客人提供较好的餐饮住宿。每天他都先到餐厅迎接团里客人用早餐并关切地询问客人前一晚上休息得如何，在每次用餐结束后都向客人了解饭菜是否合口。在行程结束后，团队游客普遍表示满意此次行程并给了小张非常高的评价。领队对小张说："坦率地说，这次旅游尤其是吃住方面确实有不尽如人意的地方。但你每次都那么真诚地关心我们的休息饮食，为不周之处诚恳地向我们道歉，使我们感受到了你的诚意。有时就是一句简单的'吃得好不好？'的问候，我们的感觉就大不一样了。谢谢你，你确实是一位尽心尽责的好导游，有机会希望我们还能和你一起出游！"

(资料来源：根据一名导游亲身经历改编．)

3．提高参与性

参与可以从两个方面理解：一是经营者的参与；二是旅游者的参与。前者要求旅游经营者，包括管理者、监督者、政策制定者、投资者，要参与到旅游产品的生产、销售过程之中，与旅游者一起享受生产与消费的快乐。旅游产品生产与消费时空上的一致性使得这个过程变得现实而且可能。后者要求旅游者不仅要身体参与，更要精神参与。此外，参与不仅指旅游者参与旅游产品的生产与消费过程，而且也指旅游者参与企业的管理过程。

阅读案例 4—4

世博会美国馆创造多重体验

上海世博会美国馆的最大亮点莫过于 4D 电影的体验了，其中身临其境的感觉和精美的创意，让人印象深刻。4D 短片《花园》是美国馆里最吸引人的地方之一。美国馆的 4D 电影屏幕由 5 个超大屏幕组成，每个屏幕有 30 多英尺(1 英尺＝0.304 8 米)高，为了彰显独特也为了减少成本，4D 影院的 5 块屏幕之间并没有采用融合，而是单独成像，通过中控系统相互协调播放，使得整个屏幕播放的内容协调统一，并没有影响参观者的观感。设计独特的圆柱形 4D 影院由 5 个高达 10 米的巨大屏幕侧向直立组成，可容纳 500 名观众。在影片播放时，可以模拟风、雨、雷、电等效果，当影片中出现暴风雨时，观众席的地板会振动并且有雨从顶棚上飘下，让观众沉浸在惊奇的情绪与视觉体验中。

(资料来源：http://www.cgtiger.com/news/1014.html．)

4．突出主题性

主题明确是旅游者获得更多体验的重要因素。无论是有形的商品，还是无形的服务都要有明确的主题，才能打动消费者，使其拥有深刻的体验。主题明确、突出能起到 3 方面作用：引起旅游者注意、留下回味余地、可长久记忆。主题明确的旅游纪念品还可使旅游者睹物回想，勾起人们对旅游过程的回味，延长记忆，加强体验，起到强化主题的作用。

5．丰富情境性

对于一次旅游活动来说，不仅要强调过程的可体验性，而且要强调结果的可体验性。旅游企业为了使旅游者在旅游产品中获得更多的体验，可以通过历史文化场景的再现、氛围的烘托和塑造，带旅游者回到过去的情境中去。体验性旅游活动并非完全是民俗旅游、探险旅游的专利，一些历史文化景区为了让旅游者获得深刻的体验，可通过在景区增加一些动态的、参与性的活动或再现一些历史情境来加深旅游者的体验。

阅读案例 4—5

难忘的西江苗寨长桌宴

中午到达黔东南大山深处的西江千户苗寨。发髻高束头插花朵的苗族姑娘在门口迎宾,婉转的歌声中我们喝下拦门酒、挂上象征吉祥如意的红鸡蛋,苗寨之行从传说中的长桌宴(见图 4.5)开始了。几张低矮不过膝盖的小长桌拼成数米乃至十几米长的大饭桌。桌上数不清摆了多少盘子,从两头望去尤为壮观。苗家菜跟苗族人的性格非常相似,食材温和下料爽朗,蒸鱼或豆腐撒满绿色红色辣椒,土豆煸炒得油滑薄脆。南瓜、红薯、野菜等只是蒸煮,乡土气十足恰似苗族人的简单淳朴。三五成群的苗家姑娘端着自酿的米酒穿梭席间轮番敬酒,唱着"你喜欢也要喝,不喜欢也要喝,喜欢了喝一杯,不喜欢了喝三杯",很难有人逃脱得了这种温柔的进攻。而我们这些来自不同地方又将去往不同目的地的有缘的陌生人就因为对苗寨风情的共同向往而坐在了同一张桌前,没有人关注你的过去和未来,没有人在意你的身份和财富,有的只是如同苗家米酒一样的清醇和苗家人酒歌一样的简单直白。我们遵照苗家的习俗喝牵手酒(见图 4.6)、交杯酒,以及各种记不得名目数不清种类的酒,觥筹交错间原先的陌生早已消散与无形,看着这些可能一辈子都不会再见面的人,我不禁感慨即便是面对相熟已久的朋友恐怕都难以有这样的轻松和忘情吧。酒易醒,人难忘。分别后,歌相随。

图 4.5 贵州西江苗寨长桌宴

图 4.6 贵州西江苗寨牵手酒

(资料来源:根据旅游者讲述经历编写.)

4.4.2 旅游体验的实现要素

B. 约瑟夫·派恩与詹姆斯·H. 吉尔摩在《体验经济》中将"体验"视为"经济提供物",参与创造这些经济提供物的不仅有产品的生产者,也有产品的销售者和服务者,也就是说,体验贯穿于经济活动的全过程。企业——被认为是体验的策划者——不再仅仅提供商品或服务,而且提供最终的体验,它们充满感性的力量,给消费者留下难忘的愉悦记忆。在体验经济中,消费者也不仅仅是唯一的受益者,商业活动由不同的参与成员组成,每一个成员都有展示体验的舞台。体验既是消费的过程,同时又是生产的过程。

作为旅游的经济提供物——旅游体验同样也贯穿于旅游活动的整个过程，首先在旅游产品的开发设计中，设计者就将体验融入了旅游产品之中，因为他们是以增加旅游者愉悦的体验为出发点而设计的——实质上就是将旅游产品体验化。当旅游供应商创造一种强调体验的品牌形象时，旅游者就会蜂拥而至，争相购买，于是，航空公司、旅游酒店等将服务作为推广特色体验的舞台——提供一种让客人从长途旅行中舒缓紧张和疲劳情绪的特色服务。旅游景区更是调动视觉、听觉、触觉、嗅觉、味觉功能，以创造一种无与伦比的体验，使旅游者获得一种身在其中并难以忘怀的体验。

旅游体验的参与过程也是旅游主客体互动的过程。在这里，旅游体验成为了主体，而旅游者成为了客体，当主体走进了客体，说明他正在吸收体验；当客体走进了主体，说明他沉浸在体验之中。

4.4.3 旅游体验的实现途径

1．旅游观赏

旅游观赏是指旅游者在旅游目的地，为了获取旅游审美愉悦，通过视觉、听觉、触觉等感官对旅游世界中所呈现的物态和意境进行欣赏体验的过程。相比一般的观赏，旅游观赏的特征主要体现在 4 个方面：一是旅游观赏的目的是追求旅游审美愉悦；二是旅游观赏是一种非常住地的异地性观赏；三是旅游观赏的对象具有多维性；四是旅游观赏的感官途径主要是视听感官。

2．旅游交往

旅游交往是指旅游者在旅游过程中发生的暂时性的个体间的非正式交往活动。相比一般的交往，旅游交往存在 4 个方面的特点：一是旅游交往在时间上具有暂时性，起始于旅游过程的开始，终止于旅游过程的结束；二是旅游交往在空间上具有异地性；三是旅游交往发生于旅游者、目的地居民、旅游服务者、其他旅游者等 4 类人之间；四是旅游交往在多数情况下是一种邂逅式交往，缺乏稳定性。

3．旅游模仿

旅游模仿是指旅游者在旅游过程中，暂时放弃自身的常规角色而主动扮演某些具有愉悦功能的角色的活动。旅游者可以通过模仿获取乐趣，这使得旅游模仿成为一种特殊的旅游形式，构成旅游者实现旅游体验的途径之一。旅游模仿在旅游过程中的作用尤为重要，因为旅游模仿有时是旅游目的本身，有时是旅游者达到旅游目的的手段，在某些情况下它还可以用来解释旅游活动发生的根源。

4．旅游游戏

一般来说，人类的游戏是一种以娱乐、消遣为主要目的且具有一定规则的活动。通常，由于游戏具有的嬉乐成分与高度参与性的特点，很多旅游经营者都会积极有效地将一些与旅游目的地文化相关的游戏纳入旅游产品的设计开发当中，使之成为营造旅游情境的重要手段。因此，旅游过程中的游戏与以上所述的 3 种旅游体验途径一起构成了提高旅游者参与度与体验质量的重要方式。

本章小结

旅游体验是一种特定的心理体验活动，是旅游者积极参与并与旅游客体相互作用的结果，它体现着浓厚的旅游者个人情感。这种情感既包含旅游者对旅游地及其旅游产品与服务的预期和满意度，也包含旅游者与他人沟通和交流的某种认知程度。

旅游体验具有价值性、主观性、情境性、参与性、文化性等特征，可划分为休闲式旅游体验、转移式旅游体验、经历式旅游体验、实验式旅游体验和存在式旅游体验5种类型。

旅游体验的核心要素包括旅游情境、旅游产品和旅游愉悦。影响旅游者体验效果的因素划分为4类：一是旅游者自身因素；二是旅游体验产品特性；三是相关人群；四是旅行经历。

旅游体验的满足过程既取决于旅游者对某次旅游经历所能获得的旅游体验的心理预期，也体现在消遣娱乐和旅游活动中，还体现在旅游活动结束后的回味和记忆。旅游体验的实现途径有旅游观赏、旅游交往、旅游模仿和旅游游戏等。

关键术语

旅游体验　旅游情境　旅游期望　旅游体验满足

复习思考题

一、填空题

1．旅游体验的基本特征包括：＿＿＿＿、＿＿＿＿、＿＿＿＿、＿＿＿＿、＿＿＿＿。
2．旅游者的旅游经历与旅游经营者提供的旅游体验两者之间对等的连接点是＿＿＿＿。
3．在体验视野中，＿＿＿＿是旅游产品最本质的特征之一。

二、简答题

1．简述体验型旅游产品的设计步骤。
2．影响旅游者体验效果的因素有哪些？
3．旅游者如何实现旅游体验？

三、名词解释

旅游体验　旅游愉悦　旅游模仿

四、案例分析

内地游客与香港导游的冲突

近日，香港导游与内地游客发生肢体冲突一事，再次把香港旅游业推上风口浪尖。这种冲突是必然还是偶然？长春游客是否也遇到过此类情况呢？记者在采访中了解到，在近几年的春节期间，香港游是最火的热门旅游线路之一，然而，很多长春游客都对香港导游服务颇有微词。

1. "渗透"贯穿旅游始终

当长春市民小窦坐在记者对面时，满腹的牢骚就开始毫无保留地倾倒出来。小窦今年28岁，在一家餐饮单位做主管。临近春节时，小两口盘算着利用春节黄金周的时间去香港旅游。小窦说，春节期间香港游已经涨到了6 000多元，价格翻了一番还多。但受工作状况所限，他也只能认可花高价来旅游了。

"刚到香港时，一位30多岁的女导游很热情地来迎接我们。一路上，她给我们讲当地的风俗习惯，介绍这座城市有多繁华，这里的人有多富裕。我们感觉她很亲切，还庆幸自己赶上了一个好导游。"小窦回忆说，除了介绍香港的情况，她还介绍自己的情况，如她身上佩戴的首饰和手表，以及她手里的皮包。"我们起初并不觉得这样介绍有什么不妥，只当她是个挺健谈的人。但后来才知道，她的这些介绍，其实另有目的。"

小窦说，其实她所说的一切，无外乎是在告诉你香港就是一个购物的天堂，到这里来就一定要花钱。她向客人渗透着一种消费理念，而且这样一种不知不觉的渗透，是贯穿在旅游始终的。

2. 游客消费难导游发牢骚

算上往返的时间，小窦的总行程为6天，其实在香港的时间也就4天多点，其中有两天以参观游览为主，另外两天以购物为主。"可能是我们团的消费水平没有达到导游的预期，在此期间足有3天时间，这位导游都或直接或婉转地发着牢骚，弄得我们也挺不舒服的。"小窦说。

据小窦介绍，他所在的团属于散客拼团，团里总共30多人，年岁稍长的游客占了半数左右，这就导致我们团的总体消费欲望相对比较谨慎。每当这时，导游就会很婉转地劝，如"这里的价格看似很高，如果放在内地，价格还要更高"，"这里的东西都保证质量，绝不会买到仿冒商品"等。

如果这样仍不见效，导游便会开始发牢骚、吐苦水，如"香港的钱很难赚，香港的消费能力很高，要是完不成任务，就会被老板骂"等。"总之一个目的，就是让你消费，你不花钱，她就会不高兴。"小窦说。据小窦回忆，这样的事情在香港并不是个案，在购物期间他也遇到了其他的旅行团游客，通过私下聊天才发现，劝导游客消费已经成为香港导游的潜规则，只不过劝导的方法有所不同、劝导的强度有所不同罢了。

(资料来源：http://www.chinadaily.com.cn/dfpd/lvyou/2011-02-15/content_1775124.html.)

问题：
1. 香港导游的行为会对游客的体验及其今后旅游业的发展产生怎样的影响？
2. 导致香港导游与内地游客之间冲突频发的深层次原因是什么？
3. 如何避免此类问题的再次出现？
4. 导游如何利用自己对旅游者消费决策的影响力谋取双方的共赢？

第5章 旅游资源

📚教学目标📚

通过本章学习，了解旅游资源的概念、特点；明确旅游资源评价的相关标准；掌握旅游资料的分类及具体的保护措施。

📚教学要求📚

知识要点	能力要求	相关知识
旅游资源概述	能够理解旅游资源的概念，及其发展过程 掌握旅游资源的特点 能够将旅游资源进行正确归类	旅游资源的概念 旅游资源的特点 旅游资源学的分类
旅游资源调查和评价	能够掌握旅游资源调查的步骤及进行旅游资源实地调查 能够熟练使用旅游资源单体调查表 能够熟悉旅游资源评价的方法及原则	旅游资源调查的目的、方法、程序 旅游资源评价的目的、方法、程序
旅游资源保护	能够自觉地保护旅游资源	旅游资源保护的目的、方法

📚导入案例📚

张家界的黄牌警示

世界遗产这块"金字招牌"，为武陵源每年带来上百万的游客，使得这个在20年前还地处偏远交通闭塞的湘西山区成为国际知名的旅游胜地。然而，到了1998年，作为我国首批列入世界自然遗产名录的风景名胜区，被联合国遗产委员会官员出示了"黄牌"。究其原因，是源自"设施泛滥"。大多数个体老板对世界遗产名录的意识非常淡漠，大批游客的到来，使这里的旅游、交通、住宿、饮食业蓬勃发展，风景区目前已经建成游览线30多条，游道300多千米，景区还设有登山索道，观光电梯，全市现有饭店400多家，床位总数达3万多张。申报成功后，政府急于招商引资，同时鼓励当地农民办旅游。忽略了在扩建旅游设施、发展旅游业的同时，更要加大对世界遗产的保护力度。景区建房时，当地居民只办了土地使用证和建房许可证，除此之外，政府再没有任何的规划和建议。

最后联合国遗产委员会限令在该年国庆后全部拆除。张家界武陵源区人民政府在旅游核心景区张贴出拆迁通告：黄金周一过，景区的房屋拆迁工作就将开始，面积达19万平方米的建筑将全部拆除，3年内拆迁安置完毕，拆除物总价值超过2亿元。这对于我国来说是一个违背规划原理的一个教训。

(资料来源：人民日报海外版，2011-12-11(6版).)

问题：

我国有一些被列入《世界遗产名录》的地方，得到"金牌"以后在经济利益的驱动下又大搞破坏性开发，不仅破坏了资源，同时也断掉了资源长远开发的后续之路，中国是世界上遗产资源最丰富的国家之一。结合该案例的教训，谈谈中国的遗产如何永远远离"黄牌"。

旅游资源是旅游业的基础。旅游资源主要包括自然风景旅游资源和人文景观旅游资源。我国旅游资源丰富，其风格各异，为我国旅游业的蓬勃发展奠定了坚实的基础。本章主要阐述旅游资源的概念及对其的调查评价方法，有利于学生更好地了解旅游资源的类型，并对其进行保护。

5.1 旅游资源概述

5.1.1 旅游资源的概念

旅游资源是指在自然界或人类社会中凡能对旅游产生吸引向性、有可能被用来规划开发成旅游消费对象的各种事与物(因素)的总和。简单地说，旅游资源是能够透发旅游动机和实施旅游行为的诸多因素的总和。它不仅是作为一定空间范围内的旅游目的地，也包括旅游者和各种能传达旅游地相关信息的事与物。应注意的是，郭来喜提出劳务作为旅游资源，是值得重视的。1991年，国际标准化组织(ISO)第 2 号指南第 6 版标准中，产品的概念包括硬件、软件、流程性材料和服务 4 项。服务成了产品的必要组成部分。这样，旅游中的接待服务也可理解成旅游产品，与风景资源等一样，成了旅游资源的有机组成部分。

5.1.2 旅游资源的特点

旅游资源既有与其他各种资源共有的属性，又有许多自身所独有的特性。

1. 区域性

旅游资源存在于特定的地理环境中，是地理环境的重要构成要素。因此，旅游资源的区域差异是客观存在的。不仅自然旅游资源存在区域差异，人文旅游资源也同样存在区域差异。因为地理环境的区域贫民规律主要制约着自然地理环境，而人总是生活在一定的自然地理环境中，人们在适应自然、顺应自然、求得自身的生存发展过程中，创造出灿烂的文化。这些文化不可避免地带上一定的地域色彩，如民居建筑特色的区域差异，民族服饰、饮食文化等的区域差异，都同气候的区域差异有着十分密切的联系。

2. 观赏性

旅游资源与其他资源最主要的区别，就是它有美学特征，具有观赏价值。尽管旅游动机因人而异，旅游内容与形式多种多样，但观赏活动几乎是所有旅游过程都不可缺少的。从一定意义上说，缺乏观赏性，也就不构成旅游资源。形形色色的旅游资源，既有雄、秀、险、奇、幽、旷等类型的形象美，又有动与静的形态美；既有蓝天、白云、青山、绿水、碧海、雪原的色彩美，又有惊涛骇浪、叮咚山泉、淙淙溪涧、苍莽松涛等的声色美；既有建筑景观的造型美、气势美、时代美,又有地方特色菜肴的味觉美、嗅觉美和视觉美……它们都给游客以符合生理、心理需求的美的享受,使人们的精神、性格、品格等在最有美质的各类旅游资源中找到对象化的表现。孔子"登泰山而小天下"的哲理悟性,至今仍给人以启示。

3. 独立性和垄断性

旅游资源的区域差异,意味着资源的可模仿性极差,它难以模仿或复制。尽管许多有关民族风情的主题园仿制了逼真的诸如竹楼、蒙古包等兄弟民族的村寨或居室,但它缺乏地域背景、周边环境与民族习俗等的依托,在游客的视域中,真假泾渭分明,无法替代。那些历史感资源,更无法离开特定地理环境的历史背景,否则将失去其本身的历史价值与观赏价值。长江三峡、桂林山水、壶口飞瀑、贵州黄果树瀑布(见图 5.1)等资源的特定地理环境,更是无法用人工力量来搬迁或异地再现。

图 5.1 贵州黄果树瀑布

4. 文化属性

旅游资源具有美学观赏性外,还具有丰富的文化内涵。无论是自然赋存或社会创造,还是自然为主辅以人文,或人文为主利用自然的各类不同形成机制的旅游资源,都有其科学性和自然、社会哲理。正是旅游资源这种深层次的文化内涵,才使它具有对游客的吸引力。旅游作为一种文化型的经济活动,文化成为旅游的核心。但应指出的是,自然情趣作为人的精神享受的一部分,要受到人的文化修养和精神境界的制约。文化修养和精神境界的高低直接影响着人们对旅游景观的欣赏水平。因此,文化内涵的深浅,艺术水准的高低,在某种场合不与吸引力大小成正比。甲骨文具有很高的历史价值,但不可能吸引大批人去观赏,就是这个道理。

阅读案例 5—1

茅台酒文化飘香

香飘四海的茅台酒,起于秦汉,成熟于唐宋,精于明清,尊于当代,在中国酒文化史上辉映了 2 000 多年,是我国名酒之冠,享有"国酒"、"外交酒"、"政治酒"的美誉。它是中国酒文化的卓越典范,世界酒文化的璀璨明珠,也是中华民族文化的瑰宝。随着旅游业的兴起,茅台酒厂始终紧紧围绕酒文化这个龙头,利用茅台的品牌效应和独具特色的工业资源,开发酒文化旅游产品,使工业旅游成了贵州旅游产品的精品之一,并基本形成了特色文化旅游产业体系。酒是民族灵魂的一种载体,生动地反映着民族的历史和现实经济发展风貌,所以茅台酒有无穷的魅力。茅台酒厂工业旅游促进和推动了仁怀市旅游业的发展,旅游业的发展带动了交通运输、通信、餐饮、住宿、娱乐、服务、购物等第三产业的迅速发展,经济收入持续增长。同时,还带动了市政建设、房地产、教育、卫生、信息、咨询等产业的发展,调整了经济结构,解决了就业问题,推动了区域经济的持续增长。

(资料来源:江苏新闻社会版,2009-1-4.)

5. 不可再生性

旅游资源,除人工可以栽培与繁殖的动植物外,可以说是一种不能再生的资源,一旦破坏将不复拥有,如地面上的建筑,总是有减无增,会一天比一天少。具有 600 多年历史的噶丹寺,是西藏拉萨著名"三大寺"之一,"文化大革命"中遭到严重破坏。泉城济南,过去那种"家家泉水、户户垂柳"的美好景象,由于对水源地缺乏保护,已不复存在,甚至连著名的趵突泉、珍珠泉也濒临断水的危机。旅游资源的这种不可再生性决定了其保护的重要性。巨大的需求对旅游资源也可能是一股无法估量的潜在破坏力。有人把旅游资源强调为能加以永续利用的资源,突出旅游资源供旅游者就地享用,不可能占为己有,更无法随身带走,游客买到的是经历,带走的是感觉,旅游资源却安然不动。

6. 整体性

孤立的单个景物,往往很难作为一种旅游资源加以开发利用。即使资源的品位很高,也会影响其对游客的吸引力。因为游客总是期望花最少的时间和财力,浏览与观赏到尽可能多的景物。另外,单个景物,在不同层次、不同旅游动机的游客面前,真所谓是"众口难调",只能吸引其中一部分甚至是一小部分游客。再者,常讲的"红花需有绿叶衬",说的是美需有组合,美需有层次。因此,一个地区不同类型、不同层次、不同尺度景物的数量越多,比例越协调,联系越紧密,就越显示出其观赏价值,才能最大限度地释放出其对游客的吸引力。例如,杭州有山有水、有草有木、有洞有泉、有园林和寺庙、有古迹和遗址,不仅类型多样,而且组合有序,层次清晰,整体性强。无论游客的年龄、性别、职业、文化素养、兴趣爱好有何差别,在这里都能找到适合自己的游览地与观赏点,游客量久盛不衰,成为誉满海内外的"天堂"世界。

7. 时限性

时代的变迁,季节的变化,都会对旅游资源的含义、特性、引力大小等产生影响。20 世纪 90 年代初的中东海湾战争战场,随着时代的推延,现已成为追求猎奇者的旅游热点地区。气候的季节性变化,也直接对旅游资源产生影响。例如,开展冰雪旅游,只能在严寒的冬季；大连、青岛海滨避暑城市，盛夏季节才备受青睐；北京西山的红叶，要到深秋才能展现其魅力；民俗风情中的节庆活动，如藏族每年秋收前举行的"望果节"、傣族的"泼水节"（见图5.2）、白族的"三月街"、蒙古族的"那达慕"等，都只能出现在某些特定的时段内。旅游资源的这种时限特性，会导致有关旅游线、旅游点呈现旺季和淡季、热点和冷点。因此，重视不同类型旅游资源的组合，从而延长旺季时段，促使淡季不淡，显得格外有意义。

图 5.2　傣族泼水节

（资料来源：傣族网 http://www.daizuwang.com．）

5.1.3　旅游资源的分类

我国旅游资源品种多、分布广、"储量"丰富，有着极大的开发利用潜力。为了深入认识与研究旅游资源，以便更好地予以开发利用，更大限度地满足旅游者的需求和取得良好效益，必须对旅游资源进行科学分类，这是一项既有理论意义又有实践意义的工作。

旅游资源的分类工作，许多学者从不同的角度进行了研究，提出了不同的分类体系。

1. 按资源的性质和成因划分

(1) 自然旅游资源，如山水、气象气候、动植物等。

(2) 人文旅游资源，如文物古迹、文化艺术等。

2. 按利用方式和效果划分

(1) 游览鉴赏型，优美自然风光、著名古建筑及园林等。

(2) 知识型，文物古迹、博物展览、自然奇观等。

(3) 体验型，民风民俗、节庆活动、宗教仪式等。

(4) 康乐型，度假疗养、康复保健、人造乐园等。

3．按开发利用的变化性，并结合资源的性质、成因划分

(1) 原生性旅游资源，是指那些在成因、分布上具有相对稳定和不变特点的自然、人文景观和因素，如山川风光、生物景观、气候资源、文物古迹、传统民族习俗和风情、传统风味特产等。

(2) 萌生性旅游资源，是指成因、分布上具有变化性的自然、人文景象和因素，如现代建筑风貌、现代体育文化科技吸引及趣处、社会新貌与民族新风尚、博物馆与展览馆、名优特新产品及美食购物场所、自然力新作用足迹、人工改造大自然景观等。

4．依旅游动机划分

(1) 心理方面的，如宗教圣地、重大历史事件、探亲等。
(2) 精神方面的，如科学知识、消遣娱乐、艺术欣赏等。
(3) 健身方面的，如沙疗、温泉疗、各项运动等。
(4) 经济方面的，如各地土特产等。
(5) 政治方面的，如国家政体状况，各种法律等。

5．依照旅游资源的结构划分

(1) 旅游景观资源，如自然旅游景观资源、人文旅游景观资源、社会民俗资源等。
(2) 旅游经营资源，如旅游用品工业资源、旅游食用资源、旅游人才资源等。

6．按旅游资源的动态划分

(1) 稳定类旅游资源：①长久稳定型，如宗教圣地、古建筑、山岳江湖等；②相对稳定型，如小型造型地貌、瀑布、冰川等。

(2) 可变类旅游资源：①规律变化型，如泉水、候鸟、云雾等；②不规则变化型，如海市蜃楼、现代建筑风貌等。

1992年，由国家旅游局资源开发司和中国科学院地理研究所主编的《中国旅游资源普查规范》(试行稿)，提出了旅游资源普查分类结构。旅游资源由"类"和"基本类型"组成。全部基本类型共有74种。归为6类：地方景观类、水域风光类、生物景观类、古迹与建筑类、消闲求知健身类、购物类。

上述各种分类系统，都有其各自的特点和功能。例如，旅游资源的动态分类，把旅游资源从固定不变的形象转变为生动活泼、可以变化可以改造的事物形象，增加了旅游资源给人的活力感，把旅游资源与旅游者心理活动、与开发者和经营者有机地联系起来。此外，还有其他许多类的划分方法，如1979年美国的布赖弗等将旅游资源划分为原始地区、近原始地区、乡村地区、人类利用集中的地区和城市化地区五大类。

按旅游资源的性质和成因分类，是目前应用最广的分类方法。表 5-1 概括了旅游资源分类几种常见的方法。

表 5-1 旅游资源分类概表

分类依据	分类结果
性质和成因	(1) 自然旅游资源,如山水、气象气候、动植物等。 (2) 人文旅游资源,如文物古迹、文化艺术等
利用方式和效果	(1) 游览鉴赏型,如优美自然风光、著名古建筑及园林等。 (2) 知识型,如文物古迹、博物展览、自然奇观等。 (3) 体验型,如民风民俗、节庆活动、宗教仪式。 (4) 康乐型,如度假疗养、康复保健、人造乐园等
开发利用的变化特征,并结合资源的性质与成因	(1) 原生性旅游资源:那些在成因、分布上具有相对稳定和不变特点的自然、人文景观和因素,如山川风光、生物景观、气候资源、文物古迹、传统民族习俗和风情、传统风味特产等。 (2) 萌生性旅游资源:那些在成因、分布上具有变化特征的自然、人文景观和因素,如现代建筑风貌、现代体育文化科技吸引物、社会新貌与民族新风尚、博物馆与展览馆、名优特新产品及美食购物场所、自然力新作用遗迹、人工改造大自然景观等
旅游动机	(1) 心理方面的,如宗教圣地、重大历史事件、探亲等。 (2) 精神方面的,如科学知识、消遣娱乐、艺术欣赏等。 (3) 健身方面的,如沙疗、温泉疗、各项运动等。 (4) 经济方面的,如各地土特产等。 (5) 政治方面的,如国家政体状况、各种法律等
旅游资源的结构	(1) 旅游景观资源,如自然旅游景观资源、人文旅游景观资源、社会民俗资源等。 (2) 旅游经营资源,如旅游用品工业资源、旅游食用资源、旅游人才资源等
旅游资源的动态	(1) 稳定类旅游资源:长久稳定型(宗教圣地、古建筑、山岳、江湖等);相对稳定型(小型造型地貌、瀑布、冰川等)。 (2) 可变类旅游资源:规律变化型(泉水、候鸟、云雾等);不规则变化型(海市蜃楼、现代建筑风貌等)
市场聚集区域和游客体验	(1) 利用者导向型游憩资源:以利用者需求为导向,靠近利用者集中的人口中心,通常满足的主要是人们的日常休闲需求,如球场、动物园等。 (2) 资源基础型游憩资源:资源相对客源的距离不确定,主要在旅游者的中长期度假中得以利用,如国家森林公园等。 (3) 中间型游憩资源:介于上述两者之间,主要为短期游憩活动所利用
管理级别	(1) 世界级旅游资源 (2) 国家级旅游资源 (3) 省级旅游资源 (4) 市县级旅游资源
资源中蕴含的各种人文概念和旅游价值	(1) 硬资源:已成型的、能被游客直接消费的旅游产品,如常见的景区、景点等。 (2) 软资源:潜在的、还不能被游客直接消费,但又具有很大开发价值、富含文化品位或具有特殊时机价值的历史传说、风土人情、人文积淀、绝妙策划,直至当前的政策环境等各类资源的统称

其中,中华人民共和国国家标准 GB/T 18972—2003《旅游资源分类、调查与评价》被认为是国家规范性质的实战型操作方案,见表 5-2。

表 5-2 旅游资源分类、调查与评价

主类(8类)	亚类(31类)	基本类型(155类)
A 地文景观	AA 综合自然旅游地	AAA 山丘型旅游地；AAB 谷地型旅游地；AAC 沙砾石地型旅游地；AAD 滩地型旅游地；AAE 奇异自然现象；AAF 自然标志地；AAG 垂直自然地带
	AB 沉积与构造	ABA 断层景观；ABB 褶曲景观；ABC 节理景观；ABD 地层剖面；ABE 钙华与泉华；ABF 矿点矿脉与矿石积聚地；ABG 生物化石点
	AC 地质地貌过程形迹	ACA 凸峰；ACB 独峰；ACC 峰丛；ACD 石(土)林；ACE 奇特与象形山石；ACF 岩壁与岩缝；ACG 峡谷段落；ACH 沟壑地；ACL 丹霞；ACJ 雅丹；ACK 堆石洞；ACL 岩石洞与岩穴；ACM 沙丘地；ACN 岸滩
	AD 自然变动遗迹	ADA 重力堆积体；ADB 泥石流堆积；ADC 地震遗迹；ADD 陷落地；ADE 火山与熔岩；ADF 冰川堆积体；ADG 冰川侵蚀遗迹
	AE 岛礁	AEA 岛区；AEB 岩礁
B 水域风光	BA 河段	BAA 观光游憩河段；BAB 暗河河段；BAC 古河道段落
	BB 天然湖泊与池泽	BBA 观光游憩湖区；BBB 沼泽与湿地；BBC 潭池
	BC 瀑布	BCA 悬瀑；BCB 跌水
	BD 泉	BDA 冷泉；BDB 地热与温泉
	BE 河口与海面	BEA 观光游憩海域；BEB 涌潮现象；BEC 击浪现象
	BF 冰雪地	BFA 冰川观光地；BFB 长年积雪地
C 生物景观	CA 树木	CAA 林地；CAB 丛树；CAC 独树
	CB 草原与草地	CBA 草地；CBB 疏林草地
	CC 花卉地	CCA 草场花卉地；CCB 林间花卉地
	CD 野生动物栖息地	CDA 冰生动物栖息地；CDB 陆地动物栖息地；CDC 鸟类栖息地；CDE 蝶类栖息地
D 天象与气候景观	DA 光现象	DAA 日月星辰观察地；DAB 光环现象观察地；DAC 海市蜃楼现象多
	DB 天气与气候现象	DBA 云雾多发区；DBB 避暑气候地；DBC 避寒气候地；DBD 极端与显示地；DBE 物候景观
E 遗址遗迹	EA 史前人类活动场所	EAA 人类活动遗址；EAB 文化层；EAC 文物散落地；EAD 原始聚落
	EB 社会经济文化活动遗址遗迹	EBA 历史事件发生地；EBB 军事遗址与古战场；EBC 废弃寺庙；EBD 废弃生产地；EBE 交通遗迹；EBF 废城与聚落遗迹；EBG 长城遗迹；EBH 烽燧
F 建筑与设施	FA 综合人文旅游地	FAA 教学科研实验场所；FAB 康体游乐休闲度假地；FAC 宗教与祭祀活动场所；FAD 园林游憩区域；FAE 文化活动场所；FAF 建设工程与生产地；FAG 社会与商贸活动场所；FAH 动物与植物展示地；FAI 军事观光地；FAJ 边境口岸；FAK 景物观赏点
	FB 单体活动场馆	FBA 聚会接待厅堂(室)；FBB 祭拜场馆；FBC 展示演示场馆；FBD 体育健身馆场；FBE 歌舞游乐场馆
	FC 景观建筑与附属型建筑	FCA 佛塔；FCB 塔形建筑物；FCC 楼阁；FCD 石窟；FCE 长城段落；FCF 城(堡)；FCG 摩崖字画；FCH 碑碣(林)；FCI 广场；FCJ 人工洞穴；FCK 建筑小品

续表

主类(8类)	亚类(31类)	基本类型(155类)
F 建筑与设施	FD 居住地与社区	FDA 传统与乡土建筑；FDB 特色街巷；FDC 特色社区；FDD 名人故居与历史纪念建筑；FDE 书院；FDF 会馆；FDG 特色店铺；FDH 特色市场
	FE 归葬地	FEA 陵区陵园；FEB 墓(群)；FEC 悬棺
	FF 交通建筑	FFA 桥；FFB 车站；FFC 港口渡口与码头；FFD 航空港；FFE 栈道
	FG 水工建筑	FGA 水库观光游憩区段；FGB 水井；FGC 运河与渠道段落；FGD 堤坝段落；FGE 灌区；FGF 提水设施
G 旅游商品	GA 地方旅游商品	GAA 菜品饮食；GAB 农林畜产品与制品；GAC 水产品与制品；GAD 中草药材及制品；GAE 传统手工产品与工艺品；GAF 日用工业品；GAG 其他物品
H 人文活动	HA 人事记录	HAA 人物；HAB 事件
	HB 艺术	HBA 文艺团体；IBB 文学艺术作品
	HC 民间习俗	HCA 地方风俗与民间礼仪；HCB 民间节庆；HCC 民间演艺；HCD 民间健身活动与赛事；HCE 宗教活动；HCF 庙会与民间集会；HCG 饮食习俗；HGH 特色服饰
	HI 现代节庆	HDA 旅游节；HDB 文化节；HDC 商贸农事节；HDD 体育节

5.2 旅游资源调查和评价

5.2.1 旅游资源调查

1. 旅游资源调查的目的与意义

旅游资源分布广泛，形成原因多种多样。已开发的现实旅游资源，随着时间的变迁和开发措施的实施，自身的构成因素及其在周边环境中的地位，不断发生变化。另外，随着人类生产力水平的不断提高和认识能力的增强，旅游资源的深度和广度都得到了拓展。为了使旅游资源得到充分而合理的利用，将旅游资源优势化为经济优势，首先必须摸清旅游资源的"家底"。因此，旅游资源的调查与评价是旅游资源开发的前提。通过旅游资源的调查和评价，可以为开发过程中制定明确的开发目标、拟定恰当的开发时序、突出准确的开发重点和选择合理的开发方式，提供可靠的依据。调查与评价是同一项工作中的两个对步骤，在内容、方法和结论上各有侧重和差异。总的来说，调查是评价的前期工作，注重对旅游资源单体的深入了解和基本信息的掌握。评价是调查工作的进一步深化，即注重在单体分析的基础上相互比较、综合分析，从而得出对旅游资源整体的认识。

因此，针对"旅游资源"这个动态概念，其调查工作显得十分重要。它的意义表现在以下几个方面。

(1) 通过对旅游资源的调查，可以了解调查区域内旅游资源的类型、现状、特征、规模和开发潜力等因素，从而为其评价和开发工作奠定基础，提供可靠的第一手资料。

(2) 通过对旅游资源的调查所获得的基础资料，可以建立信息档案连接到区域信息库中，从而起到摸清家底、了解现状的作用，对区域经济发展、旅游管理工作有很大的参考价值。

(3) 通过对旅游资源自身和其外部开发条件的深入调查，可以全面掌握该资料的开发、保护和利用现状及存在的问题，从而为确定该资料的开发导向、开发时序、开发重点和提出相应的管理措施提供详实可靠的材料。

(4) 通过对旅游资源的定期调查，可以动态、系统地掌握旅游资源的开发进展状况，检测其保护情况，从而为旅游管理部门及时、准确地获得相关信息，迅速地做出反应提供条件，并使其工作科学化、现代化。

总之，旅游资源的调查是旅游资源开发中的基础性工作，调查成果对于旅游资源的科学规划、合理开发、现代化管理和环境监控与保护都有积极的意义。

2．旅游资源调查的重点

旅游资源的调查工作涉及许多学科的理论与众多部门的实践。首先，要掌握旅游资源的形成机制、分布规律，旅游业发展的基本规律，旅游者的消费需求规律等基础理论，进而充分掌握各学科已形成的理论和调查区域内的各种资料，并取得各有关部门的支持和配合，进而还要学会分析文字资料。其次，将野外调查工作与室内分析研究相结合，用理论规范调查工作，用调查的第一手资料来充实、检验室内分析的结果。要对调查区域的自然景观资源、人文景观资源和经济、交通、社会条件、人口状况及重点城市，进行全面的调查和分析。最后，旅游资源本身是一个动态概念，它会随着所处的自然环境和社会条件变化及人类生产力提高后认识能力的变化而变化，其内涵和外延处于动态之中。因此，调查过程中要注意调查对象的发展过程及趋势，特别是要注意发现潜在的旅游资源，为旅游开发提供有力的依据。

3．旅游资源调查的内容

旅游资源调查的内容主要包括旅游资源形成的背景条件、旅游资源本身、旅游资源外部开发条件 3 方面。

1) 旅游资源形成的背景条件的调查

旅游资源形成的背景条件的调查主要在于了解和掌握调查区域内的基本情况，从而找出资源的整体特色及内在联系。主要包括以下内容。

(1) 调查区的地貌特征。包括调查区所处的地貌单元、地质构造状况、岩性、地壳活动状况等。

(2) 调查区的水文特征。包括地表水和地下水的类型、分布、水文特征及特殊的水文现象(特别是洪水、泥石流等灾害现象)。

(3) 调查区的动植物特征。包括调查区内降水、气温、光照、温度的基本状况和特殊的现象。

(4) 调查区的气象、气候和环境因素。包括调查区内降水、气温、光照、湿度的基本状况和特殊的现象。

(5) 调查区的历史沿革。包括调查区在人类历史上的发展历史上的发展历程及遗留下的各种遗迹情况。

2) 旅游资源本身的调查

旅游资源本身的调查主要是深入细致地根据旅游资源的属性进行调查，为开发提供基本素材。其基本调查内容包括以下内容。

(1) 调查自然景观。首先是对调查区基本自然条件进行调查，然后再有重点地调查可供开发、特点突出的资源，包括构成特色山体的岩石、地层、构造、构成地貌形态的山势、沟谷、洞穴等，成水景的泉、溪、瀑布、湖等，具有特色的动植物和气象因素等。

(2) 调查人文景观。包括调查各类古建筑和遗址、古人类活动和文化和遗址、古交通遗址、石刻、壁画及特色村寨等。不仅要调查现存、物化的景观，还要调查历史上有影响但已毁掉的人文遗迹及民间传说等，便于开发时充分利用。

3) 旅游资源外部开发条件的调查

旅游资源外部开发条件的调查内容包括调查区和所依托城镇与中心城市的距离、依托城镇的经济状况、接待条件、社会治安、民族团结、居民对发展旅游的态度、风土人情、文化素养、物产情况、调查区与外部的交通和通信联系状况、水电气等基础设施接入条件等。所有这些外部条件，都直接影响到调查区内旅游资源开发的前景、深度及获取效益的情况。

阅读案例 5—2

留学生视野下的旅游资源调查

我国现代意义乡村旅游的发展已有近20年的历史，随着市场的不断成熟，吃农家饭，住农家屋，观赏田园村舍，采摘瓜果蔬菜，棋牌，麻将，垂钓等乡村旅游产品已逐渐老化，难以满足消费需求的变化；同时，乡村旅游开展较早的乡村旅游地已呈现越来越明显的城镇化的趋势，其作为乡村旅游资源的吸引力已大大降低由此。如何充实提高现有产品并设计新的产品，以实现旅游产品的更新换代，在规划新的旅游地中如何保持乡村风貌，以避免城镇化的出现，成为今后发展乡村旅游需要解决的关键问题之一。

惠水县位于贵州中南部，为少数民族聚居地，县城北距贵阳市区48公里，隶属于黔南布依族苗族自治州。秀美的山水、良好的生态、淳朴的民风、古朴传统的村寨，与田园风光相结合是惠水县旅游资源最显著的特点和优势。目前惠水旅游业尚处于起步阶段，省内普通民众对惠水作为农副产品供应地的认知度远远高于对其作为旅游目的地的认知度。

贵州大学旅游与文化产业发展研究院在编制惠水县旅游发展规划时，针对上述问题，力求产品样式有所突破和创新，力求避免乡村旅游地的城镇化，试图设计开发能满足国际化需求，在贵州省较为时尚的乡村旅游产品。因此，根据规划编制中对某些乡村旅游产品的构想，组织了贵州大学部分留学生的实地考察活动，试图借助外国人士，以国际眼光进行旅游资源评价和旅游产品设计的验证。

(资料来源：盘晓愚，刘桔．留学生视野的资源评价和产品验证[J]．贵阳市委党校学报，2009，(1)：40．)

4. 旅游资源调查表

旅游资源调查表是调查时用来进行记录的表格。一项规范的调查应该把旅游资源的基本情况填写在调查表里，并作为材料存档。

根据《旅游资源分类、调查与评价》的要求，对每一调查单体皆应填写一份《旅游资源单体调查表》，见表5-3。填写内容包括单体序号、单体名称、代号、行政区划位置、地理位置、性质与特征、旅游区域及进出条件、保护与开发现状、共有因子评价问答等。填写完后，做出旅游资源评价，见表5-4。

表5-3 旅游资源单体调查表

表单序号_____单体名称_____

行政位置				
资源代码1		资源代码2		资源代码3	
地理位置				
性质与特征				
旅游区域及进出条件				
保护与开发现状				
图片资料		视频资料		
新单体		聚合体序号		

表5-4 旅游资源评价

评价项目	分数
观赏游憩使用价值(0～30分)	
历史文化科学艺术价值(0～25分)	
珍稀奇特程度(0～15分)	
规模、丰富与几率(0～10分)	
完整性(0～5分)	
知名度和影响力(0～10分)	
适游期或使用范围(0～5分)	
环境保护与环境安全(-5～3分)	

表5-3中，性质与特征栏包括的各项具体内容如下。

(1) 外观形态与结构：包括旅游资源单体的整体状况、形态和突出(醒目)点；代表形象部分的细节变化；整体色彩和色彩变化、奇异华美现象，装饰艺术特色等；组成单体整体各部分的搭配关系和安排情况，构成单体主体部分的构造细节、构景要素等。

(2) 组成成分：构成旅游资源单体的组成物质、建筑材料、原料等。

(3) 内在性质：旅游资源单体的特质，如功能特性、历史文化内涵与格调、科学价值、艺术价值、经济背景、实际用途等。

(4) 成因机制与演化过程：表现旅游资源单体发生、演化过程、演变的时序数值；生成和运行方式，如形成机制、形成年龄和初建时代、废弃时代、发现或制造时间、盛衰变化、历史演变、现代运动过程、生长情况、存在方式、展示演示及活动内容、开放时间等。

(5) 规模与体量：表现旅游资源单体的空间数值，如占地面积、建筑面积、体积、容积等；个性数值，如长度、宽度、高度、深度、直径、周长、进深、面宽、海拔、调差、产值、数量、生长期等；比率关系数值，如矿化度、曲度、比降、覆盖度、圆度等。

(6) 环境背景：旅游资源单体周围的情况，包括所处具体位置及外部环境如目前与其共存并成为单体不可分离的自然要素和人文要素，如气候、水文、生物、文物、民族等；单体存在与发展的外在条件，如特殊功能、雪线高度、重要战事、主要矿物质等；单体的旅游价值和社会地位、级别、知名度等。

(7) 关联事物：与旅游资源单体形成、演化、存在有密切关系的典型的历史人物与事件等。

5．旅游资源调查的基本程序与方法

旅游资源调查工作是一项系统性很强的基础工作，其工作步骤通常分3步进行。

1) 准备阶段

(1) 成立调查小组。

调查工作是一项系统工作，故首先需要成立由有关人员组成的工作班子，即调查小组，以便于开展相关工作。调查小组通常由承担旅游资源调查工作的部门或单位如旅游局、科研机构、调查机构等负责，吸收不同管理部门的工作人员、不同学科方向的专业人员及普通调查人员组成。调查组成员应具备与该调查区旅游资源环境、旅游资源、旅游开发有关的专业知识，一般应吸收旅游、环境保护、地学、生物学、建筑园林、历史文化、旅游管理等方面的专业人员参与。小组要有一定的组织关系和协调配合机构，必要时须进行野外考察的基本功培训，如野外方向辨别、伤病急救处理、基础资料的获取等。

(2) 制定旅游资源调查的工作计划和工作方案、准备调查设备设施。

调查工作正式开始前，应先制定调查的工作计划和方案(通常由调查小组负责人拟定)，内容包括调查目的、调查区域的范围、调查对象、主要调查方式、调查工作的时间表、调查的精度要求、调查小组内的人员分工、调查成果的表达方式、投入人力与财力的预算等内容。同时，准备好实地调查所需的设备，如定位仪器、简易测量仪器、影像设备、野外调查生活必需品、安全设备、野外调查医疗救护药品等。

(3) 拟定旅游资源分类体系、设计旅游资源调查表及调查问卷。

《旅游资源分类、调查与评价》将旅游资源分为 8 个主类 33 个亚类 155 个基本类型。在国家标准基础上进行类型补充及适当修改，将旅游资源分为 3 个大类 12 个主类 47 个亚类 260 个基本类型，并对各种旅游资源的基本类型特征做了较为细致的分析，同时对调查表格的形式、填写项目做了较为完备的解释。可依据以上内容，结合调查区域的旅游资源分布、类型、数量的大致情况，拟定好旅游资源分类方案，设计旅游资源调查表和到相关部门及社区进行社会调查问卷，并将填表要求及调查工作中的注意事项，编制成与表格和问卷并行的书面材料，便于实际调查工作中的协调和统一。应根据旅游资源的分类标准对小组人员进行技术培训，并准备若干份《旅游资源单体调查表》。

(4) 第二手资料的准备。

调查工作应注意收集已有的第二手资料,包括有关调查区域内的与旅游资源单体及其赋存环境有关的各类文字描述资料(如广泛存在于各种书籍、报刊、宣传材料上的文字记述,地方志书、乡土教材、旅游区与旅游点介绍、规划与专题报告等),与旅游资源调查有关的各类图形资料(重点是反映旅游环境与旅游资源的专题地图),与旅游资源调查区和旅游资源单体有关的各种照片、影像资料。在此基础上,对调查区域内的基本情况形成一个概要印象。对于第二手资料中介绍详尽的旅游资源,可直接填写旅游资源调查表,对于野外考察比较变化、补充缺漏。

(5) 确定调查区内的调查小区和调查线路。

为便于运作和适应今后的旅游资源评价、旅游资源统计、区域旅游资源开发的需要,将整个调查区分为多个调查小区。调查小区一般按行政区划分(如省级调查区,可将地市州级的行政区划分为调查小区;地市州级的调查区,或将县级行政区分为调查小区;县级一级的调查区,可将乡镇一级的行政区划分为调查小区),也可按现有或规划中的旅游区域划分。

调查线路按实际要求设置,一般要求贯穿调查区内所有调查小区和主要旅游资源单体所在的地点。应选取比例尺适中的地图(最好是地形图)作为地理地图,编制与调查工作计划相配套的野外考察线路图。通常,可根据调查对象的范围大小选取地图的比例尺,范围大的可以选取较小比例地图,范围小的可以选取较大比例尺地图。

(6) 选定调查目标入重点对象。

根据第二手资料掌握的调查区内的旅游资源概要印象,选定调查目标及重点对象。其中,应将具有旅游开发前景,有明显经济、社会、文化价值的旅游资源单体,集合型旅游资源单体中具有代表性的部分,代表调查区形象的旅游资源单体,作为重点调查的单体对象。

对下列旅游资源单体暂时不进行调查:品位明显较低,不具有开发价值的;与国家现行法律、法规相违背的;开发后有损于社会形象的或可能造成环境问题的;影响国计民生的;某些位于特定区域的。

2) 资料和数据采集阶段

该阶段的主要任务是在准备工作,特别是第二手资料收集分析的基础上,由调查人员通过各种调查方法获得调查区域内尽可能详尽的第一手旅游资源资料。

(1) 基本要求。

第一,保证成果质量,强调整个运作过程的科学性、客观性、准确性,并尽量做到内容简洁和量化。

第二,充分利用与旅游资源有关的各种资料和研究成果,完成统计、填表和编写调查文件等项工作。调查方式以收集、分析、转化、利用这些资料和研究成果为主,交逐个对旅游资源单体进行现场调查核实,包括访问、实地观察、测试、记录、绘图、摄影,必要时进行采样和室内分析。

(2) 调查方式。

根据这一阶段工作的详略程度,旅游资源调查分为概查、普查两种方式。

① 概查，即由于受时间、资金人力、物力等因素的限制，在第二手资料分析整理的基础上，进行的一般状况调查。主要任务为对已知点进行调查、核实、校正，或根据其他专业资料对潜在旅游资源进行预测验证。可在大范围内进行调查，确定资源的基本状况及分析规律；也可在较小范围内对指定区域段子现状调查，以基本了解旅游资源的赋存及开发利用情况、能够满足旅游开发的条件程度。此种方式周期短、收效快，但信息量损失大，容易对区域内旅游资源的评价造成偏差。

② 普查，即为给保护和合理开发利用旅游资源提供必要的科学依据，对特定区域所进行的详细、全面的调查。普查工作既可以行政区(如全国、省或县)为普查单元，也可选取自然区、人文区或线状区为普查单元，范围可大可小。不仅要调查目前广泛存在的旅游资源，还要调查潜在的旅游资源。此方法要求对全部旅游资源单体进行调查，提交全部《旅游资源单体调查表》，适用于了解和掌握整个区域旅游资源全面情况的旅游资源调查。

总之，旅游资源的普查工作是一项周期长耗资大、技术水平高、成果科学合理的基础性工作。由于这种方法对人、才、物等各方面要求较高，尚未在我国大范围、大规模进行，只在局部县、市进行过试点，但旅游资源作为国情的基本构成要素，对其进行普查是今后我国旅游业的重要工作之一。

(3) 调查方法。

以上两种调查方式只是在调查范围的大小、内容的详略、投入的多少有差异，实际工作中需要调查人员进行实地考察和踏勘，通过测量等手段获得具体详细的资料，以自身的专业素养对调查对象做出研发认识和理性评价，并通过与居民的交流深入了解与旅游资源密切相关的地域文化背景。通常在数据和资料收集阶段，经常使用的调查方法有以下几种。

① 野外实地勘察。这是最基本的调查方法。调查人员直接接触旅游资源，可以获得宝贵的第一手资料及专业人士较为客观的感性认识，结果翔实可靠。实地勘察包括观察、踏勘、测量、摄像等形式。旅游资源调查表、旅游资源分布图的草图，均在这一阶段完成。因此，要求调查者勤于观察、善于发现、及时登录、及时填图、现场摄录、及时总结。

② 访问座谈。这是旅游资源调查辅助方法之一。它可以有效弥补由于时间短、人力不足、资金有限等因素的影响，但无法全面、深入了解旅游资源的缺陷。通过走访当地居民或开座谈会的等方式，可增加信息收集渠道，为实地勘察提供线索、确定重点，从而提高勘察的质量和效率。要求预先精心设计询问或讨论的问题，便于在尽可能短时间内引导调查对象讲述有关信息，达到调查目的。另外，调查对象应具有代表性，如行政人员、老年人、青年及学生、文化工作者，当地从事地质、历史、文化、水文、环保等研究的人员等。

问卷调查。这是旅游资源调查辅助方法之一。调查内容主要为有关旅游资源、旅游市场的动态信息。可采取通过行政渠道分发给各有关部门或个人填写、集中收回的方式，或在踏勘现场由游人或当地居民填写、分散收回的方式收集。问卷应设计合理，分发收回程序符合问卷调查的规定，以保证其结果的有效性和合理性。

3) 文件编辑阶段

该阶段是在数据和资料收集的工作完成后，回到工作室内进行的图文资料编辑工作。内容通常包括以下两个方面。

(1) 编制旅游资源地图。

整理反映旅游资源调查工作过程和工作成绩的手绘草图，选取形象直观的图例，经过编辑绘到选定的地理底图上，形成旅游资源分布现状图。

(2) 编写旅游资源调查报告。

此项工作是体现调查工作综合性成果的图文资料。外界可借以认识调查区域内旅游资源的总体特征，并可以从中获取各种专门资料和数据，如针对旅游规划进行的旅游资源调查报告，是编制规划的重要依据，也可作为其附件。

6. 旅游资源调查报告的编制

根据《旅游资源分类、调查与评价》，旅游资源调查报告编写要求包括前言、调查区旅游环境、旅游资源开发历史和现状、旅游资源基本类型、旅游资源评价、旅游资源保护与开发建议、主要参考文献等部分，并附《旅游资源图》或《优良级旅游资源图》。其中，核心内容为以下几个方面。

(1) 调查区旅游环境。包括调查区的位置、行政区划、自然地理特征(地形、水系、气候和气象、动植物等)、交通状况和社会经济概况等。

(2) 旅游资源基本类型。包括旅游资源的类型、名称、分布位置、规模、形态和特征(可附带素描、照片、录像资料)。整个报告文本要求以实际调查材料为基础，论点要有充足的论据支持(论据需要在报告文本或附件中标明)，文字应简洁、明确，表示方法尽量采用图文并茂方式。

(3) 旅游资源的评价。对区域内的旅游资源进行定性和定量的评价，特别要注意与同类资源进行对比，以及与大区域内其他区域的主要旅游资源进行对比，最后评定旅游资源级别和吸引向性。

(4) 旅游资源保护与开发建议。阐明对旅游资源调查区内旅游资源保护与开发的指导思想、方式、途径、步骤、重点区域等问题。

阅读案例 5—3

贵州乡村旅游资源调查步骤

整个调查过程按以下个步骤进行。

1. 背景介绍

1) 贵州基本省情和惠水基本县情

内容主要包括：贵州所处地理位置、地貌特点、行政区划、人文概貌、经济水平、旅游业现状等；惠水区位特点、社会经济状况自然和人文概貌等。通过介绍使他们对考察地点的背景有一个较全面较清晰的了解。

2) 考察地点和考察内容

具体介绍 3 个考察点的基本情况。大坝披弓—甲烈一线：毗邻贵阳市花溪区，考察的村子是布依族村寨，布依族传统的欢迎仪式和待客方式。九龙寺：九龙寺所处自然环境的特点、九龙山名的由来、九龙寺重修情况。山后龙塘村：明确告知村里在拍摄，各种活动有表演性质。

3) 考察目的

告知考察的地方目前处于旅游未开发状态,要求从他们的角度评价考察对象的旅游资源价值,并就可以开发什么产品、开发中要注意什么事项等问题提出自己的看法。通过告知考察目的,使其明确自己的考察任务,因而在考察中能有的放矢地留意观察、思考。

2. 实地考察

大坝披弓—甲烈一线。考察对象包括大坝、甲烈两个乡的布依族村子、沿途的自然风光、斗牛、布依族迎宾仪式、布依族山歌农家饭。考察的线路内容和范围基本按产品构想进行。

九龙寺。听本地专家和负责重修九龙寺的僧人介绍九龙寺的历史沿革和重修后的情况。山后龙塘村。参观村容村貌游览村子周围自然风光和田园风光参与拍摄MV。

3. 撰写考察报告开座谈会

考察结束后,设计以下问题,要求他们以文字形式回答,目的是让他们对这些问题进行认真思考。

(1) 你看到了什么?你喜欢吗?为什么?你认为你的国家的人喜欢吗?
(2) 如果你来这里旅游你希望做什么?你需要什么服务?
(3) 如果开发旅游你认为应该怎么做?不能做什么?

又以开座谈会的方式,深入交谈,逐一补充了解他们对上述问题的看法,以求得到准确、全面的结论。

(资料来源:盘晓愚,刘桔. 留学生视野的资源评价和产品验证[J]. 贵阳市委党校学报,2009,(1):40.)

5.2.2 旅游资源的价值评估

1. 旅游资源价值评估的目的与意义

在通过调查获得旅游资源的基本情况后,还必须经过有意识地开发利用,才可使旅游资源潜在的价值转化成现实的社会经济优势。这就需要对旅游资源进行系统评估,以确定其开发利用价值、开发利用的方式方法、开发利用的时间、开发利用的服务对象及开发利用的方向。因此,旅游资源评估是在旅游资源调查的基础上进行的深层次研究工作,是选择调查区中的旅游资源、资源环境及其开发条件作为评价对象和内容,采取一定的方法对旅游资源的特点及其开发做出评判和鉴定,从而为地区旅游资源的合理开发利用和规划建设,提供科学基础。

旅游资源的评价是一项极为复杂的工作。它涉及自然、历史、地理、地质、经济、宗教、民族、建筑、植物、文学、艺术,以及其他一些学科门类的相关方面知识,因而参与旅游资源评价的工作人员,必须充分搜集和掌握各个领域的资料和成果,以保证旅游资源评价结果的科学性和准确性。

2. 旅游资源评估的原则

旅游资源的评价工作涉及面广、情况复杂,目前还没有形成得到一致公认的统一评价标准,因而评价结果受评价者的知识结构、经验、兴趣爱好等主观因素的影响较大。为了使旅游资源评价尽可能做到公正、客观,其结果相对准确、可靠,一般应遵循以下基本原则,以便于达成共识。

1) 全面系统的观点

旅游资源是多种多样的,它的价值和功能也是多层次、多形式、多方面的。这就要求在进行旅游资源评价时,不仅要注重对旅游资源本身的成因、特色、质量、数量等因素的评价,还要把旅游资源所处区域的旅游区位、旅游环境、客源市场、交通状况、经济发展水平、基础设施建设水平、当地居民对发展旅游的态度等开发利用条件,作为外部条件纳入评价的范畴,综合衡量,全面完整地进行系统评价,准确地反映旅游资源的整体价值。

2) 动态发展的观点

旅游资源特征以及开发的外部社会经济条件,是在不断变化和发展的。这就要求旅游资源评价工作不能囿于现状,必须用动态发展观点看待变化趋势,从而对旅游资源及其开发利用前景做出积极、全面和正确的评估,尤其应注意避免一味夸大其词,盲目拔高旅游资源的价值。

3) 实事求是的态度

旅游资源的评估工作,要从客观实际出发,即在旅游资源调查的基础上,运用自然、经济、历史、地理、民族、建筑、植物、美学等相关理论和知识,对旅游资源的形成、本质、属性、价值等核心内容作出实事求是的评价。

4) 兼顾 3 种效益

评估旅游资源,应考虑如下 3 方面的效益。

(1) 经济效益。即能开拓财源、增加经济收入、对当地经济发展起到促进作用。

(2) 环境效益。即能美化和保护环境,为人类提供有利身心健康、生态平衡的空间场所。

(3) 社会效益。即能吸引游人,为其提供开拓眼界、增进知识、陶冶情操的场所,同时使旅游资源所在地的社会环境通过与外界的交流得到提高。

总之,要通过充分合理地利用旅游资源,发挥其潜在的资源优势,获得更多效益。

3.定性与定量相结合

定性和定量方法是旅游资源评价的常用方法。定性研究方法使用简便,应用范围广,包含的内容丰富,但缺乏可比性,只能反映旅游资源的概要状况,主观色彩较浓。定量分析是根据一定的评价标准和评价模型,以全面、系统的方法,将有关旅游资源的各评价因子予以客观、系统化处理,其结果具有可比性。但在实际工作中,这两种方法必须密切配合,才能较好地达到预期目的。

5.2.3 旅游资源评价的基本方法

1.定性评价方法

定性评价方法历史悠久、使用范围广泛、形式多种多样。评价者在考察旅游资源后根据自己的印象所做的主观评价,一般多采用定性描述的方法,又称经验性评价。由于描述的对象不同,所采用的标准变化较大,评价者可根据资源的实际情况进行描述。该方法简单易行、见效快,但存在评价者个人意见的局限性。多年来,影响较大、方法较成熟的有卢云亭、黄辉实所提出的定性评价体系和方法。

卢云亭的"三三六"评价体系如下。

1) 三大价值评估

三大价值是指风景资源历史文化价值、艺术观赏价值和科学研究价值。

(1) 历史文化价值，属于人文旅游资源范畴。评价历史古迹，要看它的类型、年代、规模和保存状况及其历史上的地位，如一些历史、文化古迹及风景名胜区的题记、匾额、楹联、诗画、碑刻等，就应按此进行评价。古迹的历史意义是评价历史文物价值的主要依据之一。我国公布的各级文物保护单位，就是根据其历史意义、文化艺术、科学研究价值确定的。一般来说，古、稀、文化寓意高，则其历史文化价值就高，如河北赵州桥是我国现在最古的石拱桥，也是我国古代四大名桥之一，就具有极高历史文化价值。

(2) 艺术观赏价值，主要指客体景象艺术特征、地位和意义。自然风景的景象属性和作用各不相同。其种类愈多，构成的景象也愈加丰富多彩。主景、副景的组合，格调和季相的变化对景象艺术影响极大。若景象中具有奇、绝、古、名中的某一特征或数种特征并存，则旅游资源的景象艺术水平就高，如泰山四大奇观(泰山日出、晚霞夕照、黄河金带、云海玉盘)。评价时有 3 种比较方法值得注意：第一是地方色彩的浓郁程度，即个性的强弱程度；第二是历史感的深浅；第三是艺术性的高低。旅游资源评价者要善于运用上述原则，确定其艺术观赏级别和价值。

(3) 科学考察价值，指景物的某种研究功能，在自然科学、社会科学和教学上的特点，能否作为科教工作者、科学探索者和追求者的现场研究场所。在北京的旅游资源中，有许多是全世界、全国最富科学价值的文物古迹。这些旅游资源的科研价值涉及诸多领域，可作为不同专业科教工作者的研究考察对象。在西安临潼秦始皇陵周边地带发现的兵马俑，规模宏大、场面壮观，被人们称为"世界最大的地下军事博物馆"、"世界第八奇迹"，它是研究历史、雕塑、军事、美术的科学园地。

2) 三大效益评估

三大效益是指经济效益、社会效益和环境效益。经济效益主要指旅游资源利用后可能带来的经济收入。社会效益指对人类智力开发、知识储备、思想教育等方面的功能。环境效益指旅游资源的开发不会导致环境、资源的破坏。

3) 六大条件的评估

旅游资源的开发利用必须建立在一定的可行性条件基础上。这些条件最重要的 5 项是，景区的地理位置及交通条件、景观的地域组合条件、景区旅游容量条件、客源市场条件；投资能力条件、施工难易条件。

(1) 地理位置及交通条件。地理位置是确定景区发展规模、选择路线和利用方向的重要因素之一。它不仅影响景区的类型和特色，而且影响旅游市场容量。例如，位于河西走廊的嘉峪关，因交通位置重要，在历史上曾是兵家必争之地和"丝绸之路"的要站，这里有丰富的人文旅游资源，如长城关楼、烽火台、古陵墓、摩崖石刻等。在地理环境方面，由于它处于祁连山雪峰北面的干旱区，因而在旅游方面可以考虑开发冰川雪景等项目，使之具有不同于其他地方的旅游特色。

旅游可进入性在很大程度上亦取决于地理位置的优越与否和交通的方便程度。如果地理位置偏远，路途交通费用过大，耗费时间过长，会间接影响旅游人的数量。可见，位置和交通是评价旅游景区开发的首要条件之一。

(2) 景观的地域组合条件。一个景区如果风景点地域组合分散、景点相遥远或位置偏僻、交通不便、可进入性差，就会大大降低其旅游价值，也影响其开发顺序。

评价景观的地域组合还有一个重要任务，就是区分主体景观类型和非主体景观类型。一个风景区是由若干相互关联的景观要素构成的，其中一些要素为主景要素，即风景区景观具有某种特殊的吸引力和感染力；另一些要素则起衬托、辅助作用。评价时，要突出对主景和特色的评价，同时兼顾辅助性景观。在评价景观要素的组合变化时，特别要注意自然和人文资源的互补性，以及要素的协调程度。一般来说，自然资源是基础，人文资源除文物古迹外大部分是可再生的或可创造的，两者可互补。旅游地要素组合协调，虽千变万化，体现地是风貌个性，如松、石、云、泉融为一体的"黄山四绝"等。

(3) 景区旅游容量条件。包括自然生态环境对游人数量的环境承载量即环境容量和开发地的单位面积对游人的容人量(人/米^2)，景区游览所需要的基本时间即容时量(小时/景点)。环境容量和容人量是风景区生态环境保护、建设用地及其设施、投资规模在设计时的依据。容时量则体现了风景区的游程、内容、景象、布局和建设时间等内容。

(4) 客源市场条件。客源数量是维持和提高旅游区经济效益的重要因素，没有最低限度的游人，风景资源再好也难以开发。客源市场调查的内容包括客源地、最低限度容量和游人的年、月、日变化等。不同风景区以其景观特色、地理位置、交通条件，吸引着不同国度、不同地区、不同年龄和不同职业的游人，而不同的游人数量决定着该风景区的市场规模。

(5) 投资能力条件。该条件是旅游资源开发利用的资金保障。目前，我国旅游资源开发实行由社会资本投资的政策，国家财政不再对旅游景区景点开发直接投资。社会资本投资可由企业、集体、个人多方筹集资金解决，原国有资本可作为投资，亦可通过出售、转让经营权回收资本。

(6) 施工难易条件。旅游资源开发，需要考虑开发项目的难易程度和工程量的大小。首先是工程建设条件，如地质、水文等自然条件；其次是基本供应设施条件，包括设施的建设条件、食品供应条件、建筑材料条件等。评价开发难易程度的关键是权衡经济效益，其指标包括数量和时间两方面，即开发工程与投资大小的关系、开发工程与受益早晚的关系。

2．定量评价方法

1) 旅游资源的技术性评价

旅游资源的技术性评价是指旅游资源各要素对于旅游者从事特定旅游活动适宜程度的评估。大量技术性指标的运用是这类评价的基本特征。这些指标是长期以来在实际工作中逐步积累的经验值。此类评价工作一般限定于自然旅游资源评价。

对于每一项旅游活动，都会有一个或几个旅游资源因素对活动的质量起决定性的作用。例如，从事海水浴，海滩和海水的状况是决定因素；而一般休养性质的旅游活动(如避暑)，气候成为其决定因子；对于滑雪来说，滑雪地的地形和雪的厚度至关重要。旅游资源的技术性评价，即可以是就这些关键的旅游资源要素的组合状况进行技术性评价，根据资源要素的组合状况来确定这一旅游资源适宜从事某种旅游活动的等级。

(1) 气候的适宜性评价。

各气候要素对人体的生理影响是综合性的,不同气候要素状况的组合对人体产生不同的生理影响,同一气温状况下,只要空气的相对湿度变化,人体的温度感觉就不一样,同一温度下,风速不同,人体的温度感觉也不相同。气候对旅游的影响体现在以下几个方面。

① 作为旅游资源:对旅游有影响,影响旅游区的布局。

② 作为环境条件:对旅游的影响表现在影响旅游流的分布和时间,影响旅游者的观赏效果,影响旅游者的舒适程度。

提出:温度-湿度指数值(舒适指数),风-温度指数值(风寒指数)。

舒适指数(温室):$THI = T_d - 0.55(1 - RH)(T_d - 58)$。舒适指数与干球温度 $T_d(℉)$、相对温度 RH 有关,THI 在 60~65 时,多数人感觉舒适,THI 为 75 时,多数人不舒适(半数),THI 为 78 时,人们感觉不舒适。

风寒指数:$K_0 = (100V + 10.45 - V)(33 - T_a)$。其中,$V$ 表示风速,T_a 表示温度(℃)风寒指数是指在一定温度、风速影响下,人体暴露的皮肤、单位面积损失的热量。K_0 是考虑到风加速人体皮肤与周围空气的热交换而提出来的,K_0 为不考虑人体皮肤蒸发、完全遮荫情况下空气的总冷却率$(J/m^2 \cdot h)$。

特吉旺在美国大陆生理气候的评估中,设计以下两个评价指数。

舒适指数:通过用月均最高温、月均最小相对湿度、月均最低温、月均最大相对湿度4 个指标查图可得。

风效指数:根据月均最高、最低气温、风速,查风效指标图可得。

(2) 地形的适宜性评价。

地形对旅游的影响体现在以下几个方面。

① 作为环境因素之一:对旅游环境有影响,平原有利于交通、宾馆选址、山区灾害影响旅游。

② 作为各种景点(自然风景)的基础(载体)(有关旅游活动的场所):可以提供不同的印象,有些旅游活动必须有一定的地形场所(条件):滑雪 35°坡度,登山要有一定的山峰。

③ 作为资源:可以直接造景。

地形与适宜的旅游项目见表 5-5。

表 5-5 地形与适宜的旅游项目

地形坡度	适宜的旅游项目
≥40°	狩猎、攀登、缆车、眺望、游览、滑沙、滑草、升降梯、缆车、索道、栈道、蹦极
30°~40°	登山、滑雪、漂流、滑草、荡索、滑翔伞、狩猎
20°~30°	徒步旅行、滑雪、散步、漂流
10°~20°	野外赛跑、障碍赛跑、散步、漂流、滑水、溜索
5°~10°	自行车、畜力车、漂流、娱乐、野炊、野餐、野营、溜索、滑板
0°~5°	帆船、冰帆、滑板、海水浴、沙浴、器械娱乐

2) 旅游资源共有因子综合评价方法

本方法主要是根据旅游资源的共性因素进行综合分析评价,通过打分评估出旅游资源的价值。本方法以旅游资源评价标准为代表。该评价标准包括评价项目、评价因子、评价依据、评价赋分 4 个方面。评价项目包括"资源要素价值"、"资源影响力"、"附加值" 3 个项目。其中,"资源要素价值"项目中含"观赏游憩使用价值"、"历史文化科学艺术价值"、"珍稀奇特程度"、"规模、丰度与几率"、"完整性" 5 项评价因子;"资源影响力"项目中含"知名度和影响力"、"适游期或使用范围"两项评价因子;"附加值"项目含"环境保护与环境安全"一项评价因子。评价计分方法采用 100 分基本分加附加值分计分评价。其中,"资源要素价值"为 85 分(包括"观赏游憩使用价值" 30 分、"历史科学文化艺术价值" 25 分、"珍稀或奇特程度" 15 分、"规模、丰度与几率" 10 分、"完整性" 5 分);"资源影响力"为 15 分("知名度和影响力" 10 分、"适游期或使用范围" 5 分);"附加值"得分为考虑旅游资源的"环境保护与环境安全"计分,分正分和负分。每一评价因子皆分为 4 个档次,其因子分值亦相应分为 4 档。

5.3 旅游资源保护

1. 旅游资源受到破坏的原因

由于外力作用使旅游资源形态结构或分布状况等发生改变,旅游资源吸引力减少或消失,这就是旅游资源的破坏和衰退。导致旅游资源破坏和衰退的原因可归结为自然原因和人为原因两个方面。

1) 旅游资源的自然破坏

旅游资源是自然的组成部分之一,自然的发展、变化都会影响旅游资源的变化。一般情况下,天长日久、寒暑变化、流水侵蚀、风吹雨淋都会慢慢地改变旅游资源的形态和性质,这种缓慢的变化就是自然风化。任何名胜古迹都会受到自然机械风化的危害,我国的云冈石窟,长期受风雨剥蚀和后山石壁的渗水浸泡,多数洞窟外檐裂塌,很多雕像面目模糊,在 53 个洞窟中,半数以上因被破坏而不能对外开放。

2008 年 5 月 12 日 14 时 28 分,我国四川汶川发生里氏 8.0 级大地震,四川各地的旅游景点均受到不同程度的破坏。与都江堰水利工程一道被列为联合国教科文组织"世界文化遗产"的二王庙已坍塌成一片废墟,昔日飞檐翘角、雕梁画栋的情景不再复见。四川绵阳的大部分地面文物都不同程度地受到破坏,有 5 处全国重点文物遭到破坏,18 处省级重点文物遭受破坏;被称为"东方神秘古堡"阿坝藏族羌族自治州理县桃坪羌寨局部垮塌。

生物原因的破坏,如鸟粪对旅游资源的腐蚀,养鸽在欧洲许多城市流行,但鸽粪落到旅游区的雕塑、雕像上,很难清洗,也对其有腐蚀作用,会改变其原貌。

2) 旅游资源的人为破坏

旅游资源的人为破坏是多方面的、严重的,大多超过了自然风化的破坏。按破坏的根源可分为建设性破坏和游客带来的破坏。其表现方式如下。

(1) 直接拆毁、占用文物古迹。

(2) 游客踩踏带来的破坏。

(3) 游客素质低,直接破坏旅游资源。

2. 旅游资源的保护

如上所述，导致旅游资源质量下降和破坏的，既有自然因素，也有人为因素。某些受损的旅游资源，通过自然调节和人为作用，可以在一定程度上得到恢复，但有的破坏则是难以恢复的。不论能不能恢复，都将给旅游资源带来危害。因此，必须加强旅游资源保护，以谋求旅游资源的持续利用，促进旅游经营的持续发展。针对不同的破坏作用，可以采取不同的手段，灵活运用各种措施，尽量缓解、消除自然力与人为因素对旅游资源的破坏。

1) 技术措施

技术性保护措施是利用现代科技手段，对旅游资源及其环境进行监测与分析而实施的保护措施，这是旅游资源保护方法之一。针对不同类型的旅游资源和的保护需要，采取技术措施抵御自然力与某些人为的破坏将是行之有效的。例如，科学维修与保护历史古建筑旅游资源，确保其持续利用；封山育林，植树绿化，保护生物旅游资源和培育旅游环境；驯化保护野生动物，应用生物技术保护古树我木；架设隔离网罩和使用驱赶技术，避免鸟类对古建筑的危害等。

2) 行政措施

行政性管理方法是管理中最常见的方法之一，在相关部门设置专门的旅游资源开发保护管理职能，对旅游资源实行统一规划和监督管理，加强对旅游资源的保护。根据行政区划和行政级别，实施"分级管理"与"分域管理"，使旅游资源管理的责权落到实处。

3) 法律措施

依据国家和地方有关法律、法规、规章，加强对旅游资源的保护。法律管理方法具有强制性、规范性和稳定性的特点，适用于处理旅游资源保护中共性的、一般的问题。与旅游资源管理相关的国家有关法律目前主要有《中华人民共和国环境保护法》、《中华人民共和国森林法》、《中华人民共和国文物保护法》、《中华人民共和国野生动物保护法》、《风景名胜区管理暂行条例》、《中华人民共和国水法》等。此外，各地方立法机构和人民政府根据国家法律、法规，结合地方实际制定的实施细则和地方性法规也是开发、利用及保护旅游资源有效的和可靠的依据。

4) 教育措施

通过各种教育途径和方式，宣传保护旅游资源的重要性，使全体公民意识到被保护的旅游资源不仅是旅游地的财富，也是人类共同的财富，一切单位及个人都有保护旅游资源的义务。同时，通过宣传教育使旅游地的人们和旅游者都知道如何保护旅游资源，并付诸行动。

5) 规划措施

编制旅游规划，特别是《旅游资源保护专题规划》和《环境保护专题规划》，并以此指导规划区内旅游资源的开发、利用及保护，是旅游资源保护的一项重要方法。首先对旅游资源及生态环境进行研究，测定并评估旅游资源保护状况，建立数据库，然后制定相应专业规划与实施方案，如制定绿化、防火、排污等规划。规划对旅游资源和环境保护提出了"质"与"量"的规定，使保护具有明确的目标，有利于在一定时期(规划期)内有计划开展全面常规的保护工作，减少无序开发造成的盲目破坏。

3. 不同类型旅游资源保护和管理的具体办法

1) 世界自然和文化遗产的保护和管理措施

1972 年出台的《世界文化和自然遗产保护公约》，对世界遗产提出了下述 5 条保护措施。

(1) 通过一项旨在使文化和自然遗产在社会生活中起一定作用，并把遗产保护列入全面规划计划的总政策。

(2) 如本国尚未建立负责文化和自然遗产保护、保存和展出的机构，则建立一个或几个类似的机构，配备适当的工作人员和为履行其职能所需要的手段。

(3) 发展科学和技术研究，并制定出能够抵抗威胁本国自然遗产的危险的实际方法。

(4) 采取为确定、保护、保存、展出和恢复这类遗产所需要的适当的法律、科学、技术、行政和财政措施。

(5) 促进建立或发展有关保护、保存、展出文化和自然遗产的国家或地区培训中心，并鼓励这方面的科学研究。

2) 风景名胜区的保护管理措施

《风景名胜区管理暂行条例》自国务院 1985 年发布后，经全国各地的广泛实施，又总结出一套分级保护措施，即将风景名胜区划分为 3 个级别的保护区和一个防护地带，并制定相应的保护措施。具体如下。

(1) 一级绝对保护区。指景点界线范围内的区域。要切实保护景点的原貌、风格和环境，不准建任何生活性大型建筑物，即使是观赏型建筑也要精、美、少，以突出景物、突出自然美。

(2) 二级是保护区。指景区界线范围内的区域。区内要保护一切景点和植物，除观赏建筑外，也可适当建设人工与自然融为一体的小型服务设施。

(3) 三级环境保护区。指景区视线范围内的区域。区内可搞生活设施建筑，但也要保护好视野空间环境，确保景观的完整度。

(4) 防护地带。为保护景观特色，维护区内生态平衡，在风景区专门辟出大面积区域进行绿化，以保持水土；不兴办污染性的工厂和控制农药、化肥的使用以防止污染；搞好居民点的规划，控制不适宜的建设。

3) 历史文化名城的保护管理措施

历史文化名城的保护管理措施，在《中华人民共和国文物保护法实施细则》(1992 年 5 月 5 日由国家文物局发布)中有明确的规定，其要点如下。

(1) 保护古建筑的视廊。为保证古建筑物的空间构图完整和周围园林借景的需要，在视线范围内控制新建筑物的高度，而且其体量、形式、色调均需与古建筑物的环境风貌相协调。

(2) 仿古重修需要特批。第 14 条规定："纪念建筑物、古建筑等文物已全部毁坏的，不得重新修建，因特殊需要，必须在另地复建或原址重建的，应当根据文物保护单位的级别，报原核定机关批准。"

(3) 文物的修缮应保持原来的特色。其修缮计划和施工方案须由国家文物局审定批准，并进行竣工验收。

4) 森林公园的保护管理措施

1996年，原林业部出台了《森林公园管理条例(征求意见稿)》，第16章第23条对森林公园的保护做了详细规定，概括如下。

(1) 珍稀林木、野生动植物和公园的名胜古迹必须绝对保护。

(2) 保护工作的重点放在防火、防病虫害、防污染和禁止毁林开荒、开矿、采石等一系列具体可操作的工作上。

(3) 为使保护落到实处，推广有利于环境保护的技术措施和资金投入保障措施。

本章小结

旅游资源的相关知识点主要是旅游资源的概念、特点；旅游资源的调查及评估；旅游资源的开发及保护。

旅游资源概述，主要是对旅游资源的概念、特点进行详细的介绍，让学生对旅游资源有一个很直观的了解，为后面的学习打下基础。

旅游资源的调查是学生在进行旅游资源评估前应做好的前期准备工作，这要求学生对被调查的旅游资源的成因、地形及各种情况按照调查的程序进行详细了解，以便于在对旅游资源进行评估的时候有一个公正、客观的结论，对被评估旅游资源进行正确的开发。

旅游资源的开发与保护，主要是介绍旅游资源开发的作用、原则，科学、合理地开发旅游资源，让旅游资源带动当地经济的发展；旅游资源的保护是在旅游资源开发的基础上，通过本章节介绍的相关保护方法，让旅游资源避免人为的破坏，以便于旅游资源的可持续发展。

关键术语

旅游资源　旅游资源调查　旅游资源单体　旅游资源保护

复习思考题

一、填空题

1．参与旅游资源评价的工作人员，必须充分搜集和掌握各个领域的资料和成果，以保证旅游资源评价结果的_____和_____。

2．旅游资源按照资源的成因和性质划分，可以分为_____和_____。

二、简答题

1．如何理解旅游资源的概念？根据概念可以得出旅游资源有哪些特征？
2．旅游资源按照利用方式和效果分类，可以分为哪几类？
3．简述旅游资源的"三三六"评价法。

三、名词解释

旅游资源　旅游资源技术性评价

四、实际操作训练

课题:旅游资源调查计划。

实训项目:旅游资源调查计划的制订。

实训目的:学习怎样制定旅游资源调查。

实训内容:我市准备开发民俗旅游资源,需要对现有的民俗资源情况进行了解,我校旅游管理专业接受了这一调查任务。

实训要求:将旅游管理专业学生分成若干组,代表我校旅游管理专业拟订一份我市旅游资源调查计划,并组成调查小组队伍。

五、案例分析

桂林为何还没有世界遗产?

桂林是我国著名的山水城市,它追求的是整个城市的生态和谐、历史背景和文化渊源。如果说苏州是"城中园",杭州是"半壁江山半壁城市"的话,桂林则是"山水中的城市"。但是桂林这样一座绝无仅有的山水城市,至今没有一处世界遗产。

现在每年的节假日都有大批的游客涌入桂林的各大风景区,使得风景区极易患"节假日综合征",导致风景区内的植被、水、大气和土壤超负荷使用,很容易造成破坏。例如,著名的芦笛岩风景区因游客的大量涌入,人群呼出大量的二氧化碳而影响了岩洞的发育。又如,漓江的机动船对河岸的破坏,可能再过几年,美丽的漓江就会被掏空。

还有,漓江沿岸盖饭店、挤占城市绿地建宾馆、征用良田作高尔夫球场、耗费巨资建人造景点(美食城、四美园等)、毁坏古迹修马路、在公园岩洞中展出妖魔鬼怪、让商家经营阳朔风景道、在市场出售钟乳石工艺品,最近还要在漓江景区筑大坝、在七星山上建索道等,这些都是违反国家上述原则规定的,都属于破坏性建设,应当进行清理整顿。

桂林自然环境的破坏根源可能不仅仅是旅游带来的,更多的则是桂林人自己带来的。最明显的就是漓江河段上的挖沙问题和森林砍伐问题。

问题:

1. 风景秀丽的桂林为何还没有世界遗产?
2. 怎样处理对桂林的破坏性建设?

第6章 旅 游 业

教学目标

通过本章学习，熟悉旅游业的构成、作用及其特点；了解旅行社的分类、作用及职能；掌握旅游饭店的作用及分类；了解旅游交通的作用、类型及特点。

教学要求

知识要点	能力要求	相关知识
旅游业概述	能够理解旅游业的概念 掌握旅游业的特点 能够正确认识旅游业的作用	旅游业的概念 旅游业的性质与特点 旅游业的作用
旅行社	能够了解旅行社的定义，作用，分类，工作流程	旅行社的定义、作用、分类、工作流程
旅游饭店	能够准备划分饭店类型 能够理解星级宾馆的评定标准 能够把握饭店业发展的最新趋势	饭店类型的划分 星级宾馆的评定标准 饭店集团化经营
旅游交通	能够明白旅游交通的作用 能够掌握客人选择旅游交通工具的因素	旅游交通的作用 我国旅游交通的发展与问题 影响游客选择旅游交通工具的因素

导入案例

未来旅游发展趋势

正在推进在线旅游业务的广东中旅股份公司副总经理徐永胜估计，未来旅游市场的份额，特别是休闲旅游的市场份额会超过商务旅游。而这将为在线旅游服务商提供巨大的市场空间。

徐永胜称，中旅总社早在2002年11月就开始跟德国TUI合资成立了TUICHINA(中旅途易)，进军在线旅游。广东中旅也在今年4月跟TUICHINA结成战略联盟。其他广州几家大社都在悄悄与境内外在线旅游商洽谈合作事宜。

传统旅游巨头们纷纷杀入在线旅游市场后，由于拥有传统旅游资源和网络资源百分之百重合的优势，一些专业旅游服务网站开始对此感到不安。

目前国内专业在线旅游服务商主要有携程和艺龙。携程表示自己和国内外2 000多家酒店有合作，并且有遍布国内37个城市的送票网络。但即便是这样，携程也承认很难与国际上的在线旅游企业竞争。

一位不愿透露姓名的业内资深人士表示,其实目前国内与在线旅游有关的实力型企业是中国民航信息网络股份有限公司,国外最大的3家是AMABEUS、GALILEO和ABACUS。由于国外企业资源丰富,他们不单是在票务上有分销,还能够实现酒店、包车等方面的优惠,只要中国旅游市场对外开放,他们就会利用自己的优势来"分食"中国市场。而竞争加剧带来结果之一就是,中国旅游者有望得到价格更低、产品更个性化、服务更周到的在线旅游服务。

问题:
从该案例中可以得到什么启示?

旅游业就是以旅游者为对象,为其旅游活动创造便利条件并提供其所需商品和服务的综合性产业,人们通常将旅行社、住宿业和交通运输业称为旅游业的"三大支柱"。本章将对旅游业、旅行社、住宿业和交通运输业的内涵进行全面阐述。

6.1 旅游业概述

6.1.1 旅游业的概念

旅游的真正发展实际上是需求和供给两个方面联合作用的结果,供给方就是指旅游业。

1. 旅游业的定义

西班牙、希腊在20世纪六七十年代凭借旅游业实现了国民经济翻两番。牙买加、巴巴多斯等岛国在80年代初,旅游业产值达到了国内生产总值的1/3,巴哈马甚至高达70%。90年代中期,埃及的旅游创汇超过了苏伊士运河、石油和工农业出口收入,居外汇收入首位,被政府视为国家的"希望和未来"。

事实说明,旅游业作为一项产业,实为客观存在的,它不像其他产业那样界限分明,这正说明了旅游业的特点。其产品和产出的构成涉及多种有关产业的情况同样也是其特点的反映。尽管这些产业或行业的主要业务或产品有所不同,但是涉及旅游方面,都有一个共同之处——便利旅游活动,通过提供各自的产品和服务满足同一旅游者的需要,将其不同产品在总体旅游产品或旅游商品的前提下统一了起来。

旅游业的定义:旅游业就是以旅游者为对象,为其旅游活动创造便利条件并提供其所需商品和服务的综合性产业。

同其他传统产业的定义相比,旅游业的定义有两点明显的不同之处。
(1) 这一定义是需求取向的定义,而非供给取向的定义。
(2) 旅游业作为一项产业,其界定标准是其服务对象,而不是业务或产品。

2. 旅游业的构成

(1) 根据联合国的《国际产业划分标准》,以及对从事旅游业务的具体部门加以分析,旅游业主要由3部分构成,即旅行社、交通客运部门和以旅馆为代表的住宿业部门,属于这3个部门的企业因而也构成为3种类型的旅游企业。在国内,人们通常将旅行社、住宿业和交通运输业称为旅游业的"三大支柱"。2009 年旅游行业经营统计报告见表 6-1。

表 6-1　2009 年旅游行业经营统计报告

	旅行社	交通客运部门	住宿业
企业数量/家	21 649	10 993	14 237
从业人员/万人	34.089 4	106.75	204.61
固定资产/亿元	106.31	4 859.74	4 442.98
营业收入/亿元	1 806.53	1 004.28	1 818.18

资料来源：中国国家旅游局政策法规司．http://www.cnta.gov.cn．

(2) 从国家或地区的旅游发展角度来看，旅游业由以下五大部分组成(即"五大部门"说)：住宿接待部门、游览场所经营部门、交通运输部门、旅行业务组织部门、目的地旅游组织部门，如图 6.1 所示。

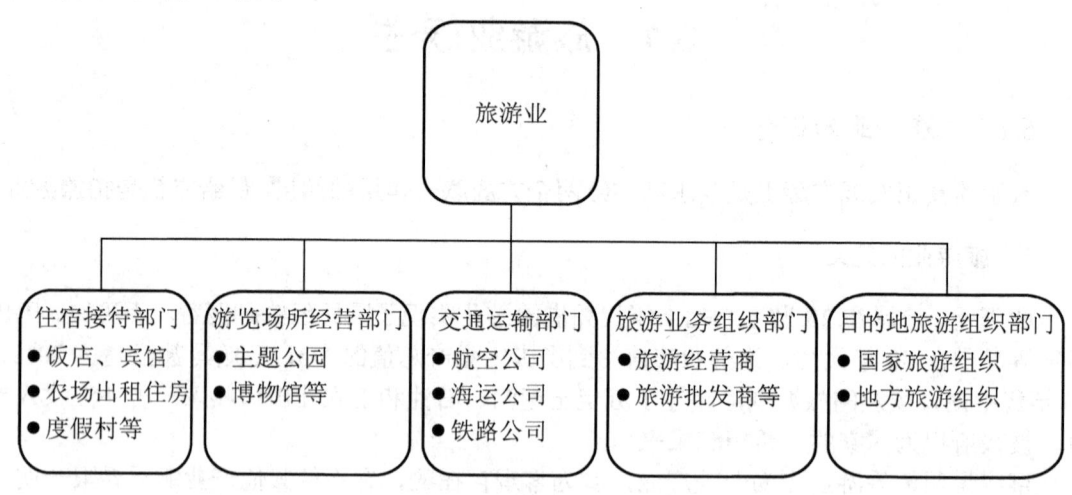

图 6.1　旅游业的五大部分

(资料来源：Victor T. C, Middleton. Tourism Marketing[M]. London:Butterworth-Heinemann, 1988．)

(3) 从行、游、住、食、购、娱来看，按照我国目前的情况，旅游业的构成应包括下列各类企业：旅行社、以饭店为代表的住宿业、餐馆业、交通客运业、游览娱乐行业、旅游用品和纪念品销售行业。另外，各级旅游管理机构和旅游行业组织也应纳入旅游业的构成之中。

6.1.2　旅游业在推动旅游发展中的作用

1. 旅游业是旅游供给的重要提供者

旅游供给分为五大类：自然旅游资源、旅游基础设施、旅游上层设施、交通运输、文化资源。旅游活动的完成乃是需求和供给双方联合作用的结果。如果只有旅游需求而没有旅游供给，旅游活动便不可能存在和发展。因此，旅游业在推动旅游的发展方面的供给作用具有十分重要的意义。

2. 旅游业具有组织作用

旅游业的组织作用表现在以下两方面。

(1) 供给方面：旅游业要根据市场的需要，组织自己的一系列配套产品。

(2) 需求方面：旅游业要通过各种方式为自己的产品组织客源。

正是这种组织作用，才使得旅游业从无到有并推动了旅游活动的规模发展。现代包价旅游的推出和包价旅游团的流行无一不是旅游业发挥组织作用的结果。

3. 旅游业是旅游活动的中介

在现代旅游中，完成旅游活动的要素已不再只是旅游者和旅游资源，而是将旅游业这一中介体也包括了进来，因为大众旅游的特点之一便是利用旅游业提供的便利服务完成旅游活动已成为一种常规化的旅游模式。在现代大众旅游阶段，除少数情况外，几乎没有什么旅游者不利用旅游业提供的旅游服务。虽然使用旅游业提供的旅游服务并非旅游者的旅游目的，但旅游业在客源地与目的地之间，以及在旅游动机与旅游目的的实现之间架起一座便利的桥梁。在已经具备了需求条件的前提下，旅游者不必再为旅游过程中有可能遇到的各种问题而担心，他们的旅行及在旅游目的地停留期间的生活和活动都可由有关的旅游企业安排。旅游业的这种便利作用对旅游活动的发展无疑是一个重要的刺激。正是由于这种便利作用的刺激，才使得旅游活动的规模越来越大，并且使人们外出旅游的距离也越来越远。

阅读案例 6-1

两广合力打造旅游"大餐"

广东是桂林重要的客源市场，桂林旅游部门加强了与广东广之旅、南湖国旅、深航国旅等主要组团社的联系。旅游部门组织了 60 多家旅游企业到广东深圳、东莞等多个城市开展促销、推介活动，广东方面组织了"千车万人游桂林"活动。桂林与周边省市湖南衡阳市缔结"旅游友好城市"，签订"旅游合作备忘录"，双方共同启动"千车万人"互游活动，推出桂林—衡阳双向旅游线路；还与湖北省 9 家旅游企业共同签订了旅游合作协议书，在湖北全省推出以"桂林金典游"为品牌的 3 条全新旅游线路和"周末桂林旅游列车"。

此外，2009 年在全国旅游城市境外旅游市场普遍下跌的情况下，桂林加大了境外旅游市场的促销力度，市主要领导率团赴欧美、日韩等桂林境外旅游主要客源市场促销。还通过美国桂林旅游大联盟、法国桂林旅游大联盟等国际区域旅游合作平台，巩固欧美高端客源市场。

(资料来源：http://blog.sina.com.cn/s/blog_66f6a1ba0100ihjy.html.)

6.1.3 旅游业的性质和特点

1. 旅游业的性质

长期以来，人们经常把旅游事业同旅游业混为一谈，并因此称旅游业是一项具有文化性质的事业，是我国外事工作的一部分。"产业"与"事业"在某些情况下的确可以作为同义概念使用。但是，严格地讲，旅游事业同旅游业是有区别的。

从一个国家发展旅游的动机来看，一般包括政治、社会和经济3个方面。国家发展旅游可能会以其中一项动机为主而兼顾其余一项或两项，也可能会3项并重，兼而有之。这需要视一个国家的具体情况进行具体分析。随着时间的推移，国家发展旅游的动机重点也可能会有所转移。20世纪80年代中期开始，英国政府发展旅游的动机重点从经济转向了社会；90年代中期，韩国的旅游政策也开始偏重于社会发展的方向；我国发展旅游的主要动机也由新中国成立之初的政治动机转到了今天的经济动机。因此，从国家的角度来看，推动和促进旅游发展的工作乃是一项具有多重目的的事业。

旅游业只是旅游事业中的一个组成部分。它同旅游事业的区别在于：旅游事业并非以发展经济为唯一目的；而旅游业作为一项产业，其根本目的在于通过对旅游的推动、促进和提供便利服务来从中获取收入。旅游业是国民经济的组成部分，是以营利为目的的，从根本上说是一项经济性产业。

2．旅游业的特点

通过与制造业进行比较，可以得出旅游业的特点。

1) 综合性产业

旅游业是集行、游、住、食、购、娱等于一体的综合性行为。旅游者外出有涉及以上各方面的多样化、多层次的需要，为满足这些需要，必然需要多种不同类型的企业来共同为其提供产品和服务。因此，旅游业必须连同国民经济中工业、农业、商业、建筑业、交通运输业等物质资料生产部门和文化、科技、教育、卫生、宗教、邮电通信、金融保险等非物质资料生产部门，共同向其提供不同的商品和服务，而不只是提供单项或几项商品与服务。旅游业因其涉及各行业的联动而具有综合性的特点。

2) 劳动密集型的服务性产业

旅游业属于第三产业，即服务业，这是因为旅游业的产品主要是为旅游者提供满足其需求的服务。虽然总体旅游产品中包含某些有形产品的因素，但就一次完整的旅游活动或旅游经历而言，旅游者对旅游的需求乃是为了满足精神上的享受。正是这一整体性需求，决定了各种旅游企业出售给旅游者的产品在旅游者看来只是对这次旅游的"记忆"。因此，从旅游产品总体来看，其价值并不是物化于消费品之中的，价值更多的是体现在服务中。

"服务"是一种使用价值，而且是一种特殊的使用价值。

"服务"这种使用价值的特点不是表现为物，而是表现为"活劳动"。从旅游服务所生产的消费品来看，其生产服务产品的过程也就是提供服务的过程。尽管某些产品，如食品饮料表面上为有形产品，但是在为旅游者提供餐饮服务过程中，这些食品饮料同服务行为是不能割裂开来的。

判定一个企业或行业是否属劳动密集型的标准是其工资成本在全部营业成本和费用中所占比例的高低。旅游业的产品是以提供劳务为主的旅游服务，因而工资成本在全部营业成本和费用中占有较高比重，属劳动密集型的产业。

3) 政治性较强的行业

与资本主义国家相比,我国的旅游业,特别是我国的国际旅游业,需要执行和体现我国的对外政策、侨务政策和统战政策,需要配合改革开放工作宣传有关的方针政策和我国社会主义建设的伟大成就。

6.2 旅 行 社

旅行社是旅游业中的重要行业之一。由于这一行业是由众多的旅行社企业所组成的,因此,旅行社一词既可以用作行业总称,也可以用指旅行社企业。总之,其具体所指需视具体语境而定。中国国际旅行社的标志如图 6.2 所示。

图 6.2 中国国际旅行社的标志

(资料来源:中国国旅官方旅游网站. http://www.CITS.com.cn.)

6.2.1 旅行社的定义

1996 年,我国国务院正式颁布了《旅行社管理条例》。依据条例中的有关解释,旅行社"是指有营利目的,从事旅游业务的企业"。这里所称的旅游业务"是指为旅游者代办出境、入境和签证手续,招徕、接待旅游者,为旅游者安排食宿等有偿服务的经营活动"。因此,按照国家旅游局发布的《旅行社管理条例实施细则》,凡是经营上述旅游业务的营利性企业无论其所使用的具体名称是旅游公司,还是旅游服务公司、旅行服务公司、旅游咨询公司等其他称谓,都属于旅行社行业。

6.2.2 旅行社的分类

虽然旅行社都是经营上述旅游业务的企业,但是各旅行社企业的经营范围是不尽相同的。因此,人们往往需要将旅行社企业划分为不同的类型。

1. 外国的旅行社分类

实际上,世界各国对旅行社类型的划分并非完全相同。这里所谓的外国的旅行社分类主要是指欧美国家的旅行社的分类。

在欧美国家中，人们根据旅行社所经营的业务类型，即批发业务还是零售业务，将旅行社企业划分为两大类。

1) 旅游批发经营商

旅游批发经营商，即主要经营批发业务的旅行社或旅游公司。所谓批发业务，是指旅行社根据自己对市场需求的了解和预测，大批量地订购交通运输公司、饭店、目的地经营接待业务的旅行社、旅游景点等有关旅游企业的产品和服务，然后将这些单项产品组合成为不同的包价旅游线路产品或包价度假集合产品，最后通过一定的销售渠道向旅游消费者出售。

旅游批发经营商的规模一般都比较大，因而这类旅行社企业的数量也相对较少。在组团来华旅游的欧美旅行社中，绝大多数都是旅游批发经营商。

2) 旅游零售商

旅游零售商，即主要经营零售业务的旅行社。旅游零售商主要以旅行代理商(travel agent)为典型代表，当然也包括其他有关的代理预订机构。一般地讲，旅行代理商的角色是代表顾客向旅游批发经营商及各有关行、宿、游、娱方面的旅游企业购买其产品；反之，也可以说旅行代理商的业务是代理上述旅游企业向顾客销售其各自的产品。旅行代理商的具体零售业务包括以下几项。

(1) 为潜在旅游者提供有关旅游点、客运班次、旅游公司产品及旅游目的地情况的咨询服务。

(2) 代客预订(交通、食宿及游览和娱乐门票等)。

(3) 售发旅行票据和证件。

(4) 陈列并散发有关旅游企业的旅游宣传品。

(5) 向有关旅游企业反映顾客意见。旅行代理商提供的服务是不向顾客收费的，其收入主要来自被代理企业支付的佣金。

旅行代理商多为小型企业，由业主自任经理。在美国，这种代理商雇用员工平均为 7 或 8 人。在英国，绝大多数旅行代理商一般只雇用 2 或 3 名员工，相当多的旅行代理商都是所谓的"夫妻店"(wife and husband team)。但是，并非所有的旅行代理商都是属小型企业。随着集团经营的发展，不少规模较大的旅游零售公司也已发展起来，并占据了相当大的市场份额。众所周知的英国托马斯·库克公司便是目前英国最大的旅行代理商，拥有自己的分支零售网点达 2 000 多个。

以上只是对以欧美国家为代表的世界上多数国家中旅行社类型的基本划分。实际上，有不少旅行社既经营批发业务，也从事零售业务。托马斯·库克公司便是其中的典型代表。在旅游批发业务方面，其经营者可分 3 类。

(1) 旅游批发商和旅游经营商。

(2) 兼营旅游批发业务的航空公司。

(3) 为顾客计划、安排旅游项目和线路的旅行代理商。在旅游零售业务方面，其经营者除旅行代理商外，旅游经营商也通过自己的分支零售机构开展零售业务的经营。

2．我国的旅行社分类

我国的旅行社分类不同于欧美国家。在 1996 年以前，我国曾将我国的旅行社划分为 3 类，即一类旅行社、二类旅行社和三类旅行社。根据有关规定，一类旅行社的经营范围是从事对外招徕和接待海外游客来大陆旅游；二类旅行社的经营范围是从事接待由一类旅行社和其他涉外部门组织来华的海外游客；三类旅行社只能经营国内旅游业务。

随着 1996 年我国《旅行社管理条例》的颁布，我国对旅行社的分类做了新的调整。《旅行社管理条例》中按照不同旅行社的经营范围，将我国的旅行社划定为两类，一类是国际旅行社，另一类是国内旅行社。

1）国际旅行社

国际旅行社的经营范围包括入境旅游业务、出境旅游业务和国内旅游业务。具体业务内容包括以下几个方面。

(1) 招徕外国旅游者、海外华侨和港澳台同胞来中国内地旅游，为其安排交通、游览、住宿、饮食、购物、娱乐及提供导游等相关服务。

(2) 招徕我国旅游者在国内旅游，为其安排行、游、住、食、购、娱及提供导游等相关服务。

(3) 经国家旅游局批准，招徕、组织我国境内居民到外国和港澳台地区旅游，为其安排领队及委托接待服务。

(4) 经国家旅游局批准，招徕、组织我国境内居民到规定的与我国接壤国家的边境地区旅游，为其安排领队及委托接待服务。

(5) 经批准，接受旅游者委托，为旅游者代办入境、出境及签证手续。

(6) 为旅游者代购、代订国内外交通客票、提供行李服务。

(7) 其他经国家旅游局规定的旅游业务。

2）国内旅行社

国内旅行社的经营范围仅限于国内旅游业务。具体业务内容包括以下几个方面。

(1) 招徕我国旅游者在国内旅游，为其安排行、游、住、食、购、娱、及提供导游等相关服务。

(2) 为我国旅游者代购、代订国内交通客票、提供行李服务。

(3) 其他经国家旅游局规定的与国内旅游有关的业务。

我国对旅行社分类的划分是出于国家对旅游业行使宏观控制、确保旅游接待质量的目的而做出的规定，而不是根据各旅行社在业务方面的自然分工所进行的归纳。实际上，除了在业务内容是否涉外方面有所不同外，各类旅行社的业务职能并无根本区别。同欧美国家的旅行社相比，我国的旅行社同欧美国家中的旅行社并无大的不同，都是在组织产品、形成旅游线路的基础上适当加价推出销售。但在零售业务，特别是在代理预订方面，我国的旅行社同很多外国旅行社都有差异。主要表现在我国旅行社在代理这类业务中，多是向顾客收取手续费而一般不向被代理企业收取代理佣金。

无论是我国的旅行社还是其他国家的旅行社，旅行社是旅游活动的组织者、旅游产品的销售渠道、旅游业的前锋,在现代旅游的发展过程中,旅行社发挥着巨大的推动作用,顺应并影响着未来旅游的发展。

6.2.3 旅行社开展业务的主要方式

旅行社开展业务的主要方式涉及两大方面,一是组织和接待团体包价旅游,二是接待和安排散客旅游。

1. 包价旅游

一般地讲,包价旅游的概念始于综合包价旅游,即我国旅行社业内人士所称的全包价旅游。综合包价旅游是指旅行社经过事先计划、组织和编排旅游活动项目,向旅游大众推出的包揽一切有关服务工作的旅游形式。一般规定旅游的日程、目的地,行、宿、食、游的具体地点及服务等级和各处旅游活动的内容安排,并以总价格的形式一次性地收取费用。在西方国家中,人们称这种综合包价旅游为"Package Tour"或"Inclusive Tour"。前者最初主要指有关旅游活动项目方面的集合包;后者则强调费用方面的全包价格。但目前这两种说法已经通用,不再有实际意义上的区别。

早在托马斯·库克首次组织出国旅游的活动中,便已蕴涵了包价旅游的初步概念。但实际上真正第一次提出包价旅游这一概念的是英国的劳动者旅行协会。1922年5月,该协会组织旅行团去法国诺曼底旅游时,明确提出的名称便是"包价度假"(all-in-Holiday),即价格中包括了与行、宿、食、游有关的一切费用,历时一周者每人收费5英镑,历时两周者每人收费8英镑。

另外,在现今世界流行的以航空为主要旅行方式组织包价旅游方面,最早使用这一概念的则是英国的地平线假日旅游公司(Horizon Holidays)。1950年,该公司在组团去法国科西嘉岛旅游时,首次声称它所提供的是"航空包价旅游服务"(Air inclusive Tour Service)。

此后,特别是20世纪60年代中期大众旅游兴起以来,包价旅游迅速发展和普及。目前我国旅行社接待的入境国际旅游以及所组织的我国居民出境旅游,大都是团体包价旅游。我国从事国内旅游业务的旅行社在组织人们外出旅游时也都采用了包价的形式。

阅读案例 6—2

"夕阳红"旅游

2002年初在媒体广告上刊登了《致离退休爸爸妈妈的一封信》,其大意是爸爸妈妈辛苦了大半辈子,好不容易把儿女养大,如今退休后难免寂寞,但儿女又忙于工作,无法经常陪伴父母出门游玩,所以作为旅行社,愿意代儿女尽这份孝心,让老人们把旅行社人员当作自己的儿女。

由于是淡季,包机组团价格要低得多,从上海赴海南每人只要1 200多元。营业厅工作人员对上门问询和定游线的老年客户"爸妈不离口",导游一路上称爹叫妈。适应老年人特点,旅游团还配备专门的医务人员和摄像师,游程节奏安排也比较缓慢。

广告刊出后,咨询和为父母报名的"孝顺儿女"络绎不绝,在1月大约两个星期的旅游淡季中,"爸妈之旅"就创下了先后接待 2 000 名老人赴海南旅游的业绩,春节长假过后一个多月都是每天一架包机,提前十几天就"客满"。老年旅游团如图 6.3 所示。

图 6.3　老年旅游团

包价旅游通常以团体为主。按照国际惯例,所谓团体指人数至少为 15 人的旅游团。随着时间的推移和市场需求的变化,包价旅游的概念和旅行社组织包价旅游的做法也有了新的发展。目前,在包价的内容方面,实际上并非所有的包价旅游都将旅游全程的食、宿、行、游等全部包括在内。例如,有的包价旅游只包交通和食宿,有的在每日餐食中只包其中的一餐,另外也有只包交通的情况等。这就是我国旅行社业内人士所称的小包价旅游。目前,这种小包价旅游在我国包括的主要服务项目有:①从国内出发地到目的地的交通;②在目的地的住宿;③在目的地期间的早餐。

总之,根据市场需求及包价产品对市场的吸引力,包价产品的内容可以灵活设计。但下列内容一般均不在包价范围之列:①旅游证件的登记费和手续费;②意外事故保险费;③机场税;④行李保险费;⑤行李超重费;⑥计划外的旅游项目和私人花费。

2. 散客旅游

旅行社除组织团体包价旅游外,还承办和接待散客旅游。所谓散客是相对于团体而言的,主要指个人、家庭及 15 人以下的自行结伴旅游者。散客旅游者通常只委托旅行社购买单项旅游产品或旅游线路产品中的部分项目。但实际上,有些旅游散客也委托旅行社专门为其组织一套综合旅游产品。例如,有的散客也要求有关旅行社为其安排一整套全程旅游;有的则根据自己的意愿和兴趣,提出自己的旅游线路、活动项目及食宿交通的方式和等级,要求旅行社据此协助安排;有的则要求旅行社提供部分服务,如要求提供交通食宿安排,而不需要其他服务。所以在一定意义上,他们所购买的也是一种包价旅游。同一般包价旅游所不同的是,这里要求旅行社所包的是旅游活动项目内容的安排,而不是总体价格,因而对于具体的项目安排,旅行社需要根据各个项目分别计算收费。因此,散客旅游的费用要比同样内容的团体包价旅游昂贵。接待散客旅游者人数的多少是一个旅游目的地成熟程度的重要标志,因为同团体游客相比,散客数量的增长通常要求该旅游目的地的接待条件更加完备和更加便利,否则该旅游目的地便不足以吸引大量散客前来旅游。近些年来,世界上散客旅游正呈现出一种逐渐扩大的发展趋势。在来华旅游的海外游客中,散客的数量也有了很大的增长。这主要是因为散客旅游在内容上选择余地较大,游客活动比较自由,不像随团体旅游那样受固定安排的限制。特别是在旧地重游的情况下,由于人们已对该目的地的情况有所熟悉,因而更乐于自由自在地独往独来。

目前,我国旅行社业务中的选择旅游和委托代办业务就是主要针对散客的需要开办的。所谓选择旅游,是指旅行社将到访某地的众多散客临时组合成团去某一目的地旅游,再根据每个人要求提供的不同服务项目分别计价和收费。这种临时组成的团体到达该目的地后,便自行解散,不复成团。在委托代办业务方面,目前承办的委托业务包括:①当地委托,即客人抵达目的地后有关预订房间、租雇车辆、提供翻译导游等服务项目的委托;②单项委托,即客人提出某种服务项目的委托;③联程委托,即游客一次性地在出发点提出按时抵离几个地方的旅行服务要求;④国际委托,即游客出国或途经某个国家所需要提供的旅行服务,以及电报、电话、函件联系的有关问询和委托代办的业务。

阅读案例 6—3

极致奢华的"沙漠帆船"

说到迪拜的七星酒店,的确是一个传说。这个用填海技术造出来的小岛上的奢华酒店,每年都吸引了众多富豪前来入住。这家酒店是世界上唯一的建筑难度最高的酒店,因为饭店中的设备太过高级,远远超过五星酒店,所以也被人们称为七星级酒店。迪拜帆船酒店如图 6.4 所示。

图 6.4 迪拜帆船酒店

(资料来源:中国旅游网.http://www.51yala.com.)

抵达酒店的时候,我们已经惊呆了,它的中庭是金灿灿的,它的最豪华的 780 平方米的总统套房也是金灿灿的。客房面积从 170~780 平方米不等,最低房价也要 900 美元,最高的总统套房则要 18 000 美元。酒店中所有带有金色的地方都是用金箔贴上去的，包括楼梯扶手、电梯，甚至垃圾筒。除了视觉上的奢华之外，你到这家酒店所能享受的洗漱用品也全部是由爱玛仕公司专门定做的。

除了硬件的奢华之外，服务方面更是一级的服务标准：每一层都有一个管家，办好入住手续后，就有管家亲自带客人上楼，而行李会有专门的行李员送到房间。每一个房间入住时会有一个管家教客人怎么使用房间设备，如果你是中国人，他们必然会提供中文服务，而且这个管家是 24 小时随叫随到的。

房间全部为复式结构，都是海景房，这样客人就不用担心自己的房间视觉会有死角。这家酒店有各种的餐厅，最出名的是海底餐厅，这个餐厅建在海底，你可以边吃饭边看鱼在你边上游动。

(资料来源：吴涛. 让旅游达人告诉你世界各地的特色[N]. 东南快报，2011-5-31.)

6.3 旅游饭店

从直接旅游企业角度讲，构成旅游业第二大支柱的是住宿业，饭店(hotel)只是住宿业中的一种企业类型。

6.3.1 饭店的类型

饭店的类型很多，但对饭店的类型并无统一的划分标准。综合人们对饭店类型的称谓，现列举可以见到的划分标准如下。

(1) 根据饭店的坐落地点划分，如城市饭店、度假地饭店、海滨饭店等。

(2) 根据同交通工具或交通设施的关系划分，如汽车旅馆、铁路饭店、机场饭店、港口饭店等。

(3) 根据使用者的访问目的或饭店主要针对的目标市场划分，如商务旅馆、度假饭店、会议饭店、旅游饭店等。

(4) 根据设施及服务范围划分，如综合饭店、公寓饭店等。

(5) 根据饭店的规模划分，如大型、中型、小型饭店。

(6) 根据饭店的等级划分，如高档、中档、低档饭店，豪华饭店，一到五星级饭店。

(7) 根据经营管理方式划分，如独立饭店、连锁饭店等。

(8) 根据饭店的经济类型划分，如国有饭店、内资饭店、外资饭店、合资饭店等。

6.3.2 饭店划分标准、考核内容及评定原则

为了控制国家旅游产品的质量，维护国家作为旅游目的地的对外形象和保护消费者的利益，各国都很重视饭店等级的评定工作。在资本主义国家中，由于社会经济制度的原因，饭店的等级一般由饭店行业组织或者由消费者的代表(如旅行社和出租汽车司机组织)进行评定。在社会主义国家和很多发展中国家中，由于其饭店多为国有企业，加之国家旅游组织多为政府部门，直接干预旅游业的权力较大，因而多由国家旅游组织负责组织对饭店的分等定级工作。饭店等级划分标准的具体内容如下。

1. 划分标准

各国对饭店等级的划分不一，有的划分为4个等级(如法国)，有的划分为5个等级(如荷兰、英国)等。在饭店等级的表示方法方面，有的以星号的多少表示，有的则以数字等级表示或者以其他的符号表示。但较为流行的划分和标定方式是以星号(☆)表示，即一星、二星、三星、四星、五星，共分为5个等级。不采用星号标定饭店等级的国家在将本国饭店同国际上的饭店进行对比时，也往往说明大致相当于几星饭店。

按星级划分饭店等级的一般标准如下。

一星：设备简单，提供食、宿两项最基本的饭店产品，能满足客人基本的旅行需求，设施和服务符合国际流行的基本水平。

二星：设备一般，除食宿基本设施外，还设有简单的小卖部、邮电、理发等便利设施，服务质量较好。

三星：设备齐全，有多种综合服务设施，服务质量较高。

四星：设备豪华，服务设施完善，服务项目健全，服务质量优秀。

五星：这是饭店的最高等级，其设备、设施、服务项目设置和服务质量均为世界饭店业的最高水平。达到这一等级的饭店为数不多，据有的行家认为，目前全世界真正称得起五星级的饭店不超过20家。

以上所述只是人们对饭店星级标准的一般性描述。实际上，在对饭店评定等级时，各国在饭店的建筑、客房面积、设施设备条件、管理水平、服务项目和服务质量等具体方面都另有详细而明确的规定(参见《中华人民共和国旅游(涉外)饭店星级标准》)。

2. 考核内容

考核一个饭店的等级时要从其"硬件"(设施设备)和"软件"(服务和管理)、服务项目的数量和提供服务的质量等多方面同时评定。其中包括：①设施和设备；②服务项目和服务质量；③餐饮产品质量；④客人的满意程度；⑤外界的印象。

有些国家在考核饭店等级时，还要考察其每年支出的维修费用。例如，在美国，一个饭店要保持其豪华等级，每年必须拿出盈利的5%用于维修工作；三星和二星级饭店也要将每年盈利的3%用于维修工作；一星级饭店每年支出的维修费用则须占其年利润的1.5%。

3. 评定原则

饭店等级的评定工作一般实行以下几条原则。

(1) 参加等级评定的饭店必须要有一年以上的营业历史。
(2) 一个饭店的等级应通过多次调查后才能评定。
(3) 饭店等级的高低通常不受规模大小的限制。
(4) 评定后的等级并非永久不变，根据对其执行标准的检查结果，可予更改。

我国对涉外饭店的星级评定工作始于1988年。具体做法是根据国家旅游行政管理部门制定的《中华人民共和国旅游(涉外)饭店星级标准》，对饭店的建筑、装潢、设备、设施条件和维修保养状况、管理水平和服务质量的高低、服务项目的多寡等方面进行全面考核，综合平衡后按一星、二星、三星、四星划定等级。国家旅游局设饭店星级评定机构，负责全国涉外饭店星级评定领导工作，并具体负责评定全国三星、四星、五星级饭店。各省、自治区和直辖市旅游局亦设评定机构，在国家旅游局领导下，负责本地区涉外饭店的星级评定工作，并具体负责评定本地区内一星和二星级饭店，评定结果报国家旅游局备案；对本地区内三星级饭店进行初评后，报国家旅游局确认，并负责向国家旅游局饭店星级评定机构推荐四星、五星级饭店(详细情况请参照《中华人民共和国评定机构推荐涉外饭店星级的规定》)。截至1995年底，全国旅游涉外饭店中已有50%的饭店评定了星级。

6.3.3 饭店业中的集团化经营

综观世界上饭店集团的发展现状，基本上可将其划分为饭店连锁集团(hotel chains)和饭店合作集团(hotel consortia)两大类。现分别阐述如下。

1．饭店连锁集团

1) 定义

所谓的饭店连锁集团，即"一些饭店统一于某个集团公司的领导、监管、管理或指导之下，组成强有力的竞争实体"。目前，这种饭店连锁集团中的势力较大者已发展到200多个，其中包括为我国饭店业所熟知的假日饭店公司、喜来登饭店公司、希尔顿饭店公司、凯悦饭店公司及香港半岛集团等。

2) 优势

在饭店业竞争中，饭店连锁集团与独立自营的饭店相比，具有明显的优势。这些优势大都来自饭店集团所享有的规模经济，主要表现在资本优势、技术经济优势、市场营销优势、物资采购优势、管理方面的优势、风险扩散优势等。上述这些优势是对连锁饭店集团经营优势的一般概括。这些优势尤其适用于连锁集团自己经营的"嫡系"成员饭店。享有这些优势的范围和程度则需视它们与集团公司所达成协议的具体情况而定。

3) 类型

饭店连锁集团的成员饭店并非只包括饭店连锁公司自己所有和自己经营的饭店。综观国际连锁饭店集团的现状，集团下属的成员饭店主要可以分为4类。第一类是连锁公司自己拥有产权并且自己经营的饭店。第二类是连锁公司从开发商或其他饭店业主手中租来经营的饭店，即连锁公司对这类饭店只有经营权而无所有权，连锁公司须根据租赁合同向出租者支付租金。上述这两类饭店是连锁集团的核心力量，也是其"嫡系"成员。第三类成员是由连锁公司代管经营的饭店，即连锁公司作为代理人，根据同饭店业主签订的管理合同，由公司派遣人员代为管理或协助管理饭店的经营。公司按双方所签管理合同的规定，收取管理费或按比例分享利润。在这类成员饭店中，连锁公司可能对其有投资或贷款，也可能没有这种关系，其根本特点是由连锁公司派员直接参与管理。我国涉外饭店中同国际饭店连锁公司共同兴建的中外合资饭店和中外合作饭店大都属于这一类。第四类成员饭店是根据同连锁公司签订的特许协定，在交付特许使用费或利润分成的前提下，使用连锁集团的字号，按照由连锁公司设计和规定的服务程序和产品规范，在连锁公司的监督和指导下，由饭店业主自己进行管理和经营的饭店。因此，也可以称这类饭店为受连锁公司指导经营的饭店或由连锁公司特许经营的饭店。

2. 饭店合作集团

为了缩小同连锁集团在规模经济上的差距，增强自己的竞争地位，很多独立饭店开始谋求在某些方面采取联合行动，以求同连锁集团抗衡，饭店合作集团便由此而产生。饭店合作集团目前比较流行的定义是，若干饭店为了在物资采购、房间预订、人员培训及市场营销等方面采取联合行动而自愿组合建立起来的一种饭店合作组织。这种组织常设有中央机构负责主持有关工作，活动经费通过征收会员费及认捐等形式由各成员饭店分担。显然饭店合作集团实际上是一种其内部不存在统辖关系的松散型集团组织。这种饭店合作集团的发展速度非常迅速。据调查统计，1982 年英国有 592 家饭店加入各种饭店合作集团。但到 1984 年底，有人分析这一数字已经翻了一番。时至今日，饭店合作集团已经发展成为饭店业中同连锁集团竞争抗衡的一支颇有生气的力量。

随着饭店合作集团数目的增加，其成员饭店集体联合行动的范围也越来越广泛，就目前的发展状况，可以归纳出以下不同类型的合作集团。

1) 市场营销合作集团

这是各类饭店合作集团中出现最早的一种。最初加入这种合作集团的都是完全独立的自营饭店。组建这种合作集团的主要目的是为了争取能以较为平等的地位同饭店连锁集团竞争客源。参加这种合作集团的饭店共同组建一个联合市场营销机构，为全体成员饭店宣传推销，招徕客源，并协调各成员饭店在这些方面的合作，从而形成一个较大的宣传推销和销售网络。

这种市场营销合作集团可以划分为两类。一类是根据特定的地域组建的营销合作集团，即集团的成员饭店都来自国内同一地区或者坐落在同一城市中。集团工作重点在于加强在本地区的营销宣传活动。例如，英国的"泰晤士流域饭店集团"和"南安普敦旅游饭店集团"等都属于这一类型。这类合作集团的再一特点是，它们往往会得到当地旅游局或有关部门的积极支持。第二类是根据饭店接待的市场类型而组织起来的合作集团，即集团各成员饭店的营销工作都面向同类的市场部分。这类集团的成员饭店的大都来自世界上不同的国家，当然也有这类集团的成员饭店都来自一国本土的情况。我国广州白天鹅宾馆所参加的"世界第一流饭店"组织便是属于这种以同类市场为基础而组成的饭店合作集团。该组织的成员饭店来自各个地区，并且大都是以商务旅游者为主要目标市场的高档饭店。

2) 物资采购合作集团

这类饭店合作集团是继市场营销合作集团之后，或者是在营销合作的基础上发展起来的饭店组织。目前，这类合作集团在全部合作集团中所占比例最大。其发展原因是因为它们可以借集团大批量购买的有利地位同供应商谈判、压价购买，从而使很多独立饭店纷纷联合组织这种合作集团。同时，集团所形成的采购优势也不断吸引新的饭店加盟，使这种合作集团的规模也不断扩大。例如，到 1984 年，"西方最佳饭店"合作组织的成员饭店已发展到 176 家。据调查统计，1985 年这类合作集团在英国已发展到 5 个，参加的成员饭店达 619 家。

3) 人员培训合作集团

这类合作集团的特点是，它们的联合活动只限于各成饭店的人员培训，不涉及成员饭店的经营业务。目前这类合作集团的数量逐渐减少，主要原因是饭店连锁集团和规模较大的独立饭店都有能力自己解决人员培训问题，并且其培训中心后来亦承接外界培训任务。同时，旅游教育机构和职业培训中心的发展也可在不同层次上满足饭店的人员培训需要。

4) 预订系统合作组织

除了实力雄厚的饭店连锁公司拥有自己的预订系统外，一般独立饭店都无力建立自己的预订系统。预订系统合作组织的建立主要是为了适应独立饭店的这种需要。参加这种合作组织的饭店范围较广，一般不受规模、地点和接待市场类型的限制。这种合作组织又可分为两种情况：最常见的一种为纯粹的预订系统合作组织，即除了为成员饭店提供预订系统外，不再兼有其他活动；另外一种情况是，这种合作组织不只为成员饭店提供预订系统，同时还为成员饭店提供各种营销服务，如英国的 U-tell 预订系统组织。成员饭店除了缴纳费用使用预订系统外，基本上没有什么合作往来，所以严格地说，这种组织不大具备集团的性质。

从以上情况可以看出，大多数饭店合作集团的工作主要是为成员饭店吸引和扩大客源，以便提高成员饭店的客房出租率和营业收入。物资采购合作集团则在为成员饭店节省采购费用，降低营业成本方面起着相当大的作用。这种通过合作形式的规模经济，在一定程度上增强了独立饭店在同饭店连锁公司竞争中的地位。

阅读案例 6—4

希尔顿公司和希尔顿国际公司：战略联盟

有效地利用希尔顿公司的品牌效应可以从两个角度考虑：第一，在美国国内市场，公司通过赋予能提供全方位服务的饭店特许经营权的方法，通过其新的希尔顿花园宾馆，扩大希尔顿公司的品牌影响；第二，从长期策略角度看，也许更为重要，就是将品牌最大限度地拓展到全世界，这也意味着希尔顿公司必须建立一种与莱德洛克集团公司(希尔顿国际公司的所有者)的联系。不久前，两家公司——希尔顿饭店公司和莱德洛克集团公司——并没有在进行经营，而是在相互指控对方。两家公司后来同意，如果能将希尔顿公司的品牌在全世界范围统一使用，对双方来说都有着巨大的好处。1996年经过一系列细致的工作，宣布希尔顿的品牌名重新统一。从技术角度讲，与莱德洛克集团公司结成的新型关系被称为"战略联盟"，与莱德洛克集团公司的联盟取得了一些非常特别和大量的绩效，也给公司和顾客带来高度成功的首创精神。主要的好处在于：旅行大众越来越多地看到了希尔顿饭店公司近乎完善的全球化网络，该网络包括了遍布全世界49个国家的400家宾馆。事实上，希尔顿公司已经是目前世界上使用单一品牌的四星级、五星级饭店龙头老大。

(资料来源：http://guanli.100xuexi.com/view/specdata/2009 1009/14DA121-C1A2-413c-B866-EEqc62cc6847.html．)

6.3.4 我国饭店业的发展

随着我国旅游业的兴起，我国的饭店业也有了相当的发展。以涉外饭店为例，1978年以前，我国有条件接待来访外宾的饭店为数很少，总共不过百十家。这些饭店中一部分是1949年前遗留下来的老饭店，其余部分则是新中国成立后为了接待来访的外国政府官员、华侨及来华工作和学习的外国专家、学者和学生而兴建的国宾馆、华侨饭店和高级招待所。实际上，这些接待设施虽有很多在名称上冠以"饭店"、"宾馆"，但在管理上基本都属招待所的性质。

1978年以后，为了改变我国涉外饭店数量不足、设备陈旧的落后状况，扭转饭店床位供不应求的局面，各地先后对原有的涉外接待设施进行了更新改造，并利用内资兴建起一大批现代的饭店。截至2007年底，我国涉外饭店已达7 271家，拥有客房173万间，接待能力相当于1980年(203家饭店、31 788间客房)的35倍。

1978年以来，我国涉外饭店业在建设和经营管理方面取得的成就是巨大的，但也存在着一些值得注意的问题。从理论上讲，饭店的建设应当先于来访游客人数的增加，也就是说，为了应付来访游客人数的增加，饭店接待能力稍有过剩乃是必需的和正常的。但是也应看到，饭店业只是旅游业的一个组成部分，它的发展速度和规模应当同旅游业个组成部分的接待能力相协调。因此，饭店的发展速度应当适宜，其分布应当合理，其等级应当适应需求，其建筑风格应与周围环境相匹配。在所有这些方面，我国饭店业的发展和建设都在不同程度上反映出一些问题。

在饭店建设的发展速度方面，有些地方的确存在着过热或过快的问题。例如，根据1996年《中国旅游统计年鉴》记载，1995年全国各地区共接待海外旅游者1 728万人次，这些海外旅游者在华停留时间总计为4 282万人天。同年，我国旅游涉外饭店的客房总数为48.61万间，即全年总的接待能力为17 742.65万间天，也就是说，假定每间客房每天只住1名客人，全年可以接待17 742.65人天。这一数字是同年海外来华旅游人天数的4倍多。如果仅从从接待海外市场方面考虑，即使将这些海外旅游者来华旅游的季节性问题考虑进去，这一供给量显然也是过大的。当然，这些旅游涉外饭店的目标市场实际上不仅仅是海外旅游者，还包括国内旅游者。然而即使如此，1995年这些饭店所实现的平均客房出租率也只有57.26%。据同一资料来源，在列入统计的全国30个省、自治区、直辖市的国有饭店中，有13个省、自治区、直辖市的国有饭店年均出租率低于55%。这一情况的出现可能会有饭店自身经营方面的问题，但也不能否认存在供给大于需求的可能。

与此相联系的另一方面是，我国饭店建设的布局存在欠合理的状况。例如，1995年，在旅游创汇方面为居前列的15个城市中，共接待来华旅游人天总数的70.4%，但这15个城市的饭店客房数只占当年全国饭店客房总数的44%。换言之，在旅游旺季期间，旅游热点城市的饭店客房短缺问题仍然存在。然而在有些城市，饭店客房的供给量却大大超过了前去访问的国际游客的需求。在饭店的等级方面，有些地方出现了饭店建设档次偏高、饭店档次构成不合理的现象。在我国，所谓高档饭店一般指平均房间造价为7万~10万美元的饭店。饭店建设中这种片面追求高档的倾向给不少饭店带来了客源紧张、出租率不足的问题。2007三亚"国际旅游年"提供的资料表明，随着低收入旅游者人数和零散客人的增加，旅游市场对高档饭店产品的需求增长相对放慢，而对中低档饭店产品的需求量相对增长。为了适应各层次旅游市场的需求，适当控制高档饭店的建设，鼓励发展中、低档次饭店，形成高、中、低三级构成的合理比例和适当配套的旅游目的地饭店体系是一个十分重要的问题。有的专家认为，从国际经验和来华旅游者的消费水平看，我国旅游城市饭店的档次构成应为高档饭店(四、五星级)约占 15%～20%；中档饭店(二、三星级)约占 60%；低档饭店(一星级)约占 20%～25%为宜。这样才能适应旅游者消费水平中等居多的情况。

饭店建设在具体选址，以及在建筑风格与景观环境相协调方面存在的问题主要表现在某些风景游览区。我国近年来新建的饭店多为高层建筑。在人口稠密的现代化大城市中，这一做法无疑是必要的。但在像桂林这样的著名风景区中，如果企业只从地价及管理方面考虑自己的得失而一味追求高层式建筑，则很可能构成对环境景观的破坏。这些饭店企业的短视行为在很大程度上是因为它们没有认识到客源乃是受这里自然美景的吸引而前来访问的旅游者，一旦这些景观遭到破坏，饭店的顾客也就会随之减少。造成上述问题的根本原因一方面是有关饭店在动工兴建前未进行仔细认真的可行性研究，另一方面则是地方政府没有设置负责审批饭店投资建设可行性方案的把关机构，缺乏统一规划和宏观调控不力的结果。另外，从微观方面看，我国很多饭店在管理和服务方面距离国际水平和标准仍有一段差距。这些也都需要在今后的工作实践中加以解决。

6.4 旅游交通

6.4.1 旅游交通的任务和作用

旅游交通是指旅游者利用某种手段和途径，实现从一个地点到达另外一个地点的空间转移过程。它既是旅游者"抵达目的地的手段，同时也是在目的地内活动往来的手段"(Burkart and medic，1981)。在这个意义上，旅游交通与旅游交通运输实为同义语。

旅游交通的任务是要解决旅游者在定居地与旅游目的地之间的往返，从一个目的地到另外一个目的地，以及在一个目的地内的各地区间便利往来的问题。它不仅要解决往来不同地点间的空间距离问题，而且更重要的是要解决其中的时间距离问题。

6.4.2 主要的旅行方式

目前，人们外出旅行的主要旅行方式是乘坐汽车、飞机、火车和轮船。这些旅行方式的相互配合和相互补充为旅游活动的开展提供了便利的物质条件。

1. 汽车

乘汽车外出旅游包括乘私人小汽车和公共客运汽车或长途公共汽车两种。20 世纪 50 年代以来，随着社会经济的发展，很多国家，特别是欧美国家中拥有私人小汽车的家庭比例不断上升。由于自己驱车外出度假灵活方便、行止自由，并且可使家庭外出旅游的交通费用相对下降，特别是人们往往只注意到私人汽车旅行的直接费用，而不顾及磨损、折旧之类的间接费用。而且自行驾车旅游还有其他一些优势，如容易携带行李和娱乐器具，可以观赏沿途风光等。因而在欧美国家中，人们普遍喜欢自己驱车在国内旅游，尤其是一日游和短期度假。在一定距离的国际旅游中，特别是在前往邻国旅游时，如欧洲各国之间的旅游、美国和加拿大及美国和墨西哥之间的旅游中，人们也经常是自己驾车前往。

针对人们喜欢自己驾车旅游这一特点，许多国家的旅游业也设置了相对的业务来迎合这一市场的需要。其中包括：①组织由游客自己驾车旅游的包价旅游；②开办租车业务，以满足不便携带或没有自用汽车的旅游者的需求；③开展铁路、飞机、轮渡等联运业务，将游客连同其汽车一起运送到度假目的地；④沿公路发展适应这一市场需要的汽车旅馆、咖啡厅和餐馆等中转服务和休息设施。

游客自己驾车旅游的发展，不可避免地也带来一些值得注意的不利问题，主要是旅游地的拥挤和污染问题。度假区和风景区由于地皮的限制，不可能无限制地扩大停车场及道路设施，否则便会影响或破坏景观，并会造成环境污染。目前，世界上很多旅游热点地区对此采取了控制措施，要求驾车旅游者把自用车辆停放在游览区以外的规定地点，然后乘公共运输工具进入游览区。

在公共客运汽车提供旅游服务方面，由于汽车客运比其他运输方式的经营成本较低，因而在很多国家中，汽车客运服务的价格较为低廉，特别是汽车旅游公司的客运价格更是如此。更重要的是，在旅游公司利用汽车组织包价旅游的情况下，公司可派车接送游客，十分方便，从而克服了行李和转车问题。在乘车旅游过程中，除旅游公司专派陪同和导游人员外，通常情况往往都是由汽车司机兼任导游工作。因此，汽车包价旅游不仅是受老年市场欢迎的旅游形式，而且也吸引着越来越多的消费层次较低的旅游者，特别是青年学生。

然而就一般的长途客运服务而言，大部分国家的汽车公司活动范围都有限。从国际上看，美国的全国性汽车客运经营公司较多，有名的灰狗汽车公司和大陆汽车公司已建立起纵横美国大陆的庞大线路网，并且包括经营通往加拿大和墨西哥的汽车客运服务。但是，人们一般认为乘公共汽车外出旅游的距离不能过长，最好在150英里范围之内，否则便会使人感觉不舒服。尽管汽车公司采取了很多措施，如改进座位的舒适性，有的还在长途汽车上增设了厕所等设施，但人们对乘公共汽车旅行的传统看法仍未完全消除。

2．飞机

航空旅行的主要优势是快速和舒适，尤其适用于远程旅行。作为现代大众旅游的主要旅行方式之一，航空客运主要分定期航班服务和包机服务两种。定期航班服务是指在既定的国内或国际航线上按照既定的时间表提供客运服务。无论乘客多少，飞机必须按公布的航班日期和时间起飞开航(除非有意外情况发生)。对于不能维持全年业务的航线，航空公司则须根据需求季节的情况，规定季节性的定期航班时间表。因此，它不但能够吸引重视效率的商务旅游者，而且为那些不愿在旅途上耗费时间和精力的消遣旅游者所欢迎。由于成本方面的原因，定期航班也是最昂贵的交通方式，特别是在飞短程航线时更是如此。当然，为了保证航班的航位利用率，尽量减少乘客临时更换航班现象的发生，以及为了尽早地将乘客争取到手，航空公司也采取了一系列推销性的廉价策略，如提前预付款旅行机票和当场付款旅行机票的推出都属于这方面的典型例子。

包机服务是一种不定期的航空包乘服务业务。很多国家的旅游经营商在组织包价旅游，特别是组织包价国际旅游时，都利用包价作为主要旅行方式。同定期航班业务相比，包机业务有一定的经营优势。主要表现在以下两个方面。

(1) 票价较低廉，因而对市场的吸引力较大。包机航空公司一般不向公众宣传其产品，从而可以节省推销费用。包机运输只提供简单的服务项目,因而可节约经营费用。加之包机公司的业务机构简单,所以管理费用也较低廉,再加上包机的载客率较高,因而有可能压低票价。

(2) 不必按固定的时间表飞行,一般也没有固定的经营航线。对于预订量不足的航次,包机公司可以取消,把已预订的乘客转让给其他包机公司,或者与有类似的预订量不足情况的其他包机公司合作经营。包机航空旅行方式对差旅型旅游者不适合,但对于广大消遣度假者则是十分受欢迎的旅行方式。在欧美资本主义国家中,规模较大的旅游经营商很多都拥有自己的包机公司,或者同经营包机业务的航空公司有密切的合作关系。

总之,就远程旅游而言,航空旅行是比较经济的,特别是考虑到时间问题时更是如此。但航空旅行也有其不足,这主要表现在它只能完成从点到点的旅行,而不能展开面上的旅游。因此,它必须同其他交通运输工具相配合才能提供完整的旅游交通服务。随着经济全球化的发展,有些交通运输公司以此为发展机会,正在努力通过各种可能的整合途径解决这方面的问题。

3. 火车

火车曾经是人们外出旅游的主要交通工具,对旅游的发展有过重大的影响。在我国,铁路至今仍是国内旅游的主要旅行方式。但就世界范围来看,火车作为客运交通工具,其营业量已经大大减少。主要原因是,由于铺设路轨的限制,铁路很难形成较密集的线路网络,而选择与火车站相连接的汽车线路时则会使游客感觉不便而且耗费时间,此外,加上航空公司和汽车客运公司的竞争,因而使铁路在旅游客运交通中的地位不断下降。

当然。这并不是说铁路客运将会走向衰亡。铁路客运具有很多其他交通客运方式所不具备的优点。这些优点主要包括运载能力大、票价低廉、在乘客心目中安全性最强、途中可沿途观赏风景、乘客能够在车厢里自由走动和放松、途中不会遇到交通堵塞、对环境的污染较小等。因此,铁路运输无论是对于社会还是对于旅游者仍有其吸引力。铁路运输在美国等国家中地位的下降,除了铁路运输技术方面的原因之外,在很大程度上是由于铁路公司面对其他运输公司的挑战,"很少全面提供高质量的服务"(Cooper,1993)。近年来,铁路运输部门在改进运输和运营技术,以及提高服务质量的同时,更加重视市场营销和提高铁路运输形象的工作。特别是随着人们对可持续发展问题的关注和环境意识的不断增强,很多国家对发展铁路运输都给予了相当大的重视。其中,发展的重点是高速铁路和高速列车。例如,西欧各国曾计划在20世纪90年代内投资1 000亿美元发展高速铁路和高速列车。法国曾与1989年在巴黎和布里塔尼两地之间开通了时速为186英里(298千米)的高速列车,并于90年代中期将其运程延伸至西班牙;1991年,德国在曼海姆和斯图加特两个城市间开通了时速为155英里(248千米)的高速列车,西班牙、瑞士、瑞典和意大利等国也都投入巨资更新其铁路的质量;英国城市间客运列车亦改为高速运行。除了西欧之外,日本也在继续改进其著名的"子弹列车"并扩大其运行线路网络;澳大利亚的悉尼至珮尔斯之间也在经营总长为2 376英里(3 802千米)的铁路旅游线。

目前,世界上不少地区的铁路客运承接观光游览项目。很多人乘坐火车主要是对火车本身感兴趣,而不是为了解决交通问题。例如,有些铁路公司在沿途景观优美的线路上重新采用蒸汽机；有的更是利用铁路组织专项旅游，如印度推出的"流动宫殿"游，南非推出的"兰色列车"游，以及横贯欧亚的古老东方快车的复兴，都说明这类列车已主要不是作为交通运输手段而运行，而是已成为特定的旅游项目或旅游内容，我国大同、沈阳等地铁路部门搞的蒸汽机车展览馆，更是这种项目的典型。

    4．轮船

    水路客运业务主要可划分为 4 种，即远洋客运业务、海上短程渡轮业务、游船业务和内河航运业务。

    有固定航线的远洋客运业务自 20 世纪 50 年代以后已经衰落。目前，这种服务在世界各地所剩无几，少数幸存的远程海上定期客运航班一般也只是季节性经营。例如，英国卡纳德轮船公司经营的"伊丽莎白女王 2 号"横跨北大西洋的客运航班也仅限于夏季运营，其余时间则主要从事海上巡游这种游船旅游业务。

    远洋客运业务的衰落有客观方面的原因，也有其主观方面的原因。客观方面的原因是，自 20 世纪 50 年代以后，航空运输技术的发展和航空公司间的市场竞争使得大部分远程航线上的机票价格不断下降，乘飞机要比乘轮船便宜。而在远洋客运经营方面，许多客轮已陈旧过时，不能满足市场的需要，而更新船只的费用却又很高，按乘客愿意支付价格计算，要在客轮正常使用寿命的 15～20 年间回收一条新船的投资十分困难。此外，远洋客运业务的其他经营成本也不断上升，加之航空公司在远距离客运方面占据着快速、安全和舒适等高标准服务的优势，使轮船公司无力与之竞争。主观方面的原因则是轮船公司没能及早意识到航空运输的发展对海上客运未来的威胁，因而未能使其产品适应变化中的需求，致使远洋客运业全线崩溃，发展到今天这样难以挽回的败局。

    同远洋客运业务相比，海上短程渡轮业务自第二次世界大战以来，特别自 20 世纪 60 年代大众旅游兴起以来有了较大的发展。这主要是由于随着私人小汽车的增加，人们喜欢自行驾车外出旅游，从而扩大了对渡轮服务的需求。渡轮公司针对这一市场的需要，也不断采用新型轮船(包括气垫船在内)，制定新的舒适标准，配置快速装卸设备，增添新的服务项目，扩充航线的抵达范围。但就世界范围看，这种渡轮服务网主要是在欧洲，特别是在希腊海域、英吉利海峡、爱尔兰海、地中海等地区流行。

    在远洋客运交通衰落的同时，作为度假形式的海上巡逻开始发展起来。海上巡游业的出现可上溯到第二次世界大战之前，当时有的海运公司在冬季客运业务不大时，便去加勒比海域开展海上巡游度假业务。第二次世界大战以后，由于当时二手船价廉，希腊和挪威的一些轮船公司大量进入海上巡游业。随着欧美远洋客运的衰落，其他很多轮船公司也转而经营海上巡游业务。在这种情况下，游船已基本上不再是解决交通问题的旅行方式，而成为一种特殊的旅游形式或旅游项目。利用游船做海上巡游度假的特点是悠闲、舒适。在海上巡游过程中，人们既可在不同的地点登岸旅游，又可随时回船休息，免除了每到一地后上下搬运行李和寻找旅馆的麻烦。此外，游船上也提供各种消遣娱乐设施。因此，人们常称这种游船为"漂浮的度假胜地"和"漂浮的旅馆"。但这种游船旅游通常比较豪华，价格昂贵，加之游船航行速度不能太快，比较耗费时日，所以收入低和闲暇时间较少的游客难以享受。

在 20 世纪 70 年代初期，海上巡游比较盛行，仅在英国每年便有大约 50 万人选择海上巡游的方式度假。70 年代中期以后，海上巡游逐渐衰落。从 80 年代中期开始，这种旅游形式重又抬头，大有卷土重来之势。在 1950—1981 年的 32 年中，曾到我国访问的国际轮船总数仅为 300 余艘次，乘客总计不到 1 万人次。而仅在 1987 年一年中，来我国访问的国际轮船便达 238 艘次，随船来访游客将近 10.7 万人次。世界上许多著名的游船，如英国的"伊丽莎白女王 2 号"、希腊的"今奥特沙"号、丹麦的"北欧宝珠"号、挪威的"皇家之星"号、日本的"樱花丸"号、前苏联的"普希金"号等，均曾到访我国各旅游港口。

内河航运在一些国家中也是旅游交通中的重要组成部分，如我国的长江、北美的密西西比河、南美的亚马孙河、爱尔兰的香农河、欧洲的多瑙河、英国的泰晤士河等，都是重要的内河航运河道。但是大多数内河航运业务实际上已向游船服务业务发展，或者已形成以上旅游项目，单纯交通运输方面的意义已经不大。

6.4.3　我国旅游交通的发展与问题

随着改革开放的不断深入，我国的交通运输基础设施建设和交通运输能力都有了较大的发展。

1．全国铁路通车里程快速增长

铁路运输的年客运量也从 1978 年的 8 亿人次增长到近年的超过 18.6 亿人次。在国际铁路运输方面，除了通往河内、平壤、乌兰巴托和莫斯科的原有铁路线路之外，我国又在新疆修筑了同前苏联地区国家铁路接轨的新线路，成为新的欧亚大陆桥。在铁路机车车辆方面，我国已淘汰了陈旧的蒸汽机车，实现了铁路机车的内燃机化。与此同时，电气化铁路机车的数量和牵引里程也在不断增加。铁路客车车厢的数量和质量都已有很大发展，部分繁忙线路上已经采用双层车厢。

面对交通客运市场的竞争，铁路运输部门加大了改进管理和提高服务水平的力度。例如，大多数铁路客运长线都已改为"夕发朝至"；为了缩短人们的旅行时间，很多线路上已开始试行列车提速；在部分客运繁忙的短程线路上，如京津之间，已开始实行公交化管理；铁路客票的发售工作也较过去更加有序和灵活。

2．公路交通运输网络不断发展和完善

在经济发达地区，高速公路的建设和发展更是令人瞩目。目前，沈大高速公路、京津塘高速公路、沪宁高速公路等一大批高速公路都已投入使用。高速公路的发展，不仅极大地提高了公路运输的效率，使公路交通拥挤状况得以缓解和改善，而且有效地缩短了人们的旅行时间。与此同时，我国公路交通运输工具也在不断现代化。长途公共汽车、豪华旅游客车、出租汽车在数量上和质量上都有相当大的增长和提高。随着人民生活水平的提高，私人小汽车已开始进入家庭。

随着公路建设的发展，汽车客运公司的数量和营运范围有了相当大的扩展，在中、短程客运市场上，已经对铁路运输业务构成威胁。此外，随着我国汽车制造业的发展和汽车驾驶技术的普及，租车公司在我国也已出现。

3. 航空运输方面发展速度举世瞩目

截至 2011 年底，我国民航业完成运输总周转量已达到 577.44 亿吨公里，旅游运输量 3.2 亿人次，货邮运输量已突破 5 780 000 万吨。其中，客运量是改革开饭初年的近 22 倍。2012 年 1～4 月，民航运输总周转量同比增长 30.6%，旅客周转量同比增长 16.1%，货邮周转量同比增长 42.2%。总体呈现出货运增长快于客运、支线航空增长快于干线航空、西部航空市场增长快于东部航空市场的趋势。其中北京、上海、广州等三大枢纽机场的旅客吞吐量 2012 年前 4 个月同比增长 13.5%。此外，西部地区旅客吞吐量同比增长为 28.78%，东部地区旅客吞吐量同比增长为 24.59%，中部地区旅客吞吐量同比增长为 15.69%。

在航空运输体制改革方面，我国航空运输业务也由改革开放之初的一家垄断发展为今天的多家竞争。目前，我国大型航空公司有 3 个，即中国国际航空公司、东方航空公司、南方航空公司。除此之外，很多省份也设立了自己经营的航空公司。1995 年，由我国民航部门在境外组建了第一家由我方占股份 51%的澳门航空公司，并开通了经澳门连接台湾海峡两岸"一机到底的间接直航"，为台湾同胞来大陆旅游提供了极大的方便。

1995 年，全国人大常委会正式通过了《中华人民共和国民用航空法》，并于次年 3 月 1 日正式施行。这是我国第一部规范民用航空活动的法律。这一法律的颁布，标志着我国民航业开始迈向依法管理的新阶段。

4. 水路客运较为繁忙

虽然我国在客运交通方面已有相当大的发展，但就发展我国旅游业的需求而言，交通运输仍是其中的薄弱环节。这主要表现在两大方面。一方面，运力不足的问题仍未得到解决，旅行难的现象在很多地区和线路上依然存在。虽然航空、铁路、公路和水路等交通线路已将全国各地连接成网，但由于受交通基础设施规模和质量的制约，以及定期或定时客运班次数量的影响，很多旅游目的地的可进入性程度仍然较低。另一方面，作为旅游业的必有组成部分，我国交通运输部门的服务质量落后于其他旅游服务部门。交通运输服务所涉及的内容很多，其中主要为两个方面，一是机场、车站、码头等在旅客候乘期间的服务，二是运输途中的旅行服务。我国交通运输部门在前一方面普遍存在服务质量差的问题，其中旅客登乘时普遍存在的拥挤和混乱便是最突出的典型。在途中服务方面，除航空公司之外，其他客运部门都存在较多的问题。这些情况说明，随着市场经济的发展，虽然很多交通运输企业已经感受到竞争的压力甚至威胁，但是距离营销观念的树立尚有一段路程。

阅读案例 6—5

旅游发展的密切伙伴：交通运输

交通运输作为一种工具，其消费在节假日得到迅猛的增加，1999 年国庆节，北京铁路局增开 54 列临时客车，比前年同期增加运输收入 1 000 多万元。南京长途汽车站东站国庆期间最高达 21 519 人次，创历史最高纪录。广州白云机场 9 月 30 日～10 月 5 日共发出航班 1 200 余架次，各项指标均接近春运的最高水平。汽车租赁生意异常火爆，上海最大的安吉汽车租赁公司 700 多辆桑塔纳和别克轿车，9 月 29 日晚全部租出。由上可见，交通运输服务与旅游业的发展密不可分。

6.4.4 影响旅游者选择旅行方式的因素

影响人们选择旅行方式的因素很多。归纳起来，较大的影响因素主要有以下 4 项。

1．旅行目的

人们曾将旅游者划分为差旅型、消遣型和个人及家庭事务型三大类。差旅型旅游者的最大特点是，其外出旅行的目的是办理公务。这不仅决定着他们不能改变旅行目的地并且不能随便选择动身的时间，而且决定着他们在一定程度上不大考虑旅行费用。他们最关心的是安全、便利、快速和舒适，因而乐于选择的旅行方式是航空、铁路和小汽车旅行，一般很少乘长途汽车和轮船。

2．运输价格

差旅型旅游者由于旅费报销的缘故，一般对运输价格不敏感。但其他各类旅游者对运输价格都很敏感，因而运输公司在客运价格上的稍微波动都是可能导致营业量发生很大变化，特别是在供大于求、同业竞争的情况下尤其如此。人们的收入毕竟是有限度的，对于大多数人来说，生活中的各个方面，包括旅游度假在内，都有一定的预算。旅游者所关切的问题之一便是在自己的旅游预算限额之内如何使旅游活动更充分、更有效率。因此，在计划外出旅游时，人们往往会考虑各种可供选择的旅行方式的价格。

3．旅行距离

旅行距离通常包括空间距离和时间距离两个方面。空间距离越长，完成旅行所需要的时间也就越多，旅行的代价也就越高。前面已经谈到，对大多数人来说，外出旅游度假的预算是有限度的。同样，人们外出度假的时间也是有限的。为了更有效地利用有限的度假时间，人们必须努力缩短用于交通方面的时间。

4．旅行偏好和经验

在有多种旅行方式同时可供选择的情况下，具有相同条件的人可能会选择不同的旅行方式。这是因为个人的旅行偏好和经验不同而产生的结果。

当然，除上述因素外，还有许多其他因素会影响人们对旅行方式的选择，如天气、旅伴、目的地的地理位置特点等。实际上，所有各种因素在决定人们对旅行方式的选择时，都是相互联系、相互影响并综合起作用的。因此，只能在假定其他因素不起作用的前提下讨论某一因素的影响作用。

本章小结

旅游业概述介绍了旅游业的定义、概念、特点，是学习本章节的理论基础。

旅行社是旅游活动的组织者,本章节对旅行社的定义、国内国外的划分标准、旅行社的作用做了详细的介绍,让学生了解了旅行社的主要业务方式等相关知识。

旅游饭店一节中主要介绍了旅游饭店的分类标准、星级宾馆的等级评定标准、学生需要了解饭店业的发展趋势、饭店集团化经营的相关知识。

旅游交通是旅游行业的重要组成部分。旅游交通方式的发展、利弊在本章节里都有详细的陈述,我国旅游交通的发展及问题,以及影响旅游者选择出游交通工具的因素等知识,是学生需要重点掌握的。

关键术语

旅游业　旅行社　饭店集团

复习思考题

一、填空题

1. 在欧美国家中,人们根据旅行社所经营的业务类型,将旅行社划分为两大类:_____和_____。
2. 世界饭店集团基本上可将其分为_____和_____两大类。
3. 在我国,人们通常将_____和_____、_____称为旅游业的"三大支柱"。

二、简答题

1. 简述旅游业的基本特点。
2. 国内的旅行社分为哪几种类别?
3. 旅行社的作用体现在哪些方面?
4. 饭店在旅游目的地的社会经济中起到什么作用?
5. 旅游交通在旅游业的发展中起到什么样的作用?

三、名词解释

旅游业　旅行社　旅游批发业务　综合包价旅游

四、实际操作训练

课题:旅游行业的构成。
实训项目:旅游行业的构成部门。
实训目的:加深学生对于各个旅游业部门的了解程度,对于旅游供给的理解和认识。
实训内容:组织学生考察旅行社的各个部门及每个部门的业务流程。
实训要求:组织学生考察结束后要求学生完成一份考察报告,报告的主要内容是旅游业各部门在旅游供给中所发挥的作用,通过撰写报告,考查学生对旅游业基本构成的认识情况。

五、案例分析

假日酒店：改变了世界酒店业的发展史

第一家假日酒店创建于 1952 年，创始人威尔逊先生第一个将特许经营方式引入酒店业，在不到 20 年的时间里把假日酒店开到了 1 000 多家，业界评价他"改变了世界酒店业的发展史"。尽管假日酒店现已归属于英国 BASS 集团，但它却是第一家经营规模达到 10 亿的酒店集团，并以持续创新的形象铭刻在酒店业的发展史上。

假日酒店一开张就充满了创新之举。首先，它定位于中等价位并提供高标准服务，为旅行的人们提供了一个有家一般感觉的休闲场所，使他们不必面对汽车旅馆要么昂贵要么肮脏的两难选择。在酒店内部，开设了餐厅、游泳池，并提供会议设施，客房里安装电话、电视和空调，停车场免费提供，儿童免费入住，这种种前所未有的举措令当时美国酒店业耳目一新。

20 世纪 50 年代末，威尔逊先生发现仅靠他个人的力量不足以实行大规模扩张，于是他采用特许经营方式出让品牌使用权让投资者自行兴建酒店并经营，这给酒店业的发展提供了一条全新的思路。假日酒店借美国当时洲际高速公路系统全国伸展的东风，利用特许经营的方式在美国各地开办连锁店，并走向世界。一个世界级的酒店集团从此迅速成长。

20 世纪 60 年代，威尔逊成立"酒店服务中心"，鼓励受许方到服务中心购买以实现酒店装潢上的统一。假日酒店还率先采用电脑联网预定系统，随后同行纷纷效仿，又一次引领业内潮流。

20 世纪 70 年代，假日酒店在电话局买下 1-800-Holiday Inn 特别号，为所有拨打这一号码的电话集中付费，将其服务水准上升到一个新的高度。从此，免费电话 800 由假日酒店开始向全世界推广，并在今天成为衡量服务周到与否的一个标准。

进入 80、90 年代，假日酒店利用高新技术创新，一次次带动酒店业发展的脚步。他们第一个使用佣金集中付款系统，LANmark 综合酒店电脑管理系统，并提供互联网预订服务。在服务设施方面，假日酒店首先开设了市内娱乐中心、电子游戏厅、儿童套房等。

假日酒店的持续创新给了它永久的活力和极高的声誉，在酒店业中传为佳话。

（资料来源：http://www.worlduc.com/blog2012.aspx?bid=10757085．）

问题：

分析假日酒店的营销理念，说明其成功的原因。

第7章 旅游产品

教学目标

通过本章学习，了解旅游产品的定义，特点；掌握旅游产品的构成与分类及其周期性规律；掌握旅游产品开发和营销的技巧。

教学要求

知识要点	能力要求	相关知识
旅游产品概述	能够理解旅游产品与产品两者之间的异同点 能够把握旅游产品的组成部分 能够明白旅游产品的性质与特点	旅游产品的定义 旅游产品的组成部分 旅游产品的性质与特点
旅游产品的构成与分类	能够将现有的旅游产品准备的归类	旅游产品的构成、分类
旅游产品的生命周期	能够明白旅游产品在市场上各个不同周期的特点，做出正确的销售决策	旅游产品各个生命周期的特点
旅游产品的开发和促销	能够对旅游产品的开发和销售提出自己的看法	旅游产品开发的原则 旅游产品促销的概念 旅游产品促销的手段

导入案例

慈溪开掘旅游产品新领地

慈溪市的农业旅游起步于杨梅节旅游的成功。近两年来，通过持续不断的市场化运作，杨梅节期间的杨梅采摘游已成为周边地区知名的旅游产品。尤其是去年杨梅节期间，慈溪共接待国内外游客35万人次。

杨梅节旅游的成功将农业旅游的概念带给广大农民，慈溪各地纷纷依托当地农业特色，发展农业旅游。横河镇大山村山里人家项目以村落为载体，借助丰富的山、水、林等林特资源进行综合开发，规划建设大山艰苦创业教育基地、烛湖农家乐、生态杨梅园、垂钓、竹笋挖掘、森林浴、品茶等旅游项目，开展农家餐饮经营、体验农耕生活、观光等活动。龙山镇西门外村海珠山公园借助海珠山这一独特风景进行开发，建设休闲绿地公园、垂钓区、斗鸡跑猪赛鸭(鹅)场、农家住宿餐饮、果品采摘品尝、棋牌娱乐等项目。

掌起镇古窑浦村的水蜜桃节、新浦镇六塘南村的葡萄节、周巷镇的黄花梨节等已成为发展农业旅游的有效平台，不仅使农产品增值，还推动了当地观光、农家乐等旅游项目的开展。

据了解，目前慈溪的农业旅游已经初步形成了南部沿山发展带、中部平原发展带、北部滨海发展带三大特色区域，促进了当地农业旅游的大发展。

(资料来源：http://www.cntour2.com/view news/2009/1/29/0129/01713.htm．)

问题：

慈溪的农业旅游给人们提供了哪些旅游产品？

旅游产品是指旅游经营者为满足旅游者在旅游活动中的各种需求而向市场提供的各种物品和服务的总称。本章主要介绍旅游产品的构成与分类、旅游产品的生命周期和旅游产品的开发和营销。

7.1 旅游产品概述

7.1.1 旅游产品的概念

1．旅游产品

旅游产品是指旅游经营者为满足旅游者在旅游活动中的各种需求而向市场提供的各种物品和服务的总称。要科学地认识和理解旅游产品的概念，应从以下几个角度来把握。

(1) 旅游产品是一种组合型整体产品。

(2) 旅游产品是一段旅游经历。

(3) 旅游产品是一种服务产品。

2．旅游购物品

旅游购物品是指旅游者在旅游目的地(国家或地区)购买的各种物质产品，它的种类十分繁杂。有些购物品和当地消费者购买的商品基本相同，很难区分。但旅游购物更具有较强的纪念意义，以此为出发点，可将旅游购物品分为以下几种类型。

1) 旅游日用消耗品

旅游日用消耗品主要指那些实用性最为突出，既服务于又方便于旅游者进行旅游活动的商品。

2) 旅游土特产品

旅游土特产品主要指那些具有浓厚的地方特色，实用性和纪念性都很突出的旅游购物品，如药材补品、名点饮品、名烟名茶、山珍海味、干鲜果品等。

3) 旅游纪念品

旅游纪念品主要指那些纪念性和艺术性最显著、民族风格和地方色彩最突出的旅游购物品。它既包括各种古玩等历史文物及其复制品，如不属于国家禁止出口的古玩、文物仿制袖珍品、出土文物复制品、仿古模型等，又包括珠宝、金银镶制的首饰及金银制作的纪念品等装饰品，还包括名目繁多、各具特色的特种工艺美术品和民间工艺美术品，如陕西面具(见图 7.1)。

旅游购物品不等同于旅游产品，旅游产品是综合概念，它包含旅游购物品，旅游购物品是旅游产品的有形产品部分，在旅游者旅游经历形成中也起着促进作用。

图 7.1　陕西面具

（资料来源：西部网．http://www.cnwest.com．）

阅读案例 7-1

烟台旅游商品开发凸显本地文化特色

围绕特色做文章，正是烟台市新一轮旅游商品研发生产的突出特点。

近年来，烟台市旅游业充分发挥资源优势，实现了又好又快发展，旅游创汇、旅游收入均以每年 15% 的速度递增。美中不足的是烟台旅游商品销售情况一直不好，2008 年以前，烟台旅游商品销售在旅游经济中所占比例仅为 12%，远低于 20% 的全国平均水平。

经过分析，旅游部门认为问题出在旅游商品特色不足上。为此，2008 年烟台对重点旅游景区的独特文化要素进行提炼，开始了旅游商品的研发并整合营销，重点开发了"蓬莱仙境图"、"百年张裕·硕果累累"、"中国烟台文房珍宝"、"八仙面具"、"莱玉瑰宝祥印"、"中国烟台民间剪纸"等特色旅游产品。

烟台市各旅游公司也纷纷投入人力、物力发展旅游商品，不仅使金石、玉石等传统工艺品发挥了新优势，而且挖掘出了代表胶东文化的蒲编、绒绣、剪纸和沙雕等具有烟台地方特色和文化底蕴的商品，使旅游商品的品类更为丰富。

（资料来源：http://www.sd.xinhuanet.com/wq/2009-04/28/content_16380452.htm．）

7.1.2　旅游产品的性质和特点

旅游产品是由有形产品和无形产品构成的综合产品，但主要还是向游客提供的非实物形态的服务，服务在旅游产品构成中占主导地位。因此，由构成旅游产品主体的服务决定了其产品性质，即旅游产品从根本属性看是服务性产品。旅游产品作为一种具有服务属性的产品，不同于有形产品，它具有服务产品共同的特点，同时也具有不同于其他服务产品的个性特征，具体表现为以下几点。

1. 功能上的审美性

产品能被生产出来并被人买去，是因为它有效用，有使用价值。旅游产品的效用就是满足人们审美和愉悦的需要。旅游产品的这一功能，其实与音乐、绘画、影视节目等并没有什么不同。旅游者购买旅游产品，也是通过愉悦感官求得心理的美感享受、陶冶性情。旅游者面对真山、真水、真人所产生的审美愉悦，与他幽居家中读名人书画、观看风光影视节目时的感受，除了强度、深度和广度有所差异外，恐怕不会有本质的不同。当然，仅就这种程度上的差异，也足可以促使人们离家远行了。

2．综合性

旅游经营者出售给旅游者的旅游产品，通常是包括食、住、行、游、购、娱在内的综合性产品。首先，旅游产品的综合性表现在它是由多种旅游吸引物、设施和服务组成的综合性产品；其次，旅游产品的综合性还表现为旅游产品的生产涉及众多的行业和部门。旅游产品的综合性表明，旅游产品开发所涉及的因素较复杂，制约条件也较多。

3．无形性

旅游产品对于旅游者来说是旅游经历中所需要的全部服务，对于旅游目的地和旅游企业来说则是借用一定的设施和条件所提供的全部服务。因此，无论从哪个角度讲，旅游产品都属于非物质的无形产品。另外，无形性还表现在旅游产品的价值和使用价值不是凝结在具体的物体上，而是凝结在无形的服务中。只有当旅游者在旅游活动中享受旅游服务时，才能认识到旅游产品使用价值的大小。也只有当旅游者消费旅游服务时，旅游产品的价值才真正得以实现。

4．不可转移性

旅游产品的不可转移性具有双重含义：一是旅游服务所凭借的旅游吸引物和旅游设施无法从旅游目的地运送到客源所在地供旅游者消费；二是旅游产品销售后，在所有权上不可转移。

5．生产与消费的同步性

旅游产品的生产(经营)和消费常常发生在同一个时空背景条件下，密不可分，往往是一个过程的两个方面：旅游产品在生产开始的同时消费也即刻启动，消费结束时生产也不再进行。生产者与消费者直接发生关系，旅游者(顾客)只有而且必须加入到生产的过程中才能最终消费到旅游产品。

6．时间上的不可储存性

由于旅游服务和旅游消费在时空上的同一性，没有旅游者的购买和消费，以服务为核心的旅游产品就不会生产出来。

7．旅游产品的文化性

旅游者进行旅游活动，主要是为满足精神文化方面的需求。旅游产品既然以满足旅游者的需要为其核心价值，其所包含的旅游活动、项目，都渗透了文化的内涵，也就不难理解。深圳锦绣中华民俗村如图7.2所示。

图 7.2　深圳锦绣中华民俗村

(资料来源：锦绣中华民俗村网站．http://www.cn5000.com.cn．)

阅读案例 7—2

山西：将地方特色剧目纳入旅游产品

五福忻州旅游文艺晚会日前在山西忻州剧院上演，这场由地方政府部门组织的完全自编、自导、自演的晚会，在为五台山"申遗"成功送上一份贺礼的同时，也是山西首次"试水"将地方特色剧目纳入旅游产品。

据介绍，山西旅游资源类型多样，自然、人文旅游资源兼备：地上文物等人文旅游资源居于全国前列；自然旅游资源，除了海洋、沙漠以外，几乎拥有所有的自然景观。然而，目前山西 90%以上的景区(点)为观光型旅游产品，具有以 5～10 年为周期一次性消费的特点，同时，这些旅游产品大多过于相似，就使得一些景区、景点在市场中被淘汰，山西旅游业发展缺乏后劲。

专家认为，这场晚会虽然并不完美，但值得肯定的是，它标志着山西已向挖掘旅游产品文化内涵、强调地域文化特色迈出了重要一步。

(资料来源：http://www.ahta.com.cn/xinxi/info.php?id=090824093236．)

7.2　旅游产品的构成与分类

7.2.1　旅游产品的构成

旅游产品包含着十分丰富的内容，为了方便对旅游经济活动的分析和研究，保证旅游产品各部分按比例供应，保障旅游活动的顺利实施，有必要对旅游产品的构成进行分析。分析的角度可以从旅游产品消费形式出发，也可以从旅游产品劳动的表现形式出发，本节将重点讨论从市场营销、旅游需求和旅游供给角度分析旅游产品的构成。

1．旅游产品的一般构成

现代市场营销理论认为，一切产品都是围绕消费者需求中心发展而来的整体概念，都是由核心部分、形式部分和延伸部分组成,如图 7.3 所示。根据对现代产品构成的分析,旅游产品的一般构成也可以分为 3 部分,即核心部分、形式部分和延伸部分。

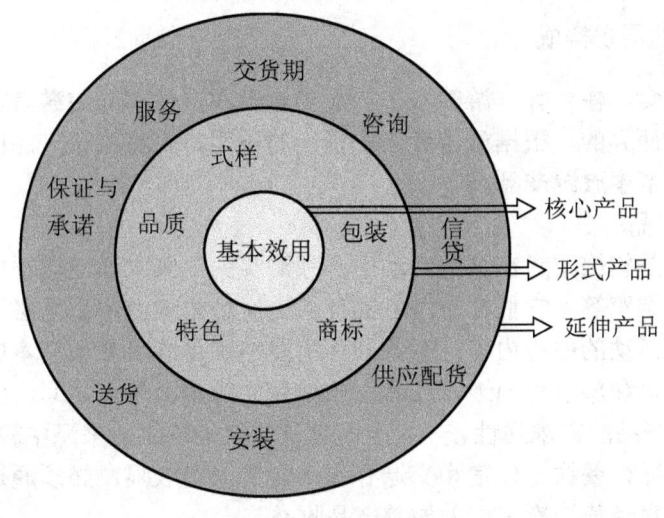

图 7.3　产品构成

1) 旅游产品的核心部分

旅游产品的核心部分涉及旅游资源和旅游服务,它们可以满足旅游者外出旅游的最主要的需求,是旅游产品形成的基础和最具竞争力的部分。

旅游资源是指自然界和人类社会凡是能对旅游者产生吸引力,可以为旅游业开发利用,并可产生经济效益、社会效益及环境效益的各种事物和因素。它可以是物质的,也可以是非物的;可以是自然的,也可以是人文的。

旅游服务是旅游从业人员依托旅游资源和旅游接待设施向游客提供的各种劳务。

2) 旅游产品的形式部分

旅游产品的形式部分主要与旅游产品的物质载体、形象、品牌、特色、声誉及组合方式等有关。

旅游产品的形象、品牌、特色和声誉,是产品依托旅游资源、旅游设施而反映出来的外在价值,是激发旅游者旅游动机,引导和强化旅游消费行为的具体形式。不同旅游产品,由于其旅游资源和旅游接待设施等的不同,会导致旅游产品的品位、形象、特色、声誉不同,产生产品差异性。

各种功能和类型互异的旅游产品有各自特殊的组合方式,但组合的目的都是要把产品要素有机地组织起来,形成不同的旅游线路和旅游活动,满足旅游者多样化和个性化的需求。因此,旅游产品的组合方式也是旅游产品的形式部分之一。

3) 旅游产品的延伸部分

旅游产品的延伸部分是指旅游者在购买和消费旅游产品时获得的各种优惠条件和其他附加利益,如团队游客在购买团体票时所得到的价格优惠,消费者乘坐游艇观光所赠的一件小礼品。延伸部分虽然不是旅游产品的主要构成部分,但对旅游产品的生产和经营也具有举足轻重的作用。然而,由于旅游者购买的是整个旅游产品,在旅游产品的核心部分和形式部分存在较强替代性的情况下,延伸部分往往成为旅游者对旅游产品进行选择和决策的重要因素，是有效的竞争手段之一。因此，在旅游经历活动的分析和研究中，要对旅游产品的延伸部分给予足够的重视。

2. 旅游产品的需求构成

旅游产品是由食、住、行、游等多个产品要素组成，但不同旅游者对产品构成中每一部分的需求是因人而异的，根据旅游者需求程度的不同，可将旅游产品区分为两部分，即基本旅游产品和非基本旅游产品。

1) 基本旅游产品

基本旅游产品是指旅游者在旅游活动中必须购买的，需求弹性较小的旅游产品，如住宿、餐饮、交通和游览等。它们在旅游者的任何一次外出旅游中都是必不可少的。其中，游览能够提供旅游活动的中心内容；餐饮和住宿能够满足旅游者最基本的生活需要；交通能使旅游者在居住地和旅游目的地，或者在旅游目的地的景区景点之间，实现来回的空间位移。由于基本旅游产品的需求弹性较小，因而它是旅游经济收益来源中较为稳定的一部分。但从消费的角度来看，餐饮、住宿和交通存在一定的消费极限，必须通过提高餐饮质量、增加服务内容、丰富经营档次来扩大旅游产品收益。

2) 非基本旅游产品

非基本旅游产品是指旅游者在旅游活动中不一定购买的，需求弹性较大的旅游产品，如旅游购物、医疗保健服务、修理服务、通信服务、美容服务等。非基本旅游产品在某种特定的情况下，可能会转换为基本旅游产品。例如，香港有"购物天堂"的美誉，不少国家和地区都有了专门为此开展的香港购物旅游。在这里，旅游的主要目的和内容是为了购物，旅游购物在旅游活动中必不可少，因此，旅游购物就成了基本旅游产品。

区分非基本旅游产品，有助于旅游经营者根据需求弹性较大的特点，提供有针对性的服务，满足不同旅游者的多样化需求；也有助于旅游者在选择、购物旅游产品的过程中，不计划地制定、调整自己的需求结构和消费结构，提高旅游活动的舒适度和满意度。

3. 旅游产品的供给构成

从旅游经营者的角度看，一个完整的旅游产品应包括旅游资源、旅游服务、旅游设施、旅游购物品和旅游通达性 5 个方面的要素。

1) 旅游资源

旅游资源是旅游活动的客体，自然界和人类社会中凡是能吸引旅游者进行旅游活动，能给旅游业带来各种综合效益的事物都可称为旅游资源。旅游资源按其本身的属性和组成要素可分为自然旅游资源和人文旅游资源两大类。

与其他资源相比，旅游资源最显著的特性是具有吸引功能，能从不同层面来激发、满足旅游者审美、休闲、娱乐、探险、考察等的需要，促使旅游行为的发生。发挥旅游资源的吸引功能，就要求旅游目的地国家和地区根据自身旅游资源的状况，如旅游资源的类型、丰度、品位、知名度等，遵循一定的原则，把旅游资源开发、组合成为特色鲜明、功能互补的旅游景点、景区。此外，由于旅游资源是旅游业赖以生存和发展的基础，对旅游资源的开发利用必须合理和适度，应将旅游者的人数控制在资源和环境可以承受的范围，确保旅游资源永续利用，促进旅游业的健康、可持续发展。

2) 旅游服务

旅游服务是旅游产品的核心。旅游者购买的旅游产品，除了少部分的膳食和旅游纪念品外，大量的是无形的旅游服务。这些旅游服务主要包括导游服务、酒店服务、交通服务和商品服务。

(1) 导游服务。

导游服务是旅行社或旅游单位为旅游者提供的专项服务。当旅游者满怀好奇来到异地他乡，如何更好地进行旅游活动，了解当地的风土人情、名胜古迹，如何安排食宿，如何增强与当地居民的交流等问题，都要依靠导游才能更好地解决。为此，旅游从业人员(导游员)应该熟悉不同旅游者的文化背景，观察他们在不同旅游阶段的心理特征，因人、因时、因地而异，灵活机动地为旅游者提供更好的服务。

(2) 酒店服务。

酒店服务是酒店向旅游者提供的住宿、饮食、通信、贸易、洽谈等方面的综合性服务。酒店作为旅游者的"家外之家"，是旅游者恢复体力、休息放松的主要基地，能够保障旅游者其他活动的顺利进行。提供面对面的亲切服务是酒店业的行业特点，也是旅游服务的重点所在。要做到这点，旅游从业人员必须充分考虑旅游者的安全、环境、权利和尊重等各方面的需要。

(3) 旅游服务。

旅游服务不管其内容如何变化，服务质量的优劣一般取决于服务的观念、态度、技巧和服务的价格。质价相符，旅游者满意；质低价高，旅游者不满意；质高价低，旅游产品竞争力强。

3) 旅游设施

旅游设施是直接或间接向旅游者提供服务所凭借的物质条件。旅游设施一般分为接待设施和基础设施两大类。

(1) 旅游接待设施。

旅游接待设施是指旅游经营者用来直接服务于旅游者的凭借物，主要包括住宿、餐饮、交通及游览设施。住宿设施通常有宾馆、饭店、度假村、别墅等，餐饮设施通常有快餐连锁店、各种餐馆、酒吧、咖啡厅等；交通设施包括观光游船、景区索道、滑竿、游览汽车等；游览设施是由旅游景区规划、建设的，供人们登临、游览、休憩的各种设施和设备，如凉亭、扶杆、栈道、指示牌等。

(2) 旅游基础设施。

旅游基础设施是指旅游目的地城镇建设的公共设施，包括旅游目的地的道路系统，水、热、电、气供应系统，废水、废气、废物排污处理系统，邮电通信系统，环境卫生系统，安全保卫系统，城镇标识系统，绿化系统等。这些基础设施是为城镇居民的生产生活服务，不是为旅游者专门建设的。但如果没有这些基础设施提供的条件和便利，旅游接待设施的功能就难以有效发挥，旅游活动也就无法顺利进行。

4) 旅游购物品

旅游购物品是指旅游者在异地购买并在旅途中使用、消费，或携回使用、送礼、收藏的物品，对旅游者具有实用性、纪念性、礼品性和收藏性价值。旅游者在旅途中购买的商品，除少部分作为生活必需品被消耗掉之外，大多数被旅游者带回家中，留作美好的回忆，或者帮助旅游者更好地了解旅游目的地的文化、艺术和传统。旅游购物品各类繁多，大致可分为实用品、工艺品和艺术品3个大类。其中，实用品又分为土特产品(如茶叶、名酒、中药材、中成药等)、旅游食品(如风味菜、民族菜、点心)和旅游用品(如地图、导游图、旅游指南等)；工艺品包括陶瓷品、丝织刺绣品、漆器、金属工艺品等。它们大多数价格较高，消费潜力较大，只要旅游者喜爱，就可以反复花钱购买。因此，旅游购物品是旅游创汇的重要来源，在旅游产品的设计、生产中不可缺少。而且作为礼品馈赠给亲友的旅游购物品，在一定程度上可以对旅游目的地起到宣传促销的作用。

5) 旅游通达性

旅游通达性是指旅游者在旅游目的地之间来回移动的方便、快捷、通畅的程度，具体表现为进出旅游目的地的难易程度和时效标准。主要可从下述几个方面加以考察：其一，是否有完善、发达的交通网络；其二，是否有方便的通信条件；其三，出入境签证手续、出入境验关程序是否简便，服务效率和信息咨询是否有效和完善。旅游目的地的通达性对旅游产品的成本、质量、吸引力等有较大的影响，因而也是旅游产品构成的重要内涵。

4. 旅游产品的构成关系

旅游产品的构成关系是指旅游产品各组成成分之间的相互关系。旅游产品之间的相互关系主要是互补关系和互代关系。

1) 互补关系与互代关系

(1) 互补关系。

互补关系是指旅游产品功能不相同的组成成分之间相互依存、相互促进、共同发展的关系。这种关系体现在以下两个方面：一是各个功能不同的组成成分，如食、住、行、游、购、娱等几个部分，每一部分的发展都是以其他部分吸引大量的游客为基础的；二是各个功能不同的组成成分之间在经营成果上相互影响，一个部分收入的增加带来其他部分收入的增加，一个部分收入的减少促使其他部分的收入也在减少，一个部分(如交通)成分发展遇到"瓶颈"，那么其他部分的收入和接待游客的数量就大为减少。

旅游产品内部的互补关系是由旅游需求的综合性决定的，它要求旅游产品能够满足旅游者各个方面的需求，要求旅游产品是一个综合性的产品。从互补关系上可以看到，旅游产品的各个组成部分必须齐备，共同组成一个完整的产品；也要求提供各单项旅游产品的行业、部门和企业按比例协调发展，除了搞好本行行业、本企业的经营，还要与其他行业和企业相互联合、互通信息，共同营造一个良好的旅游产品的形象，增强旅游产品的招徕能力和竞争力。

(2) 互代关系。

互代关系是指旅游产品中功能相同或相近的组成成分间相互替代的关系。例如，提供交通服务的有汽车、火车、飞机、轮船等交通工具，其经营企业之间就存在着互代关系，尤其是高速公路、快速火车及高速轮船的发展更加深了这种关系；提供住宿服务的各种星级的旅馆、招待所、度假村等也存在着互代关系，尤其是设施的档次、规模、服务水平及价格差不多的时候,这种冲突关系表现得非常明显。互代关系的出现,对于同一个旅游者来说,在同一时间、同一地点对同一种功能的单项产品的需求是唯一的。例如,一个游客住宿甲饭店不可以同时住宿乙饭店;乘坐火车就不能同时坐汽车或飞机。凡此种种,表现的都是互代关系。

互代关系在提供相同服务的企业之间表现为竞争性。这就要求各企业不能盲目追求建设与别的企业雷同的设施,提供相同的单项旅游服务。例如,不能都去投资建设高档旅馆,而应当提供功能不同的、档次各异的服务,或者说要求旅游产品数量上、质量上、档次上有计划按比例协调发展,力求旅游产品结构的合理性。同时也要求各旅游企业重视经营管理工作,改进服务质量,提高企业信誉和形象,提供有特色的旅游服务,避免过度的竞争。

2) 互补关系和互代关系的转化

旅游产品内部的各组成成分之间的互补关系和互代关系并不是绝对的、一成不变的,旅游经营者可以根据旅游需求发展变化和自身条件,促使两种关系互相转化。

(1) 互补关系向互代关系转化。

这种转化是由旅游者需求多样和旅游企业经营的多样化促成的。在市场经济条件下,旅游企业为了获得竞争优势,必须不断地调整自己的经营范围,为旅游者提供方便、快捷、经济的服务。当旅游企业向旅游者提供多样化的一条龙服务时,互补关系就会变成互代关系。例如,甲企业提供住宿服务,乙企业提供交通服务,两者之间是互补关系;现在甲企业经营范围扩大了,也提供接待游客的交通服务,那么当一个旅游者在甲企业住宿时,也会利用它的交通服务,这样甲、乙企业之间的关系就成了互代关系。在实际情况中,这种转化的实例是很多的,如旅馆有自己的旅游车队、购物场所、旅行社等,风景区和主题公园自备车辆接送游客,航空公司有自己的饭店等,都是促成互代关系产生的因素。因此,旅游企业的多样化经营和集团化经营是互补关系向互代关系转化的主要途径。

(2) 互代关系向互补关系转化。

这种转化表现在如下几个方面。

① 当供给小于需求时,提供相同单项产品的旅游企业之间可以互相帮助,解决燃眉之急。例如,A、B 企业都是提供住宿的企业,当 A 企业供不应求时,可以把客人介绍给 B 企业;当 B 企业在经营过程中发生某些原材料不足时,可以向 A 企业借,这时,两者的关系就成了互补关系。

② 提供相同服务功能的单项旅游产品一般都有高、中、低等多档次,满足旅游者的不同需求。多档次和多服务方式可以形成互补关系。例如,同为提供交通服务,飞机和火车需要汽车作为补充工具,这时它们就成了互补关系;同为提供饮食服务,甲、乙餐馆的风味特色不同,旅游者这次在甲餐馆用餐,下次就到乙餐馆就餐,甲乙之间也就有了互补关系。

③ 提供相同服务的各企业相互联合、优势互补、共同促销,共创旅游产品的形象,增强产品的竞争力。例如,甲、乙、丙、丁 4 家企业都把企业的优势部分组合起来,就形成了一个更具吸引力的单项产品。

④ 处在一条旅游线上的各个目的地的单项旅游产品之间有明显的互补关系。例如,甲地和乙地处在一条旅游线上,则甲地和乙地提供相同产品的企业(假若都是旅馆)之间就是互补关系。

旅游产品的互代关系向互补关系转化表明各企业提供的旅游服务都是旅游产品的有机组成部分，它们在数量上、质量上和档次上共同组成了旅游产品的结构，是旅游中不可缺少的部分，共同形成了旅游产品的对外形象。

7.2.2 旅游产品的分类

科学合理地对旅游产品进行分类是设计、开发、生产、促销旅游产品的基础。旅游产品随着旅游市场的需求变化而不断调整，旅游产品的类型也在不断地增减。由于旅游产品概念的复杂性，要对其分类提出一个科学合理的标准体系是十分困难的。根据旅游产品所能满足的旅游功能，可大致划分为观光旅游产品、度假旅游产品和专题旅游产品。

1. 观光旅游产品

早期的旅游活动就是从观光开始的，观光旅游是人类在获得最基本的物质及生理需求后，为了满足某种精神需求而产生的初级旅游产品，是一种较为常见的旅游产品，也是我国目前旅游市场上的主导旅游产品。由于观光旅游爱好者对于景观的观赏情趣及要求不一样，使观光旅游产品的表现形式多种多样，常见的有自然生态观光和人文历史观光。自然生态观光旅游产品是为满足人们回归自然、亲近自然、享受自然的需求而开发的，如名山大川、森林生态、湖泊湿地、海滨海岛、动植物园等大自然赋予人类的生态景观富集地。人文历史观光旅游产品是为了满足人们求知、访古、朝拜等多种旅游目的而开发的，如名胜古迹观光、微缩景观、文化类主题公园、博物馆及美术馆、民俗体验观光、宗教朝拜等多种旅游形式。

2. 度假旅游产品

度假旅游在国外已有100多年的历史，但在我国仍然处于萌芽阶段。度假旅游是指利用节假日在旅游目的地进行休养、健身和娱乐等方面的旅游活动，由于度假旅游者具有目的地相对稳定，旅游者在目的地停留时间较长，旅游者常常多次反复在同一度假地消费，旅游者对环境质量和健身娱乐休闲设施有较高要求等特点，使度假旅游产品更加注重休闲与健身娱乐设施的开发。常见的度假旅游产品有海滨度假、山地度假、森林度假、温泉度假、湖滨度假、乡村度假、城郊度假、野营度假等多种旅游活动。

3. 专题旅游产品

专题旅游产品是为满足人们特定的旅游活动需求而开发的旅游产品，不是以观光和度假为目的，如会议旅游、商务旅游、体育旅游、医疗保健旅游、教育旅游、科学考察旅游、探险旅游等旅游产品。其中，商务旅游的主要产品有一般商务旅游、政务旅游、公司奖励旅游、大型活动与节事旅游和购物旅游等；体育旅游的主要形式有一般体育运动旅游、高尔夫运动旅游、体育盛会与专题运动会旅游、滑雪旅游、漂流、医疗保健旅游和疗养旅游等；专题考察旅游的活动形式依据旅游者的不同兴趣和爱好而不同，主要有修学旅游、教育旅游、校园旅游、学艺旅游、不同专业的科学考察旅游、地质探险旅游、赛车旅游、狩猎旅游、遗产旅游、宗教旅游、文学旅游和摄影旅游等。

7.3 旅游产品的生命周期

旅游产品同其他产品一样，也有一个产生、成长、衰退到被淘汰的过程。所谓旅游产品生命周期理论，是指某种旅游产品从投放市场，经过成长期、成熟期到最后被淘汰的整个市场过程。它不同于产品的使用生命，后者专指产品的耐用程度，即在使用过程中产品的寿命。旅游产品生命周期理论上可以分为投放期、成长期、成熟期和衰退期4个阶段。在旅游产品生命周期各个阶段中，旅游产品表现为不同的吸引特点。针对旅游产品所处的不同时期、不同特点，旅游经营者要采取不同的营销策略开拓旅游市场，以提高企业的经济效益。

7.3.1 投放期

投放期是指新的旅游产品刚刚投放市场的时期。在这个时期，新产品在市场上竞争者少，甚至没有，但旅游者对这一产品也不熟悉，只有少数旅游者愿意尝试，故而在此一时期，新产品销量低，费用及成本高，利润低，甚至亏本。这一时期的营销策略是，经营者要认真评估新产品的市场前途，充分估计市场风险，如确定新产品符合市场需求，就要果断决策，加大投入，加强产品的定型和宣传，以突出"人无我有"的优势地位。具体地说，要注意以下几个方面的工作：第一，根据市场需求，改进产品，尽快使产品定型；第二，合理组合销售渠道，使更多的消费者接触和了解这一产品，尽快扩大市场份额；第三，根据市场的承受能力，合理定价；第四，利用各种促销手段，大力宣传产品特色、服务特色，以增强吸引力。

7.3.2 成长期

经过各种促销努力和先期冒险购买者的示范效应，新产品被越来越多的旅游消费者了解和接受，产品的销售额迅速增长，销售渠道业已疏通，成本下降，利润增加。同时，新产品的成功也导致市场竞争者的不断增加。这一时期的营销策略是，企业利润剧增，但仿制者增多，市场竞争日趋激烈，经营者要将工作重点放在提高产品质量上，力争做到"人有我优"。具体地说，要注意以下几个方面的工作：第一，增加产品特色，提高产品质量，争创名牌产品，以培育市场的品牌意识；第二，加强促销，通过丰富多彩的活动争取潜在的客源市场，并增强市场对企业和产品的忠诚度、信任感；第三，合理分配利益，加强销售渠道的协调、协作，进一步争取潜在客源，扩大市场占有率；第四，分析竞争者的价格策略和市场情况，进行价格竞争。

7.3.3 成熟期

这一时期，产品在市场上的需求量已达饱和状态，绝对销售量虽有所增长，但速度减慢，开始出现下降趋势；与此同时，同类旅游产品或仿制品大量出现，旅游消费者对产品的选择范围扩大，竞争激烈，利润相对下降。这一时期营销策略的中心目标是，稳定市场份额。由于这一时期众多企业在经营同一产品，竞争已达白热化，因而总体营销策略是进一步突出产品特色,稳定质量,以做到"人优我特",以之稳定老市场,开辟新市场。具体地说,要注意以下几个方面的工作:第一,通过产品创新,在保证质量的前提下,使产品特色鲜明,常变常新,以刺激市场的重复购买;第二,树立品牌意识,创立名牌,并进行法律保护,以提高产品在旅游消费者心目中的形象;第三,开拓新的目标市场,在现有目标市场已经饱和的情况下,寻找新的目标人群或目标地区;第四,改进并进一步疏通销售渠道,扩大产品的分配路线;第五,改进宣传,着重突出产品特色、质量,以增强吸引力;第六,进行价格竞争。

7.3.4 衰退期

这一时期,产品对旅游消费者已失去吸引力而不断被抛弃,市场份额不断收缩,销售量急剧下降,利润明显降低;新一代产品已开始进入市场,并逐渐被市场所认识。在无利可图的情况下,不少企业将资金、人力、物力向新产品转移,退出市场,这就给少数坚守市场的企业增加了一定的销售量。这一时期营销策略的目标是,有步骤、有计划地转换经营目标,开发新产品,同时设法延长现有产品的生命周期。及时而有效的转换,是这一时期营销工作的重点。具体地说,要注意以下几个方面的工作:第一,改进原产品的设计,扩大产品用途,增加产品特色,延长老产品的生命周期;第二,深入挖掘主要目标市场的潜力,提高经济收益;第三,设法降低成本,以廉价争取更多客源;第四,同时开发替代老产品的新产品,在老产品的利润下降到最低水平时,当机立断地撤出市场,全力开发和推广新产品。

旅游产品在总体上遵循产品的生命周期规律,但由于旅游产品有其自身的特殊性,因而与一般产品相比,在生命周期的表现上它也有不同的地方。首先,要将旅游产品的4个阶段在实践中做严格的区分是基本上不可能的,不少旅游产品在投入市场之后需求量大增,越过了成长期而直接进入到成熟期;有的旅游产品投入市场后一直不温不火,直至其退出市场。其次,由于旅游产品的组合是以旅游景观特色为基础的,而旅游景观特色的变化是不明显甚至是基本不变的,因而某一特定的旅游产品只能满足特定的旅游需求,而市场需求又是随着社会时尚的变化而不断变化,所以某一旅游产品在进入衰退期后,随着时间的推移和时尚的轮回,又很可能在若干年后重新获得新生,进入再生期。最后,即使处于衰退期的旅游产品,经过重新定位和某些创新后,又产生新的吸引力,再次获得市场的广泛认同。在现代旅游发展中,随着市场针对性的加强和创新频率的加快,旅游产品就有可能改变其下降趋势,而呈现上升的趋势。

了解产品的生命周期理论,有助于人们增强市场意识,根据市场需求来设计、开发产品,根据产品所处的不同阶段采取不同的营销策略,强化特色,强化质量管理,并及时做好产品的不断创新和更新换代工作,保证旅游业的持续发展。

阅读案例 7-3

秦兵马俑旅游产品生命周期

(1) 1980—1984 年,秦兵马俑旅游产品是伴随着地下秦兵马俑的发现与考古发掘而投入市场，由于其特殊的地位与影响，1980年游客人数就达104.4万，大大超过当地居民人数，游客以国内为主；游客年平均增长速度为13.3%。由于游客人数的迅速增加，基础设施、服务交通设施不够完善，1984年速度有所下降。

(2) 1984—1988年，政府加大对旅游基本、基础设施的投资，并努力改善旅游环境；秦兵马俑在世界范围内的影响进一步扩大，国外游客人数稳步增加；客源市场逐渐形成，游客人数呈季节性分布(4、5月)，游客人数以年平均16%的速度急剧膨胀。此阶段为发展阶段。

(3) 1988—？由于政治因素的影响，导致游客下降27%之多，严重扭曲曲线。故应剔除这一突发事件的影响，对曲线加以修正。游客人数在此阶段至最高点(1988年，234.7万人)。当地市场上出现其他人造景观。1989年和1992年相继开放三号和二号兵马俑坑；交通设施进一步改善(如1992年西临高速公路建成通车)。国内旅游市场上出现新的旅游替代产品(如度假产品等)，国内游客波动较大，但国外游客仍呈缓慢上升之势。整体来看，曲线呈下降趋势并逐渐稳定。此阶段为成熟阶段。

产品生命周期理论告诉我们，一般产品要经过从投入到衰落的过程。那么，如何来看待秦兵马俑旅游产品的发展呢？或者说，秦兵马俑旅游产品是否也必然要发展至衰落阶段？通过以上的简要分析认为，长期来看，秦兵马俑旅游产品有着旺盛的市场生命力，其生命周期不会至衰落阶段。重要原因在于：一方面，我国的资源特性决定了观光旅游产品在长时间范围内是主流，而秦兵马俑是其中的典型代表，具有不可替代性；另一方面，目前秦兵马俑的开发还处于初级阶段，随着考古发掘新内容的出现和产品本身的不断完善，其吸引力将大大提高。

(资料来源：朱晓杰，张斌. 旅游产品生命周期理论研究——以秦兵马俑为例[J]. 桂林旅游高等专科学校学报，1999.10(1)：35～38.)

7.4 旅游产品的开发和促销

7.4.1 旅游产品开发

1. 旅游产品开发的原则

旅游业的价值实现是通过产品在市场上的出售来完成的。在现代社会中，人们已经越来越明白，旅游产品的开发应以市场需求为基础，产品的性质、质量、内容、特点等都应该根据市场的需求来确定，即旅游产品的开发应以市场为导向。我国的旅游产品开发经历了从资源导向向市场导向转变的过程。为了使旅游产品尽可能成功上市并迅速发展，在设计与开发旅游产品时，必须采取慎重的态度，遵循以下几条原则。

1) 市场原则

以旅游资源为基础，以市场需求为导向，开发适销对路的旅游产品。要考虑到旅游产品价格是否能为消费者所接受，开发旅游产品能否获得较好的经济效益。我国必须以国际市场为导向，以国内市场为基础，开发出一批在海内外极具吸引力的旅游产品。

2) 特色原则

必须创新，使产品具有一定的特色，具有竞争能力。旅游产品开发要突出地方特色和

民族文化，形成自己的风格，这样才有吸引力和竞争力。

3) 量力原则

要充分考虑内外部条件，衡量国家、地方或企业自身实力，量力而行。不考虑自身实力，盲目求新求大可能会力所不及导致失败。要根据自己的经济实力，进行合理的投入，科学测算投入与产出。

4) 精品原则

旅游产品开发要先重点后一般，科学配置旅游线路，培育名牌精品，开创重点突出、区域和线路相结合的格局。

5) 保护原则

开发与保护并重，重视对资源本身、文化环境和整个生态环境系统的有效保护，保持生态平衡，保证旅游的可持续发展。

6) 协调原则

旅游产品是综合产品，旅游产品的开发应根据旅游产业食、住、行、游、购、娱六大要素配套发展的要求组合旅游产品。任何产业要素的短缺或形成"瓶颈"，都会直接影响到旅游产品的质量。旅游产品结构要合理，应注重产品升级换代，由单一观光型产品转向多样化旅游产品。产品的开发也应与社会经济的整体发展相协调。

2．旅游产品开发的程序

旅游产品和其他产品一样，也需要不断有新的产品出现，以适应不同游客的需求和延长整体旅游产品生命周期。拉斯摩认为，有形产品开发过程的 7 个步骤，即构思、筛选、概念发展和测试、商业分析、产品开发、市场试销和正式上市等同样适用于服务产品的开发。旅游产品设计开发的程序如下。

1) 构思

构思是对未来旅游产品的基本轮廓架构的设想，是新的旅游产品开发的基础和起点。这些设想产生的可能性有许多，既可能来自企业内部(如经理、设计人员、普通员工)，也可能来自企业外部(如游客、竞争对手、高校和科研机构)；既可以通过正规的市场调查获得，也可以借助于非正式的渠道。这些构思可能是为企业提供开发新旅游产品的手段，或者是为企业取得旅游产品组合的各种权利(如特许权)。许多"创造性"的构思来源于个人和集体的灵感、勤奋和技术。为了产生有创意的构思，可以采用各种思考方式和技术，如专家意见法、头脑风暴法、侧面思维法等。

2) 筛选

根据经营者的旅游资源条件、资金条件、市场状况、技术生活水平和管理能力等，对所有构思进行筛选，放弃那些不切实际的和错误的构思。当然要注意避免"误舍"和"误用"两种错误。"误舍"就是让一个有缺点但能改正的优秀的构思草率下马；"误用"则是使一个错误的构思进入开发和商品化阶段。必须根据市场规模、竞争程度、服务水平等进行筛选。

3) 概念发展和测试

将经过筛选之后的构思转变成具体的旅游产品概念，用有意义的消费者语言精练地表达构思，并测试目标游客对于产品概念的看法和反应，访问游客，了解他们的想法。比较该产品同竞争对手的产品的差异，了解它在潜在旅游者心目中的可能位置。在分析目标市场的规模、结构与行为，以及对旅游产品定位基础上，制订营销计划。

4) 商业分析

商业分析即评估新的旅游产品开发的可行性和收益率，也就是经济效益分析。常用盈亏平衡分析法、投资回收期法、投资报酬率法等方法，大致评估这种旅游产品概念在旅游市场上的吸引力及成败的几率，如分析投资规模，预测市场销售状况、经营成本和利润水平、风险和敏感性，并制定应对策略。

5) 产品开发

这是旅游产品的实际开发阶段。企业应从以下几方面入手：进行项目的投资或引资、招聘和培训新的员工、购买各种设施、建立有效的沟通系统、进行建设活动或洽谈以组合旅游产品等。

6) 市场试销

旅游产品的试销比一般商品要难，有的甚至无法试销。例如，建设一个旅游度假村，就不存在试销的可能性，这种旅游产品一开始就必须达到设计的标准和要求，一旦建成，只能正式上市。但旅行社或旅游区设计(组合)一条旅游线路，可以请一些专家、业内人士或者普通旅游者试游，从而检验旅游产品的优劣，进一步改进旅游线路。

7) 正式上市

正式向旅游市场推出旅游产品，进入其生命周期的引入阶段。显然，旅游市场营销组合策略正确与否，将直接影响旅游产品正式上市后的销售效果，就此意义而言，该阶段也是最重要的阶段。必须认真考虑在何时、从何处、以何种形式推出新的旅游产品。

7.4.2 旅游产品促销

1．旅游产品促销的概念和作用

促销是促进销售的简称。旅游产品促销又称旅游促销，是指旅游经营企业运用各推销手段，以促进产品销售的行为的总称。旅游促销的主要目的是为了影响人们的旅游消费行为，扩大旅游产品的销售。具体而言，旅游产品促销活动主要有以下几个方面的作用。

(1) 提供信息，促进供需双方的了解。

旅游促销是运用各种有利的宣传手段，向旅游客源地提供旅游地各种旅游信息。从促销活动的总体上看，促销是一个双向提供信息的过程，通过信息的传递，增进了供需双方的了解。这对于推动旅游事业的发展是大有裨益的。

(2) 刺激需求，不断扩大客源市场。

旅游促销活动更多的是运用心理战术。通过各种促销手段，让人们去了解和认识各种旅游产品，引起他们的兴趣，转变他们的观念，激起他们对旅游需求的欲望，促使他们下决心，付诸旅游行动。

(3) 自我包装，树立良好的企业形象。

企业的形象和信誉是一种无形资产，具有不可估量的价值。旅游企业开展旅游促销活动实际上是对企业的一种自我宣传、一种自我包装。由于潜在的旅游者对旅游目的地的认识总是零星的、不具体的,有时可能是一种片面的、不正确的认识,为了使其对旅游目的地有一个全面完整的印象,旅游促销活动必然在实事求是的前提下,增加一定的渲染,以此来增强对旅游消费者的吸引力,这样在不知不觉中就使得企业在社会公众的心目中树立起一种良好的形象。当然,如果不顾企业的实际情况,脱离实际去宣传,会造成适得其反的效果。

(4) 自律自强,促进企业经营管理水平的提高。

旅游企业通过自己的促销活动,宣传了企业的产品,同时也宣传了企业。企业的每一位员工都应懂得,有良好的企业形象和信誉才能吸引更多的客源。有效地开展促销活动,会增强企业员工的责任感,因为良好的企业形象不是自我的感觉,不是自封的,而是社会公众的认同,社会公众的评价。

2. 旅游促销手段

促销手段是人们在促销实践活动中所运用的方法。从总体上可以把促销手段分为三大类,即人员推销、大众推广和营业推广。也有的把它归纳合并为两大类,即人员推销和非人员促销。非人员促销中分为大众推广和营业推广。人员推销是一种直接推销,好比促销战中的正面进攻;非人员促销是一种间接推销,被称为促销战中的侧翼进攻。促销手段产生于实践,并将在实践中不断丰富和发展。这里仅就主要的旅游促销方式略做介绍。

1) 人员推销

人员推销是一种古老的促销方法,也是现代企业常用的一种推销手段。所谓人员推销,是指旅游企业派出销售人员,采用谈话的方式直接向潜在的客户推销产品。各旅行社也都有自己的推销员,旅行社在各地的代理人,实际上就是旅行社的推销员,他们直接与旅游者发生联系。我国目前推销员的队伍还很不健全,一些推销员的作用还未被充分认识,他们的工作能量还未被充分地发挥出来。人员推销较之非人员推销有其独特优点,如作业弹性大、灵活机动、针对性强、能充分发挥推销员的主观能动性。一般说来,一个有能力的推销员,其推销的成功率还是很高的。同时,人员推销也是一个信息双方沟通的过程,他不仅可以向客户提供咨询服务,还可以及时收集到客户的建议和要求,使信息能够及时得以反馈。当然人员推销也存在不足之处,如推销面不广、声势不大、费用较高等。

2) 大众推广

大众推广主要是指通过广告、公共关系、各种宣传品、举办展览会等多种形式,向社会公众进行广泛的宣传,从而达到促销的目的。

(1) 旅游广告促销。

旅游广告是旅游经营企业或部门通过媒体传递旅游产品信息以促进销售的大众传播手段。作为传递信息的工具,广告是促销活动中最典型的一种方式。旅游广告信息必须通过一定工具或技术手段才能传递给广大潜在的旅游者。人们把这些传递信息的一定工具或技术手段称为广告媒体,它是传递广告信息的桥梁。广告媒体的种类很多,当前广告媒体主要有如下几种:报纸、杂志、小册子等印刷媒体,广播、电视等电波媒体,户外广告,直接函件广告、幻灯广告等。其中报纸、杂志、电视、广播为四大主要媒体。由于各种广告媒体的特点不同，传递信息的范围、速度不一，费用也就高低不等，加之广告的内容质量千差万别，因此，对广告媒体的选择是一个十分重要的问题。此外，广告的制作、广告时间的选择以及各种广告媒体的组合运用等问题，都是在进行广告宣传促销时应当注意研究的问题。

(2) 公共关系促销。

公共关系促销活动可分为两类：一类是进攻型，即主动地通过各种途径开展公共关系活动，使社会公众了解自己的目标、宗旨、所经营的产品和可提供的服务等，赢得赞许，树立良好形象；另一类是防御型，是指在突然遇到不利的情况时，为纠正损害本国、本地旅游的不利形象而开展的公共关系活动，旨在化被动为主动。

3) 营业推广

营业推广又称特殊推销。它旨在激发消费者购买从而提高销售效率。诸如陈列、展示与展览、表演，以及许多非常规的、非经营性的销售尝试，都属于营业推广。

阅读案例 7-4

慈利成功举办旅游产品推介会

"金慈银澧迎宾客，碧水青山入画来"。7月5日至8日，慈利县旅游局带领慈利各旅游企业的负责人，组成宣传促销小分队，冒着炎热酷暑，分赴长株潭各大高校及旅行社进行慈利旅游产品的暑期促销，并于7月8日在长沙举办了慈利旅游产品推介会，长沙40多家旅行社负责人和新闻媒体代表共60多人应邀参加了本次推介会。

慈利旅游产品内容丰富，品味不俗，与核心景区形成互补，是张家界旅游的重要组成部分，从2006年开始，每年接待游客都在140万人次以上，已成为中外游客重要的旅游目的地之一。会上，慈利县旅游局向与会人员详细介绍了慈利旅游的发展情况，慈利绝美的自然风光和浓郁的少数民俗风情深深感染了与会的旅行社负责人和媒体记者朋友，慈利旅游景区景点推出的暑期促销优惠政策更激起了各旅行商的浓厚兴趣。各大旅行社对本次推介会给予了高度评价，推介会在友好的氛围中圆满结束。

(资料来源：http://www.hnredstar.gov.cn/zhangjiajie/zjj/t20100713_307839.htm.)

本章小结

旅游产品是本章的重点，旅游产品概述主要讲解旅游产品的定义、特征等相关知识，让学生明白旅游产品与一般产品的区别。

旅游产品的构成与分类的任务是从理论上分析旅游产品的构成，并从不同角度对旅游产品进行划分。为此，学生需要掌握旅游产品的需求构成、旅游产品的供给构成、构成的关系、旅游产品的分类等相关知识。

旅游产品的生命周期的任务是使学生根据旅游产品投放市场各个不同的生命周期做出不同的销售对策，这就需要学生掌握旅游产品各个不同生命周期阶段的特点的相关知识。

旅游产品的开发和促销的主要任务是使学生能根据旅游产品开发的相关理论，开发旅游产品，遵循市场规律，有针对性地使用促销策略，这就要求学生掌握旅游产品的开发原则、旅游产品的开发程序、旅游产品的促销策略等相关知识。

关键术语

旅游产品　旅游核心产品　旅游产品的生命周期　旅游促销

复习思考题

一、填空题

1. 旅游产品的核心部分指的是_____。
2. 旅游促销的方式主要有_____，_____。

二、简答题

1. 旅游新产品开发要经过哪些程序？
2. 试从供给与需求两种角度分析旅游产品的构成。
3. 简述旅游产品的分类。
4. 旅游产品的大众推广应该怎么进行？

三、名词解释

旅游产品　　旅游促销　　旅游产品生命周期理论

四、实际操作训练

课题：旅游产品促销计划。

实训项目：旅游产品促销计划的制订。

实训目的：学习怎样制订旅游产品促销计划。

实训内容：某市一家旅游产品生产公司准备利用市里文化节期间进行旅游产品的促销，需要一个详细的促销方案。

实训要求：将参加实训的学生分成若干调查小组，代表该旅游生产公司根据市场情况写出一份旅游产品促销计划。

五、案例分析

牡丹旅游产品的喜与忧

从 1983 年首届牡丹花会，到 2011 年牡丹文化节，这项盛会对洛阳经济发展起到了不可估量的作用。

一、牡丹旅游产品不断丰富

"来洛阳看牡丹，带些什么纪念品？"许多外地游客经常会发出这样的疑问。

前些年，我市牡丹旅游产品比较单一：牡丹盆花、牡丹花籽、牡丹相框……

近年来，随着我市牡丹产业的发展，洛阳人抓住商机，使牡丹旅游产品无论是品种还

是数量都上了一个台阶。如今,能随风摇摆的"会跳舞的牡丹"、内嵌变色牡丹的精致化妆镜、书画家现场作画题字的牡丹扇、高仿真的牡丹绢花、软陶或琉璃制成的牡丹饰品、牡丹邮品、"牡丹彩"丝巾、T恤,以及精致的牡丹瓷……各种各样有牡丹元素的纪念品受到游客欢迎。

此外,随着牡丹栽培技术与催花水平的提高,植株低矮、长势旺盛、包装精致、便于携带的盒装礼品牡丹应运而生。而且洛阳人还开始以牡丹为原料开展深加工,牡丹精油、牡丹酒、牡丹饼、牡丹茶、牡丹香熏、牡丹化妆品等系列产品相继问世,进一步丰富了洛阳牡丹旅游产品市场。

二、牡丹旅游产品有点散

在税务系统工作的李女士说,前几天,外地朋友来洛阳玩,临走前向她打听,买点什么合适的礼品拿回去送人。但朋友觉得这些东西太零散、不够档次,送长辈有些拿不出手。记者随机采访了一些市民,多数人在被问到"洛阳有什么好的特色旅游产品"时显得有些迷茫,还有人从未听说过牡丹的深加工产品。

(资料来源:贾鸿雁. 牡丹文化及其旅游开发[J]. 北京林业大学学报(社会科学版), 2009, 8(2): 7~11.)

问题:
1. 洛阳牡丹旅游产品的不足之处是什么?
2. 利用本章节中旅游产品的相关知识,谈谈你对牡丹旅游产品开发的看法。

第8章 旅游市场

教学目标

通过本章学习，了解旅游市场的概念及其特征；明确旅游者的需求与供给；掌握旅游者得流动规律及国内外旅游市场的动态。

教学要求

知识要点	能力要求	相关知识
旅游市场概述	能够了解旅游市场的概念 能够明确旅游市场的特征 能够掌握旅游市场的分类，准确定位产品的目标市场	旅游市场的概念、特征 旅游市场的划分
旅游需求与供给	能够明白旅游需求的形成及原因 能够掌握旅游需求的规律 能够了解旅游供给的规律 能够掌握影响旅游供给的因素	旅游需求的形成，以及原因和规律 旅游供给的概念、规律、影响旅游供给的因素
旅游者的流动规律	能够推出旅游者的流量及流向 能够了解影响旅游者流动的原因 能够掌握国际旅游者流动的特点及规律	旅游者的流量及流向 旅游者流动的影响因素 国际旅游者流动的特点及规律
国内外旅游市场概况	能够了解国内外旅游客源市场的客源分布及特点	国内旅游客源市场的客源分布及特点 国外旅游客源市场的客源分布及特点

导入案例

商务旅游者

商务旅游者是美国饭店业最大的细分市场，有一半以上的客房收入来自这个市场。商务旅游者有良好的知识背景，收入较高，一般从事销售、管理或是其他专业性较强的职业。与一般的美国人相比，这些人经常阅读报纸而不是看电视。他们旅行的主要目的是商务活动。

在选择饭店方面，商务旅游者更注意饭店的位置、整洁度、服务、客房价格和饭店的声誉。理想的客房应该有高质量的床垫、舒适的浴巾、书桌和免费的本地电话服务，以及没有附加费的长途电话服务。免费的本地电话服务对销售人员来说是非常重要的。商务旅游者首先要求的是快捷的入住登记服务，然后会选择入住无烟客房。

随着商务旅游者的增加，商务客房的关键部分应该是设备先进的办公区域、备有大号的办公桌、现代化的数据处理设备、多功能电话、方便的电源开关、舒适的座椅和明亮的灯光。没有这些设施的商务客房将不具备竞争能力。

第8章 旅游市场

凯悦饭店所做的研究发现，商务旅游者很有敬业精神。他们每天要工作15个小时。他们中有45%的人称自己因为商务旅行而放弃了许多重要事情，如圣诞节、结婚周年纪念、照顾患病的配偶等；有80%的人在孩子过生日的时候仍在外面奔波。除了上述这些情况，他们还有放纵自我的倾向。

下面列举了这些商务旅游者的一些放纵的方式：51%的人享用大餐，49%的人去健身俱乐部放松，47%的人在客房就餐，32%的人购物，30%的人洗澡，19%的人吃高脂肪的食物。一般以上的商务旅游者的住宿费用为50美元/晚以上，11%的人超过100美元。

(资料来源：2012年度《亚太地区商务旅行者调查报告》.)

问题：
饭店应该制订怎么样的营销计划来吸引商务旅游者？

随着国民收入的增加和人民生活水平的提高，越来越多的中国人加入到旅游活动中来。国内旅游蓬勃发展，势头喜人；出境旅游已发展起来，并取得一定成效；入境旅游在竞争激烈的条件下也出现了稳中有开的势头。目前，旅游消费群体正在形成并不断扩大，构成了一个庞大的旅游需求和消费市场。

8.1 旅游市场概述

8.1.1 旅游市场的概念

在旅游业经营和旅游学研究中，人们通常用旅游产品的经常购买者和潜在购买者表示旅游市场，也称旅游需求市场、旅游客源市场或客源市场。对旅游市场进行统计，可以从客源地客流方面进行统计，也可以从接待地接待方面进行统计。在某些特定情况下，旅游市场也可用于指代旅游供给市场。这里采用如下定义：旅游市场是指在一定的条件下，对特定旅游产品有需要和欲望，而且愿意并能够通过交换来满足这种需要或欲望的现实的和潜在的人群综合体。

旅游市场的形成有以下几个条件。

(1) 存在具有购买意愿的人群，他们具有需要、期望，为购买旅游产品创造了基本条件和机遇。

(2) 要有一定的购买能力，能够实现愿望，即存在对旅游产品的现实需求。

(3) 要有购买的权利，对于个人来说，权利在个人，而在组织内部，这种决定权利是由一个人、若干人或集体来掌握，对购买就有不同的影响。

8.1.2 旅游市场的分类

所谓旅游市场分类，就是根据国境、地域、旅游目的、消费、旅游组织形式等因素，划分为不同的旅游细分市场。在全球旅游市场中，任何一个旅游供应商，都没有足够的实力占领整个全球市场，满足所有旅游者的需求，因而对旅游市场进行分类具有现实必要性，有利于各个国家、各个地区或各个企业确定自己的目的市场，并采取相应的旅游市场开发策略。

1. 按国境划分

按国境划分旅游市场，一般分为国内旅游市场和国际市场。前者是指一个国家国境线以内的市场，即主要是本国居民在国内各地进行旅游；后者是指国境线以外的市场，即某一个国家接待境外旅游者到本国各地旅游，或者组织本国居民到境外进行旅游。通常，在国内旅游市场上，旅游者是本国居民，主要使用本国货币支付各种旅游开支，并自由地进行旅游而不受国界的限制，因而大力发展国内旅游不仅容易可行，而且可以对国内商品流通、货币回笼等起促进作用。在国际旅游市场上，由于旅游者是其他国家或地区的居民，使用其他国家的货币支付旅游开支，往往涉及货币兑换、旅游护照、目的地家的签证许可等问题，因而国际旅游市场与国内旅游市场相比较要复杂。

2. 按地域划分

按地域划分旅游市场，是以现有及潜在的客源发生地为出发点，根据对旅游者来源地或国家的分析而划分旅游市场。世界旅游组织根据世界各地旅游发展情况和客源集中程度，将世界旅游市场划分为欧洲、美洲、东亚太地区、非洲、中东和南亚六大区域性市场。从六大区域性市场的发展看，几十年来，欧美经济发达国家一直占据着国际旅游市场的主导地位，而其他区域旅游市场所占市场份额相对较小。

3. 按旅游目的划分

传统的旅游市场划分往往是根据旅游目的的性质，划分为观光旅游市场、文化旅游市场、商务旅游市场、会议旅游市场、度假旅游市场、宗教旅游市场等。当前，除了以上传统旅游市场外，又出现了一些新兴的旅游市场，如满足旅游者健康需求的体育旅游市场、疗养保健旅游市场和狩猎游市场等；满足旅游者业务发展需求的修学旅游市场、学艺旅游市场等；满足旅游者个性需求的探险旅游市场、美食旅游市场、环境旅游市场和惊险游艺旅游市场等。总之，由于旅游者的旅游目的不同，对旅游产品的需求不同，从而可划分为不同的旅游细分市场。

4. 按消费划分

根据旅游者的消费水平，一般可将旅游市场划分为豪华旅游市场、标准旅游市场和经济旅游市场。在现实经济中，由于人们的收入水平、年龄、职业、社会地位、经济地位的不同，其旅游需求和消费水平也不同，从而对旅游产品的质量要求也不一样。通常，豪华旅游市场的市场主体是社会的上层阶层，他们一般对旅游价格不敏感，而是希望旅游活动能最大限度地满足他们的旅游需求，如参加团体旅游，他们更喜欢和具有相同社会和经济地位的人在一起旅游。标准旅游市场的主体是大量的中产阶级，他们既注重旅游价格，又注重旅游活动的内容和质量。经济旅游市场的主体是那些收入水平较低或没有固定收入者，他们更多的是注重旅游价格的高低。因此，旅游经营者应根据其提供的旅游产品的等级，科学地进行市场定位，以选择合适的目标旅游市场，并努力增强对旅游市场的吸引力和扩大市场占有率。

5. 按旅游组织方式划分

根据旅游的组织方式，可将旅游市场划分为团体旅游市场和散客旅游市场。团体旅游一般是指人数在10人以上的旅游团，其旅游方式以包价为主，包价的内容通常包括旅游产品基本部分，如吃、住、行、游、购、娱，也可以是基本部分中的某几个部分。旅行社往往以优惠的旅游价格分别购买各单项旅游产品，然后组织成旅游线路产品再出售给旅游者，因而旅游者参加团体包价旅游，其旅游价格一般较便宜。团体包价旅游往往提前安排好活动日程，使旅游者能够放心地随团旅游。而且包价旅游的内容灵活多样，可以根据旅游者的偏爱而自由选择。

散客旅游主要指个人、家庭及10人以下的自行结伴的旅游活动。散客旅游者可以按照自己的意向自由安排活动内容，也可以委托旅行社购买单项旅游产品或旅游线路中的部分项目，因而比较灵活方便。散客旅游的主要缺点是旅游者自己要考虑每一站的抵离接送及住宿、就餐等问题，其所购买的各单项旅游产品的价格之和比旅行社同样内容的团体包价旅游的价格也要昂贵得多。由于散客旅游灵活方便，随着现代旅游业的发展，散客旅游迅速增加，而团体旅游比重大幅度下降，散客旅游已成为一种国际旅游市场发展的新趋势。

阅读案例 8-1

九寨沟喜来登大酒店的销售策略

九寨沟喜来登被称为中国第一家五星级景区酒店，这个定位虽然有些噱头，但它至少给了住客一个指向性的诉求导向。但正因为定位于景区酒店，它需要花更多的时间去打开旅行社的通路。

"在旺季的时候，九寨沟的酒店市场是卖方市场，特别是九寨沟的两家五星级酒店。"在总经理张鸿华看来，卖方市场与买方市场的季节性差异，是权衡与旅行社合作关系的关键所在。他认为，在旺季时能给几家大旅行社较多的房间配额，旅行社必然能在淡季给自己带来更多的游客。

这可以看成提升淡季营业额的方法，也可以当成取悦旅行社的手段。不过它带来的效益却是显而易见的，"2006年近9 000万元的营业额，比上一年高出了2 000多万元，增长了30%"，张鸿华将这一成绩归功于销售团队与旅行社之间形成了良好的互动关系。他的做法是："淡旺季相结合，旅行社淡季带来多少生意，旺季就可以得到相应的配额。"

这是一个具有针对性的策略，九寨沟喜来登一开始就没有打算对团体客户以外的消费者进行营销。张鸿华心里有一本账："如果不随团，在旺季从北京到成都，再从成都到九寨沟，往返机票接近5 000元，加上几天住宿的花费，最少也要7 000元，这超出了'新马泰游'的价格了。"也就是说，团体游才是最合算的旅游方式。因此，九寨沟喜来登没有理由将大量资源放在散客身上。找准了影响销售的核心群体，营销也就成功了一大半，这对于九寨沟喜来登这样的景区酒店来说尤其如此。

(资料来源：刘缘. 九寨沟喜来登：破除营销魔咒[J]. 新营销，2007，(1).)

8.1.3 旅游市场的特征

旅游市场作为旅游经济运行的轴心，与一般商品市场、服务市场和生产要素市场相比，具有不同于其他市场的季节性、波动性、多样性和世界性等特点。

1. 旅游市场的季节性

由于旅游者闲暇时间的不均衡和旅游目的地国家或地区自然条件、气候条件的差异，造成旅游市场具有突出的季节性特点。例如，某些与气候有关的旅游资源会因季节不同而产生淡旺季的差别，如夏威夷海滩，如图 8.1 所示；某些利用带薪假日出游的旅游者，也是造成旅游淡旺季的主要原因；某些旅游目的地直接受气候影响，而具有明显的季节差异性，如海滨旅游、漂流旅游等。因此，旅游目的地国家或地区应根据旅游市场淡旺季的不同特点做出合理安排，努力开发淡季旅游市场的需求，把大量的潜在旅游需求转化为现实的旅游需求；合理组织好旺季旅游市场的供给，以减少或消除季节性的影响，使旅游市场向淡旺季均衡化方面发展。

图 8.1 夏威夷海滩

(资料来源：昵图网．http://www.nipic.com．)

2. 旅游市场的波动性

旅游产业是以需求为主导的产业，而影响旅游需求的因素又是多种多样的，从而使旅游市场具有较强的波动性，任何一个因素的变化都会引起旅游市场的变动。对于某一个具体的旅游市场，任一意外事件或者重大活动都会在一段时间内改变旅游客源的流向，从而使旅游市场呈现出较大的波动性。例如，"非典"使中国等一些国家的旅游业极大受挫；"9·11"也使美国乃至全球旅游业一度下滑；东南亚金融危机则直接影响该地区的旅游业发展。可见，旅游市场比较容易受外部因素的影响，呈现一定的波动性。不过，从长期考察来看，旅游市场呈现出一种持续向前发展的态势。

3．旅游市场的多样性

旅游市场的主体是旅游者，而旅游者的需求是多种多样的，从而形成的旅游市场具有多样性。这种多样性主要表现在以下几个方面：一是旅游购买形式的多样性，即包价旅游、散客旅游、包价与散客旅游相结合的旅游购买方式等；二是旅游产品种类的多样性，即不同国家、不同地区的自然风光和人文景观的不同，必然形成不同的旅游产品，从而使旅游者从中获得的经历与感受也不同；三是交换关系的多样性，即旅游者可以直接购买单项旅游产品，也可以通过客源地旅行社购买旅游线路产品，还可以通过目的地旅行社购买综合性旅游产品。看来，旅游市场的多样性不仅反映了旅游市场发展变化的特点，而且在很大程度上决定着旅游经营的成败。

4．旅游市场的世界性

当今旅游市场是一个开放的统一市场，具有世界性。自第二次世界大战以来，随着生产力的提高、交通条件的改善和社会经济的发展，国际旅游市场经历了一个由国内向国外的发展历程，旅游活动由一个国家扩展到多个国家，区域性旅游市场发展成为世界性旅游市场。旅游市场的世界性使人们可以以较少的时间、较少的支出获得更多旅游需求的满足，使旅游者的足迹遍布世界各个地区和大部分国家，促进了世界各国旅游业的发展，丰富了人们的旅游活动。

8.2 旅游需求与供给

8.2.1 旅游需求

1．旅游需求的定义

需求是指消费者有支付能力的需要。在经济学意义上的需求，要涉及两个变量，一个是商品的销售价格，另一个是在一定价格水平上愿意并且有能力购买的该商品的数量。旅游需求的形成，有客观的因素，也有主观的因素。

2．旅游需求规律

在市场经济条件下，旅游经济的运行，也必然要在市场经济规律的支配下进行，旅游需求的规律只是市场经济规律在旅游需求方面的具体化。

旅游需求与旅游产品价格、人们的收入水平和人们余暇时间的多少，存在一定的依存关系，也就是说，旅游产品价格、人们可自由支配的收入水平和余暇时间的变化，都会引起旅游需求的变化。

1) 旅游价格对旅游需求的影响

一般来说，在其他条件不变的情况下，旅游价格与旅游需求成反方向变化，即旅游价格上升，旅游需求下降；反之，旅游价格下降，则旅游需求上升。这一变化的规律可由下面的旅游需求曲线图来表示，如图 8.2 所示。

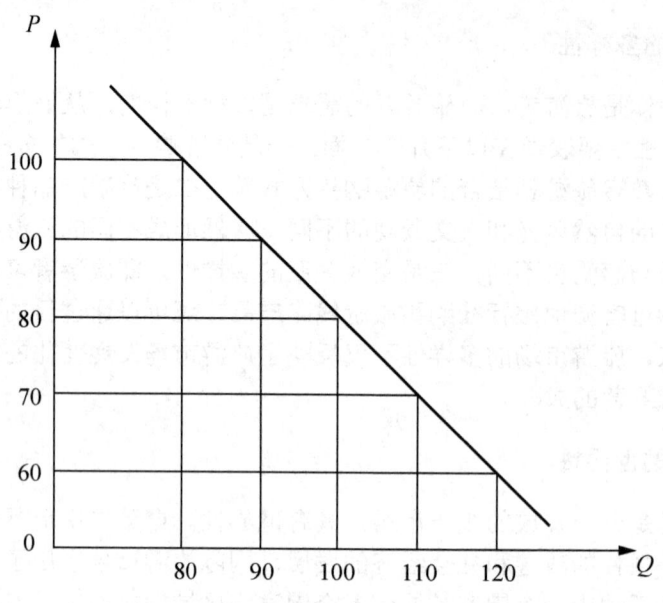

图 8.2 旅游需求与价格的关系

图 8.2 中，P 表示价格，Q 表示旅游需求量。从图中可以看出，旅游价格越高，旅游需求量越小；旅游价格越低，旅游需求量越大。旅游需求曲线是从左上方向右下方倾斜的。

如果除了旅游价格的因素之外，还有其他因素对旅游需求发生影响，那么旅游需求曲线图可由图 8.3 来表示。

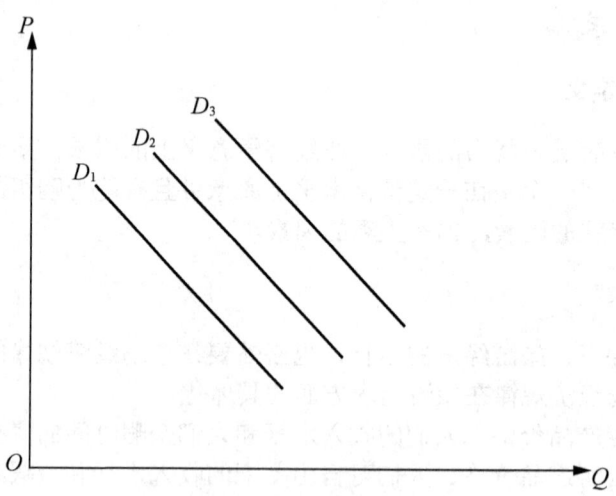

图 8.3 旅游需求曲线图

在旅游价格不变的情况下，如果其他因素发生变化，就会使旅游需求曲线发生位移。以 D_2 表示原来的旅游需求曲线，D_3 旅游需求曲线表示其他因素变化引起的旅游需求的增加，D_1 旅游需求曲线表示其他因素变化引起的旅游需求的减少。

2) 人们可自由支配的收入水平对旅游需求的影响

一般说来，人们可自由支配的收入与旅游需求成正方向变化，即人们可自由支配的收入越大，对旅游需求越大；反之，人们可自由支配的收入越小，对旅游需求越小。它们之间的关系，可用函数关系表示为

$$Q_d = f(I)$$

式中，I 表示人们可自由支配的收入；Q_d 表示旅游需求量；f 表示函数关系。旅游需求量与人们可自由支配的收入之间的关系如图 8.4 所示。

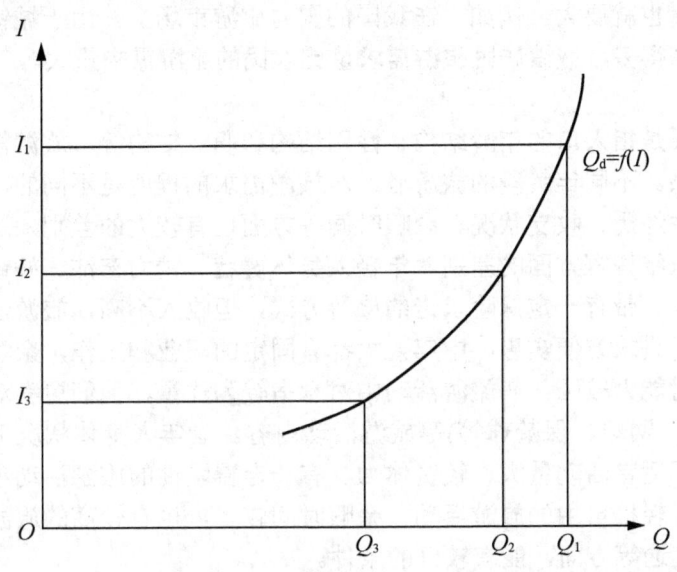

图 8.4　旅游需求与自由支配收入图

从图 8.4 中可以看出，当可自由支配收入为 I_1 时，旅游需求量为 Q_1；当可自由支配收入减少到 I_3 时，旅游需求量减至 Q_3；当可自由支配收入增加到 I_2 时，旅游需求量增至 Q_2。

3) 人们的余暇时间对旅游需求的影响

人们开展旅游活动，需要一定的余暇时间，否则旅游活动无法进行。但是余暇时间作为对旅游需求影响的一个因素，通常总是与人们可自由支配收入这个因素结合在一起。当一个人没有足够的进行旅游活动的支付能力，即使是有余暇时间，也不能形成现实的旅游需求，只有在已经具备充足的旅游支付能力的情况下，有无余暇时间就成了决定性因素。因此，余暇时间与旅游需求的关系，可做如下的概括：在具有旅游支付能力的前提下，人们的余暇时间与旅游需求成正比例。

4) 其他因素对旅游需求的影响

旅游需求与社会的一般需求一样，由于受到多种多样因素的影响，形成复杂多变的状况。为了更全面地了解掌握旅游需求，就要尽量详尽地分析和研究各种各样的影响因素。除了旅游价格、旅游者可自由支配的收入水平和闲暇时间以外，影响旅游需求的主要因素还有如下几个。

(1) 旅游客源国或地区的人口数量。

一般来说，旅游客源国或地区随着人口的增多，旅游需求量也会增加，这是从人口增长和旅游需求量增长的总的发展趋势而言的。而某一旅游客源国在某一时期中，人口数量是负增长，但旅游需求却增加了，如法国，这是影响旅游需求的其他因素使然。

(2) 人口的地理分布。

人口的地理分布状况不同，所形成的旅游需求量也会有很大差异。一般来说，在大中城市和经济文化比较发达的地区，人们的生活水平相对要高，再加上交通、信息等方便的条件，旅游需求量也就要大。例如，在我国的国内旅游市场上，由于城镇居民的出游率要比农民的出游率高得多，城镇居民旅游需求量比农民的旅游需求量大。

(3) 人口结构。

人口结构主要是指人口的年龄结构、性别结构和职业结构等。旅游需求与人口结构有着十分密切的关系。不同年龄段的旅游者，对旅游需求的程度是不同的，同时，由于他们的身体状况、人生经历、收支状况、余暇时间等方面也有较大的差别，这样必然造成旅游需求量和旅游需求结构等方面的差别。年轻人身体健壮、精力充沛、好奇心大、活动能力强，喜欢活动量大、带有一定探险求奇的旅游方式，但收入不高，旅游过程中对食宿交通等要求不求奢侈，只求方便实惠。中年人大都有固定的职业和工作，余暇时间不多，但收入水平较高，支付能力较强，在旅游活动中对食宿较为注重，他们更喜欢度假、休闲、体育(如打高尔夫球、网球、保龄球等)等旅游活动内容。老年人身体状况下降，支撑能力和活动能力不强，不适宜活动量大、较费体力、有一定冒险性的旅游活动项目，而喜欢观光游览、文化娱乐、轻松自由的旅游活动，余暇时间较多，也有较高的旅游支付能力，他们希望在食、宿、交通等方面，能有较好的条件。

(4) 家庭人口状况。

家庭人口状况主要是家庭人数的多少。家庭人口多，需要养育的人口也就多，家庭生活负担就重，可自由支配收入就相对要少；反之，可自由支配收入就相对要多。这就形成了不同家庭在旅游需求上的差别。从社会的发展趋势上看，家庭的平均人口数是减少的。家庭需要养育的人口少了，旅游的支付能力就提高，旅游需求量也就增加。

(5) 人们受教育的程度。

一般来说，人们受教育的程度越高，旅游需求就越大；反之，则小。这是因为旅游活动是一种精神文化活动，许多旅游吸引物具有较多的知识含量，文化水平越高，旅游中的所获就越多，旅游活动的范围就越广，能被吸引的旅游资源也就越多。

(6) 政治因素。

政治因素包括有各国的政策、国家关系、各国政治经济形势、国际重大政治事件、军事冲突、恐怖活动等，这些因素对旅游需求影响极大，有的政治因素对旅游需求的影响是致命的。对于旅游目的地(国)和旅游客源地(国)来说，政治因素会影响到旅游需求，即使是发生在其他地区或国家的政治问题，有时也会影响到旅游目的地(国)和旅游客源地(国)的旅游需求。

(7) 货币汇率。

货币汇率的变化对国际旅游有较大影响。由于各国的经济形势不同，各国的货币币值的变化，就会引起不同国家间货币兑汇比率的变化。例如，泰国和美国，由于泰国货币(泰铢)因东南亚金融风暴的发生而大幅贬值，引起泰币与美元汇率的下降，即一美元可以兑换比原来更多的泰币。在这种情况，使美国旅游者去泰国旅游就变得便宜了，从而可以使美国旅游者对泰国的旅游需求增加；反之，泰国旅游者去美国旅游，就变得昂贵了。这样就会减少泰国旅游者对美国旅游的需求量。

(8) 交通费用。

国际或国内交通费是旅游花费的重要组成部分。在我国国内旅游方面，交通费用占旅游费用的比例则更大。以从广州到丽江、香格里拉 5 日游为例，假定乘坐飞机，往返飞机票每人 2 200 元左右，每天每人食宿游费用平均 200 元，5 天共计 1 000 元。此时，交通费占全部旅游花费的 70%左右。由此可见，旅游中的交通费所占旅游花费的比例是相当大的。正因如此，交通费的增加或减少，都会对旅游者的旅游需求形成较大影响。

(9) 旅游目的地(国)的物价水平。

旅游目的地(国)物价水平的高低对旅游需求影响很大。影响不同国家的物价水平高低的因素是很多的，其中一个重要因素是不同国家劳动力价值或价格的水平不一样。一国劳动力价格水平高，就会拉动产品成本的上升，从而引起产品价格的上升；反之，劳动力价格水平低，产品成本就低，产品的价格也就低。世界上有几个大的旅游城市，如东京、纽约、伦敦、巴黎等，物价水平都是非常高的，到这些城市旅游，花费就很大。正因为如此，到中国旅游的日本游客，远远超过去日本旅游的中国游客，两国之间就形成了彼此完全不同的旅游需求量。

在我国国内旅游方面，不同旅游城市和旅游地区间，物价水平也存在着较为明显的差别。在广东、上海、浙江沿海一带的城市物价水平较高，而中西部的一些城市，物价水平相对较低。如果单就物价这一因素考察，广东、上海、浙江等省市对中西部的旅游需求量就大，中西部对广东、上海、浙江等省市的旅游需求量就小。

(10) 旅游目的地(国)旅游供给状况。

旅游目的地(国)旅游供给包括旅游资源、各种旅游设施、旅游服务水平等。一般来说，在旅游目的地(国)拥有丰富的、品级高的旅游资源，有能使游客得到满足的各种旅游设施，就能构成对旅游者的吸引，从而引发旅游者的旅游需求；反之，如果旅游目的地(国)旅游资源较平淡无奇，各旅游设施条件较差，常常给旅游者带来不便，就会降低对旅游者的吸引力，从而也难引发旅游者的旅游需求。

3．旅游需求的衡量指标

一国或一地的旅游需求的大小，是通过旅游需求的指标来衡量的。衡量一个国家或地区旅游需求量的是总体指标，衡量个别旅游者旅游需求量的是个体指标。这里介绍的是衡量旅游需求量的总体指标。

1) 旅游者人次数

旅游者人次数包括两部分：国际旅游人次数和国内旅游人次数。国际旅游人次数又分为入境旅游者人次数和出境旅游者人次数。前者是指一个国家(或地区)在报告期内所接待的国外(境外)旅游者人次数，而后者则是指报告期内一国(或一个地区)居民出国(出境)旅游的人次数，旅游者每出入境一次，统计 1 人次。国内旅游人次数是指报告期内一国居民离开常住地在境内其他地方旅游的人次数。旅游者每出游一次统计 1 人次。

2) 一日游游客

一日游游客分为国际一日游游客和国内一日游游客。

国际一日游游客是指一个国家所接待的入境游客中，未在该国旅游住宿设施内过夜的外国人等境外旅游者。国际一日游游客包括乘坐游船、游艇、火车、汽车去(或途径)一国旅游，在车(船)上过夜的游客和机、车、船上的乘务人员，但不包括在境外(内)居住而在境内(外)工作，当天往返的周边国家的边民。

国内一日游游客是指一国居民离开常住地 10 千米以上，出游时间超过 6 小时，不足 24 小时，并未在境内其他地方的旅游住宿设施内过夜的国内游客。

3) 接待旅游者人天数

接待旅游者人天数反映报告期内一个国家或地区的旅游住宿设施实际接待的各类旅游者的规模。

旅游者人天数是旅游者人次数与旅游者人均停留天数的乘积。其公式为

$$旅游者人天数 = 旅游者人次数 \times 旅游者人均停留天数$$

4) 人均停留天数

旅游者在一国或一地的人均停留天数是反映旅游需求的又一指标。其计算公式为

$$人均停留天数 = \frac{\sum 旅游者次数 \times 停留天数}{\sum 旅游者人次数}$$

5) 旅游开支

旅游开支是指在一定时期内，入境旅游者和国内旅游者在旅游目的地(国)旅游活动中所支出的货币量。其计算公式为

$$人均旅游开支数 = 旅游者人次数 \times 人均旅游开支数$$

其中，

$$人均旅游开支数 = \frac{\sum 旅游者人次数 \times 旅游开支}{\sum 旅游者人次数}$$

6) 旅游开支率

旅游开支率是指一定时期内，一国或一地区人们用于旅游的开支占该国或该地区个人消费总额(或个人收入总额)的比率。其计算公式为

$$E = \frac{T_e}{P_e} \times 100\%$$

式中，T_e 表示旅游开支总额，P_e 表示个人消费总额。旅游开支率作为一个价值指标，反映在一定时期内，一国或一地区人们对旅游的需求程度。

7) 出游率

出游率是指在一定时期，一国或一地区出外旅游的人次与其总人口的比率。其计算公式为

$$C = \frac{N_t}{N_p} \times 100\%$$

式中，N_t 表示出外旅游人次，N_p 表示总人口数。通过这一指标，可以看出该国或该地区形成旅游需求的能力。

8) 旅游需求频率

旅游需求频率是指一定时期内，一国或一个地区外出旅游的旅游者总人次数与该国或该地区在该时期内外出旅游者总人数之比，其计算公式为

$$R_f = \frac{T_p}{T_N} \times 100\%$$

式中，R_f 表示旅游需求频率，T_p 表示旅游人次数，T_N 表示旅游人数。该指标反映一国或一地区旅游者出游的频率。旅游需求频率越高，说明该国或该地区所形成的旅游需求量越大；反之，旅游需求量就小。

9) 重游率

重游率是指一定时期内，一国或一个地区多次外出旅游的旅游者人数占该国在该时期内外出旅游的旅游者总人数的比例。其计算公式为

$$R = \frac{T_n}{T_N} \times 100\%$$

式中，R 表示重游率；T_n 表示一定时期内多次外出旅游的人数；T_N 表示该时期外出旅游的总人数。

以上指标，是从不同角度，侧面衡量旅游需求的总体指标。通过这些指标，可以了解一国或一地区旅游需求的过去、现在状况，这对于提供旅游供给，更好地满足旅游者的旅游需求，从而使旅游业得以更好的发展，都是非常重要的依据。

8.2.2 旅游供给

1. 旅游供给的概念

供给从经济学意义上说，是指商品生产者和经营者向市场所能提供的商品。这里要涉及两个变量：一个是商品的销售价格；另一个是在一定价格水平上，生产者和经营者所愿意销售的商品数量。现实经济中的供给，就是按照一定的价格，商品生产者和经营者向市场所提供的商品的总和。而旅游供给就是在一定时期内，旅游商品生产者和经营者按照一定的价格向旅游市场所提供的旅游产品和服务的总和。

旅游供给可划分为基本旅游供给和非基本旅游供给。基本旅游供给是指旅游产品生产者和经营者所提供的满足旅游者旅游活动中基本需要的供给，它包括旅游者需要的住宿、餐饮、交通、旅游资源等，以及由它们所组成的组合性旅游产品。基本旅游供给也是狭义旅游产业中从事旅游产品的生产者和经营者向市场所提供的供给，也是整个旅游供给中最为核心的部分。

非基本旅游供给也称辅助性旅游供给，这部分供给不是直接或不是专门满足旅游者在旅游活动中的需要，其大部分主要是为旅游者的旅游活动提供基础、创造条件、保证旅游活动顺利开展的一种供给。非基本旅游供给主要包括供水、供电、供气、污水处理、邮电通信、机场、火车站、停车场、码头、医疗保健、金融、保险等。

2. 旅游供给的主要内容

旅游供给是多种多样的，现简要介绍以下几种重要的旅游供给。

1) 旅游资源

由于旅游资源(或旅游对象物、旅游吸引物)的吸引，才能使旅游者前往旅游目的地，从而形成旅游活动过程中的一系列的需求。没有旅游资源这种特定产品的供给，其他旅游产品的供给就难于实现。因此，作为一个旅游目的地国或地区，首要的是做好旅游资源这种特定产品的供给。旅游资源的供给，有数量问题，也有质量或品级的问题，但更为重要的是质量或品级问题。被开发和利用的旅游资源在不断向市场进行供给时，需要适时地、有步骤地进行再开发或深层次地开发，只有使旅游资源不断完善、不断丰富、不断提高，才能实现对市场的持续供给。

2) 旅游宿食设施

旅游宿食设施是最重要的基本旅游供给，是使旅游者在旅游过程中具有健康的身体、充沛的精力，并能按原定计划完成全部旅游活动的重要保障。由于不同旅游者的需求情况不同，旅游宿食设施应该是多种多样的。

3) 旅游服务

旅游服务作为一种特定的旅游产品(服务产品)，一般不是预先被"生产"出来，而是旅游者到达旅游目的地需要进行旅游消费时，它才开始"生产"，即旅游服务人员面对旅游者提供服务劳动。旅游服务虽然是旅游者在消费时才提供的，但是，在旅游者未抵达和未开始消费前，旅游旅游企业必须做好随时能提供旅游服务的各种准备工作，如必须具备提供旅游服务的各种设施设备，旅游服务人员必须具有进行旅游服务的条件和素质等，否则就不能保证旅游服务产品的质量。

4) 旅游交通

旅游交通是旅游活动的前提条件，没有便捷舒适的旅游交通，旅游活动就难以进行，甚至无法进行。航空、铁路、公路、航运等交通，是面对全社会、服务于全社会的，旅游交通是这一社会大交通的有机组成部分。随着旅游的发展，旅游交通在大交通中所占比例有不断提高的趋势。为了更好地形成旅游的供给，交通部门应开辟直接服务于旅游者的航线、航班、车次等，航空公司可更多开辟旅游包机业务，铁路开辟更多的旅游专线车，公路部门可以增加通过旅游地、旅游点的专项公路，增加班车次数，水路方面，可以增加游船的数量等。

5) 旅游娱乐和购物设施

娱乐活动是旅游供给中的重要一环，包括娱乐及与娱乐相关的球类活动，游泳、滑水、漂流、赛艇等活动，探险、登山活动，学习一种技术，如插花、烹饪、书法、茶道等活动，到百姓家做一天客人活动，与当地居民共同开展的歌舞、游戏活动等。有旅游者直接参与旅游产品的旅游活动，是当前旅游活动中的新时尚。根据这种旅游需求形势，我国旅游供给方面还远远赶不上要求，特别是在娱乐及与娱乐相关的旅游活动项目方面。我国的旅游地和旅游城市，应该加强旅游市场调研，深入了解国内旅游者的需求，开拓出更多的、能使旅游者参与其中的旅游产品，投放旅游市场。

旅游购物也是旅游者的一项活动内容,在参观游览了某个旅游地或旅游城市后,旅游者都希望能买到一些当地有特色的产品。为满足旅游者这种需求,旅游地或旅游城市,应该尽量多地开发出能反映本地区特点的物品,提供市场,供旅游者选购。旅游购物品要小巧精细,便于旅游者携带,同时要有文化内涵,以引起旅游者喜爱。为了便于旅游者购买,旅游地或旅游城市应该设有旅游购物场地和购物商品(如修建旅游购物一条街)。

3．旅游供给规律

旅游供给是社会总供给的一部分,旅游企业或旅游经营者经营的目标是利润的最大化,选择和开发什么旅游产品,生产多大数量的产品,价格问题是一个关键性的问题。在一定条件下,价格水平越高,所能获得的利润起大;反之,价格水平越低,所能获得的利润越小,甚至形成亏损。正因如此,旅游供给会随着旅游价格的上升而增加,会随着价格的下降而减少。旅游供给规律是指在其他条件不变的情况下,旅游供给与旅游价格成正比例变化的规律。旅游价格同旅游供给量是一种函数关系,即旅游供给量是旅游价格的函数。可用下列公式表示为

$$S = f(P)$$

式中,S 表示旅游供给量;P 表示旅游价格;f 表示函数关系。

不同旅游产品的旅游供给价格弹性大小是不相同的。例如,旅游饭店的客房供给价格弹性就较小。但是,如果把价格的变化加上时间持续的长短这个因素考虑进来,就又会出现某些新的情况。假定价格上升是临时性,时间上是较为短促的,作为旅游饭店要想增加客房的供给量,就只能设法提高现有客房的使用率,这样虽然能增加客房供给量,但数量是有限的,它受现有客房数的限制,这时,客房供给量价格弹性就较小。假定价格上升带有长期性,时间上持续长,在这种情况下,作为饭店就会考虑增加客房数量,扩大客房经营规模,在新的客房建成投入市场时,客房供给量增加了。这时,客房供给价格弹性就增大了。除了旅游饭店客房这一旅游产品外,其他一些旅游产品的旅游供给价格弹性问题,都可以进行具体分析。

4．影响旅游供给的因素

影响旅游供给的因素是很多的,如自然、历史、经济、科技、政治等因素,现将其主要的因素分述如下。

1) 自然因素

在旅游目的地(国),由于自然条件的不同,可供开发和利用的旅游资源,会形成很大差别,如在沿海地区有条件开发出海洋旅游活动,在依山的地区,又有条件开发出登山的旅游活动等。自然条件不仅影响着旅游活动项目的区别,而且还影响着旅游产品的数量和质量。自然条件的多样性,有条件开发出数量较多的旅游产品,自然条件的特殊性或独特性,又有可能开发出特色鲜明,品级更高的旅游产品。

2) 历史文化因素

在旅游目的地(国),由于历史文化条件的不同,可供开发和利用的旅游资源,也会形成很大差别。西安是我国的一个古都,周、秦、汉、隋、唐等 13 个朝代在此建都,长达 1 100

年，因此，留下了极为丰富的文物古迹。由于这种历史文化条件，使西安有条件开发出历史文化内涵丰富的、品级很高、数量很大的旅游产品，提供给旅游客源市场。

3) 旅游目的地 (国)对发展旅游的政策

在世界上，除了极少数的国家和地区之外，政府都实行支持和推进旅游业发展的政策，这主要是因为，旅游可以获取外汇收入，同时，旅游也能推进一国或一地经济社会的发展。

4) 旅游目的地(国)的经济发展水平

经济发展水平的高低反映一个国家的综合国力。综合国力较强，该国的各种基础设施(交通、供电、供水、通信、环保等)也就会雄厚和充足，这就为增加旅游供给创造条件。近几年，我国加大了对交通业的投入，交通业发展很快，重要旅游城市之间的飞机航运，已基本能满足游客需求，除旺季外，还会形成机座的供过于求。公路交通已能满足游客的需求，四通八达，十分方便。铁路由于民航和公路交通的分流，供求状况大有改变，除运输旺季，已能保障旅客的需要，加以火车不断提速，又给旅游提供了许多方便。

5) 旅游收入及其分配

旅游收入是旅游经营者在一定时期内，销售旅游产品和服务的收入在扣除各种物质消耗后，剩余的部分形成的国民收入或旅游增加值。这部分国民收入要在旅游产业和相关产业进行分配，在分配过程中，要涉及旅游产业与其他相关产业的利益关系，涉及旅游产业和相关产业内部企业间的利益关系。分配的原则应该合理，使各个方面都能得到相应的利益，这样才能调动各方面的积极性，从而保证旅游产品的供给。

6) 旅游人才的教育和培训

旅游人才的教育和培训工作直接影响旅游供给的质量。旅游产业是服务性的产业，在很多情况下又是旅游从业人员面对面地向客人提供服务。因此，从业人员要能做好各种服务工作，就必须接受教育和培训，通过教育和培训，学会和掌握必要的知识和技能。一个旅游发达的国家，针对旅游从业人员工作的要求和层次，也应有不同的教育层次，如旅游高等教育、中等教育。此外，还要有现有职工的再教育、再培训。旅游教育和培训不是一次性的过程，因为事业在发展、情况在变化，就需要不断地和及时地补充相关的知识和技能。培养建立一支高素质的旅游从业人员的队伍，是形成社会旅游供给的重要一环。

阅读案例 8-2

台湾游成御寒"利器"

我国美丽的宝岛台湾，犹如在水一方的佳人，向祖国大陆旅游居民展露芳容。台湾游自 2008 年 7 月启动以来，一直备受瞩目。馆藏丰裕的台北故宫博物院，被无数次颂唱的著名景点阿里山、日月潭等，无不令人魂牵梦萦。春节期间的台湾，已成为许多深圳家庭旅游出行的不二之选。据了解，深圳地区 15 班团 400 人的名额早已被悉数预订。

口岸中旅副总经理杜燕不无兴奋地介绍：作为深圳地区唯一经营台湾游的旅行机构，在目前游客源较清淡，经营形势不太理想，港澳游仍没有形成规模和气势的大环境背景下，台湾游弥足珍贵，已不折不扣地成为深圳口岸中旅抵御经济寒流的一大"利器"，并已成为公司一大新的利润增长点。

记者从有关方面获悉，国家旅游局将进一步调整政策，赴台湾旅游这一市场蛋糕，有望与更多的市场参与者共同分享。

(资料来源：王奋强．鹏城春节旅游市场热度未减[N]．深圳特区报，2009-01-20(C03 版)．)

5．旅游需求与旅游供给的矛盾运动

供求规律是市场经济的重要规律之一，供给与需求是市场经济关系中既相互对立、相互制约，又相互联系、互为条件的。旅游产品供给要由有支付能力的旅游需求来实现；旅游需求要由有效的旅游供给来保障。旅游供给和旅游需求之间的不平衡是绝对的、经常的，这是因为影响旅游供给和旅游需求的因素非常多，而这些因素都处于不断变化之中。

旅游供求矛盾主要表现在以下几个方面。

1) 旅游综合接待能力同旅游者总人次之间的矛盾

这是一国或一地的旅游总量上的矛盾之一。综合接待能力是旅游产业和旅游相关产业接待能力的综合，如旅游饭店床位供给量、交通部门对游客的运载能力、旅游参观点的容纳量、旅游从业人员数量等。旅游各部门、各单位的这种综合的接待量，要与前来该国或该地的旅游者的总人次相适应，如果不适应，就会形成矛盾，或是形成供大于求的矛盾，或是形成供小于求的矛盾。

2) 结构性矛盾

旅游产品的多样性、差异性形成了旅游供给的一定结构。由于不同旅游产品的生产有快有慢、有多有少、有好有坏，旅游供给结构是不断发展变化的。旅游者的需求也是多种多样的，从而形成了旅游需求的一定结构。既然旅游供给结构和旅游需求结构都是不断变化的，那么出现矛盾就是不可避免的。这种矛盾的表现是，有的旅游产品供过于求，而有的产品则供不应求。

3) 地域性矛盾

不同的旅游目的地，旅游发展程度是不同的。有的发展程度高，前往的游客多；有的发展程度低，前往的游客就少。造成不同地域旅游发展程度高低和游客多少的原因，主要有两个：一个是旅游资源的开发利用情况；另一个是旅游设施条件。在这两个原因中，第一个原因更为重要。旅游供求的地域性矛盾还表现在：在一些地区旅游产品供过于求，而在另一些地区，旅游产品则供不应求。

4) 季节性矛盾

旅游业的重要特点之一，是它明显的季节性。季节上的变换使旅游供求关系也要随之变化。在一般情况下，旅游旺季形成供小于求，旅游淡季形成供大于求，旅游平季供求基本平衡。当然，也有的旅游目的地，即便是在旺季，也存在供过于求的情况，这表明旅游供给远远超过旅游需求，只有旅游需求有了更大的增加，才能改变这种供求矛盾。

从旅游供求规律上看，旅游供求矛盾是绝对的和经常的。但是，矛盾是会转化的，从而形成旅游供求暂时的、相对的平衡。原有的矛盾解决了，新的矛盾又会出现，在此基础上会再次形成旅游供求暂时的、相对的平衡，循环往复，以至无穷。在社会主义市场经济条件下，旅游供求规律是与旅游价格规律结合在一起发挥作用的，即旅游供求关系的变化

会影响旅游价格的变化，旅游价格的变化，又会影响旅游供求关系的变化，旅游供求关系和旅游价格互相作用的过程，也是社会资源(生产要素)在旅游产业和旅游相关产业的重新配置的过程，或优化组合过程。旅游价格上升，旅游供给增加，也就是社会资源有更多的部分配置于旅游产业和旅游相关产业的过程；旅游价格下降，旅游供给减少，也就是社会资源有更少的部分配置于(或有一部分社会资源转移出)旅游产业和旅游相关产业的过程。

6) 国家对旅游供求的宏观调控

旅游需求的矛盾运动，即旅游供求从不平衡—平衡—新的不平衡的过程，是通过市场机制，包括通过旅游供求规律和旅游价格规律的作用来实现的。

(1) 形成旅游供给的除了旅游企业和旅游相关企业行为之外，还有非企业的行为。

旅游企业和旅游相关企业的经营目标是利润最大化，旅游价格高低，对这些企业提供旅游供给有着直接的影响，也就是说，根据价格的高低(它反映着旅游需求的大小)来决定旅游供给的多少。但除此而外，提供旅游供给的，还有非企业性行为，如旅游交通、旅游某些基础设施、旅游环境的营造和治理、旅游教育的发展等。对于这些非企业的行为，旅游市场机制就显得无能为力。

(2) 市场机制调节旅游供求的滞后性。

通过市场机制调节旅游供求的滞后性，主要表现在，它不是事前的调节，而是事后的调节。20多年来，我国旅游供求关系调节中的诸多经验和教训，都说明了这个问题。

(3) 市场机制难以解决某些旅游产品供给的持续性。

许多被开发利用的旅游资源，是不可再生的旅游资源，如自然资源中的森林资源、特殊地形地貌所形成的资源等，人文资源中的文物古迹，包括古陵墓、古遗址、古建筑、碑石、雕刻、绘画等。这些不可再生的资源，必须在保护的前提下进行开发利用，必须兼顾社会效益和经济效益，绝不能以市场的原则，不能以利益的驱动，来轻率地把它们转化为产品投入市场。由于市场机制调节旅游供求关系上的局限性，就必须要有国家的宏观调控，只有把国家的宏观调控和市场对旅游供给调节(或旅游发展中的社会资源的配置)上的基础作用结合起来，才能保障旅游业的顺利发展。

国家对旅游供求关系调控的手段主要有以下3种。

① 经济手段。国家通过财政开支，加快旅游的各种基础设施和旅游环境的建设。如兴建机场、车站、码头，修筑铁路、公路等。此外，加快城市的基础设施的建设，如城市道路、城市绿化、供电、供水、供气、邮电通信、治理城市污染等。为旅游发展奠定了基础，也为增加旅游供给创造了条件。

国家可以通过信贷、税收、汇率等手段，调节旅游供给和需求关系。20世纪90年代以前，我国通过宽松的信贷、有利的税收征管、有利的旅游外汇分成等，曾积极支持了旅游的发展，较快地增加了旅游供给，满足了旅游的需求。所有的国有旅游饭店都是通过银行贷款来兴建起来的，大量信贷资金的注入，迅速地增加了旅游饭店的供给。

② 法律手段。我国改革开放以来，国家已颁布了许多有关旅游方面的法律、法规、规章，这些法律、法规和规章，对规范旅游管理和旅游企业的经营，发挥了重大作用，同时，对保障旅游的社会供给也发挥了重要作用。目前在已颁布的有关法律、法规、规章主要有《旅行社管理条例》、《导游人员管理暂行规定》、《旅行社质量保证金暂行规定》、《旅行社经

理资格认证管理规定》、《风景名胜伍管理暂行条例》、《中华人民共和国评定旅游涉外饭店星级的规定》、《营业性歌舞娱乐场所管理办法》等，都从不同方面对旅游供给做了一定的规定。法律手段对规范旅游供给、保证旅游供给的质量等，都发挥着重要作用。

③ 行政手段。行政手段在推动旅游目的地旅游产品供给方面发挥着一定的作用。近几年来，许多旅游城市举行旅游节等节庆活动，吸引了很多的国内外游客。一些少数民族地区也都举办了民族特色的节庆活动，前来参加活动的游客也是很多的。节庆活动作为旅游者的吸引物，也是一种特定的旅游产品，而这种产品的供给，是发挥政府的主导作用，运用行政手段产生的。

在上述 3 个手段中，经济手段是最主要的。但是，法律手段和行政手段也都发挥着重要的作用。

8.3 旅游者的流动规律

8.3.1 旅游者流向与流量

无论国际旅游还是国内旅游，每年都会有大量的旅游者从常住地流向目的地，又从旅游目的地返回常住地。旅游者这种大规模的移动，就形成了一定的流向和流量。当旅游者从常住地出发，到不同的旅游目的地去观光游览、娱乐消遣，便构成具有一定流向、流量特性的游客群体，这个游客群体称为旅游客流。流向是指旅游者从居住地到旅游目的地所形成的旅游指向，是旅游者根据自己的旅游动机与经济能力对旅游目的地所做的选择；流量是指在一定时间内流向同一目的地的旅游者数量，反映的是一定时期内达到旅游目的地的人次。

8.3.2 旅游客流运动的影响因素

从世界各国旅游发展的历史和现状来看，影响旅游客流运动的有旅游产品和社会经济关系等因素。由于影响旅游者流向和流量的这些因素是不断变化的，因此，旅游者的流向和流量本身也是处在不断变化之中的，是一个动态的概念。

1. 旅游产品因素

(1) 空间距离。旅游目的地与旅游客源地之间空间距离的远近是决定旅游客流流向、流量和时间特征的最重要因素之一。

(2) 供求关系。旅游需求与旅游供给之间的关系十分复杂，并且可能表现在极不相同的层面上，具有很不相同的性质。

(3) 接待能力。旅游设施的接待能力是制约旅游业发展的一个主要因素。

(4) 产品价格。旅游产品的价格直接影响旅游者消费的支出，对旅游者的流向和流量有着重要影响。一般来说，一个国家旅游费用的上升，如机票价格的上涨、旅馆房费的提高等，将使来该国旅游的旅游者人数减少，游客流向就会发生转移。相反，旅游费用的下降则会吸引更多的国际旅游者赴该国旅行。

2．社会经济关系因素

旅游是不同国家、不同地区之间人民的相互交往过程。这种交往不会没有任何基础。相反，两国(地)之间在政治、军事、贸易等方面联系的密切程度，在社会、历史、文化等方面的渊源关系和依赖状态，在价值观、习俗与社会制度方面的近似或差异程度，都将在很大程度上影响旅游者对旅游目的地的选择。

1) 国际(区际)关系

两国之间密切的政治、军事和贸易交往会带动旅游规模的扩大，因为它创造了一种安全的氛围，也能提供各种方便条件。而国家(或民族)之间的社会、历史和文化的渊源关系常常是激发人们寻根情结的动力。东亚与中国，美洲、大洋洲与欧洲在一定程度上就是这样一种关系。建立在这种关系基础上的旅游，容易产生理解，也会有很多的方便，如语言交流等。另外，在冷战时期形成的东西方阵营对垒，对旅游目的地选择的定势影响至今还没有完全消除。西欧旅游者主要在西欧区域内或越洋到北美旅游，而东欧旅游者以在东欧范围内旅游为主。

2) 汇率

汇率是一国货币对另一国货币的比价。汇率的变化将直接影响国际旅游者的流向与流量。一国货币相对于另一国货币币值的上升，将使来该国的另一国旅游者人数减少，流向发生变化；反之，一国货币相对于另一国货币币值的下跌，则会导致赴该国旅游的另一国旅游者人数增加。例如，20世纪末发生的亚洲金融危机使亚洲许多国家的货币纷纷贬值，亚洲出国旅游人数大量减少。与此同时，赴泰国等亚洲国家旅游的国际游客则急剧增加。

3) 宣传

现代社会是一个信息社会，旅游者处于各种旅游广告、宣传和推销活动的包围之中，虽然旅游者对一些夸大其词的宣传常产生反感情绪，却又无法抵御强大的旅游宣传活动对他们的影响。在选择旅游目的地，做出旅游决策时，旅游接待国企业和政府的宣传活动对旅游者的决策起着指导作用，甚至有决定性的影响。

4) 政策

旅游者的流向还受到各国发展旅游业的政策的影响。很多国家为了发展旅游业，制定了很多优惠政策。还有一些国家则纷纷开放边境，互免旅游签证，提高了去该国旅游的可进入性，以方便旅游者前来观光游览。

5) 军事

旅游者外出旅游是以人身、财物的安全为前提条件的，军事行动将会使旅游者改变初衷，改道前往其他安全的国家和地区。

6) 政治

国与国之间政治关系的变化也会影响两国旅游业的发展，使旅游者的流向发生变化。另外，具有一定政治目的的恐怖活动也会影响旅游者的流向与流量。

7) 社会

稳定的社会环境、热情好客的人民能够吸引外国旅游者前来观光游览。相反，对外国旅游者不友好的态度、充满敌意的言行会把旅游者吓跑。

阅读案例 8-3

海外游爆出黑马

与往年火爆异常的南非游、澳洲游不同，今年春节的海外游市场跑出了新黑马。日本北海道犹如一匹在中国旅游业界突然冒出的黑马，裹挟着影片《非诚勿扰》的放大效应，受到了部分市民的热烈追捧。中东游的线路上也因国际因素的影响凸显出两大特点——阿联酋的迪拜和土耳其热度攀升，不仅旅游人数增多，而且报名反响热烈。

据招商国旅副总经理姚锦穗分析，源于金融海啸影响，有些国家货币贬值。深圳人出境游仍呈千帆竞发之势，海外游板块在深圳几乎是全线飘红。例如，澳洲游几乎没有出现受经济寒流影响的任何迹象，再次成为深圳人出境游首选的热点区域。据悉，宝安中旅出行澳洲的旅游团队包下了两架班机。巴厘岛等海岛游、新马等传统旅游旺地依然人气不减。口岸中旅副总经理杜燕告诉记者：口岸中旅的东南亚海岛度假团，也仅剩下部分机位，机会无多。而据深圳国旅新景界营销总监王云透露，已有 800 多位消费者在国旅新景界报名前往新马等地。招商国旅副总经理姚锦穗也证实，新马及海岛度假游仅剩最后的零星机位。

在传统受宠的东南亚游目的地中，泰国游因受到该国动荡的政治形势影响一落千丈。过去以色列等地是内地居民新春游主要的目的地，但由于当地政治和局势原因，游客数量锐减。对于已经提前报名前往这些地区的游客，市内主要旅行社不得不为游客办理退票手续，忍痛割爱。

（资料来源：王奋强．鹏城春节旅游市场热度未减[N]．深圳特区报，2009-01-20(C03 版)．）

8.3.3 国际旅游者流动规律及特点

1．国际旅游者流动规律

(1) 国际旅游的流向是由近及远，以近距离旅游为主。近距离出游花费较少，所需时间较短，入境手续比较方便，交通便捷，人文背景相似，所以在世界国际旅游客源市场中，近距离的出国旅游占据主导地位，区域旅游异常活跃。

(2) 旅游的流量主要源于经济发达和文化发达的国家和地区。相比而言，发达国家和地区的人经济支付能力和可自由支配的时间更加充足，而且普遍受教育程度较高，追求精神享受生活的要求更加强烈。因此，发达国家往往成为主要的旅游输出国和地区。

(3) 远程旅游将有更大的发展前景。远程市场通常泛指旅游接待国所在洲或地区以外的国际客源市场。由于世界经济的发展，人们收入水平不断提高，闲暇时间增多，这为人们进行远程旅游奠定了基础。同时，由于交通工具的更新换代和信息技术的发展，人们的旅行生活更加方便快捷。远程旅游的比重不断增加，成为旅游业的一种发展趋势。

2．国际旅游者流动特点

通过对第二次世界大战结束以来全世界国际旅游客流和客源发展状况的基本分析，可以发现世界国际旅游客流表现出以下一些流动特点。

(1) 邻国旅游比重大。在全世界国际旅游客流中，近距离的国家旅游，特别是前往邻国的国际旅游，一直占据绝大比重。以旅游人次计算，这种近距离的出国旅游人次约占每年全世界国际旅游人次总数的 80%。根据 20 世纪 90 年代初的统计，美洲出国旅游者中有 70%是在美洲地区内各旅游目的地旅游，前往区外的仅有 30%；在东亚太地区，出国旅游人次总计的 75%是在本地区内的目的国旅游，去区外的仅占 25%；在欧洲，同期出国旅游人次的 79%在欧洲以内，前往欧洲以外的仅占 21%。

(2) 就远程国际旅游而言，其主要客流发生于欧洲(特别是西欧)、美洲(特别是北美)与东亚太地区这 3 者之间。首先，从 20 世纪 50 年代至今，欧美一直是世界上重要的国际旅游客源地区和接待地区，这决定了两地之间的客流也是国际远程旅游中最大的客流。其次，随着东亚太地区经济的发展和国际旅游业的崛起，该地区不仅吸引着越来越多的欧美旅游者，而且向欧美地区输送国际旅游客流的能力也在不断增强，特别是 20 世纪 80 年代中期以来，这一表现更加明显。

8.4 国内外旅游市场概况

8.4.1 国内旅游市场

1. 国内旅游市场概述

国内旅游市场是我国旅游市场的重要组成部分。我国的国内旅游市场是在改革开放以后逐渐发展起来的，20 世纪 90 年代开始呈现迅猛发展的趋势。国内旅游需求的发展是国民经济持续健康发展，人民生活水平不断提高的体现和必然结果，也是社会进步的重要标志。1985 年，我国的国内游客数量仅为 2.4 亿人次，国内旅游收入为 80 亿元；2007 年，我国国内旅游接待量已达到 16.1 亿人次，是 1985 年的 6.71 倍，国内旅游收入为 7 770.6 亿元，是 1985 年的 97.13 倍。2004 年，国内旅游人数首次突破 10 亿，国内旅游收入达 4 710.7 亿元，占全年旅游总收入的 67%。国内旅游的兴旺发达有力地拉动了内需，促进了消费，带动了相关产业的发展。国内旅游收入 1978 年仅占国内生产总值的 0.505%，2007 年已经占国内生产总值的 3.150 9%。国内旅游收入 1978 年仅占第三产业增加值的 2.108 9%，2007年已占国内生产总值的 8.066 8%。国内旅游收入在国民生产总值中所占的比重及在第三产业增加值中所占的比重也有显著提高。因此，国内旅游业在我国有着相当大的发展潜力，我国国内旅游业在 21 世纪必将有更大的发展。

2. 国内旅游市场的特点

随着改革开放以来我国经济的持续快速增长，我国人民收入水平和生活质量的不断提高，国内旅游市场的规模也迅速扩大，出现了以下值得关注的特点。

(1) 市场规模大，发展潜力足。

近年来我国国内旅游需求的发展，无论在出游人次上，还是在消费开支上，都已大大超过海外来华旅游市场。

(2) 短程旅游所占比重大。

目前,我国国民中大多数人的旅游支付能力仍比较有限,加之带薪休假尚未在我国获得普及,多数人所拥有的闲暇时间仍然很分散,所以国内旅游活动的开展多表现为短程旅游。

(3) 旅游活动开展形式以散客为主。

在国内旅游活动中,绝大多数出游者都不使用旅行社提供的商业性服务。根据 2000 年的有关调查,在国内城镇居民的外出旅游活动中,参加旅行社组织的团体旅游的游客仅占 10.4%,而以散客形式开展自助旅游活动的游客比重高达 89.6%。

(4) 旅游增长速度快,但消费水平仍较低。

从国内旅游消费开支总额来看,1978 年仅为 18.4 亿元,到 2000 年增至 3 175.54 亿元,这一期间年均增幅为 26.4%。从国内旅游的人均消费开支来看,1985 年仅为 33.33 元,到 2000 年增至 426.87 元,这一期间平均增幅为 18.5%。这与同期入境游客在华消费额相比,分别高出 5.8% 和 4.2%。但就消费水平而言,我国国内旅游的人均消费水平仍然很低。

8.4.2 国际旅游市场

1. 国际旅游市场的客源分布

据统计,1998 年中国接待的外国旅游者达 710.77 万人次,是 1990 年的 4 倍多。可见,中国的国际旅游业处于迅速发展的阶段。要保持国际旅游业快速、稳步地发展,就必须首先分析了解中国的国际旅游客源市场,尤其是把握好中国几个主要的国际客源市场。从 1990—1998 年中国接待的外国旅游者情况来看,1998 年来华旅游人数居前 3 位的国家依次为日本、俄罗斯、美国。这是长期以来很稳定的主要客源市场。紧随其后的是韩国、蒙古、新加坡、马来西亚和菲律宾,与 1996 年前后基本相同,是中国较为稳定的重要客源市场。

北美地区的人口规模、富裕程度、教育水平和城市化程度等条件都决定了该地区是世界上国际旅游的重要客源地。特别是进入 20 世纪 80 年代以来,北美居民对赴亚洲旅游的兴趣越来越大,赴亚洲的远程旅游发展十分迅速。美国长期以来一直是世界上最大旅游客源输出国,而中国的旅游资源,特别是中国悠久的历史、丰富的文化,以及社会环境和人民生活方式等,都对美国旅游者具有很大的吸引力。从 1990—1998 年的 9 年间,美国来华旅游的人次增长了近 2 倍。从绝对数字上看,美国仍然是中国最主要的客源国之一。加拿大来华旅游的人次也一直在前 10 名以内,随着远程出国旅游尤其是到亚太地区旅游的不断升温,对中国旅游业来说,加拿大市场应作为积极拓展的对象,自 20 世纪 90 年代以来,新加坡和菲律宾来华旅游的人数,一直居于前 10 位,并仍处于不断增长的态势,马来西亚后来居上,1998 年来华旅游达 30 万人次,居第 7 位。其原因首先是新加坡、菲律宾和马来西亚的华人、华侨占很大比例,他们回国探亲、旅游、寻根问祖的愿望十分强烈;其次,新、菲、马 3 国与中国的距离较近,交通便利,因而新、菲、马 3 国构成中国旅游业的一个较大而且稳定的客源市场。

从长远来看,东南亚将是中国重要的国际客源市场。

2. 中国国际旅游市场特点

中国国际旅游市场的构成具有明显的多元化特点，具体表现在以下几个方面。

(1) 经济发达国家游客市场是中国较有潜力的海外游客市场。

这些国家经济发达，国民收入高，带薪休假长，出国旅游者多，消费水平也高。日本、美国、俄罗斯是中国目前较大的国际客源市场，但必须清楚地意识到：日、美、俄到中国的旅游者人数只占其出游总人数的很小比例，可开发的潜力还很大。因此，一方面，要通过开发新的旅游产品，提高服务质量来稳步发展这几个市场；另一方面，西欧市场、亚洲的中东地区及韩国等市场也有极大的潜力等待开发。

(2) 目前中国国际旅游市场的消费水平不高，居于中等。

产生这种现象的主要原因有 3 个方面：第一，中国属于发展中国家，消费水平不高；第二，中国对世界高消费市场的调查研究不多，对高的消费方式、消费构成、消费内容等了解不多；第三，中国幅员广阔，而且在祖国的东西南北中都广泛地分布着旅游资源，旅游线路较长，支付交通的费用比较高，这在一定程度上削弱了旅游消费水平。

(3) 中老年游客比重大，青少年游客比重小。

这在日本和美国来华旅游者中较为突出。原因是多方面的一是中国旅游业起步时间较晚，各方面经验比较欠缺；二是中国经济基础还不够雄厚，投入旅游项目开发的资金有限，因而旅游产品多是观光旅游产品，种类不多，层次较单一，比较适合中老年旅游者的需要。而适合青少年富于冒险、探险、刺激和参与性强的旅游产品并不多见，这应该足以后中国旅游产品开发的重点之一。但是，也应该看到，随着经济发展、饮食结构与医疗条件的改善，世界人口老龄化的问题越来越突出，因而也不能忽视中老年市场的稳固和进一步开发。

(4) 观光旅游比重大，会议、商务、奖励性旅游比重小。

多年来，中国的旅游产品主要是北京的长城、故宫、天坛，上海、广州的城市风光，西安的秦皇兵马俑，桂林、苏杭山水等，以及长江三峡、丝绸之路、黄山、九寨沟等旅游点线。总体上属于观赏性旅游产品，旅游产品结构显得较为单一。随着改革开放的深入、对外合作与交流的加强，中国的商务旅游、会议旅游等专题旅游发展比较迅速，这在一定程度上将改变中国旅游产品种类单一的状况。

(5) 原有主要客源市场进一步增长，新兴客源市场有所发展，周边客源市场发展迅速。

从 1998 年的数字看，中国主要的客源市场，如日本，比 1995 年增长 20.4%，澳大利亚增长 44.0%，美国、新加坡等传统客源国旅华人数的增长接近或超过 10%，欧洲其他主要客源国，如英、德、法旅华人数也有一定增长。新兴客源市场有长足发展，如欧洲的荷兰增长幅度达 68.8%。周边国家如韩国、蒙古、马来西亚、菲律宾等国的旅华人数增长也非常迅速，尤其是韩国、蒙古和马来西亚一跃成为中国前十大旅游客源市场国。

3. 中国旅游业在国际市场中的竞争状况

1978 年以来，中国旅游业在开拓和争取国际客源市场方面取得了很大成绩。国际来华旅游人次逐年增长，中国国际旅游收入也不断增加。但是，也应该认识到，中国旅游业发

展的高速度,在一定程度上是在起点较低的发展初期的必然表现。旅游业是一个市场导向的行业,也是一个国际竞争激烈的行业。在旅游业已经进入买方市场的今天,人们有必要对中国旅游业在国际客源市场竞争中的处境和不利因素有清醒的认识。

1) 距世界主要客源市场较远

这一因素的不利之处主要表现在两个方面:第一,从欧美地区前来中国旅游的交通运输费用昂贵;第二,从西欧乘火车前来中国的旅费(往返约 500 美元)虽然较航空票价便宜,但是所需时间太长。此外,从西欧乘火车来中国至少要办理 3 个签证(中国、俄罗斯、蒙古),从而增加了旅行手续。因此,对于这些客源地中带薪假期有限的广大工薪阶层来说,时间、距离成为前来中国旅游的一大障碍。

2) 面临邻近国家和地区旅游业的激烈竞争

中国旅游业所处的地域性国际环境为东亚和太平洋地区,这一地区内各主要旅游目的地所面对的国际客源市场有着惊人的共同性。这些竞争对手旅游业比中国起步早,在供应能力、服务质量、交通运输和产品价格方面具有一定的优势。

3) 旅游产品种类与结构缺乏竞争力

长期以来,中国一直偏重于接待团体观光旅游;这种产品类型上的单一性已落后于国际旅游潮流的变化。就一个旅游目的地而言,单是这一产品本身便不足以吸引游客多次购买或经常故地重游,除非该目的地能够年年推出对游客有吸引力的新的观光线路和内容。此外,中国旅游产品在质量方面存在问题,也影响着其国际竞争力,具体表现在:①旅游设施,特别是旅游基础设施不足;②卫生条件差;③旅行日程和交通安排变化多、没有保证;④饭店、导游服务质量有待进一步提高;⑤产品层次低,晚间娱乐生活单调;⑥接待散客旅游的条件不足等。尽管中国旅游业有关部门一直在努力解决这些问题,但其中有些问题单靠旅游部门是不可能得到解决的,至少在短期内是不可能完全解决。因此,中国旅游业目前在产品及其质量方面存在的问题,很大程度上影响了旅游发展的国际竞争力。

本章小结

旅游市场概论,主要介绍了旅游市场的定义、旅游市场的划分,以及旅游市场分类,是学习本章内容的基础理论知识。

旅游的需求与供给的任务是了解旅游需求与供给的特点及规律。为此,学生需要具备敏锐的市场观察能力,并且要学习旅游需求曲线等相关知识。

旅游者流动规律的任务是使学生在了解市场需求及供给的情况下,还要掌握旅游者的流动规律,这就需要学生掌握旅游者流动的特点、影响旅游者流动的因素、把握国内外政治、经济形势等相关知识。

国内外旅游市场概况的任务是使学生掌握国内外旅游市场的现状及国内外旅游市场的发展趋势,这就需要学生掌握国内外旅游市场的特点、客源分布情况、我国现阶段客源市场的竞争情况等相关知识。

关键术语

旅游市场　旅游需求　旅游供给　旅游需求曲线　汇率

复习思考题

一、填空题

1. 旅游市场的划分标准包括_____、_____、_____、_____。
2. 在全世界国际旅游客流中，_____一直占据绝大比重。

二、简答题

1. 简述中国旅游业目前在国际市场中的竞争状况。
2. 简述全球国际客流的基本规律。
3. 简述影响旅游需求形成的因素。

三、名词解释

旅游市场　旅游供给　旅游需求规律

四、实际操作训练

课题： 洛阳市旅游市场调查。

实训项目： 洛阳市旅游市场调查。

实训目的： 学习怎样对洛阳市旅游市场进行细分。

实训内容： 考核学生对旅游市场划分的掌握情况，学生通过问卷调查来分析问题的能力，对洛阳的旅游市场的特征进行分析的能力。

实训要求： 将参加实训的学生分成6人一组，分别选择洛阳市各个区通过问卷的方式进行实地调查，每组都将各自的调查情况形成一个调查报告上交。

五、案例分析

红花餐馆的成功之路

1935年，洛奇先生在日本开了一家餐馆，取名红花餐馆。1959年，他的儿子小洛奇来到美国，几年后继承父业，在曼哈顿中心建造了一个有40个座位的普通日本红花餐馆。由于红花餐馆采用地道的日本乡村客店风格，又由日本厨师当着客人的面烹调，独有的风格再加上洛奇成功的经营，使红花餐馆非常成功，他很快就开办了3家红花餐馆，每年盈利130万美元，到1970年他已经拥有了7家联营餐馆。

小洛奇经营红花的秘诀除了把握特色、加强组织领导和降低成本以外，很重要的一点就是广告宣传与公关。他在促销方面投入了可观的人力、物力、财力资源，广告费用占营业额的8%～10%。负责促销的董事格仑·西蒙也是擅长其职的。他善于别出心裁，从不在报纸娱乐版登广告，因为报纸广告太多，易被其他广告和其他餐厅的广告所干扰冲击，而失去吸引力，不能使消费者记忆。因而采用视像广告，配合新颖生动的说明词，引人入胜。他进行了大量市场调查工作，弄清顾客的消费动机和需求、有什么购买特征等。在纽约时报、纽约杂志、妇女服饰等上面做的大量广告，虽无"餐馆"两字，却使红花餐馆拥有了极大的知名度。他在每一个城市做广告，在每一个城市的娱乐指南上做广告。

格伦认为，他的工作就是"保卫公司的形象"。说公司的形象应"是一家迅速成长的具有动力的日本餐馆集团公司"。他认为：目的不在于"红花"出现的次数和人们接触的次数，而是"我们在构筑大厦，每提到一次日本红花，这就是构筑房屋的一个构件。有的目的和结果是把客人吸引到餐馆来，有的则为我们带来了可能的财务利益，或物品，或朋友，或其他"。

事实证明，每天的印刷出版物、电台或电视上都有日本红花的宣传，这是了不起的。他们采取多种方式，如在超级市场表演，为庆祝活动提供饮食服务，招待青年人团体用餐，给会议客人赠送火柴盒，向女士俱乐部赠送东方筷子，给公关宣传人士和专栏作家酬劳，安排洛奇接受记者采访……他认为这种投资是值得的，不可少的。每年为此付出100万美元，加上开发公共关系的50万美元，达到营业额的8%以上。为此，一位持怀疑态度的作家心悦诚服地说"至少有25个原因使人们喜欢到日本红花用餐"。他后来列举了31条原因，其中就包括"经常有兴高采烈的公关联谊活动"和"非同寻常的广告宣传及概念"。

在人员促销方面，红花餐馆的营销人员直接追踪会议或访问旅游活动的组织者、发起者，与他们合作，并紧密联系团队和会议主办者等。这样，1964年有赤字的小业主，到70年代就成为有15家餐馆的集团董事长，年盈利高达1 200万美元，并且继续稳步发展、兴旺。

(资料来源：赵西平. 旅游市场营销学[M]. 北京：高等教育出版社，2009.)

问题：
从红花餐馆的成功经营中，你能总结出什么经验？

第 9 章　旅游目的地

教学目标

通过本章学习，掌握旅游地的功能分类方法；熟悉旅游地空间分布规律；了解旅游地空间布局模式。

教学要求

知识要点	能力要求	相关知识
旅游目的地概述	掌握旅游地的概念及形成旅游地的条件	旅游目的地的定义 旅游目的地的构成要素 旅游目的地的分类 旅游目的地的作用和意义
旅游目的地的空间结构	能根据旅游地空间分布规律在规划中进行空间分析	旅游地空间组织形态、空间相互作用和功能配置
旅游地功能分区布局模式	能在实际工作中合理、科学地进行旅游地功能的布局与规划	圈层式、核式、组团式、链式4种模式

导入案例

西藏努力建设"重要的世界旅游目的地"

近几年，按照中央第五次西藏工作座谈会精神，西藏正在努力提升旅游开发和管理质量，做大做强做精特色旅游业，以尽快把雪域高原打造成为"重要的世界旅游目的地"。尤为著名的就是布达拉宫，如图 9.1 所示。

图 9.1　西藏布达拉宫

据自治区旅游局副局长王松平介绍，西藏"十二五"期间将继续加大对旅游业的政策和资金支持。重点加强旅游开发规划、提升管理服务水平，继续保持旅游业的跨越式发展。西藏计划推动包括旅游交通体系、信息化体系等在内的旅游公共服务体系建设，依托逐步建成的航空、铁路和公路一体化综合交通体系，争取在"十二五"期间，每年增加进藏游客200万人次，直接或间接带动就业40万人。王松平表示，西藏将在未来的旅游开发中，把自然环境保护、人文生态环境保护和当地群众利益摆在重要位置，坚持控制性评价规划在先原则，明令禁止不符合规划的开发行为和破坏景区整体性的工程建设。

在未来几年内，西藏将重点打造"世界屋脊"、"雪域圣地"和"古道天路"三大旅游品牌。深度开发特色文化、自然生态旅游资源，逐步形成品牌体系化、功能多元化和市场高端化的目的地产品体系。据记者了解，在过去的30年间，西藏接待游客数量增长逾千倍，旅游业规模迅速扩大。特别是在2009年，西藏旅游业摆脱了国际金融危机等阴影，实现了"快速、恢复性跨越式"发展，全年共接待中外游客560多万人次，旅游收入达55.99亿元。

(资料来源：http://www.17u.com/wd/detail/4_141262．)

问题：
1．西藏打造"重要的世界旅游目的地"有哪些优势条件？
2．西藏正在重点打造哪三大旅游品牌？

9.1 旅游目的地概述

9.1.1 旅游目的地的概念

1．旅游目的地的国际定义

国际上对旅游目的地的研究始于20世纪六七十年代。国外最初将旅游目的地认知为一个明确的地理区域。

美国学者冈恩于1972年提出了"目的地地带"的概念。所谓的"目的地地带"，包括主要的通道和入口、社区(包括吸引物和基础设施)、吸引物综合体、连接道路(吸引物综合体和社区之间的联系通道)。并且认为这些要素的整合有利于旅游开发的成功。其实这个"目的地地带"的范围可以更广，如一个国家、一个岛屿或一个城市(Hall，2000；Davidson&Maitland，1997)。这种传统的观念，近年来仍为部分学者所坚持。

例如，英国的布哈利斯，就曾明确地提出旅游目的地是一个明确的地理区域，这一区域被旅游者理解、公认为一个具有统一旅游营销管理和规划的政策和法律框架的较为完整的实体，即有统一目的地管理机构管理的特定区域。这些定义无一例外地强调了目的地管理与规划意义。

但是，后来人们逐渐认识到它也可以是一个知觉的概念。例如，澳大利亚学者利珀认为目的地是人们旅行的地方，是人们选择逗留一段时间以体验某些特色或特征——某种感知吸引力。

2. 旅游目的地的国内定义

国内对于旅游目的地系统的研究始自于20世纪90年代中后期，且大多数并非特定针对旅游目的地来做专门研究，只是把旅游目的地作为对有关旅游问题研究的副产品来看待，导致定义上多强调它是一种地理空间集合的关系。

保继刚等(1996)在由高等教育出版社出版的《旅游地理学》中认为，一定空间上的旅游资源与旅游专用设施、旅游基础设施，以及相关的其他条件有机集合起来，就成为旅游者停留和活动的目的地，即旅游地。

张辉(2002)把旅游目的地概括为，拥有特定性质旅游资源，具备了一定旅游吸引力，能够吸引一定规模数量的旅游者进行旅游活动的特定区域。同时，张辉还提出旅游目的地形成必须具备的条件：一要拥有一定数量的，可以满足旅游者某些旅游活动需要的旅游资源；二要拥有各种相适应的旅游设施；三要该地区具有一定的旅游需求流量。

魏小安(2002)、厉新建(2003)指出，旅游目的地最简单的定义就是能够满足旅游者终极目标的地点或主要活动地点。从效用的角度来看，旅游目的地就是能够使旅游者产生动机，并追求动机实现的各类空间要素的总和。同时，魏小安和厉新建还认为旅游目的地要素一般包括3个层次：首先是"第一产品"，即旅游吸引要素，是吸引旅游者从客源地到目的地的直接的基本吸引力；其次是"第二产品"，即旅游服务要素，旅游地的设施及服务直接影响旅游者的旅游经历；最后是"附加产品"，即环境要素，环境要素既构成了吸引要素的组成部分，同时又是服务要素的组成部分，环境要素包含了供水系统、供电系统、排污系统、交通系统等公共设施，以及当地公共机构及当地居民态度等，与旅游吸引物等共同组合成旅游目的地整体吸引力。

综上所述，国内外学者由于旅游业所处的发展阶段和制度背景不同，对旅游目的地的定义方式和关注重点也各有不同。本书认为，旅游目的地是指在一定的空间范围内，对一定规模旅游市场具有吸引力的旅游吸引物、旅游要素的集合体，且能形成旅游业六大要素综合协调发展，并满足旅游者各种旅游需求的区域。

9.1.2 旅游目的地的基本属性

旅游目的地的基本属性主要体现在其构成要素上。

坎恩(1976)认为能构成为真正旅游目的地的地区应具备以下5个条件：①拥有一定距离范围的客源市场；②具有发展的潜力和条件；③对潜在市场具有合理的可进入性；④其社会经济基础具备能够支持旅游业发展的最低限度水平；⑤有一定规模并包含多个社区等。

库珀(1998)把旅游目的地的构成要素归纳为"4A"：①吸引物(Attractions)；②康乐设施(Amenities)，如住宿设施、餐饮业、娱乐设施、零售业和其他服务设施；③进入设施(Access)，如交通网络或基础设施；④附属设施(Ancillary Services)，如地方旅游组织。

王晨光(2005)认为，构成旅游目的地的核心要素主要应包括：①有独特的旅游吸引物；②有足够的市场空间和市场规模支持；③能提供系统、完备的旅游设施和旅游服务；④要有目的地当地居民的认同、参与并提供各种支持保障；⑤具有一定的可管理性。

本书认为，刺激旅游者产生旅游动机的根本动力是旅游目的地的核心资源和吸引力因素。因此，应该包括以下几个要素种类。

1. 区位的自然条件

区位的自然条件主要包括旅游目的地的区域分布、地表景观、自然风光、地理气候等，这些要素给旅游者提供了强有力的视觉及感官享受，成为旅游者旅游活动的一个重要诉求点。有时候，这些特殊的自然条件有特定的旅游目标市场，从而有其与众不同的独特的吸引力。自然条件由于其的客观存在性很强，不受旅游管理者的影响和管理，成为决定旅游目的地竞争力大小的重要要素之一。那些拥有良好、独特的自然条件的旅游目的地，在当今人口爆炸和污染严重的世界中变得越加有魅力，形成了一种新的旅游模式"自然区域旅游"。

阅读案例 9-1

高标准规划建设 打造世界级旅游目的地

头顶蓝天白云，脚踩绿色慢行道，身处在绿树掩映中，旁边就是波澜壮阔的大海，骑着自行车，畅游海口绿色慢行道，在悠闲中呼吸清新空气，感受椰风海韵。2011 年 5 月 19 日，海口正式启动了绿色慢行休闲系统，目前已经成为一道靓丽的风景线。海口未来将全面提升旅游业规划水平，通过众多的旅游活动，扩大海口旅游的美誉度和知名度。

1. 慢行系统充实旅游内涵

一座座风情别致的驿站小屋，由一条条绿树掩映的绿色慢行道连接，就像串起来的珍珠项链，这是海口乡村一景，如图 9.2 所示。据了解，海口市目前是我国首个将全市纳入绿道慢行系统规划的省会城市，而且也是我国首个将绿道慢行系统进行专项规划的城市。海口将结合旅游需求、健身运动、休闲娱乐等特点，构建"公交＋慢行"的一体化交通出行模式，建立覆盖全市的慢行休闲绿道网络，以江、河、海及无缝公交体系为动脉，以绿道为骨架，打造一个完整的休闲、生活、娱乐的城市绿色慢行休闲系统。同时，把慢行系统的建设与景区(点)和文明生态农村的规划建设结合起来。今后，这些绿道将更好地发挥休闲和娱乐的功能，给市民带来更高品质的宜居生活。

图 9.2　海口乡村一景

2. "十一五"大项目带动旅游大发展

"十一五"期间,我市进一步完善道路交通指示标志,开发英文网站,各景区完善景区内部中外文导游图、景观外文介绍说明、配备一定数量的外语导游,旅游饭店不断规范国际标准公共图形符号应用,高星级旅游饭店还配备了同声传译系统,增强国际接待能力。重点旅游工程建设稳步推进,倾力打造"印象·海南岛"大型实景演出,"美源·海口湾"游艇码头工程正式开工;区域旅游合作进一步深化,琼北湛江区域旅游合作组织成立;出台优惠政策,促进客源增长,出台《海口市鼓励航空客运市场开发暂行办法》、《海口市奖励旅行社暂行办法》和《海口市进一步鼓励航空客运市场开发暂行办法》,进一步扩大奖励范围。

3. "十二五"高起点规划旅游新格局

据介绍,2011年海口旅游委将完成"十二五"旅游发展规划、高尔夫发展规划、游艇游轮发展规划、酒店业发展规划、主题公园规划的编制工作,为今后发展提供依据和条件。

"十二五"期间,根据"东进、南优、西扩、北拓、中强"城市空间发展策略,海口市将优化旅游产品的城乡布局,实现城市总体规划、土地利用规划和旅游产业发展规划的协调统一。到"十二五"期末,逐步形成"一轴一带五区"的海口旅游发展空间格局(一轴,即北部滨海旅游发展轴;一带,即南渡江生态休闲旅游带;五区为滨海中部都市旅游综合服务区、滨海西部商务会展休闲度假旅游区、滨海东部生态休闲度假旅游区、羊山时尚休闲度假旅游区、南部乡村休闲旅游区)。

围绕海南建设"国际旅游岛"总体目标,海口提出打造为"两市一基地一中心"的目标(即世界一流热带滨海休闲旅游目的地城市,我国旅游业改革创新示范城市;海南国际旅游岛旅游综合服务中心;南海旅游组织与服务基地),构建与国际旅游岛相适应的现代旅游产业体系。

海口美兰国际机场的统计数据表明,2011年4、5、6月3个月,机场客流量出现两位数增长,原本处于淡季的海口旅游,却处于一片红火之中。正由于众多旅游活动的举办,带动了海口旅游发展。此后,海口市旅游委将通过热气球婚庆节、高尔夫赛事等,提升海口旅游的知名度和美誉度。

(资料来源:http://news.china.com.cn/rollnews/2011-07/15/content_8936665.htm.)

问题:

1. 海南下大力规划和建设旅游的目的是什么?
2. 该案例给我们什么启示?
3. 旅游目的地的建成有何重大意义?

2. 人文魅力

里奇等(1978)指出某一地区的文化和社会特征在构成旅游目的地吸引力中的影响力仅次于目的地的自然条件。旅游者一般着重从以下4个维度上来看待和认识旅游目的地:日常生活基本情况、当地社会工作情况、该地历史文化遗存情况和当地居民的生活富足情况。当然,结合现实生活的情况来看,在目的地旅游产业发展的进程中过分夸大旅游业的经济价值和功能,而忽视甚至歧视当地人文环境的构建和居民的生存空间的情况也时有发生。

一些地方不仅忽视居民作为独特旅游吸引物的市场价值,甚至将其正当利益视作开发的障碍,旅游开发的结果是压缩当地居民的生存空间,剥夺当地居民的生存权利,这是一种典型的"杀鸡取卵"的短视行为。因为如果没有当地居民所积淀的社会文化、没有当地居民所建造的生活环境、没有当地居民所形成的旅游资源,那么绝大多数旅游目的地将会失去其原有的旅游魅力和市场价值。

3．市场关系

任何一个旅游目的地要想可持续发展,充足的客流和有规模的市场是个不可或缺的要素。对于一个旅游目的地来说,一方面,必须具备充足的市场空间,保证当地旅游业的规模开发和持续经营,保证旅游目的地能做到可持续发展;另一方面,旅游目的地所对应的旅游目标市场能自由地选择旅游目的地、便捷地进入旅游目的地,即有一个规范的、有效的、完备的旅游市场体系。

4．旅游设施

旅游设施可以分为两类：旅游基础设施和旅游上层设施。对于一个旅游目的地吸引力构建来说,强调的旅游设施具体指的是旅游上层设施。旅游上层设施是指主要服务于旅游者(来访者)的建筑和设施,一般指宾馆、饭店、旅游咨询中心等。绝大多数旅游上层设施是专门为旅游者建造的,但也有一些早期因其他原因建造,现在却主要成为旅游活动而使用的设施。这部分旅游上策设施介于其独特性,本身就是旅游吸引物,如中国的长城、印度的泰姬陵等。布伦特·瑞奇、克劳奇提供了一个旅游上层设施分析框架,见表9-1。

表9-1　旅游上层设施：一个分析框架

功能要素设施	增强设施因素	增强的自然或常规设施
●宾馆	●博物馆	●教堂,大教堂
●卧室加早餐设施	●动物园	●自然奇观
●餐馆	●独特的办公大楼/高楼	●历史标志物
●游客服务中心	●奥林匹克举办遗址	●独特的工业遗址
●飞机场	●露天大型运动场	●独特的建筑物
●主题公园	●名人故居	●自然演化条件(如冰川)
●游船码头	●航空航天中心	●大学校园
●小汽车租赁中心	●独特/著名的商业居住小区	●灾难地区
●会议中心		
●名胜风景区和旅游解说中心		

知识链接 9—1

何谓一站式旅游目的地

"一站式"是美国卡特彼勒公司提出的一个系统销售服务理念。这是一个和传统销售不同的系统销售服务,是现代营销的新概念。它不仅提供产品销售,还提供相关的技术服务、维修保养服务、使用培训服务、金融保险服务等系列服务。目的是扩大销售和从服务上增值。所谓的一站式服务,其实就是只要客户有需求,一旦进入某个服务站点,所有的问题都可解决,没有必要再找第二家。

"一站式"的理念一提出,就迅速被很多行业推广和使用,针对于旅游行业来讲,一站式旅游目的地就是指游客到达这个目的地后能够在同一个地方同时享受吃、住、行、游、购、娱这6个旅游要素所涵盖的内容。当然能够达成一站式的旅游目的地首先要求这个目的地有产品设计、批零组合、大交通整合、强势媒体推广等方面的优势。而游客是否能认同一站式的旅游目的地则取决于该目的地是否能够提供真正新颖有效的增值服务,只有得到游客的广泛认同,才具有引导市场的价值。

(资料来源:http://www.ly.js.cn/tianmuhu/lvyoudongtai/2011-12-09/2259.shtml。)

5. 旅游事件

与许多的旅游目的地吸引力建设关注和强调区位优势、自然条件等相比,有很多地区并不占有这些优势和条件,那么旅游事件的开发也可以达到建立目的地声望和增强目的地吸引力的目标。尽管重大活动和标志性节庆活动能大大提升一个旅游目的地的知名度,如世界博览会的举办、奥林匹克运动会的举办、世界杯足球赛的举办等,但是这样有影响力和知名度的事件毕竟有限。因此,旅游目的地应该根据自身所处的环境和资源,开发和举办有特色和影响力的重大活动或标志性事件。唐纳·盖茨在《事件管理和事件旅游》书中指出,有很多基础性的因素能拓展或提升事件的独特性,而独特性正是旅游事件/活动成功的重要因素,也是旅游吸引力构建的关键要素。当然,并非所有对旅游目的地吸引力建设有作用的事件都是大型的或是国际的。盖茨提供了一种方法,通过对现实文化和社区的调查研究,总结了七大类事件活动,见表9-2。这七大类事件活动中,大多数事件规模并不大,但却利用其综合效果为旅游目的地带来了络绎不绝的旅游者。

表 9-2 现有节庆活动的类型

活动类型	具体内容
文化庆典	●节庆日
	●狂欢节
	●宗教节庆事件
	●传统纪念日
商业与贸易	●博览会
	●消费品与展览会
	●集会和协商会
	●宣传活动
	●资金筹集活动

第9章 旅游目的地

续表

活动类型	具体内容
教育和科学	●研讨会，学术会议 ●国际性集会，说明会
艺术与表演	●音乐会 ●美术画展 ●颁奖典礼 ●其他表演
体育竞技	●职业赛和业余赛 ●快乐游戏和体育活动 ●娱乐活动
政治和政府	●就职典礼 ●贵宾参观 ●群众集会
私人活动	●宴会，盛会 ●周年纪念日

阅读案例 9—2

戛 纳

小城戛纳，只有 7 万居民，但却因每年 5 月举行的国际电影节(Ie Festival international du Film)而蜚声世界。这个一年一度的影坛盛事，使世界各国的电影工作者、影商和影迷，还有记者如潮水般涌到此地聚会。一时，影星荟萃，影片如潮，介绍新片的招贴画和五光十色的广告贴满大街小巷，使这里成为全球瞩目的国际影城。

一来到戛纳，你就会明白：挑选这样精巧、典雅、迷人的小城举办电影节真是一个绝好的选择。它偎依在青山脚下，地中海之滨。白色的楼房与蓝色的大海及一排排高大翠绿的棕榈树构成一派绚丽的南国风光。难怪人们把授予最佳影片的大奖起名"金棕榈奖"(Palmes d'Or)。陈凯歌导演的《霸王别姬》和台湾电影《喜宴》就曾获得这项殊荣，让世界对中国电影刮目相看。

有人说，戛纳是过冬的胜地，也有人说，戛纳是避暑的天堂，其实都没错。因为这里冬天有暖和的阳光，夏季有凉爽的海风，风景优美的长沙滩，视野甚广，是日光浴者的天堂，也是弄潮儿和划船的乐园。美丽的海滨大道十分宽阔，相当整洁。一边是沙滩海湾，另一边尽是雅致的酒店建筑，有上一世纪的古董，也有非常现代化的楼房。其中戛纳最豪华的五星级酒店，外貌美轮美奂，说它是皇宫大殿也不为过。此外，还有很多咖啡馆、酒吧和名牌专卖店。在绿色地带，全年皆有繁花盛开，沐浴在明亮阳光下的棕榈树，常使来访的游客陶醉不已。戛纳的秀丽风景如图 9.3 所示。

图 9.3 戛纳的秀丽风景

(资料来源：http://www.tvtour.com.cn/dms/intro.php?id=651．)

9.1.3 旅游目的地的类型

随着旅游需求水平的不断提高及旅游者消费模式的多样性趋势，旅游目的地的种类也越渐丰富，一般有很多不同的划分标准和方法。

1. 按旅游目的地的空间范围大小划分

按旅游目的地的空间范围大小划分，可以分为国家旅游目的地、区域性旅游目的地、城市旅游目的地和景区性旅游目的地。旅游目的地的本质是通过当地旅游资源吸引旅游者。因此，具有这种功能和性质的旅游目的地，可以是一个特定的旅游胜地、旅游景观，可以是一个特定的旅游城市，可以是一个有独特资源的特定国家。

图 9.4 梵蒂冈

国家旅游目的地是指按国际旅游市场的空间格局标准来划分的。对一些拥有特色鲜明的旅游资源并且资源分布集中的国家，特别是一些十分依赖旅游业的国家而言，旅游业在其国内的支柱产业地位极为显著，形成了以旅游业为主体、以旅游地为代表的社会经济结构，这样的一些国家就属于国家旅游目的地，如梵蒂冈和马尔代夫等，梵蒂冈一景如图 9.4 所示。

区域性旅游目的地可以从两个角度划分：一方面，从国际旅游市场分布来看，一个特定的区域可能包含若干个旅游资源和属性相同的目的地国家，如地中海区域和加勒比海区域等旅游区域，这些区域旅游目的地包含了周边的一些国家旅游目的地；另一方面，从某一国家的空间范围来看，由于其历史进程的悠久、地理气候的差异及空间分布的广泛，可能会在这一国家范围内形成不同的旅游资源特征，从而形成各具特色的区域性旅游目的地，如我国的东部沿海旅游区域和西部内陆旅游区域的形成，美国的东部和西部的资源特色的差异等。

城市旅游目的地相对于国家旅游目的地的划分而言，是从一个特定的旅游区域空间范围来划分的。随着社会的发展，城市在旅游业发展中承担了越来越重要的功能，城市不仅是一个旅游目的地的重要吸引物，是旅游资源的承载体，也是旅游活动顺利开展的必要保障，是旅游交通、旅游住宿、旅游娱乐和旅游服务的支持体系。而城市旅游目的地的建设会进一步发展成为区域性的旅游目的地。

景区性旅游目的地是旅游目的地的最小单元分子，但并非所有的旅游景区都可以成为旅游目的地。一般而言，只有那些具备对一定规模的旅游者有吸引力，同时可以为旅游者提供完备的旅游服务体系的大型旅游景区才能具备旅游目的地的特征。

2．按旅游者旅游活动的不同目的划分

按旅游者旅游活动的不同目的划分，可以划分为专项旅游目的地、度假旅游目的地和观光旅游目的地3种。

专项旅游目的地是指为某些特殊旅游需求提供产品服务的旅游地。例如，为探险而形成的旅游目的地张家界，为修学而形成的旅游目的地英国的剑桥(英国剑桥大学校园如图9.5所示)，为购物而形成的旅游目的地中国香港，为某个专项研究而形成的旅游目的地等。

图9.5　英国剑桥大学校园

度假旅游目的地是指拥有的旅游资源性质和特点可以满足旅游者度假、休闲和疗养的需要的旅游目的地，主要有乡村旅游度假地、山地温泉度假地和海滨休闲度假地3种。度假旅游目的地主要是伴随旅游者的度假活动而产生的。因此，度假旅游目的地与其他旅游目的地相比，其旅游活动项目少、活动空间小，且季节性表现较为显著。

观光旅游目的地是指当地旅游资源的属性适合观光旅游活动的旅游区域，一般又分为自然观光地、城市观光地和名胜观光地。观光旅游目的地是一种传统的旅游目的地，在世界旅游活动中仍占重要地位。观光旅游目的地一般也是围绕独特的自然风景来开发旅游项目的，随着旅游业的发展，现代观光旅游业在不断的改变、革新，增加了许多新的消费形式，如节庆旅游、会议旅游、民俗风情等旅游活动。当然一些特殊的旅游城市区域，其融合了自然、经济、政治、社会和文化的综合特征，旅游资源的内容也因此相当丰富，旅游者的活动的空间较大，这样也成为观光旅游目的地的重要载体。

3．按旅游资源分布特征的不同划分

按旅游资源分布特征的不同划分，可以分为海洋旅游目的地和城市旅游目的地。

海洋旅游目的地是指那些紧靠海边、环境优良、设施齐全供旅游者海洋疗养的旅游目的地。早在19世纪中叶，随着人们内陆疗养的提倡和海洋沐浴的健康疗效的引导，海洋旅游区经历了诸多变革，再次成为旅游者的新宠儿。世界上顶级的旅游目的地中不乏海洋景区的，其中较有代表性的是马尔代夫，如图9.6所示。

图9.6　海洋旅游目的地代表——马尔代夫

城市旅游目的地是指那些以从古至今文化遗存为旅游吸引物的城市旅游地，这些城市在早已脱离了的商业功能而转变为旅游城市，至今所形成的旅游城市依然成为著名的旅游目的地，如意大利的威尼斯。

4．按旅游目的地开发时间和发育程度的不同划分

按旅游目的地开发时间和发育程度的不同划分，可以分为新兴目的地和成熟目的地。

旅游目的地成熟程度是由该区域旅游业发展的阶段和竞争程度不同而决定的。早期世界旅游客源市场主要集中在欧美地区，围绕欧美旅游者的旅游需求，形成了集中在地中海、加勒比海沿岸等一批著名的旅游目的地，这一类属于成熟目的地。但随着世界旅游市场的规模不断扩大及经济社会的发展、交通的便利、技术的进步，一些新型的旅游客源市场逐步成长(如日本、韩国等)，传统的、成熟的旅游目的地已经不能满足新的旅游需求，因而又出现和形成了一批新兴的国际旅游目的地，如亚太地区的中国、新加坡、泰国等。

5．按旅游资源的等级高低不同划分

按旅游资源的等级高低不同划分，可以划分为世界级旅游地、国家级旅游地、省市级旅游地和地区级旅游地。

世界级旅游地是指以列入《世界遗产名录》的文化和自然遗产为主体构成的旅游地，能吸引世界各国的旅游者。

国家级旅游地是指由国家重点风景名胜区、全国重点文物保护单位、国家森林公园、国家历史文化名城、国家自然保护区和国家级度假区等为主体构成的旅游地，能吸引各国或部分海外旅游者。

省市级旅游地是指以省市级重点风景名胜区、省市级重点文物保护单位、省市级森林公园、省市级自然保护区和省市级度假区为主体构成的旅游地，主要吸引国内旅游者。

地区级旅游地是指以地区级风景名胜区、地区级重点文物保护单位、地区级森林公园和度假村为主体构成的旅游地，主要吸引地区性旅游者。

9.1.4 旅游目的地的作用和意义

1．是当地旅游业发展的重要要素

旅游目的地是旅游业发展的重要资源。一个旅游目的地的建立的特色、品味都决定着对旅游目的地旅游业发展的速度和水平的高低。纵览世界各个著名的旅游地区，那些旅游业发达的地区，都有着让世界瞩目的特色旅游目的地。例如，西班牙的海滩，就为西班牙增添了重要的财富砝码。西班牙享誉世界的"3S"就成为当地旅游的一大重要要素，每一年吸引这欧洲、美洲、亚洲等地区的大量旅游者进入西班牙国境。当然，也为西班牙的旅游经济做出了很大的贡献。

2．对地区发展和形象的提高有很大作用

旅游目的地的建设是一个旅游区域经济发展的产物。没有强大的经济实力作保障，当地政府和组织对旅游目的地的建设就无法尽力。因此，在一定程度上来看，旅游目的地的建设是一地区经济发展水平的体现。反过来看，旅游目的地的建设也能带动当地社会、文化和经济的发展和改善，并对该地区的整体形象有很大的提升作用。

旅游目的地的建设工作的开展，能较大程度地搞活思想，引进先进的文化理念。这样就能摆脱老式的、传统的观念。例如，西部一些地区，经济水平不高，环境和社会设施都相对的落后。但是在现代的多元文化影响下，一些西部的省份开展影视旅游，如修建了宁夏西部影视城，如图9.7所示。利用怀旧的场景，产生经济效益。不仅宣传了地区知名度，打造了特色性极强的旅游目的地品牌，而且也为当地居民开辟了致富的新路子。

图9.7　宁夏西部影视城

阅读案例 9—3

镇北堡西部影视城跻身 5A 级景区

近日，国家旅游局在北京举办了第二批国家 5A 级景区颁牌仪式，镇北堡西部影视城被评为国家 AAAAA 级景区，加之此前西部影视城被评为"国家级非物质文化遗产代表作名录项目保护性开发综合试验基地"、"国家文化产业示范基地"，在全国范围内，兼有这 3 块"金字招牌"的，镇北堡西部影视城是全国唯一。

(资料来源：http://news.xinmin.cn/rollnews/2011/01/27/9099724.html.)

3. 是区域经济发展的经济增长极和扩散极

许多省市都希望加快旅游的发展成为区域经济的增长点、城市化的推动力。但是，事实表明，一些落后地区虽靠特色旅游项目的发展获得了第一桶金，但是由于区域发展走的仍然是资源经济的老路，这样就容易造成过度依赖旅游资源的社会、文化和经济环境，使其他产业包括旅游业自身的创新面临困境，而导致旅游业的带动效益下降，旅游的投资乘数减弱。而这一切的原因是，一些地区将旅游业看作经济的终极道路。

旅游经济的带动效益，要在一个大的旅游系统中来识别和判断。如果一个旅游目的地的相关产业不够发达，旅游业发展中的经济漏损就大，旅游业发展对当地旅游经济的带动就极为有限。要引导旅游经济与其他产业经济协调发展，使旅游目的地经济作为区域经济发展的增长极和扩散极，带动更多的产业快速、健康、持续发展。

9.2 旅游目的地的空间结构

9.2.1 旅游目的地空间组织形态

对旅游目的地空间组织形态的透视可以从宏观和微观两个层面上展开。在宏观层面上，旅游目的地是由旅游城市或胜地型旅游目的地、连接旅游地的交通线路及其所依托的区域所组成的空间网络系统；在微观层面上，则是旅游目的地内部的景区(景点)和旅游设施的空间安排。

1. 宏观层面的旅游区划

对旅游空间结构的研究始于旅游区划。20 世纪 80 年代以来，我国地理学家对不同区域范围的旅游资源和旅游地区划进行了研究。作为区域的一个组成部分，旅游目的地存在地域分异现象，从南向北，从东向西，不论自然景观旅游目的地还是人文景观旅游目的地，都存在地域分异。这种地域分异的规模有大有小，高一级地域分异是低中级地域分异的背景。正是旅游目的地的地域差异性，导致一旅游目的地的旅游资源对另一地旅游者形成吸引力，从而产生旅游者的空间移动。

根据旅游目的地的地域空间差异性、共同性、功能上的通用性、发展方向的一致性等，可以看出我国旅游目的地的空间分布特征大致可出现 10 个不同的旅游地空间分布特色,见表 9-3。

表 9-3 中国旅游目的地的空间分布特色

空间分布	位　　置	突出特色	旅游目的地的发展方向
东北冰雪风光近代名城旅游目的地	位于中国内地东北部,包括辽宁、吉林、黑龙江 3 省	冰雪风光近代名城	冬季:冰雪观赏、冰雪运动和狩猎旅游 夏季:森林生态、界江探秘、科学修学、疗养度假 全年:近代名城欧陆东洋风情旅游
中原华夏文明山海形胜旅游目的地	位于黄河中下游地区,包括北京、天津、河北、山西、陕西、河南、山东	华夏古今文明和山海形胜	华夏文明怀古、首都观光购物、名山朝觐览胜和海滨休闲度假旅游
华东名山秀水园林都市旅游目的地	地处长江下游,包括上海、江苏、浙江和安徽	名山秀水古典园林都市风貌	名山避暑朝圣、古城名镇观光、水乡休闲度假、都市采风购物和会议商务旅游
华中峡谷名山文化胜迹旅游目的地	位于长江中上游,包括重庆、湖北、湖南、江西	峡谷名山文化胜迹	山水风光、历史文化、宗教朝圣旅游地和三国寻踪、生态、漂流、科考等专项旅游
华南热带海滨现代风貌旅游目的地	位于中国南部沿海,包括福建、广东、海南	热带海滨现代风貌	热带海滨避寒度假、现代都市游乐购物、侨乡故土寻根朝觐旅游
西南奇山异水民族风情旅游目的地	位于中国西南边陲,包括四川、云南、贵州、广西	奇山异水民族风情	山水奇景、民族风情、边境采风旅游和宗教朝觐、高山探险、熊猫观赏、生态科考专项旅游
西北丝路古迹大漠绿洲旅游目的地	位于中国西北部,包括甘肃、宁夏、新疆	丝路古迹、大漠绿洲	丝路胜迹、大漠绿洲、民族风情观光旅游和沙漠探险、登山、狩猎、滑翔,以及跨国汽车拉力赛等专项、特种旅游
塞外草原风光民族风情旅游目的地	位于长城以北的中国北部边疆,内蒙古境内	草原风光、蒙古族风情	草原、民俗、边境观光旅游和森林、疗养等专项旅游
青藏雪山高原宗教文化旅游目的地	位于中国西南部,包括青海、西藏	雪山高原宗教文化	雪山高原、宗教文化、藏族风情观光旅游和登山探险、狩猎、科考及汽车越野拉力赛等专项旅游
我国港澳台海岛风光中西文化旅游目的地	香港、澳门、台湾	中西文化山水美景海滨景观	热带和亚热带海岛观光、商务旅游、美食购物、博彩旅游、都市旅游

2. 区域旅游空间结构

1) 区域旅游空间结构的构成要素

卞显红提出,区域旅游空间结构主要是由旅游目的地区域、旅游客源地市场、旅游节点、旅游区、旅游循环路线及旅游出入口通道六大基本要素构成的。

(1) 旅游目的地区域。旅游目的地区域是指旅游者为了度过美好的闲暇时间选择参观游览至少过一夜的具有独特风情和风貌的特定旅游区域,它可能由一个旅游目的地构成,也可能由旅游主题或氛围相似的一组旅游目的地构成。旅游目的地区域的边界与旅游方式和旅游特征紧密相连,旅游目的地区域或大或小,也许会相互重叠,在一个旅游目的地这些区域以不同的规模存在并与行政边界密切相关。

(2) 旅游客源地市场。通常指旅游者及潜在旅游者长期居住的区域。某一个给定旅游目的地的客源地市场是受多种因素所制约的,据吴必虎的研究结果表明,中国城市居民旅游和休闲出游市场随距离增加而衰减:80%的出游市场集中在距城市 500 千米以内的范围内;由旅游中心城市出发的非本市居民的目的地选择范围主要集中在距城市 250 千米半径范围内。旅游者到旅游目的地领略其独特的地域风情和风貌,其需求和愿望来自旅游动机和旅游偏好,并受客源地各种主客观条件的制约。旅游目的地空间规划布局把旅游客源地市场纳入考虑范围,有助于旅游目的地入口通道及旅游目的地旅游形象标志物的规划与设计。

(3) 旅游节点。由两大相互联系的基本成分组成:吸引物聚集体及旅游服务设施。吸引物在一定空间上的积聚形成吸引物聚集体,并作为旅游产品的核心成分向游客出售。吸引物聚集体包含旅游者游览或打算游览的任何设施和资源。它也许位于一个地理位置上,也有可能在旅游目的地区域的空间上成簇状分布。吸引物聚集体之间的相互补充特性使其产生更强的旅游吸引力。根据吸引物聚集体的吸引力的重要程度差别,吸引物聚集体在空间上呈等级结构。旅游节点的服务成分包含一系列设施,如住宿业、各式餐馆、零售商店或其他任何以旅游者为主要服务对象的服务设施等。这些设施的定位经常是与吸引物聚集体越近越好。旅游节点是旅游目的地的空间主要成分,对区域的经济价值有重要作用。

(4) 旅游区。旅游区是由一个或多个相似的旅游节点组成,它的存在使旅游目的地区域有可能满足不同类型旅游者的多样性旅游需求与旅游期望。如果能从空间角度把一旅游目的地区域内的各旅游区很好地规划与设计,使这些旅游区能加强地域合作而共生共存,这一旅游目的地区域就能产生比各旅游区的吸引力简单相加更强大的区域旅游吸引力。

(5) 旅游循环路线。旅游循环路线是指旅游者在旅游目的地的各吸引物聚集体和服务设施之间的流动轨迹。旅游目的地旅游路线的设计应根据旅游者的旅游动机和切身利益来设计,但还受其他一些因素的影响,如各旅游节点之间的直接通达性、潜在路线的景观质量、旅游者使用的交通工具及旅游地形象标志物的定位等。旅游目的地区域并非所有的旅游节点之间都直接通达,也并非所有的旅游者在返程时都选择同一路线。因此,旅游目的地区域的路线设计应是循环路线。

(6) 旅游目的地区域出入口通道。出入口通道是旅游者进入旅游目的地区域的大门或到达地点。它们也许会沿着一条路线集中分布,也许是在旅游者由一个目的地进入另一目的地区域的渐进过度点上。虽然有时并未标明,但对旅游者有着重要的生理和心理影响。出入口通道预示着一旅游者进入旅游目的地区域,也同时表明这一旅程的结束,它可以给出目的地区域的全景俯览,也可以帮助旅游者定位。因此,在旅游目的地空间规划布局中,必须对出入口通道予以认真关注和考虑。旅游目的地区域的出入口通道是多重的,要根据客源地、旅游者特征、季节条件及交通工具的选择等因素来规划与设计,要充分考虑每个出入口通道的位置,要设计出最合适,也最具吸引力的出入口形象。

2) 区域旅游空间结构模型

(1) 单节点旅游目的地区域空间布局模型。单节点旅游目的地区域包含一个中心吸引物或一个吸引物聚集体，旅游者到达此旅游地只能待在这一个地方。相对于多节点旅游地来说，单节点旅游地空间范围很狭小。因此，所有旅游支撑系统和服务设施都要完备，且没有形成旅游地内循环路线。单节点旅游地是旅游地空间成长的最初阶段。

(2) 多节点旅游目的地区域空间布局模型。随着旅游地的发展，一些很具吸引力的腹地旅游资源或深层次的历史文化资源被开发，多节点并存的旅游地开始出现。多节点旅游目的地区域空间布局模型中有 3 类节点：首要节点、次级节点与末端节点。

9.2.2 旅游目的地空间相互作用

旅游目的地空间相互作用，从作用的主体看，包括目的地之间的作用、目的地与客源地之间的作用；从作用的方式看，在目的地之间，根据其性质和相互关系分为竞争和合作两种方式。

1．旅游目的地空间竞争

同一类型或类似的旅游资源在同一地域出现，因受各自区位开发条件和旅游者行为特征的影响，会产生空间竞争。这类竞争可分为替代性竞争和非替代性竞争。所谓替代性竞争是指共性大、个性小，并且相对区位邻近的旅游地之间的竞争。非替代性竞争是指处于竞争状态的旅游地之间既有一定的共性，更有其独特的个性，两个旅游地之间的竞争优势点有所区别。

2．旅游目的地空间合作

旅游地之间也可通过资源优势互补，加强区域旅游开发合作，实现互补增强效应。互补性旅游地之间的合作不但不会挤占客源市场，还会相互增强它们在各自同类竞争对手中的竞争力。董观志曾对广深珠旅游合作进行研究，提出在国际化视野下的合作路向：建立多元化的协调机制、形成全流通的合作模式、完替梯度化的产品体系、共享混合化的市场空间、实施主题化的品牌营销。

在现实中，旅游资源大多数情况下是竞争性与互补性并存的。因此，旅游地的空间竞争和合作不是截然分开，而是伴生的，在旅游地开发中存在激烈竞争的同时又有着紧密的合作。

9.3 旅游目的地的功能配置

9.3.1 旅游目的地的功能配制原则

1．突出主题形象

突出主题形象是旅游目的地功能配置的核心原则。在旅游规划开发中，必须通过各种产品和服务来突出旅游区主题形象的独特之处，通过自然景观、建筑风格、园林设计、服

务方式、节庆事件等来塑造与强化旅游区的形象。当地居民的文化方式及居民对游客的态度亦对旅游区的主题形象起重要作用。

2. 集中功能单元

对不同类型的设施，如住宿、娱乐、商业设施等功能分区采取相对集中布局。游客光顾次数最多、密度最大的商业娱乐设施区域，宜布局在中心与交通便利的区位，如大饭店、主要风景点附近，并在它们之间布设方便的路径，力求使各类服务综合体在空间上形成集聚效应。集中布局可以防止布局散乱，亦可防止对主要自然景观的视觉污染；另外，集中布局也有利于主题形象的形成，规模集聚效应对举办各种促销活动可以产生一定的整体规模优势。

3. 协调功能分区

协调表现在处理好旅游区与周围环境的关系，功能分区与管理中心的关系，功能分区之间的关系，主要景观结构(核心建筑、主体景观)与功能小区的关系。有些功能分区具有特殊生态价值而应划为生态保护区，而旅游娱乐区则可承受较大的外界干扰，规划设计中通过适当的合理划分，引入适当的设施使其达到最佳的使用状态。另外，协调功能分区还应对各种旅游活动进行相关分析，以确定各类活动之间的互补、相依或相斥关系，从而有效地划分功能分区，在各功能分区内为各种设施、各类活动安排适当的位置。

4. 合理规划交通线

旅游区内交通线的规划应充分考虑游客旅游过程中的心理特性，以实现符合人体工程学的有效的动线规划。旅游区内部交通网络应高效且布局优化，路径与园林景观有效配置，并建立公共交通系统，采用步行或无污染的交通方式，限制高速行车，使行走与休息均为一种享受。在区内布置有效的眺望点系统和视线走廊，让游客能在区内最佳视点充分享受到完善展示的自然景观。

5. 保护旅游环境

环境保护的目的是保障旅游区的可持续发展，它包括两个方面：一是保护旅游区内特殊的环境特色，如主要的吸引物景观；二是使旅游区的游客接待量控制在环境承载力之内，以维持生态环境的协调演进，保证旅游区土地合理利用。另外，在实施环境保护时，还要充分体现以人为本的原则，即旅游区最终是为人类旅游活动而设计，实现人与环境的协调，也就是规划应同时满足旅游功能及美学上的需求，从而实现：经济价值观与人类价值观的平衡；创造充满美感的经历体验；满足低成本开发及营运技术的要求；提供后期旅游管理上的方便。

9.3.2 旅游目的地的基本功能分区

旅游目的地功能区一般可以划分为核心区与控制区。核心区是对旅游住宿、餐饮、购物、交通、娱乐服务设施的规划，确定旅游设施的数量、规模和档次，确定客源组织安排、游客容量，确定旅游目标市场、吸引客源市场序位，确定旅游服务设施的网点布局。控制区是确定适度开发利用和保护自然、人文资源，规定一定的外围保护带，以确定自然特色和人文景观面貌的完整性，从而达到旅游目的地开发的可持续性发展目标。

核心功能区是旅游地功能分区中的重点内容，一般又可分为游览区、旅游接待区、商业服务区、行政管理区、居民区等：①游览区，旅游地的主要组成部分，景点比较集中，是旅游者的主要活动场所；②旅游接待区，要求有较好的食宿条件，有完善的商业服务及各项配套的辅助服务；③商业服务区，除了分散的服务店以外，旅游目的地可以有几个商业服务较为集中的区，为旅游者和当地居民提供服务；④行政管理区，为旅游地行政管理机构集中的地段，与游人不发生直接联系；⑤居民区，旅游目的地内原有居民的居住区域，以及旅游地工作人员及其家属居住的场所。

9.3.3 旅游地功能分区的布局模式

综观国内外旅游地的空间布局的外在表现，旅游目的地的功能布局模式主要有圈层式(同心圆、三区)、核式(单核、双核、核环)、组团式、链式 4 种模式。

1．圈层模式

1) 同心圆空间布局模式

早在 1973 年，景观规划设计师理查德·弗斯特就倡导同心圆式的利用模式，将国家公园从里到外分成核心保护区、游憩缓冲区和密集游憩区，如图 9.8 所示。这个分区模式得到了世界自然保护联盟的认可。目前我国自然保护区也参照了这种空间布局模式进行规划与管理。

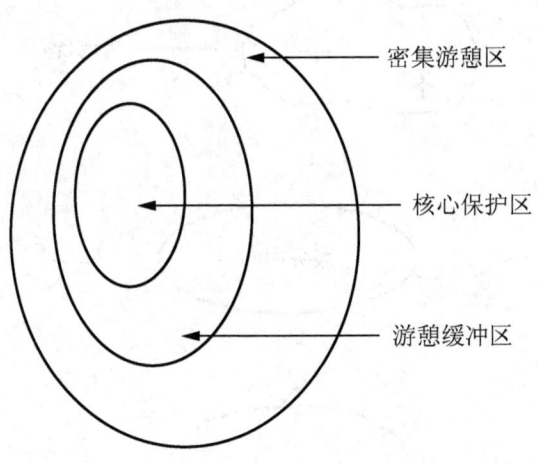

图 9.8 同心圆布局模式

2) 三区布局模式

三区结构模式是弗斯特在 1973 年提出的旅游区环境开发的空间布局模式。核心是受到严格保护的自然特色区，由里到外依次为娱乐区和服务区，如图 9.9 所示。自然保护区限制甚至禁止旅游者进入；旅游活动主要集中在娱乐区，在该区配工野营、划船、越野、观景台等设施；在服务区，建有饭店、心厅、商店或高密度的娱乐设施，为旅客提供各种服务。该布局模式可以运用到城市旅游空间布局上，把城市空间由里向外依次分为旅游城市核心区、旅游城市近郊环城旅游(游憩)区、旅游城市远郊旅游(度假)区等。

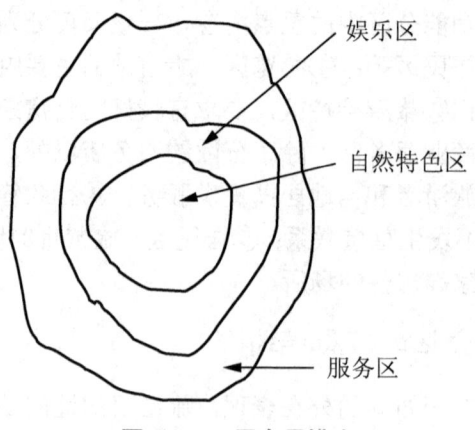

图 9.9　三区布局模式

2．核式布局模式

1) 单核式布局模式

单核式布局模式又称社区-旅游吸引物空间布局模式，是由美国学者冈恩在 1965 年提出的。这种模式是在旅游区中心布局一个旅游社区服务中心，外围分散形成一批旅游吸引物，在服务中心与吸引物之间有交通连线连接，如图 9.10 所示，但吸引物之间没形成连线。这种模式适应于旅游度假地的空间布局。

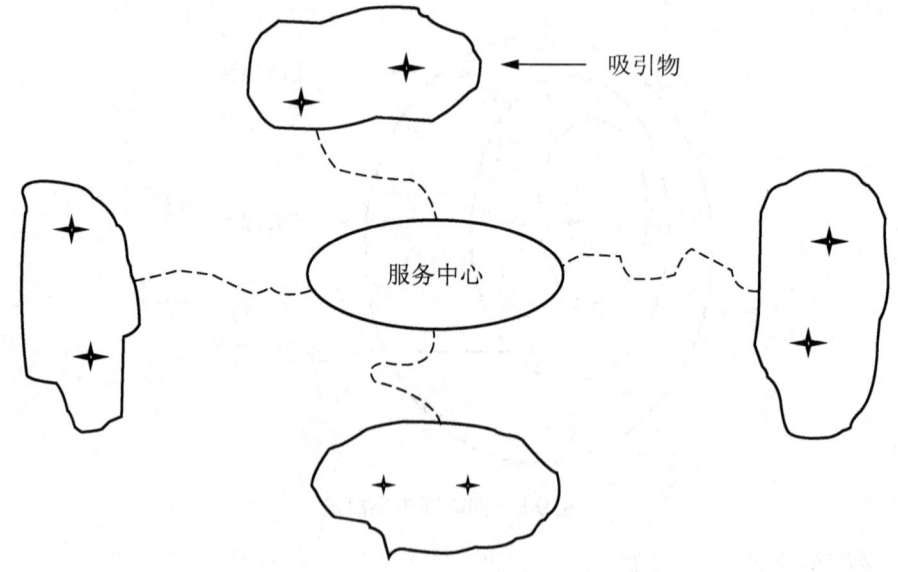

图 9.10　社区-旅游吸引物空间布局模式

2) 双核空间布局模式

双核空间布局模式由特拉维斯在 1974 年提出，双核是旅游接待设施、娱乐设施集中的两个社区：度假城镇和辅助服务社区。通过精心设计，观景台、娱乐设施、体育设施等旅游设施与服务集中在一个辅助社区内，处在保护区的边缘，如图 9.11 所示。

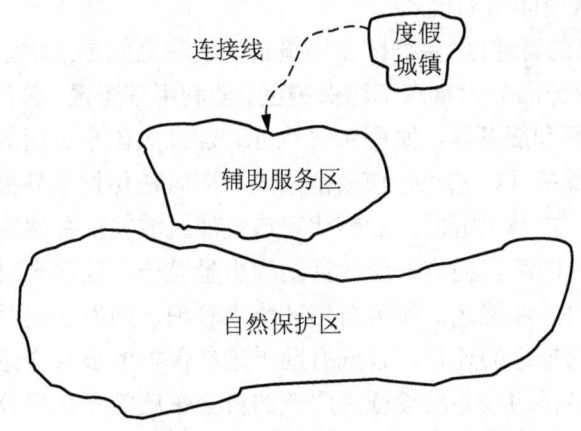

图 9.11　双核空间布局模式

3) 核式环空间布局模式

核式环空间布局模式的核心是一处景区或者是特色旅馆。前者由酒店、餐馆、商店等服务设施环绕这一核心景区布局，且各种设施之间的连线组成圆环，各种设施与景区之间也有道路相连，如图 9.12(a)所示。后者表示若将某些旅游习俗明显作为中心吸引物，则将建筑风格特色明显的旅馆布局在中心位置，如图 9.12(b)所示。

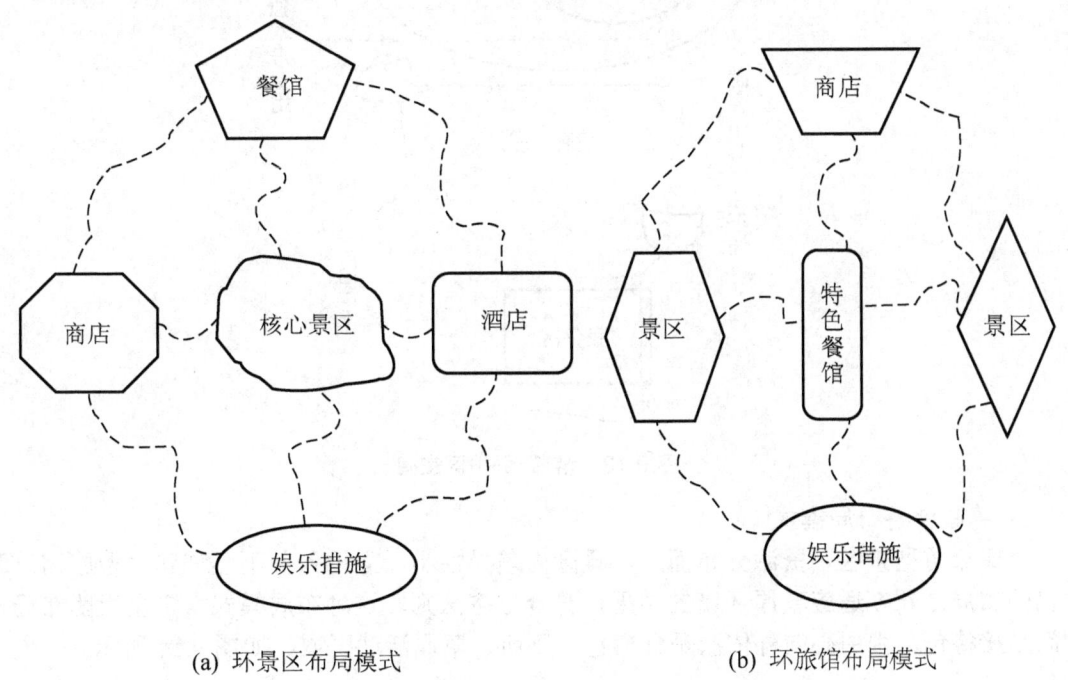

(a) 环景区布局模式　　　　　　　　　　(b) 环旅馆布局模式

图 9.12　核式环空间布局模式

3. 组团式空间布局模式

1) 游憩区-保护区空间布局模式

冈恩 1988 年提出的游憩区-保护区布局模式，实际上就是组团空间模式，一直为旅游规划所借鉴。他把国家公园分为重点资源保护区、低利用荒野区、分散游憩区(即游客中心、停车场等)、密集游憩区和服务区，如图 9.13 所示。加拿大国家公园的功能分区系统包含以下 5 个区：一是特别保护区，禁止任何公众进入，同时在保护区外提供适当的节目和展览使游客了解该区特点；二是荒野区，能够代表该自然区域特征并始终被维持，通过提供在生态系统承载力范围内的适当的户外游憩活动和少量设施，使游客对公园的自然和文化遗产有亲身体验；三是自然环境区，作为自然环境来管理，向游客提供户外娱乐活动和简朴自然的设施，控制机动车道的通行，首选有助于遗产保护的公共交通；四是户外游憩区，允许为游客提供相对多样的服务与设施及广泛的机会来欣赏和享受公园的景致，允许使用直达的机动交通工具；五是公园服务区，是公园中游客服务和支持设施的集中分布区，公园的运行和管理中心亦在此区。

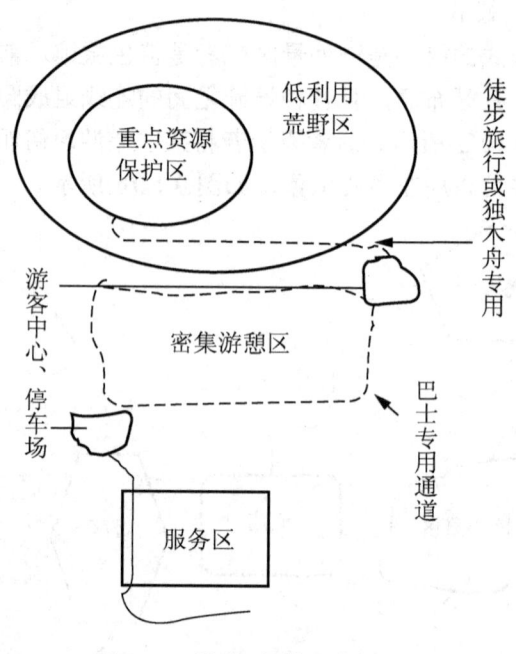

图 9.13　游憩-保护区空间

2) 草原旅游布局模式

草原旅游型景区，资源分布面广，景区内差异性小，立地条件不允许建大型旅馆。蒙古包的布局是长期适应草原环境的结果，符合生态法则。这种布局模式大多呈组团布局，中间是接待包，由中心向外依次是食宿包、厕所、草原活动区域，如图 9.14 所示。

4. 链式空间布局模式

海滨旅游目的地的空间布局模式常采用链式空间布局模式，主要体现在旅游设施布局与海岸线的区位关系，如图 9.15 所示。海滨旅游设施空间布局一般模式是从海水区、海律线到内陆，依次布局：①海上活动区，如养殖区、垂钓区、海滨浴场、游艇船坞；②海滩活动区，如海滨公园、沿海植物带、娱乐区、野营区；③陆上活动区，如野餐区、交通线、餐饮设施、旅游中心等。从陆上活动区到海面，旅游设施或建筑物的高度降低。

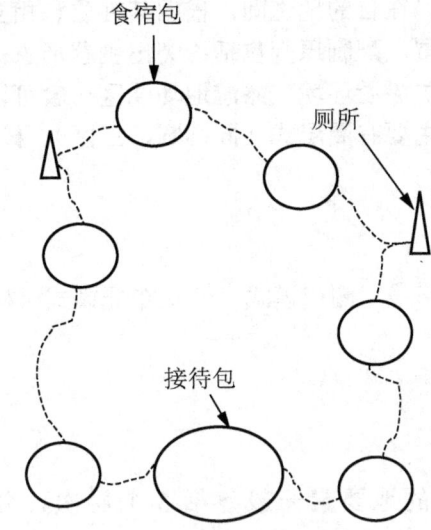

图 9.14　草原旅游布局模式

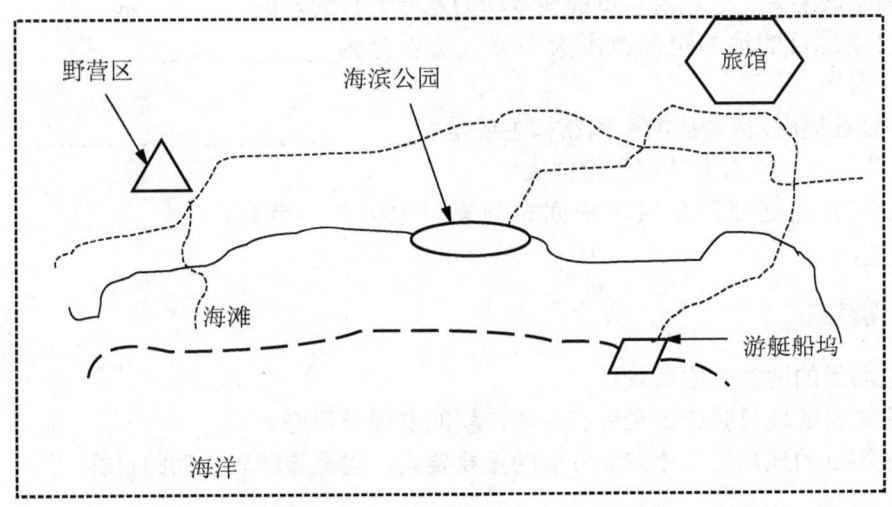

图 9.15　海滨旅游目的地空间布局

本章小结

旅游目的地的建设对于区域旅游的发展来说，是一项艰巨而有意义的工程，要建设一个有知名度的旅游目的地，需要从区位的自然条件、人文魅力、市场关系、旅游设施、旅游事件等要素进行建设和规划。

旅游目的地的空间结构是核心性问题,包括:旅游地空间组织形态,在宏观层面上,旅游地是由旅游城市或胜地型旅游目的地、连接旅游地的交通线路及其所依托的区域所组成的空间网络系统;在微观层面上,则是旅游地内部的景区(景点)和旅游设施的空间安排。旅游地空间相互作用,从作用的主体看,包括目的地之间的作用、目的地与客源地之间的作用;从作用的方式看,在目的地之间,根据其性质和相互关系分为竞争和合作两种方式。旅游目的地的功能配置,配制原则包括:突出主题形象;集中功能单元;协调功能分区;合理规划交通线;保护旅游环境。旅游地功能区一般可以划分为核心区与控制区。旅游目的地的功能布局模式主要有圈层式(同心圆、三区)、核式(单核、双核、核环)、组团式、链式4种模式。

关键术语

旅游目的地　旅游循环路线　圈层模式　核式布局模式　核环式空间布局模式

复习思考题

一、填空题

1．有专家认为旅游目的地要素一般包括3个层次,分别是_____、_____和_____。
2．刺激旅游者产生旅游动机的根本动力是旅游目的地的_____和_____。
3．按旅游目的地的空间范围大小分,可以分为_____、_____、_____和_____。
4．卞显红提出,区域旅游空间结构主要是由_____、_____、_____、_____、_____及_____六大基本要素构成。
5．多节点旅游目的地区域空间布局模型中有3类节点:_____、_____与_____。

二、判断题

1．旅游目的地就是旅游景点。　　　　　　　　　　　　　　　　　　(　　)
2．旅游目的地只要旅游资源有特色,就能发展得很好。　　　　　　　(　　)
3．旅游目的地是当地旅游业发展的重要要素,也是旅游者活动的目标。(　　)

三、简答题

1．能刺激旅游者动机的旅游目的地要素有哪些?
2．旅游目的地发展的意义是什么?
3．旅游目的地的分类标准有哪些?
4．旅游目的地概念及形成条件是什么?
5．旅游目的地可以分为几种类型以及各类型的特征是什么?
6．旅游目的地的空间分布有何特点?

7．简述旅游目的地的空间布局模式。

四、名词解释

旅游目的地　　旅游循环路线　　圈层模式　　核式布局模式　　核式环空间布局模式　　替代性竞争　　非替代性竞争

五、实际操作训练

课题：旅游目的地功能分析。

实训项目：旅游目的地功能分区布局模式。

实训目的：学习、分析旅游目的地的布局模式。

实训内容：选取某一旅游景区，结合所学知识具体分析该旅游景区的具体功能分区布局模式，是圈式、核式、组团式还是链式。同时，比较四大模式的特点。

实训要求：将参加实训的学生分成若干小组，分别做出分析并相互讨论，最后写出各组的布局模式分析报告。

六、案例分析

曼彻斯特市中心的改造转型

曼彻斯特市展示了作为一个过去的工业城市在转型中的许多特征。在20世纪60年代与70年代间，非工业化的进程产生了许多废弃的土地和厂房，同时，制造业向服务业的转移产生了许多重要问题，如失业及相应的社会贫困，特别是在城市中心这些问题更加突出。根据2000年的报告表明，经济的复苏一直都是缓慢的，直至20世纪90年代后期，由于居民区的开发和休闲娱乐业的发展，城市中心迎来了复兴和繁荣。

早在20世纪80年代，今天已解散的大曼彻斯特市顾问委员会最早提出了把曼彻斯特建成旅游城市的理念。到1986年，已经把过去废弃的中心火车站改建为一座G.Mex展览中心，把利物浦公路货运站改建成为一座科学与工业的博物馆，这样就为随后开发成一个以城市休闲娱乐和旅游为主的主要地区打下了坚实的基础。1998年后，增加建设了如下项目。

(1) 一座新的音乐厅(Bridgewate)。

(2) 北部大型超级市场(包括一个传统购物中心、饭店、酒吧和各种小商店)。

(3) Granada影视旅游综合广场(一个城市主题公园，内设有流行的电视剧、歌剧和加冕礼一条街)。

1993年曼彻斯特市申办2000年奥运会，虽然没有成功，但是获得政府的同意和资金支持在城市北边建设了大型的室内运动场。这样形成了第二次开发休闲娱乐设施的高潮，包括电影制作综合广场的建设、各类饭店和酒吧的建设，以及1996年爱尔兰共和国炸弹袭击事件后对Andale大型购物中心的改造工程。

许多这些开发项目是通过公众公司和私营企业完成的，但是，最早的重要项目是单独由私营企业开发的。这些项目包括创建了已经享誉全国的专业夜总会景观，把中国城开发为具有浓郁文化特色、以饭店经营为主的重要区域,把戛纳街周围过去的仓储区改建成盖伊山庄,盖伊山庄关名吸引了来自各地的游客光顾其酒吧、俱乐部和商店。

罗(Law)在 2000 年的报告中指出,最初曼彻斯特市中心的改造项目基本上是开发消遣娱乐项目,这些休闲娱乐项目帮助改变一些衰落的城市地区的氛围并增强其对永久居民的吸引力。常住人口从 1970 年的几百人增至 2001 年的 10 000 人,同时,市中心的酒店数量和接待能力从 1980 年的 7 家(982 间房间)增加到 2000 年的 20 家(3 231 间房间)。1998 年,有 320 多万人访问了曼彻斯特市,总计住宿天数几乎达 1 100 万天,并花费 4 亿多英镑。

但是,曼彻斯特市的案例有助于说明以休闲娱乐为主的城市改造计划存在许多明显问题。

花费较大的问题,基于工业化及相关形象的名声而难以吸引国际旅游者访问一个省会城市的问题。很明显,要保持竞争优势就需要不断地改善和提高对游客的吸引力。一些景点也说明了缺乏吸引游客再次观光的能力。例如,起初 Granada 影视中心访问的游客数量,达到每年 75 万人次,然而不久,下降到每年 40 万人次。城市中心作为旅游活动的基地,在城市的改造中是重要的发展区域。

(资料来源:[英]史蒂芬·威廉姆斯. 旅游休闲[M]. 杜靖川,等译. 昆明:云南大学出版社,2006.)

问题:
1. 曼彻斯特在城市改造计划中,为什么要建设休闲娱乐和旅游设施?
2. 通过曼彻斯特的城市改造计划,分析工业城市在转型过程中如何发展旅游业。
3. 城市旅游在发展过程中可能存在哪些风险?如何规避这些风险?

第 10 章　旅游辅助系统

教学目标

通过本章学习，了解网络信息系统、地理信息系统、管理信息系统和解说信息系统对旅游业发展所具有的支持和影响作用；认知网络信息系统、地理信息系统、管理信息系统和解说信息系统的定义和特性。

教学要求

知识要点	能力要求	相关知识
旅游网络信息系统	认识旅游网络信息系统的重要性 旅游目的地网络包含要素 能够更好地利用网络发展旅游	旅游网络系统的构成要素 旅游网络系统的特征 影响旅游网络系统的因素
旅游地理信息系统	结合地理学的基本知识认识旅游 旅游资源的地学脉络 基于网络的 GIS 应用	旅游地理信息系统的含义 旅游地理信息系统的作用和技术构成 旅游地理信息系统的开发
旅游管理信息系统	利用信息化手段管理旅游信息	旅游信息系统 旅游信息系统的 3 个特征
旅游解说信息系统	认识解说系统的重要性 旅游解说系统的构建	旅游解说系统的含义及构成要素 旅游解说系统的作用

导入案例

国家旅游局宣布正式开通 12301 旅游服务热线

2008 年 8 月 1 日，国家旅游局在北京举行 12301 旅游服务热线开通仪式。国家旅游局局长邵琪伟出席开通仪式并启动 12301 旅游服务热线。北京、天津、山东等奥运省市实现首批开通，标志着工程一期建设已经取得阶段性成果。

杜江副局长指出，12301 旅游服务热线是国家旅游局和地方旅游行政管理部门共同建设的全国性旅游公益服务平台，也是 2008 年全国旅游信息化的一项重点工作。在奥运前选取部分具备条件的奥运赛事相关省份率先开通 12301 旅游服务热线，是旅游行业服务奥运的重要举措。他要求首批开通的省市要扎实做好运行保障，完善服务，提高水准。暂未开通的省市要按照国家旅游局统一部署，结合本地区实际，积极做好组织实施工作。

据了解，12301 旅游服务热线定位于公益服务，是旅游行政管理部门整合相关资源，面向海内外游客提供相关信息服务的全国性公共服务平台。国家旅游局自 2007 年 7 月启动

12301 旅游资讯公益服务工程建设以来,经过项目论证、可行性分析、市场调查、各地调研、专题研究等前期工作形成《工程实施方案》,并于当年 11 月在全国旅游局信息化工作会议上部署建设工作。

游客拨打本地区 12301 旅游服务热线按市话计费,异地拨打加拨长途区号,按长途计费。12301 旅游服务热线以人工坐席为主,面向国内外游客提供旅游问讯、旅游投诉、旅游救援和旅游提示等信息服务,并根据游客的反馈和各地实际情况对信息内容进行充实和调整,并根据当地国际客源市场构成提供主要语种的外语服务。

(资料来源:http://www.gov.cn/gzdt/2008-08/01/content_1062304.htm.)

问题:
1. 为什么要开设 12301 旅游服务热线?
2. 12301 旅游服务热线主要提供哪些服务?

旅游与其他行业不同,旅游业的健康快速的发展会涉及社会、文化和资源等方方面面的要素。因此,要从系统的角度出发研究旅游,推动旅游业发展。本章将从网络信息系统、地理信息系统、管理信息系统和解说信息系统 4 个方面详细阐述与旅游紧密相关的联系与内容。

10.1 旅游网络信息系统

10.1.1 旅游网络信息系统的重要性

1. 有利于旅游目的地的合作,提高竞争力

旅游目的地之间的网络,为了旅游目的地获得竞争优势,能形成一个共同的价值创造的网络体系。

2. 有利于旅游目的地创新和知识的传播

旅游市场需求的变化和旅游企业间的激烈竞争,成为旅游企业进行创新的主要动力。网络尤其是非正式联系的社会资本,有利于区内旅游企业间,以及旅游企业与机构间的信息交流与知识共享,在很大程度上降低了创新的不确定性。网络关系还起着促进合作的"胶合剂"作用,促使目的地形成有效的创新网络,并促进创新网络的顺利运行,让所有参与的企业和机构都可以分享创新的收益。

3. 有利于旅游目的地相关各方更好地获取各种发展的资源

较大规模和较高质量的社会关系网络能容易获得人力资源、投资、客户端、信息、知识等资源。在获取资源的选择上就会早一些、多一些,获得各种资源的可能性就更大一些。

由于消费实现方式的特殊性和产品的无形性,旅游企业很难像实物产品生产企业那样容易建立自己的直销网络，而是更多地依赖间接销售渠道来完成自己的销售任务。因此，旅游企业应更加重视与关联企业的关系，积极构建牢固的以营造顾客忠诚为目的的关系营销网络，使旅游企业与各种关联企业建立和保持密切的关系，保证旅游企业在市场竞争中立于不败之地。

阅读案例 10-1

京沪高铁推动跨区域旅游合作升级

在日前在京举行的"北京•长三角地区旅游合作与发展协作会"上，上海市旅游局副局长程梅红说，上海与北京在全国旅游业中占据重要地位，京沪高铁的开通，可以拉近两大不同气质城市间的距离，使游客有更多出行选择。进行旅游区域合作，将为两座城市带来更多的利益分享。

京沪高铁的开通使区域旅游深度合作有了外部条件，同时，旅游产业的进一步发展使不同区域板块之间的合作有了内生动力。

专家认为，由于旅游经济是一种综合性的服务活动，因此，旅游目的地在对旅游资源进行开发的过程中，除了对旅游资源开发本身进行投资外，还必须建造道路、港口、饭店、宾馆等配套设施。这加大了旅游开发中的人力、财力、物力等生产要素的投入。通过区域旅游合作，特别是地方政府间的合作，可以增强旅游基础设施投资能力并避免重复建设，从而节约旅游生产要素投入量。此外，旅游目的地间的区域旅游合作，可以通过客源互换，提高对现有旅游资源与各种接待设施的利用率。

在旅游产业的区域合作上，北京与长三角地区已经分别在相邻地区进行尝试。此前，北京和周边9个省市建立了"9+10"的合作机制，以实现环首都经济圈旅游资源的共享，旅游品牌的共塑和旅游服务的共同提供。随着个性化游、高端旅游消费、休闲度假游的发展，板块之间的互动将成为北京旅游下一步推动的重点。如今，相邻区域之间的旅游合作又向跨区域合作升级。在"北京•长三角地区旅游合作与发展协作会"上，北京市、上海市、江苏省、浙江省及安徽省签署了北京市与长三角地区旅游合作协议，协同开发五省市旅游市场。根据合作协议，五省市将建立省级旅游协调会议制度，研究确定旅游合作的战略、方针与机制，协调解决旅游合作的重大问题。同时，整合各自优势资源，突出特色，整体打造北京与长三角地区旅游形象和品牌，共同设计开发精品旅游线路，形成能够满足国内外不同客源群体需要的旅游产品体系。鼓励和倡导北京与长三角地区互为旅游客源地，互为旅游目的地，共同拓展国内外旅游市场。发挥京沪高铁等快速交通优势，推动北京与长三角旅游企业、旅游协会等的合作。五省市还将将共同制定北京与长三角地区旅游市场推广计划，相互支持各自举办的旅游促销活动，为对方在当地举行的旅游宣传推广促销活动提供便利及协助，参加对方的重大旅游节庆活动。

北京市旅游发展委员会主任鲁勇说，在北京与长三角建立旅游合作之后，北京还将与珠三角地区互送客源，互相提供旅游服务。

(资料来源：http://news.ifeng.com/gundong/detail_2011_06/20/7125504_0.shtml.)

10.1.2 旅游网络的构成和特征

1. 旅游网络的构成

在经过长期的旅游发展之后，旅游目的地内部各种因素互相作用与协调，形成了一个复杂的网络体系。借鉴波特的"钻石模型"理论，同时参考奥斯特里恩的产业集群结构可以获得旅游目的地的网络结构，包括旅游市场需求、核心层、辅助层、政府和创新机制 5 个部分。

1) 旅游市场需求

旅游市场需求是该目的地网络存在和发展的前提。由于旅游资源和产品的不可分割性，外部强烈的旅游市场需求构成了旅游企业向目的地进行集聚的引力。同时，旅游市场的需求状况对于目的地内部网络结构也具有"风向标"的作用。旅游需求的快速变化，要求旅游目的地具有较强的适应和创新学习能力，以使目的地保持竞争力。

知识链接 10—1

国外背包旅游

"背包旅游者"(backpackertourist)是澳洲学者皮尔斯于 1990 年率先提出的概念。这一词汇特指旅行时间较长(国际上一般为连续旅行 3 个月以上)，喜好选择经济型住宿设施(如青年旅馆)，强调与其他旅行者的聚会交流，具有完全自助而又极具弹性的旅游行程，偏爱非正式和高参与性旅行活动的那些旅游者。具有这些行为特征的人，往往背负大包(backpack)进行长途旅行，因而被称为"背包客"(backpacker)。

(资料来源：http://travel.people.com.cn/GB/41636/14166888.html．)

2) 核心层

核心层是旅游企业网络中的关键因子。核心层中旅游企业间的关系、创新和学习能力是衡量集群能否持久发展的重要指标。核心层主要是指目的地旅游产业经济价值中的旅游景区(点)开发公司、酒店、旅行社、交通(主要指内部交通)、娱乐场所、餐饮、特色购物店等。

阅读案例 10—2

中青旅旅游信息化应用案例

根据对行业政策走向和竞争形势的判断，以及对自身资源优势的分析，中青旅总部将发展战略调整为"以资本运营为核心，以高科技为动力，构建以旅游为支柱的控股型现代企业"，由效益引导型向战略推进型转变，掌控资源，调整结构，创新模式，确立优势，迅速提升企业核心竞争能力。从 2000 年起，公司经营模式由"被动坐等客户旅游"模式向"主动寻找客户旅游"模式转变。2000 年 6 月电子商务网站"青旅在线"开通，同年 8 月十几家连锁店在北京城区开业，中青旅走上了"电子商务＋连锁店"的销售模式。在公司高层正确战略的指导下，公司的业务量升幅巨大，同时也带来了一个问题——业务量快速增长的同时，人力成本也飞速增加而且巨大的业务量会导致业务处理人员异常繁忙甚至出错。业务规模的迅速扩张和销售模式的转变需要信息技术的强有力支持。尤其是 2000 年 8 月后，连锁店建立以后，异地销售必须要业务系统来支持。2001 年 4 月，公司 ERP(enterprise resource planning，企业资源计划)一期项目正式启动，中青旅成为国内第一家全面引入 ERP 的旅行社。

整体规划，分步实施。中青旅和浪潮通软合作，根据业务的发展需要，对系统做了一个整体的规划。项目共分 3 期规划。第一期项目主要实现旅游业务处理和财务处理功能，主要包括连锁销售系统、国内团操作系统、出境团操作系统、单团核算系统、财务系统等，从而实现旅游业务从开团、销售、单团核算、到财务的集成处理。另外，还要实现 ERP 系统与青旅在线网站系统、酒店和机票预订中心系统的对接。第二期项目主要实现入境游子系统、导游和车队管理，以及 CRM(customer relation ship management，客户关系管理)系统，以期把客户资源整合起来，更为主动地为客户提供专业的服务。第三期主要实现办公自动化、人力资源管理，以及各分子公司的财务和业务管理系统。

1. 系统对业务管理的帮助

1) 全面支持公司战略发展需求

从战略层面来看，ERP 系统为中青旅向集团化迈进提供了强有力的支持，使得并购、战略联盟的运作没有仅仅停留在战略层面上，更从实际运行上得到了技术保证。

2) 业务流程规范化

从业务层面上来讲，中青旅 ERP 的实施对业务流程规范化起到了很好的促进作用。中青旅"连锁销售＋网上预订＋后台支持＋财务监控"的业务模式，已经形成了一个规范化的业务流程。同时，ERP 系统实现了信息资源的一致性、共享性，使企业信息资源得到有效利用，提高了业务人员的工作效率和业务操作水平，提高了对客户需求的反应能力。

3) 管理上台阶

实施 ERP 之后，公司在管理、监督、决策等活动方面得到了很大加强。各部门人员责权利相匹配；纠正了可能的黑箱操作，财务对业务的全面监督成为可能；业务流程控制点明确，简化了决策环节；及时、快速、准确、全面的信息流为企业决策提供了有力支持，领导决策数字化，规避了企业经营风险。

2. 中青旅一期工程的功能模块

1) 国内游操作系统

实现线路产品的设计、维护；实现团队信息的录入、行程信息维护、各种类型价格维护、附加费的维护等。实现导游和其他资源的安排；随时跟踪连锁店的报名情况，处理部门、门市所下国内旅游订单，并将处理结果信息反馈到有关数据库。

2) 出境游操作系统

除了完成类似国内游操作系统的基本功能之外，提供了针对出境游操作特殊功能。如办照办签、银行换汇等。

3) 连锁门市预订系统

辅助业务员受理客户咨询、预订、购买、退订旅游产品。实现对团队信息查询、客户预订、客户下单、收退款操作、退转团处理、暂存款、押金、保险、银行存款、客户信息、统计查询等功能。

4) 联盟/同业销售系统

联盟/同业组织是各大型旅游集团或者旅行社为了应对激烈的市场竞争，联系国内旅游行业其他旅行社、销售代理商，自发组成的联盟性组织。为了支持集团化管理和业务规模扩张的需求，联盟/同业销售系统为联盟/组织提供了业务往来的支持。

5) 单团核算系统

实现业务结算流程处理的计算机化，实现业务系统的相关业务在财务系统中生成相关的记账凭证，提供单团辅助核算的功能，实现对单团收支情况的综合查询。

6) 普通财务系统

通用账务模块的主要功能应由以下部分组成：凭证制作、凭证复核、自动记账、凭证汇总记总账、月底结账等数据处理功能等。

(资料来源：http://solution.chinabyte.com/478/1859978.shtml.)

问题：

1. 中青旅股份有限公司的为什么要加速信息化工程？
2. 在大型的旅行社，是如何进行信息化建设的？
3. 企业信息化的组成部分有哪些？
4. 这个案例给我们怎样的启示？

3) 辅助层

辅助层即相关与支持层，指保障游客旅游过程完成的基础设施和相关产业、组织、机构和团体，具体包括旅游协会、交通(外部交通)通信、金融保险、建筑房地产、生态环保、社区、旅游学校、传媒业、其他产业等，这些机构为旅游者顺利完成旅游过程和旅游目的地的稳定发展提供了保障。例如，金融机构，往往为各类企业的发展壮大和新企业的诞生提供资金支持；旅游学校为目的地源源不断地提供智力支持；旅游协会促进了企业间的联系和合作，成为市场和政府之间的桥梁和纽带。

健全完善的辅助层面是目的地的竞争优势之一。这一层面的发育程度是衡量旅游对区域带动作用的重要指标。辅助层面的发展依赖于核心层的发展和旅游需求的增长，当旅游发展到一定阶段后，辅助层面的一些要素会转化为核心层面的要素，如旅游地产和社区旅游等。

4) 政府

中国旅游目的地的旅游发展体现出较强的政府主导型特征，无论是珠海还是张家界，都是政府主导型的发展模式。在发展初期，政府起到了主导作用。随着目的地的逐步发展壮大，政府的地位也在逐渐转变，从最初的直接参与，转向积极营造区域旅游发展的环境、有效规范旅游市场行为、旅游市场促销等方面。

阅读案例 10-3

湖南旅游在危机中奋进

在全国入境游人数和入境旅游外汇收入双双下滑的态势下,湖南仍保持平稳增长。从数据分析,尽管韩国游客数量大幅下滑,但来自港、台地区及日本、美国、英国的游客大增。2009年1~4月,湖南接待日本游客同比增长91.12%,接待香港游客同比增长82.87%,接待台湾游客6.78万人次,同比增长29.77%。美国和英国入湘旅游人数同比增长也均在30%以上。业内人士分析,这主要得益于政府主导实施有效的促销手段,长沙—大阪国际包机航线、长沙—台湾直航航线相继开通。

受金融危机冲击,全球旅游产业感受到寒意。湖南旅游能继续保持高速增长态势,这得益于省委省政府将旅游产业作为扩内需的战略性产业大力培育和扶持。为应对金融危机,省委书记张春贤、省长周强多次召开会议,做出部署,从法规、政策上强力支持旅游产业快速发展。副省长甘霖带队到日本、台湾地区、香港、大连促销,提升旅游品牌知名度。省旅游局深入调研、科学分析,及时调整思路,着力启动国内游和省内游市场,推出系列主题活动,有力撬动旅游内需。

2009年1月21日,省旅游局在全国率先启动"湘景·湘游——湖南人游湖南"系列主题活动,向全省居民免费派发百万元旅游消费券;并同时启动国内市场的"湘景·湘约——中国人游湖南"主题活动。政府的优惠政策引得各大旅游景区人流如织,公路上车流滚滚。

2009年4月底,省旅游局又联合省高速公路管理局在全国率先推出"锦绣潇湘红五月,快乐湖南自驾游"活动,先后赴广州、深圳、武汉、南昌促销,推出10多条黄金旅游自驾线路,通过发放旅游消费券和免收湖南境内高速公路费用的奖励措施,引导省内外万台自驾车畅游湖南。

各个市州为启动旅游内需也各出奇招。长沙开通"城乡直通"旅游巴士带旺周边休闲游,常德首届中国常德桃花源旅游节、汨罗自驾车体验端午习俗活动、张家界国际乡村音乐周、怀化举行天下湘商洪江寻祖等活动都富有创意,激发起省内外游客的旅游冲动。

这些积极举措,释放出强烈信号,激发了老百姓出游的热情,在全省各地到处都呈现出红红火火的旅游景象。2009年5月2日,武陵源各大景区接待的游客达到8万人次。凤凰全县当年头4个月,接待游客113.44万人次,同比增长39.9%。怀化市旅游呈现"超高速增长",1~4月全市游客接待量和旅游总收入同比增幅均在169%以上。

(资料来源:http://hn.rednet.cn/c/2009/06/01/1768818.htm.)

5) 创新机制

创新机制关系到整个网络能否保持发展和竞争的持续优势。目前,游客新的旅游需求和旅游企业之间的激烈竞争促使旅游企业为了获得差异化竞争优势而不断进行创新。这种创新是围绕向旅游者提供高质量、多样化的旅游体验而展开的,但是由于旅游体验的无形性,旅游业创新难以被观察和测度。

2. 旅游网络的特征

(1) 旅游网络是动态的。首先，网络内各行为主体间人才、信息、技术、资金的流动频繁，网络联系随时都在发生着变化，网络发育和形成呈现出动态化特征。其次，由于新的旅游企业不断诞生、老企业的破产或承包人的变化、区外旅游企业的迁入迁出等，旅游企业的数量不断变化，网络联系也在不断变化。此外，由于外部旅游市场环境的变化，旅游企业为适应外部变化而做出的调整也改变着网络的连接方式、范围和程度。

(2) 旅游网络是复杂的系统。旅游业中行、游、住、食、娱、购六大要素紧密相连，其中一个环节受到影响，整个旅游产业都要受到影响，而由旅游企业间联系构成的网络则表现为一个系统的整体。旅游目的地网络形成的过程和网络要素之间的动态关系，决定了旅游目的地的演化。

(3) 旅游网络是开放的。区内的旅游企业不会满足企业内或区内的网络，而是在区外寻找更多的合作伙伴，从而获得远距离的知识和互补性的资源、资产，并不断向外部开辟新的旅游市场，所以目的地网络在与外部的连接过程中，呈现出开放性特点。

(4) 旅游网络中相关辅助层重要性显著。与其他行业不同，旅游业的发展依赖于相关辅助层的支持，核心层与相关辅助层的网络质量决定两侧有目的地是否能形成竞争力。目前旅游网络中的核心层与相关辅助层的网络都较为薄弱。

(5) 旅游网络中结网的方式在空间上以地方性网络为主，其区域性网络和全球性网络大多是地方性网络沿价值链而延伸的。

10.1.3　建立和完善利于旅游网络化的政策环境

政府应该将培育一个动态的、开放的、系统的、具备创新特征的复杂网络作为重要的政策目标，支持创新、促进网络化的进程和创建一种制度，促进目的地之间互动。政府应该主要作为促进者和中间者地角色，把各参与者组织起来，提供支持和激励，促进网络化过程。借鉴荷兰的政策框架，结合中国实际提出以下几点措施。

(1) 完善创新机制。提高知识交换和网络化的回报，建立合理有效的创新激励机制，使得小旅游企业既能享受到技术溢出带来的外部效应，又能保持创新主体的技术研发的积极性，从而支持整个旅游目的地的持续升级。

(2) 提供激励政策。为合作提供支持和合适的激励计划，能更有效地促进网络的形成和连接。

(3) 加大扶持力度。政府应大力扶持旅游中介机构和旅游行业协会的发展，促进创新旅游企业的发展和企业间社会网络的形成。促进网络中介和中间商成为共同的行动者，充分发挥中介机构及行业协会的作用。

(4) 促进正式和非正式的知识交流。

(5) 设立竞争规划和联合 R&D(research and development，研发)项目。

(6) 加强各要素之间交往。确保公共机构(特别是学校、大学、研究机构)与产业的紧密交往，建立合理的合作激励机制。政府应该联合旅游企业、中介机构、高校等机构的力量，为企业和社区服务。

(7) 倡导基于信任与竞合关系的网络文化。

(8) 改变政策制定的思路和过程，政府不能单方面地决定旅游目的地发展的相关政策，必须把其他的利益相关者纳入政策制定和实施的网络中，提高旅游目的地网络治理的效率。

10.2 旅游地理信息系统

10.2.1 旅游地理信息系统的概念

目前，各省市的旅游界及旅游界的相关认识普遍使用计算机技术、现代通信技术建立旅游信息管理系统，这些系统的建立对促进全国的旅游业的发展起到了很大的作用。旅游涉及最重要的信息就是地理位置，即地理空间信息。把一般旅游信息系统和地理信息系统结合起来，将极大地提高旅游信息的准确性并对这些旅游信息加以管理。

1. 地理信息系统

地理信息系统(geographic information system，GIS)有时又称"地学信息系统"或"资源与环境信息系统"。不同的研究方向，不同的应用领域，不同的 GIS 专家，对它的理解是不一样的。有些学者认为 GIS 是一种特定的十分重要的空间信息系统，是以计算机为工具的，它具备一般计算机系统所具有的功能，如采集、管理、分析和表达数据等功能，其处理的数据都和地理信息有着直接间接的关系。中国地质大学吴信才教授认为 GIS 是处理地理数据的输入、输出、管理、查询、分析和辅助决策的计算机系统。

综上所述，地理信息系统是在计算机硬、软件系统支持下，对整个或部分地球表层(包括大气层)空间中的有关地理分布数据进行采集、储存、管理、运算、分析、显示和描述的技术系统。地理信息系统处理、管理的对象是多种地理空间实体数据及其关系，包括空间定位数据、图形数据、遥感图像数据、属性数据等，用于分析和处理在一定地理区域内分布的各种现象和过程，解决复杂的规划、决策和管理问题。

2. 旅游信息系统

旅游信息系统(tourism information system，TIS)是利用计算机对旅游信息(包括旅游地图，景点分布图，旅游线路图，旅店、山川河流、名胜古迹介绍)进行采集、存储、处理、分析和应用的空间信息系统。它是随着计算机技术、信息技术、GIS 和旅游业的发展而发展的。传统的旅游信息系统还存在着许多问题：①传统的旅游信息系统主要是介绍景区和景区内的旅游产品(如具有地区特色的纪念性产品)；②大部分系统都没有使用了图形系统、多媒体系统；③旅游信息系统的用户不仅包括旅行者，还包括旅游界管理人员。因此，需要对旅游数据的统计和分析这些都是旅游信息系统功能的一部分。

3. 旅游地理信息系统

旅游地理信息系统(tourism geographic information system，TGIS)是指在计算机技术的支持下，以旅游地理空间信息数据库为基础，对旅游地理资源信息(如旅游景点、宾馆酒店、山川地质等旅游资源)进行采集、管理、分析、应用的技术和方法。换句话说，旅游地理信息系统其实就旅游信息系统和 GIS 技术的融合，旅游地理信息系统最主要的特点就是系统能够有效地管理地理空间图形、多媒体数据和旅游要素属性数据等。旅游地理信息系统可以为旅行者提供关于景点、名胜古迹、自然景观、旅游饭店、道路交通、交通工具选择等详细的空间信息查询和属性信息查询，并根据游客的客观条件(经济条件、时间)及需求为游客提供对游客最有利的旅游参考方案。因此，迫切需要建立和完善旅游地理信息系统，以进一步发挥 GIS 技术在旅游业中的作用。

10.2.2 旅游地理信息系统的功能

从微观角度来分析，旅游地理信息系统集输入、管理、应用于一体，包括采集、更新、管理、显示、查询、分析、制图输出等功能。旅游地理信息系统分成两大部分：一是供一般用户浏览查询信息的前端平台；二是供授权用户更新维护系统使用的后端平台。

1. 前端平台系统功能

(1) 特色旅游推荐：根据各地区的旅游特色的进行全方位介绍，包括城市推荐、各个景点推荐、经典路线推荐，其中有文字、图片、地图说明等。

(2) 查询、分析功能：本系统不仅能提供单一的旅游信息查询，也可以查询复杂的旅游信息，并能根据游客提供的资料为用户设计不同的旅游景点和不同旅游路线，供游客选择，它还能对查询和分析的结果及生成的各种专题图、表格等进行打印或绘图输出。

(3) 分类对比：根据选择的多景点进行分类分析，以图片和文字的形式对比显示、分类对比。

(4) 标注：可以在地图的感兴趣的区域进行文字、线路标注，甚至可以使用图片标注，并对所标注的地图进行输出。

(5) 多媒体功能：不仅可通过可视化软件把旅游地理数据库中的数据进行处理，而且还可以把图像、声音等各种多媒体信息叠加到电子图上，增加了旅游信息的获取量。

2. 后端平台系统功能

(1) 后台用户管理：对所授权的高级用户及授权的系统维护用户的管理。

(2) 地图工程的创建更新维护：如"中国旅游地理信息系统"的空间数据由一个个地图工程构成，地图工程基本按照行政区划划分，所以每个授权系统维护用户实际上是针对一个地图工程的创建与维护。地图工程的创建是所有其他操作的基础。

(3) 空间数据的更新维护：容许授权系统维护用户对空间数据进行更新维护。

(4) 属性说明数据的更新维护：容许授权系统维护用户对属性数据进行更新维护。

(5) 系统功能维护：对系统整体风格、系统提供功能的设定和维护。

10.2.3 旅游地理信息系统的应用意义

旅游地理信息系统是在 GIS 的基础上专门为旅游者服务而做的二次开发的系统，专门为旅游者及旅游管理服务的管理系统，其应用价值如下。

1. 地理信息的管理、查询、检索

旅游资源信息具有较强的地理空间特性，旅游区的景点分布、公共服务设施的分布、交通信息等都存在地理特性，而发展旅游地理信息系统则可以完全摆脱传统管理手段对旅游业发展的制约，对旅游信息进行科学规范的管理。旅游地理信息系统可将各方面的信息整合在电子地图上，完成各种信息的定点查询，以及实现人机交互为游客选择旅游线路，提供途中所涉及的各项服务。

2. 客源市场分析及竞争分析

旅游景区设计是以游客的类型、爱好、兴趣为依据的，缺少了对目标游客的研究会使景区规划陷入误区，脱离实际。应用 GIS 来对客源市场及景区周围其环境研究分析，可为景区旅游营销策略提供服务，促进景区发展。

对景区内的游客的信息进行统计，如根据旅游者的分布范围、年龄段、出游时间、出游方式等做出景区的吸引力等分析结果，针对不同分析结果推出不同的旅游计划来满足其需求。

3. 旅游线路设计

旅游线路设计是游客必须考虑的一个问题，路线的好坏影响到游客游览经历的质量，也影响着景区的经营。旅游地理信息系统中有强大的网络分析功能，能够通过游客对其设定的条件为游客找到适合其出游的"最佳路径"。系统可根据用户选择的交通方式结合景区间的交通情况得到景点间的通达时间，再结合用户事先设定的每个景点的停留时间得到符合用户需求的线路安排。

10.2.4 旅游地理信息系统的特点

旅游地理信息系统是一般旅游信息系统和 GIS 的融合。因此，作为一个旅游地理信息系统必须具有如下特点。

1. 突出地域性

目前，旅游界普遍利用计算机技术、现代通信技术建立旅游信息管理系统，对促进旅游业的发展起到很大的作用。但由于旅游资源具有区域唯一性，旅游商品如旅游产品、旅游服务等在消费上具有时序性、定点性等空间地理性，因此，旅游地理信息体现了较强的地理属性。应用旅游地理信息系统将能更加准确地根据旅游信息的特点对其加以管理。

2. 强调实用性

旅游地理信息系统是直接面向游客的，是为游客出行提供各种信息上的便利。因此，要尽量扩大信息量，提高方便的查询检索，在系统数据库中不但要包括旅游景点的信息还应该包含了旅游所涉及的旅行社、宾馆饭店等旅游服务部门的各种图片、文字资料等较全面的旅游信息。可提供文字查询、地图查询、图像查询等方式进行旅游资源、服务设施、气候状况、交通等信息的查询检索。

3. 独特的决策分析功能

旅游地理信息系统的主要作用应是充分利用 GIS 的分析、处理、操作功能，为旅游路线选择提供依据，这是普通旅游地图所不具有的。旅游者借助旅游地理信息系统的查询、分析功能，可以进行最佳路径分析和选择。

10.2.5 旅游地理信息系统的设计原则

旅游地理信息系统在设计开发中，既要考虑到 GIS 本身的特点，同时也要与用户实际的需要相结合，主要应该遵循以下原则。

1. 标准化和规划化原则

系统数据的合理分类和规范的编码方法，是关系到 GIS 旅游信息系统的成败的关键环节。同时也是系统扩展，与互联网进行连接，实现数据信息交流和共享，成为 WEBGIS 的前提。

2. 实用性和可靠性原则

鉴于 GIS 技术在中国还没有广泛的普及，许多用户对 GIS 了解较少，系统在设计时，主要考虑使用直观的图形界面窗口，使用户能够简单的操作使用。同时，也能够提高系统运行的可靠性。

10.3 旅游管理信息系统

近年来，由于旅游业的蓬勃发展，信息化技术在该领域的应用也随之迅速发展起来，特别是在区域旅游规划管理领域，构建与旅游相关信息密切结合的 GIS——旅游管理信息系统(tourism management information system，TMIS)，实现旅游信息的空间检索和分析，为旅游规划提供辅助决策，已显得越来越重要。旅游管理信息系统是一个运用 GIS 技术对旅游规划相关信息进行收集、存储、分析、管理、维护及辅助决策的支持系统。

10.3.1 旅游信息化

1. 旅游信息化的定义

旅游信息化是数字旅游的基础阶段，它通过对信息技术的运用来改变传统的旅游生产、分配和消费机制，以信息化的发展来优化旅游经济的运作，实现旅游经济的快速增长。

2. 旅游信息化的表现形式

旅游信息化的表现形式主要是旅游网站、旅游呼叫系统、数字化管理，以及支持信息化的基础设施建设。

1) 旅游网站

旅游网站是最广泛、最直接、最有效的旅游信息化手段,通过旅游网站,可以使旅游目的地形象以多种表现形式(文字、图片、视频、动画等)、多样传递手段(新闻、论坛、博客、电子杂志、IM、WIKI、圈群等),在最短的时间内传递到全球范围的潜在游客的面前;通过旅游网站,可以实行旅游六要素的快速预订,为游客提供一个便捷、安全的支付通道。

2) 旅游呼叫系统

旅游呼叫系统是旅游服务业与游客沟通的桥梁。旅游呼叫系统采用一个特别易记的特别服务号码,向社会公布,游客打入此电话号码进行旅游线路等信息资料查询、自动语音应答、商务代订、散客或团体旅游业务受理、建议与投诉、特别游种推荐、满意度调查、语音信箱留言服务等。

3) 数字化管理

数字化管理是指利用计算机、通信、网络等技术,通过统计技术量化管理对象与管理行为,实现旅游目的地的管理活动和方法。常见的旅游目的地数字化管理手段有景区电子门禁系统、景区电子售票系统、景区监管信息系统、文物数字化管理系统、环境监测系统和卫星遥感系统、GPS车辆调度系统、森林防火监控网络系统、LED信息发布系统、背景音乐智能广播系统、公用信息总监控中心等。

4) 基础设施

基础设施主要指支持信息化必需的硬件设施,如电力、电信设施、手机无线信号覆盖等。

10.3.2 旅游管理信息系统的概念、特征及作用

1. 旅游管理信息系统的概念

旅游管理信息系统是旅游业发展到一定阶段的产物,它的建立不但能有效地管理旅游资源,为旅游者提供及时、准确的旅游信息(包括旅游景点的信息,以及与旅游相关的旅游服务设施的信息),而且能够为旅游资源管理部门提供旅游规划和决策的依据,提高资源开发的决策效率。

2. 旅游管理信息系统的特征

旅游信息系统具有以下 3 个方面的特征。

1) 整体性

旅游管理信息系统是由多种信息元素依照特定方式组合而成的。随着旅游业的不断发展,旅游管理信息系统已经发展成为包括食、住、行、游、购、娱六大要素的综合型管理信息系统。

2) 关联性

系统中各个元素都有特定的任务,因而这些元素应按一定的规律有序地组合起来,各组成部分具有相互联系和相互制约的关系。旅游管理信息系统中,每一种信息都与其他信息的变化密切相关,如果某种信息失真,将会大大降低整个旅游管理信息系统的可靠性,从而削弱系统的管理、决策和咨询等各方面的功能。

3) 动态性

动态性是指状态和时间的相关性。由于旅游活动是不断变化和发展的，因而反映旅游活动的旅游信息也在不断变化和发展之中，这就要求旅游管理信息系统具有动态传输的特性。

3．旅游管理信息系统的作用

旅游管理信息系统是一个技术系统，由信息技术和组织管理两个方面构成，是组织、人员、数据、过程、界面、网络和技术的组合。它对旅游业有着非常重要的作用。

一方面，该系统可以帮助游客从互联网上获取与旅游景区或景点有关的信息，如查询景区或景点的大致情况，以及其附近的餐厅、购物和娱乐场所等，从而帮助游客选择合适的旅游线路。

另一方面，它还为管理部门提供了新的管理平台，不仅能满足管理人员日常工作的需要，而且还能为战略管理和决策支持服务。因此，可以这样来理解旅游管理信息系统：它泛指旅游企业或相关组织，为特定目的所建立的信息系统，服务于旅游资源的调查、开发、利用与保护，旅游产品的营销、零售，或者服务于旅游组织的日常运营和战略管理。旅游管理信息系统生存于旅游组织，同时服务于组织，满足组织的日常管理和战略竞争。因此，要从技术、组织和管理等方面着手旅游管理信息系统的定位与规划。旅游管理信息的特征与相应的旅游信息要求的对比见表 10-1。

表 10-1　旅游管理信息的特征与相应的旅游信息要求的对比

特性	特性的现实	对旅游信息的相应要求	可用系统平台及开发工具
空间性质	旅游的空间过程，空间的特异性	能管理地图等空间数据	GIS
多媒体性质	自然风光，历史人物，风土人情的表达要借用于图、文等形式	能表达、管理多媒体信息	超文本语言、动画、虚拟显示技术
动态性质	交通、气候等旅游信息变化很快	数据能适时更新，即时性强	动态连接的信息网络体系分布式数据库
广告宣传性质	宣传区域，旅游促销	信息表达生动形象，信息流广泛通畅	超文本语言、国际互联网等
服务性质	为旅游者、管理部门提供综合服务信息	提供互交式搜索等信息服务与决策支持	计算机网络、GIS

10.4　旅游解说系统

10.4.1　旅游解说

1．解说的起源

解说一词的出现是在 20 世纪的初期，但其起源和历史可以追溯到古代亚洲大陆的中国文化。中国人长期以来对自然解说的影响力不可忽视，然而在西方的古老历史中却没有记载。古代中国伟大的哲学家老子在公元前 600 年曾说过"道法自然"，1940 年林语堂先生也谈到许多中国文学与艺术都是建立在对大自然的热爱之上。然而，自然解说在古代中国却没有传承下来变成实物性的科学，而仅停留在哲学层面之上。到目前为止，发现的最早的自然解说遗址是在法国某处洞穴内的人类捕猎动物的壁画。这幅壁画表现了史前人类对自然现象的观察与思考，如画中对光、火、闪电、太阳、月亮和星星等事物的描述，从中可以反映出远古人类期望交流的愿望。因此，可以理解为，解说首先起源于对人与自然之间关系的认识。而解说作为现代人们认可的历史可追溯到 18 世纪，在当时的欧洲，专门有些人引导游客游览一些拥有自然奇观或远古历史的地方，并向游客介绍在这些地方所发生的事件和传奇。到 20 世纪五六十年代，美国国家公园管理局将这个领域提升到了专业的地位，并从那时延续下来。

2．旅游解说的定义

有关旅游解说的定义，许多专家学者都对解说进行了不同的描述和定义，其中最广为认可的定义是有"解说之父"之称的费门·提尔顿于 1957 年在《Interpreting Our Heritage》一书中提出的：解说是一种通过实地环境和原始物件的使用，向有需要此种服务的旅游者揭示人们感知不到的美景奇观、灵感启示、精神意义和教育活动。在提尔顿进一步研究中，他认为应该把解说与教育划清界限。解说并不等同于教育，而是解说具有教育性。可以说解说是基于事实，经过归纳演绎而产生了一种观点和理念，形成了一种信息，再通过相关介质传递给旅游者的一种服务。

3．旅游解说的构成

无论学者如何定义和阐述解说这一概念，从解说构成要素的角度来说，解说至少应该包括 3 个基本的组成要素，即解说主体、解说客体和解说对象。

解说主体是指在解说活动中提供解说服务的机构、个人。例如，陈述故事内容的人员，对于许多场地而言，尤其是那些有着悠久历史和丰富故事且观众可能对这些信息感到好奇的场地，由人员进行讲解并回答问题会十分有效。解说客体是指在解说活动中所要针对解说的具体事物或现象。具有解说潜力的场所大多都有着独具魅力的自然、文化、历史、生态等特色，这些使它们与众不同，吸引了大量的旅游者。一般会有非常著名的历史名胜，如中国的故宫和长城、法国的卢浮宫和英国的西敏寺等；有非常神奇的自然景观，如中国的钱塘江潮、澳大利亚的艾尔斯山等；有非常美丽的风景名胜，如中国的黄山、美国的黄石公园等，这些场所成为了旅游解说的客体。解说对象是指在解说活动中解说服务所面对的旅游者和观众。国内外旅游者、专业人士和一些特殊人群等都是旅游解说的对象。解说主体(M)、解说对象(O)、解说客体(T)三者的关系如图 10.1 所示。

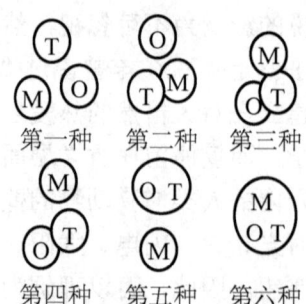

图 10.1　解说主体(M)、解说对象(O)、解说客体(T)三者关系图

(资料来源：明庆忠，陈亚颦．旅游解说系统的理论与实践[M]．昆明：云南大学出版社，2007．)

　　台湾台中教育大学环境研究所所长吴忠宏教授认为，解说主体、解说对象、解说客体三者之间存在以下 6 种关系：第一种，只是将解说客体的信息表达出，而解说对象不知解说主体所表达的问题，三者处于游离状态；第二种，解说主体将解说客体稍加消化、整理后再表达给解说对象，解说对象只是知道解说主体在表达；第三种，解说主体增加自身对解说客体的实际观察、体会、经历，让解说对象能深刻感受到知性和感性同在；第四种，解说主体通过技巧性引导，使解说对象亲自观察和认知解说客体；第五种，解说主体通过技巧性解说，使解说客体的某项启示性反馈在解说对象的实际生活中显现，从而产生共鸣与反思；第六种，解说主体、解说客体和解说对象三者紧密融合在一起，共同感受环境。

10.4.2　旅游解说系统

1．旅游解说系统的概念

　　大众旅游时代的到来极大地推动了旅游解说的发展，旅游解说给广泛应用于旅游活动中，是帮助旅游者在旅游过程中传递信息、获取信息的一种重要手段。

　　旅游解说是一个过程、一种表现。通过它向旅游者告知美丽的景观和历史故事，也帮助旅游者透过表象发掘更深层次的东西。可以说，旅游解说在具备传递信息功能的同时，又具有服务游客的功能。北京大学吴必虎教授认为，旅游解说系统是目的地诸要素中十分重要的组成部分，是旅游目的地的教育功能、服务功能、使用功能得以发挥的必要基础。解说系统的含义就是运用某种媒体和表达方式，使特定信息传播并到达信息接受者中间，帮助信息接受者了解相关事物的性质和特点，并达到服务和教育的基本功能。

2．旅游解说系统的构成要素

　　旅游解说系统的目的是实现服务、教育启迪、塑造形象的功能。因此，旅游解说系统也是由旅游解说对象、旅游解说客体和旅游解说 3 个基本要素构成的有机整体。

　　旅游解说对象又称旅游解说受众，是指旅游解说的消费者，即通过旅游达到感知、体验、享受旅游过程的目的的个人或组织。具体可以指代旅游者、参观者。

　　旅游解说客体是指旅游消费品，即旅游接收对象在旅游活动中所感知、体验、享受的物质或精神对象，是提供旅游解说的信息源。

旅游解说是连接旅游解说对象(受众)和解说客体的信息或信息沟通媒介。主要指传递旅游解说的信息，以及传递信息时的解说人员和解说实物，这主要包括书面材料、图表图式、语音资料等实物设施设备。

3．旅游解说系统的分类

1) 按旅游资源与解说资源的相关关系划分

按旅游资源与旅游解说资源的相关关系，将旅游解说系统分为遗产解说系统和环境解说系统两种类型。遗产解说的目的在于进行历史文化教育，包括增加对文化景观、历史建筑及与其相关人类活动的了解；环境解说的目的在于向旅游者进行环境教育，一般在于介绍自然史和自然资源的知识等。

2) 按旅游解说媒体与信息的传播显著与否划分

按旅游解说媒体与信息的传播显著与否，将旅游解说系统分为显著性解说系统、中性解说系统和隐蔽性解说系统 3 种。显著性解说系统又称第一解说，主要包括游客中心及其展示、人员辅助、模型、音像品、手册、游览图书及酒店等的展览区域。这种解说具有醒目性、易见性等特点。显著性解说是一种常态解说而非特殊性解说，是游客的一种静态需求。中性解说系统又称第二解说，是以口头与书面形式为特许性活动提供解说补充内容，有时也对往来旅游景区的交通工具提供解说补充。中性解说虽覆盖范围较广，但其辨别性不强。中性解说的目的是强化旅游者对其所选旅游活动的旅游体验。隐蔽性解说系统又称第三解说，其表达方式包括各种广告媒体、景区员工、其他人员的非正式信息。隐蔽性解说由于其隐蔽性、模糊性，不太容易引起旅游者和旅游管理部门的重视，但是其对景区内旅游者的体验却是有重要影响的。

3) 按解说系统为旅游者提供信息服务的方式划分

按解说系统为旅游者提供信息服务的方式划分，将旅游解说系统分为向导式解说系统和自导式解说系统。向导式解说系统又称导游解说系统，以具有能动性的专门导游人员向旅游者进行主动的、动态性的信息传导为主的表达方式。其最大特点是双向型的沟通方式，这种方式较为灵活地、快速地回答旅游者的各种问题，也可以因人而异提供个性化服务。一般来说，导游掌握知识较为全面，且有很多专业性知识，因此向导式解说系统的信息量非常丰富，但其不足之处是可靠性和准确性不确定，其是否可靠、准确还是由导游员素质来决定。自导式解说系统是由书面材料、图册、语音等设施设备向旅游者提供一种静态的信息服务，它是一种极为常见的旅游解说系统。自导式解说系统形式多样，可以利用牌示、解说手册、导游图、幻灯片、宣传片、MV 等，其中，牌示是最主要的表达方式。但是由于借助媒介容量有限，使得自导式解说系统所提供的信息量有限制，同时，从另外的角度来看，由于信息表达有限制，需要对解说内容精心设计、表达准确。不可否认，自导式解说系统是一种单向式的解说系统，无法了解每个旅游者的个性，无法提供个性化的服务，同时也易受到自然和人为的损坏。

4．旅游解说系统构建的功能

一个完整的解说系统通常具有以下几个方面的功能。

一是向旅游者提供基本服务信息和导向服务。以简单的、多样的方式给旅游者提供服务方面的信息，使其有安全、愉悦的感受。任何人第一次到一个陌生的环境后都会心情紧张，身心不能够完全放松，即便是来旅游，如果没有安全、愉悦的感受，就会出现旅游结束后反而感觉更累的情况出现，这对景区的长远发展将会产生不良影响。

二是帮助旅游者了解并欣赏旅游区的资源价值，并起到教育、引导和传播知识的功用。向感兴趣的游客和专业研究人员提供足够的信息和多种解说服务，使其较深入地了解旅游区的资源价值、公园与周围地区的关系。

三是加强旅游资源和设施的保护。通过解说系统的提示和帮助信息，使旅游者在接触和享受旅游区资源的同时，也能够做到不对资源或设施造成过度利用或破坏，并鼓励旅游者与可能的破坏、损坏行为作斗争。

四是鼓励游客参与旅游区管理和发展，提高与旅游区有关的游憩技能。为旅游者安排各种实践活动，在解说系统的引导和帮助下，鼓励游客参与旅游区适当的管理、建设、再造等活动。学习在旅游区内参加各种运动及游憩活动所必需的技能，如滑雪、户外生存、登山等技能。同时，应提供一种对话途径，使旅游者、社区居民、旅游管理者之间的相互交流，以便达成相互的理解和支持，实现旅游目的地的良好运行。此外，还应具有的一种功能就是教育功能。向有兴趣的旅游者及教育机构提供必要的解说服务，使其对旅游区的资源及其价值、它的科学和艺术价值等有较深刻的理解，充分显示旅游的户外教育功能。

解说系统事例如图 10.2 所示。

图 10.2　解说系统事例

本章小结

旅游网络的建设有其重要意义。旅游网络有 5 个构成要素，并且旅游网络也呈现出五大特征。建立旅游网络也要考虑其影响因素。

旅游地理信息系统的含义决定了其独有的特征旅游地理信息系统的构建的 3 个层次和 5 个内容。

旅游管理信息系统是旅游信息化的产物和必然要求，体现出 3 个方面的特征。

旅游解说系统是由旅游解说对象、旅游解说客体和旅游解说 3 个基本要素构成的有机整体。体现着向旅游者提供基本服务信息和导向服务；帮助旅游者了解并欣赏旅游区的资源价值，并起到教育、引导和传播知识的功用；加强旅游资源和设施的保护；鼓励游客参与旅游区管理和发展，提高与旅游区有关的游憩技能的功能。

关键术语

旅游网络信息系统　GIS　旅游地理信息系统　旅游管理信息系统　旅游解说系统

复习思考题

一、填空题

1．旅游网络将连接整个旅游行业，包括_____、_____、_____、_____、_____。

2．网络成员中的信任可分为_____、_____、_____。

3．旅游地理信息系统是在_____的基础上专门为_____服务而做的二次开发的系统。

4．按旅游资源与旅游解说资源的相关关系，将旅游解说系统可以分为_____和_____两种类型。

二、判断题

1．旅游目的地的网络组织中，已经不存在某种绝对性的支配力量，社区、政府、旅游企业、客源地的旅行社各种组织站在同一条水平线上，各方的理性和利益、策略是不同的，并且往往是互相冲突的。　　　　　　　　　　　　　　　　　　　　　　　（　）

2．旅游地理信息系统仅含查询功能。　　　　　　　　　　　　　　　　（　）

3．我们常见的导游讲解也是一种解说。　　　　　　　　　　　　　　　（　）

三、简答题

1．旅游网络的构成要素有哪些？

2．旅游网络系统呈现哪些特征？

3．旅游地理信息系统构成的 3 个层次和 5 个模块是什么？

4．旅游管理信息系统体现的特征有哪些？

5．旅游解说系统的构成要素是什么？

6．旅游解说系统的作用是什么？

四、名词解释

旅游地理信息系统   旅游管理信息系统   旅游解说信息系统

五、实际操作训练

课题：旅游解说信息设计。
实训项目：旅游解说信息的制作。
实训目的：学习怎样设计、制作旅游解说信息。
实训内容：选准一个解说客体，结合所学知识进行较为全面的信息解说。
实训要求：将参加实训的学生分成若干制作小组，分别设计、制作出一个旅游解说信息，并组织其他同学从游客角度进行评比。

六、案例分析

为旅游插上智慧翅膀

近日，我国旅游业第一个 863 项目在山东正式建成，该项目的多项研究成果在国内属于首创，得到了国家旅游局、科技部专家的高度评价和认可。目前，山东省 863 旅游信息化项目已经上线试运行，各类基础数据库逐步丰富完善。

山东旅游信息化发展的成就不仅如此，山东省旅游局微博被中国旅游研究院评估为全国旅游政务微博第一名、中银·好客山东旅游卡发行量突破 200 万张、"好客山东手机报"2012 年 1 月开通、山东将今年扶持和培育 100 家"智慧旅游信息化示范企业"……山东省旅游业在信息化建设领域迈出了坚实的步伐，智慧旅游发展体系已现雏形。

1. 中国旅游业第一个"863"项目

据山东省旅游局旅游信息中心主任闫向军介绍，2009 年底，山东省旅游局被正式指定为科技部国家高技术研究发展计划(简称 863)——"基于高可信网络的数字旅游服务系统开发及示范"课题单位，负责该课题在省级目的地数字旅游开发示范工作。这是中国旅游业第一个 863 项目。该项目将山东省作为课题的试点区域，从 2010 年 6 月开始实施，通过整合旅游产业链各类要素旅游信息资源，以互联网、电视终端和移动终端三网融合为平台，构建集旅游宣传营销、旅游指南服务、旅游产品预订、旅游服务保障、旅游市场监管等多功能于一体，覆盖省市县企业全方位的旅游信息化服务体系，为旅游消费者、旅游经营者和旅游管理者提供准确、及时、全面、便捷、互动的旅游信息服务，为山东省建设智能化旅游目的地提供技术支撑。

山东省 863 旅游信息化项目的建设完成并在全省推广，将在全国率先形成覆盖省市县企业四级的目的地数字旅游服务系统，推动智慧旅游城市、智慧旅游企业的快速发展，形成省、市、县、企业四级互动的智慧旅游发展体系。闫向军说，山东省旅游局 2012 年将在全省全面推广应用 863 旅游信息化项目，10 月底前，17 个市将按照 863 旅游信息化的规范标准完成城市旅游资讯网的建设上线。目前，烟台、济宁和聊城按照 863 标准已经完成了资讯网的建设，威海正在按标准建设中，青岛、淄博、潍坊、泰安正在调整改造。

863 项目的完成推广将不断创新山东省旅游网络营销方式和旅游信息服务模式，利用各种新技术、新渠道包括手机、微博、社交网站、网络视频、网络游戏等新兴网络媒体，开展多样化网络营销，利用智能手机、iPad 等移动互联网载体，构建移动智慧旅游信息服务体系，从而提高旅游业公共信息服务水平，提高游客服务满意度。

可以预见，随着在全国范围内的推广和应用，863 项目在传播旅游信息、网络宣传营销、电子商务合作、旅游产业发展等方面，必将发挥越来越重要的作用。

2. 开通"12301"旅游服务热线

2012 年 3 月 6 号，山东省旅游信息化工作会议在济南召开。会议的首要内容就是举行全省 12301 旅游服务热线开通仪式。首批济南、青岛、泰安、济宁、烟台、威海、东营、潍坊 8 个城市正式开通热线服务，其他 9 个城市 2012 年年底也将开通 12301 坐席，实现全省联网。

12301 旅游服务热线是政府公益服务的重点项目之一，是各级旅游行政管理部门整合旅游资源，面向国内外游客提供相关信息服务的全国性服务平台，是旅游业的重要基础服务设施，是 863 旅游信息化项目的重要组成部分，主要服务内容包括旅游问讯、旅游投诉、旅游救援、旅游提示及其他旅游信息服务。

在开通当天，济宁市旅游局局长颜廷洲说，济宁市 12301 旅游服务热线的开通，不仅为市民、游客提供包括旅游问讯、旅游投诉、旅游救援、旅游提示等旅游信息服务，而且还提供投诉转接受理服务、网络投诉服务等，负责将接到的投诉及时转交受理机构，以方便处理解决游客投诉。游客呼叫"0537—12301"旅游服务热线号码后，系统会自动转入人工坐席或自动语音导航菜单，游客可以根据自己的需要选择人工服务和语音服务，咨询旅游相关信息。12301 旅游服务热线还可以提供紧急救援报警服务，当游客遇到突发情况，或有重大旅游应急事件时，可以拨打 12301 请求支援。

3. 推出新型电子商务模式"B2G2C"

在研发 863 旅游信息化项目过程中，山东省旅游局创新推出新型旅游电子商务模式 B2G2C，即在旅游企业商家(business)和客户(customer)之间，发挥政府(government)网站旅游信息系统平台的桥梁作用，为旅游企业和旅游者提供双向互动式服务，充分发挥政府网站旅游信息的权威性、准确性、全面性、及时性的优势，为星级宾馆、A 级景区、旅行社、社会餐馆、旅游汽车公司、旅游商品等旅游企业，提供直接面对旅游消费者的产品预订渠道。

闫向军介绍，这种新型电子商务模式，能为广大旅游消费者提供优质、诚信、便捷、全面的旅游信息服务；能有效解决单一的旅游企业网站影响力小吸引力弱的困境，直接为旅游企业带来大量客源；同时又能免除或降低旅游企业通过其他旅游电子商务运营商吸引客源所付出的大量佣金，增加旅游企业的利润；能为旅游管理部门分析把握旅游市场流量和流向，实施精准营销、目标营销及创新市场监管提供了新的手段。

山东省旅游局巡视员梁文生表示，B2G2C 模式的推广，将会有利于生产流程与经营管理模式都得到再造。同时，山东省旅游局从 2008 年开始，与金融部门合作推出"好客山东旅游卡"，营造旅游消费刷卡无障碍环境。到目前为止，发卡量已经突破 200 万张。闫向军介绍，目前国家旅游局正在制定《旅游"刷卡无障碍"示范项目总体工作方案》，进一步整合资源，扩大网上支付范围，建立惠民便民的持卡旅游优惠营销体系，创造游客持卡跨区域旅游消费环境，推动区域间旅游合作。

4. 将扶持培育示范企业 100 家

旅游企业信息化是旅游产业信息化的基础。目前山东省旅游企业信息化水平普遍偏低，成为制约旅游企业做大做强的"瓶颈"。为了突破"瓶颈"，山东今年将大力推进企业信息化建设，扶持和培育 100 家"智慧旅游信息化示范企业"，引导和鼓励各类旅游企业尤其是 5 星级宾馆、5A 级景区、全国百强旅行社提升信息化水平。山东省旅游局将制定各类旅游企业信息化建设标准，组织开发线路发布预订系统、酒店销售管理系统、旅游景区动态监测和游客评价系统等。

目前，山东旅游企业信息化情况调查工作刚刚启动。闫向军介绍，这也是今年山东旅游信息化建设的重点工作之一，范围广，内容全，在全国尚属首次，这是争创"智慧旅游信息化示范企业"的必要条件。

梁文生说，作为国家旅游局确定的"旅游信息化示范企业"试点省份，山东省旅游局将根据全省旅游企业信息化调查结果制定山东省"旅游信息化示范企业"标准，并尽快在全省组织实施，引导和鼓励各类旅游企业，尤其是国家级和省级旅游度假村、5 星级旅游饭店、5A 级景区、5A 级旅行社积极创建"旅游信息化示范企业"，预计年底前全省"旅游信息化示范企业"达到 100 家。

梁文生还表示，山东将鼓励旅游企业以物联网、云计算、新一代移动通信为代表的高新信息技术与旅游服务的融合创新，推动旅游营销能力和旅游服务水平的全面提升。

5. 山东旅游官方微博粉丝已有 60 多万

目前，山东省旅游局和济南、青岛、烟台、莱芜等 17 个城市旅游局，以及部分县区旅游局、旅游企业都开通了微博，每天进行及时维护，实现了良好的宣传效果。截至目前，山东省旅游局官方微博粉丝已有 60 多万。2011 年，山东省旅游局官方微博被中国旅游研究院评估为全国旅游政务微博第一名。

山东省旅游局已经建立了全省统一的旅游信息移动应用平台，各市、各企业开发的各类应用软件，集中发布在省旅游局移动互联网平台之上，供游客下载使用。同时，山东省旅游局于 2012 年 1 月 1 日开通了"好客山东手机报"，每周定期将各类政务信息和市场信息，直接发送到各级旅游管理部门、各旅游企业负责人手机上，实现信息传递的便捷性和及时性。

在取得如此成绩的基础上，山东今年将进一步探索微博营销模式，利用微博与社交网络信息扩散性强的特点，继续开展有奖微博转发、微博直播、微博投票、微博征文、社交网络互动等营销活动。在开发日本市场方面，山东今年就利用微博这一新模式，将与大旅行商合作采取邀请网络知名人士到山东旅行撰写微博(twitter)游记的方式，开展网络营销，吸引成千上万的粉丝微博跟进、转发，宣传山东旅游产品。

(资料来源：http://info.china.alibaba.com/detail/1026549108.html.)

问题：
1. 总结山东旅游信息化的成就。
2. 谈谈你对信息化的建议。

第11章 旅游文化

教学目标

通过本章学习，理解旅游文化的概念，了解其构成；掌握旅游文化的特点地位和作用；熟悉中国旅游文化的形成发展历程，从而在实际操作中对旅游文化有一个总体上的认识把握。

教学要求

知识要点	能力要求	相关知识
旅游文化的内涵与构成	能够在实践中正确确定出哪些内容属于旅游文化的范畴并引导旅游者进行观赏	旅游文化的内涵 旅游文化的构成
旅游文化的特征与功能	能够有效结合旅游文化的特点进行景区、景点项目的规划设计 在参与旅游业的发展过程中充分发挥旅游文化的功能	旅游文化的一般属性和特有属性 基于旅游文化特有属性所要达到的几点统一 旅游文化的功能
旅游文化的形成和发展	把握世界旅游文化的发展脉络 掌握中国旅游文化的形成过程并能将相应知识运用到实际的讲解规划工作中	旅游文化的发展过程 中国旅游文化的形成发展
旅游文化的地位和作用	通过对旅游文化地位和作用的了解充分重视其在旅游业发展中的重要性，在进行旅游规划的过程中有效发挥旅游文化的作用	旅游文化的地位 旅游文化的作用

导入案例

开封清明文化节

开封作为中国清明文化传承基地，2009年以来，连续几年成功举办了中国(开封)清明文化节，形成了独具特色的清明节俗文化品牌，确立了开封清明节俗文化在国内外的特有地位，弘扬了中华民族优秀传统文化。

2011年中国(开封)清明文化节的主要亮点和活动内容如下。

一是清明柳娃笑迎宾朋。经过中国文联组织专家评审组评审确定的清明节吉祥物和中国(开封)清明文化节节徽将精彩亮相。这是清明节首次有了自己的吉祥物，中国(开封)清明文化节第一次有了自己的节徽。届时，民族特色浓郁、清明文化鲜明的吉祥物——清明柳娃，将头戴柳帽，身着宋服，在美丽的古城开封笑迎各界宾朋的到来。

二是楹联妙对其乐融融。本届清明文化节期间，将举办"开封名园征联大赛"活动。13家开封著名景点，紧扣清明文化的主题，精雕细凿推出了上联或下联，面向全国开展征联活动。届时，借助开封中国书法名城的优势，或书于榜，或悬于厅，或刻于石，都将对弘扬中国清明文化提供新的平台，发挥推动作用。

三是民俗民风精彩纷呈。清明文化节是传统的节庆，是人民的节日。3月26日和4月5日，开封将举行盛况空前的清明文化大巡游。届时，北宋九帝与民同乐，包公巡街骤起锣声，青春少女踏春而歌，宋装街舞古今交融，传统的盘鼓高跷，旱船肘歌等丰富多彩，将是本次清明文化节的一大亮点。都将充分展示开封民间文艺的独特魅力。

四是文化名园梦回千年。作为中国清明文化名园，以北宋张择端《清明上河图》为蓝本的国家 5A 级景区清明上河园，将活化清明民俗，展示宋韵风采。丰富的民俗展演项目将使游人"一朝步入画卷，一日梦回千年"。特别是大型实景演出"大宋·东京梦华"，经再次修改后，将以美轮美奂的艺术冲击力和感染力，再现北宋繁华胜景。

五是祭奠先贤激励奋进。本届清明文化节开封组织了社会各界祭辛亥革命烈士、公务员祭拜焦裕禄、社会各界祭拜刘少奇、青少年祭革命先烈、百万学生清明作文大赛等一系列祭奠先贤活动，共同追溯清明的渊源，寻觅先贤的足迹，缅怀先烈的事迹，激励社会各界特别是青少年继承遗志、努力奋进，共创幸福和谐美好家园。

(资料来源：http://www.kf.cn/news/2011-03/16/content_32948.htm.)

问题：
1. 开封举办的清明文化节涉及了哪些旅游文化？
2. 如果你是该项旅游活动的策划组织者，还会怎样发挥旅游文化的功用策划旅游活动？

当人们看到结构精巧的建筑，欣赏飘逸洒脱的书法，体验各地多样的风土人情，品尝色香味俱全的风味美食时，人们正在亲身接触感受着旅游文化的魅力。旅游文化是旅游目的地吸引旅游者的重要因素，其丰富的内涵、多样的形式使其在旅游业中占据了重要地位。而作为一个文化大国、文化古国，我们的先辈也给我们遗留下了丰富的旅游文化遗产，从而使旅游业发展有了得天独厚的优势，在这一章中我们将共同了解旅游文化的发展脉络，感受其旺盛的生命力和对旅游业强大的支持力。

11.1 旅游文化的内涵与构成

随着经济的发展、时代的进步、人民生活水平的提高，旅游也成为人们日常生活的一个重要组成部分。现代旅游体现了人们对于休闲、消遣的生活方式的追求，在这个过程中，人们实现了对异地文化的了解审美，使不同地域的文化得以交流整合。因此，旅游活动本身就带有文化的属性，是传递文化的过程，而文化则成为旅游业的灵魂。如果想研究了解旅游业的相关知识，旅游文化是一个绝对不能忽略的部分，一旦离开了文化，旅游就成了无源之水无本之木，也就丧失了吸引力。

11.1.1 文化的内涵

"文"字在甲骨文中的形象就像一个人正面站着，这个人的胸口有一个交错的图案。这个图案既指衣服上美丽花纹所带给人们外在的美好形象，又指人的心中应该有高尚的精神境界道德情操以带给人们内在的美丽心灵。

第11章　旅游文化

"化"字在甲骨文中形象则是一正一反的两个人正倒相对，寓意着转化、变化。《周易》中讲"观乎天文，以查时变；关乎人文，以化成天下"，意思是说观察自然界的现象可以知道季节的变化，从而在生产生活中做出相应的调整；而观察人类的美好风尚和情怀，用这些美德去影响人感化人从而可以教化天下人民。在很长一段时间里，人们对文化的定义都延续了这样一种思维，强调其对社会人伦规范的教化。

而英文、法文中的文化(culture)最初的含义是耕种、栽培等，以后又逐步引申出教育、教养、修养、祭拜等意。文化开始指向为人类所特有的物质和精神的生产活动。

据统计，目前关于文化的定义已经有 250 多种，这些对文化的定义可以分为广义和狭义两种。广义的文化泛指人类在社会历史发展过程中所创造的物质财富和精神财富的总和，是人类改造自然、内治自身及发展其社会的一切活动成果的积淀。狭义的文化则特指精神财富，如文学、艺术、教育、科学等。

文化不是某个孤立的现象，而是由众多复杂因素构成的有机整体。任何一种文化都必须包含 3 个因素：物质因素、行为因素和精神因素。物质因素是指文化借助某种实体形式表现出来，包括各种生产工具、生活用具及其他各种物质产品等，如饮食文化中的餐具器皿。行为因素是文化对行为上的要求指引，包括行为规范、风俗习惯、生活制度，以及各种社会制度和社会规范等，如在中国的饮食文化中，饭碗中剩下米粒被认为是失礼的行为。精神因素是文化在精神观念层面的表现，包括思维方式、思想观点、价值观念、审美趣味、道德情操、宗教情感、民族性格等，而价值观是其核心所在。中国的饮食文化有着对和谐观念的倡导，其食材的选择(如靠山吃山、靠海吃海)，味道的调和(如烹调时添加少量咸味以进一步凸显甜味)，盛器的搭配(成菜后大者用大器，细小者用小器)都体现了这种精神追求。这 3 部分互相依存，其中精神因素是核心，是文化发展的动因，起支配制约作用；行为因素是精神因素在人们行为活动中的体现；物质因素是精神因素通过人们的实践活动在物质产品上的体现。

11.1.2　旅游文化的内涵

因为学界对文化的定义存在着诸多观点，所以对作为文化下属一个分支的旅游文化的概念也存在较大的争议，难以达成一致。综合概括起来，对旅游文化的定义大致存在以下几种观点。

(1) 旅游文化是人类在旅游活动中创造的物质财富和精神财富的总和。这种观点延续了传统广义上对文化的定义，只是将其范围限定在旅游活动中。虽然简单，但却不够清晰。

(2) 旅游文化是旅游活动中所体现出来的文化内涵。这种观点强调了旅游的文化属性，有益于引发人们对文化在旅游中作用的重视，但阐述过分笼统，不利于进行有效的区分。

(3) 旅游文化是在旅游过程中所显现出的一个国家或民族特有的哲学观念、风土人情等文化传统。这种观点将旅游文化等同于民族文化，缩小了旅游文化的范围，把一些不可缺少的有机组成部分排除在了旅游文化之外。

(4) 旅游文化是指在旅游过程中供旅游者欣赏和享乐的一切物质和精神财富。这种观点是从旅游客体的角度进行定义，强调了旅游客体在旅游中的重要作用，但仅有此还不足以揭示旅游文化的本质内容。

(5) 旅游文化是旅游者及旅游经营者在旅游消费和旅游服务过程中所形成的观念形态及其外部表现。这种观点偏重于从旅游主体和介体的角度进行定义，但将旅游文化等同于旅游主体的文化则有失偏颇。

(6) 旅游文化是由旅游主体、旅游客体和旅游媒介在旅游交往活动中共同作用所形成的物质财富和精神财富。这种观点将旅游的主体、客体和介体都纳入考虑，突出了旅游文化中跨文化交往的特性。

本书认为旅游文化是指所有从旅游活动中产生或能参与到旅游进程中发挥作用的人类文明成果，既包括旅游业发展过程中形成的价值观念及其在行为方式、物质载体上的外在表现，也包括旅游主体、客体、介体相互作用产生的文明成果。

可以从 3 个方面对旅游文化进行理解：首先，旅游文化是人类过去和现在所创造的与旅游相关的物质、精神财富的总和；其次，旅游文化是由旅游主体、客体、介体相互作用形成的物质和精神成果；最后，旅游文化是以跨文化交流为特征并与审美密切联系的特殊文化形态。

要注意的是，旅游文化和文化旅游是两个不同的概念，两者之间既有联系又有区别。文化旅游是旅游者参与旅游活动的一种具体形式，目的是探寻、观察、感受、体验异地的文化，从而陶冶情操、增长见识。在文化旅游的过程中，旅游者可以观赏、享受旅游文化的成果，同时参与到旅游文化的创造过程中并受到已有的旅游文化的影响。

11.1.3 旅游文化的构成

由旅游文化的概念可知其包含的内容十分广泛，从不同的角度可以进行不同的划分。

1. 从旅游产品交换双方角度划分

旅游者和旅游经营者是参与旅游产品交换的两个主体，按照其所处不同角色所表现出的不同特性，将旅游文化划分为旅游消费文化和旅游经营文化。

旅游消费文化主要研究旅游者所体现出的文化特质，包括旅游审美文化和旅游消费行为文化。旅游审美文化从审美的角度，探讨旅游者审美的文化特征和基本类型。旅游消费行为文化主要研究文化对旅游者旅游态度、旅游动机、旅游决策、旅游消费行为方式等的影响。

旅游经营文化是旅游经营者在同旅游者进行产品交换的过程中所反映和创造出的文化，主要包括旅游产品经营文化、旅游企业经营文化和旅游目的地经营文化。旅游产品经营文化是指旅游经营者通过对旅游资源的设计开发销售使其转化为旅游产品的文化过程，包括分析旅游资源的文化特质、表现旅游资源文化内涵的方法，塑造旅游产品的文化规范等。旅游企业经营文化是指旅游企业在经营管理实践中所遵循和体现的文化规范和内涵。旅游目的地经营文化是指旅游目的地在市场经营过程中，为塑造自身形象实现由旅游资源向旅游产品的跨越所进行的宏观上的文化建设，包括旅游目的地整体形象的确立与宣传、旅游发展文化环境的营造等。

2. 从旅游活动的要素划分

旅游活动的形成必须有 3 个基本要素的参与，即旅游主体、旅游客体、旅游介体。相应地，依据这个 3 要素将旅游文化划分成旅游主体文化、旅游客体文化、旅游介体文化。

旅游主体文化研究的是旅游者观念、行为模式、思想与信仰、文化素质和职业、心理、性格和爱好、生活方式等。因为旅游者是旅游活动的发起者和施行者，所以旅游主体文化在旅游文化中具有核心地位。只有在研究旅游主体文化了解旅游者的行为模式之后，才能有效地实现旅游资源向旅游产品的转换。

旅游客体文化研究的是作为旅游对象的文化事物与现象。它包括旅游历史文化、旅游建筑文化、旅游园林文化、旅游宗教文化、旅游民俗文化、旅游娱乐文化、旅游文学艺术等。同时，随着旅游消费内容的扩展，旅游客体文化的内容也会随之进一步扩充。旅游客体作为旅游活动指向的对象，其内含的文化是构成旅游资源吸引力的重要因素之一，对旅游客体文化进行研究能帮助人们确定旅游资源的重点价值所在，为旅游产品的设计开发指明方向和方法。

旅游介体是指在旅游活动中将旅游主体和旅游客体联系起来，起到中介连接作用的服务和事物。在旅游介体上所形成体现的文化称为旅游介体文化，包括旅游餐饮文化、旅游商品文化、旅游服务文化、旅游管理文化、旅游文化教育、旅游导游文化、旅游政策和法规等，其中旅游服务文化应是旅游介体文化中的核心部分。旅游介体是旅游活动得以实施的必要条件，所以对其相关文化的研究是旅游业持续健康顺利发展的必然要求。

3．从文化构成因素划分

旅游文化作为文化的一个分支，同样由物质、制度、精神 3 个方面的因素构成。从这个角度，可以将旅游文化划分为旅游物质文化、旅游制度文化、旅游精神文化。

旅游物质文化包括旅游客体(如自然景观和人文景观，以及附加其上的游乐设施)及旅游主体为完成旅游活动所需要的所有物质和装备(如饭店、餐饮、交通设施、旅游纪念品等)。旅游物质文化是旅游者可以通过视觉辨认的文化物质实体，大体分为景观、旅游商品、旅游服务设施等 3 类。

旅游制度文化包括政府和旅游行政主管部门、旅游行业协会及旅游企业所制定的各种有关旅游的法律、法规、管理制度，以及旅游活动中或明文规定或约定俗成的各种社会行为规范，如旅游法规，旅游企业的经营管理制度、旅游服务人员的行为规范，旅游行业自律公约等。

旅游精神文化包括在旅游者旅游活动及旅游企业经营管理过程中所创造反映出的文化心理、价值观念和思维方式等精神内涵，如审美情趣、旅游文学作品、旅游学术研究、旅游价值观念、旅游经营意识等。从文化构成角度讲，旅游精神文化在 3 种文化中居于内层核心地位，它既由人们的活动所创造体现，又对人们的实践活动起到引导和影响的作用。不论是以往旅游者在旅游胜地所留下的碑刻题记，如范仲淹的《岳阳楼记》，还是当今媒体中经常播放的旅游目的地的宣传语如"好客山东欢迎您"，都是旅游精神文化的一部分，他们或者能带给旅游者美感和思考，或者能吸引旅游者注意和前往。

4．从地域差异划分

旅游文化在不同地区往往显现出各自不同的特点，根据地域的差异可以将其划分为齐鲁旅游文化、荆楚旅游文化、巴蜀旅游文化、吴越旅游文化、岭南旅游文化、三秦旅游文化等。

5. 从内容角度划分

食、住、行、游、购、娱是构成旅游活动的 6 个主要内容，依据所包含内容的不同，旅游文化可以划分为旅游饮食文化、旅游服饰文化、旅游园林建筑文化、旅游娱乐文化、旅游宗教文化等。

6. 其他划分形式

不难看出，对旅游文化内容结构的划分呈现出如此众多的分类方法，很大程度上是源于由广义文化概念所推演出广义的旅游文化的定义。其所包含的丰富内涵使人们在进行划分时有了许多不同角度，但同时根据不同角度所进行的结构划分，其许多内容是相互重合的。因此，在对旅游文化的具体学习过程中，通常采用的是另一种方法进行划分，就是将旅游文化狭义的定义为在包含在各类旅游资源中的人文知识，并依此将旅游资源进行如下划分。

1) 中国旅游史

中国旅游史包括中国历史上的旅游思想、类型、特点、典故、旅游主体、交通住宿、旅游习俗等内容，通过对这些内容的研究可以有效地了解中国旅游行为文化的变迁。

2) 旅游文学

旅游文学是在旅游活动出现后产生的随着文学艺术和旅游事业的发展而进步的一种文学种类。其通常以旅游资源、旅游生活为题材或对象，同时可以在其中加上叙事、抒情、说理的成分，并以旅游风景名胜传说、游记、记游诗词、碑刻、楹联，以及一些专门的旅游著作的形式表现出来。优秀旅游文学作品通过丰富的想象、高超的文学表现手法将景与情结合起来，实现了旅游与文学的统一，具有极强的感染力和吸引力，从而使自身也成为一种特有的文学旅游资源。

3) 饮食文化

饮食是旅游者旅游活动得以延续的基础，同时饮食在我国又有着特殊的功能和地位。中餐从食材的选取、烹制的方法、盛器的搭配都十分讲究，色、香、味、形、器俱佳，加之在其中体现出的中国传统的儒家礼教及道家天人合一的思想，使之具有强烈的吸引力。许多外国游客也往往把品尝中国美食体验中国特有的饮食文化作为到中国旅行的目的之一。

阅读案例 11—1

洛 阳 水 席

洛阳水席是洛阳最具代表性的美食，有 1 000 多年历史，与洛阳牡丹、龙门石窟并称为洛阳三绝。制作经营洛阳水席的饭店众多，其中以"真不同"最为出名。由于洛阳地处盆地，干燥少雨，因此，以汤水居多的水席最适合当地气候，并且水席价格丰俭由人近年又延伸出了"水席单做"，即根据食客的需求单独制作几道菜肴而不是整席全上，颇受当地人欢迎。洛阳水席历史悠久，制作考究，并且每道菜都有其相应的故事传说，形成了其特有的水席文化，所以与其说吃水席不如说是品文化。最早由于人民生活水平低下，人们用本地出产的菜制作出汤水丰盛的宴席，这种流传于中下层百姓之间的宴席实际上就是水席的前身。后来武则天时代就连王公贵戚也习惯把主副食一起烹制，久而久之创造出了洛阳水席。

洛阳水席有以下几个特点。

一是有荤有素，素菜荤做，选料广泛(天上飞的、地下跑的、海中游的、地里的蔬菜)。

二是有汤有水，其菜品清汁少油，味道多样，冷热、荤素、甜咸、酸辣兼而有之。

三是上菜顺序有严格规定，也极为考究。热菜全是汤，热菜吃完一道撤后再上一道，向流水一样，因此得名水席。传统水席共有24道菜，分为8冷盘，4大件，8中件，4道压桌菜。先上8冷盘为下酒菜，每盘都是荤素拼盘相当于8荤8素。酒过完3圈后开始上热菜，首先上4大件热菜，最先上的大件是水席里最出名的牡丹燕菜。同时每上1个大件跟着上2个中件(陪衬菜、调味菜)意思是"带子上朝"。最后上4道压桌菜，而压桌菜是不像其他热菜一样吃一道撤一道的。最后上的压桌菜是鸡蛋汤，意思是菜上完了。

(资料来源：http://zhidao.baidu.com/question/77337567.html．)

4) 宗教文化

中国宗教体系复杂，既有土生土长的道教，也有外来的佛教、基督教和伊斯兰教，从一定意义上讲，儒教也是一种宗教。宗教在给信仰者带来精神慰藉的同时也给后人留下了大量的宗教文化遗址遗迹，这些都是重要的旅游资源。国务院公布的第二批全国重点文物保护单位中宗教名胜古迹就有150多处，全国与宗教有关的名胜古迹有3 000多处，这些丰富的宗教文化资源吸引了众多海内外旅游者。

5) 民俗文化

民俗就是民间的风俗习惯，民俗文化是以口头或行为等形式创造和传播的民间风俗文化。不同民族之间所形成的不同节庆、服饰(苗族服饰如图11.1所示)、居住、婚丧嫁娶、民间娱乐、信仰禁忌方面的习惯，都能带给旅游者与众不同的新鲜感，迎合满足现代社会中人们求新、求知、求异的心理需求。例如，汉民族有春节，蒙古族有那达慕大会，彝族有火把节，傣族有泼水节等，这些节庆都有各自的特点和庆典仪式，可谓丰富多彩，令人应接不暇。这些都是旅游民俗文化的重要内容。

6) 建筑园林文化

纳入人文旅游资源的大部分都是古建筑，因为古建筑充分体现了古代劳动人民的智慧、劳动和高超技艺，这些都对旅游者有着强烈的吸引力，能带给其审美愉悦。古建筑主要包括宫殿、陵寝、寺庙、民间建筑、工程建筑和园林建筑等。以北京故宫为代表的宫殿建筑(故宫太和殿如图11.2所示)体现了一种

图 11.1 苗族服饰

恢弘之美，以秦皇陵为代表的陵寝建筑体现了中国特有的侍死如侍生的文化传统，以白马寺、少林寺为代表的寺庙建筑是外来宗教中国化在建筑形式上的典型表现，以四合院为代表的民间建筑从结构装饰等方面都体现着中国建筑实用性与艺术性的统一，以都江堰为代表的工程建筑展现了中国劳动人民的智慧，而以苏州园林为代表的园林建筑是中国人对天人合一的自然和谐状态追求和实践的成果。

图 11.2　故宫太和殿

7) 休闲文化

每个民族都有自己特有的休闲方式，从而产生了各个国家迥异的休闲文化。中国休闲文化的内容十分丰富，既包括以琴、棋、书、画、酒、茶为代表的文人休闲文化，又包括以对花鸟虫鱼的喜爱和斗鸡走狗之类的民间娱乐为代表的大众休闲文化。休闲文化反映出了一个民族的心理特征，认知、参与休闲文化是旅游者了解传统文化、愉悦身心的重要途径。

8) 美术文化

美术作品是一个民族传统文化心理、观念、智慧的最直接的物化表现形式，我国的美术文化主要体现在书画、雕塑、陶瓷、刺绣、青铜器及金银器上。它们历史悠久、做工精美、形象传神，备受中外游人的青睐。

9) 制度文化

制度文化涉及古代人物的名号、官职、地名等内容。许多旅游资源中都有与制度文化相关的内容，甚至对制度本身的解读再现也成为旅游资源吸引力的重要构成因素。河南南阳的内乡县衙就完整展现了中国古代的官场画卷，游人可以在这里亲身的体验感受官员的任命制度、案件的审理制度、犯人的关押判决制度等。这种制度文化也构成了旅游文化的一部分。

11.2　旅游文化的特征和功能

旅游文化作为文化和旅游相互融合的产物，既具有文化的一般特性，又因为它是在旅游活动中创造形成并参与到旅游进程中的一种文化的特殊形态而具有自身独有的特点。对旅游文化特点和功能的认知，有利于进一步揭示旅游文化的本质，充分发挥其在旅游中的作用。

11.2.1 旅游文化的特征

1. 传承性与可变性

旅游文化的传承性主要表现在其随着时间流逝得以延续同时随着时代前进得以发展。从古到今，不论外在环境发生了怎样的变化，人们出于各种目的的旅行旅游活动一直延续了下来。从王公贵族为显示身份和荣耀的巡幸出游，到文人学子为求知明理的修学之游，再到普及大众为放松身心的休闲旅游，不同的旅游形式和目的却承载了同一种活动的延续。而一些旅游资源一旦被人发现认可，就会长久对旅游者产生吸引力，吸引其前来开展各种旅游活动。身为四大名楼之一的武汉黄鹤楼在上千年的历史中虽几经兴废屡毁屡建，但这却始终抑制不住游人前来登临的热情。有"万园之园"之称的圆明园虽然在历史的硝烟中被野蛮的外力摧毁的几近消逝于无形，但这仍没有阻挡住旅游者探访的脚步，面对满目疮痍的残垣断壁，他们发挥了最大的想象力去感受一个已经逝去的帝国曾经的辉煌，他们怀着最痛苦的心境去思索人类到底具有怎样野蛮而强大的破坏力。历史的洪流会湮灭一些有形的物质，但一些无形的艺术技艺审美情趣却能流传至今，就像人们对书法艺术的钟爱，纵然王羲之的《兰亭序》至今仍难觅所踪，但旅游者仍能从众多或古代所为或今时所做的碑刻题记中感受到书法的魅力。

此外，随着旅游活动和旅游资源的延续，旅游文化也得以延续，并随着时代的前行而得到发展。我们今天能感受体验到的旅游文化在沿袭其历史特色的同时也在不断地适应着时代变化发展的要求，从而具有许多新的形式。中国的主流服饰风格从秦汉的清秀婀娜到唐宋"裙拖六幅湘江水"的大气妖娆，再至明的含蓄清的艳丽，最终以改良版的旗袍征服国人，成为展现东方女性身姿的最佳选择，随时代不断变化的是其外在表现形式，不变的是对展现中国女性特有的温柔秀美体态的追求。而这种理念在中国很多少数民族的民族服饰中也有充分的体现。旅游文化既与其历史渊源一脉相承，又在历史进程中变化更新，正是这种既延续又扬弃的传承性使旅游文化没有在因循守旧墨守成规中丧失掉吸引力，反而更焕发出了勃勃生机，对旅游者展现出了更强的魅力。

2. 经济性与文化性

旅游文化的经济性与文化性又称综合性，既包括作为客体的旅游资源的多样性，又包括作为主体的旅游者的消费行为的广泛性。首先，旅游资源形式种类众多，从而相应的孕育了形式多样的旅游文化。既有名山胜水、宫殿寺院等物质文化形态，又有碑刻楹联、神话传说等精神形态；既有古代传统文化，又有现代时尚文化。其次，旅游者外出旅游的过程是一个对食、住、行、游、购、娱综合消费的过程，旅游者对每一部分的消费都会充满对文化的追求。

旅游文化的经济性与文化性一方面要求旅游经营者要寻求多样的文化题材进行旅游资源的开发设计，以满足旅游者求新求异的心理和与日俱增的多样需求，不断进行创新。在旅游行程中将旅游文化的综合性发挥到极致，以不同风格不同种类的旅游资源吸引旅游者，避免其产生"上车睡觉，下车看庙"的无聊感。另一方面，旅游业的各个部门要加强配合，确保在每个环节都能给旅游者提供个性化十足、高品位的服务，必须使每个环节都表现出极佳的文化气氛和服务品质。

3. 地域性与传播性

旅游文化的地域性特点是由旅游资源分布的地域性、旅游业发展的地域性和已形成的区域旅游文化现象共同决定的。

我国旅游资源的分布，无论是自然旅游资源，还是人文旅游资源，抑或都市旅游资源和乡村旅游资源，都具有鲜明的地域性特征。首先，自然旅游资源分布具有经度地带性、纬度地带性和垂直地带性的特点，这使处于不同分布地带的自然旅游资源呈现出不同的景观风格。经度地带性使我国西有"世界屋脊"青藏高原的傲视苍穹；中有黄土高原的苍凉悲怆，峨眉、武当、太行的名山荟萃；东有鄱阳湖的辽阔、西湖的秀美、河流交错环绕形成的旖旎柔美的水乡风情。纬度地带性使我国南北景观呈现出截然不同的风格，既有热情浪漫的西双版纳，又有四季如春的昆明，还有银装素裹的林海雪原，阳春三月大兴安岭雪花仍在飞舞，长江两岸柳树已经发芽，海南早已春花烂漫。垂直地带性使同一地区在不同高度上呈现出不同的景观，正所谓"人间四月芳菲尽，山寺桃花始盛开"。其次，人文旅游资源由于受不同地域、不同民俗、思想观念、宗教信仰差异的影响也呈现出浓厚的地域色彩。北方坐北朝南的四合院最适应当地寒冷干燥多风的气候，潮湿多雨的南方则通过在院中设置天井强化了房屋的排水功能，黄土高原上的居民则充分利用当地资源设计开发出窑洞式住宅，这都成为吸引国内外旅游者前往的独特人文旅游资源。最后，以回归自然为目的的乡村旅游和以观赏体验人对自然改造成果和能力的都市旅游必然孕育出不同的文化。

各地区旅游文化在发展过程中展现了独特的差异性，这种差异性表现在远古的遗址、建筑、风俗、服饰、饮食乃至精神风貌等各方面，从而形成了诸如齐鲁文化、巴蜀文化、荆楚文化等不同的区域旅游文化。在这些独特的区域旅游文化中，各民族的旅游文化都获得了充分的展示，反映了各地深厚的旅游文化积淀，散发出独特的光彩，对旅游者有着强烈的吸引力，因而成为旅游文化的重要内容之一。

旅游者将自己所在地的文化通过旅游活动传播入旅游接待地，从而对当地的语言、风俗习惯、伦理道德、价值观念等产生影响；另外，旅游接待地的文化也会经由旅游者带回客源地，对客源地文化产生潜移默化的影响。这种影响的大小强弱通常与文化态势强弱的差异和受影响时间长短有关。一般来讲，旅游接待地对旅游者群体的接待是一个长期的过程，在这个过程中本地的文化会受到持续的影响。而且作为旅游者观赏对象的旅游接待地的文化通常与社会主流文化之间存在较大的差异，处于相对弱势地位，这就使其受到旅游客源地文化的影响更大一些。

4. 族群性与社会性

旅游文化的族群性是和旅游文化的地域性紧密联系、互为表现的。每个族群在特定的生活环境造就了不同的生产、生活方式，形成了不同的语言、文字、艺术、道德、习俗，构成了不同的族群文化。族群文化一旦形成，就会成为一种稳定的因素沉淀在一个族群之中，成为一个族群强有力的"粘合剂"与内聚力。而这种族群文化会在很大程度上进一步影响人们的思维方式、旅游活动，使不同族群旅游活动中表现出不同的文化观念和行为方式。中华族群对于寻求平衡、和谐、相同、没有冲突和可预见性的倾向较为明显，而西方族群强烈的探索意识已经成为一种传统，甚至发展到了冒险的程度。因而中国人的旅游活动中对探索冒险的追求有限，其旅游活动以游山玩水的观光休闲为主。而西方人在旅游中往往追求个人好奇心的满足和竞争本能的体现，如参加登山、滑翔跳伞、潜水冲浪、乘气球飞行和航海等既有高度刺激性又富有浪漫色彩的活动。不同族群的族群文化也给当地的旅游文化资源打上了本族群的烙印，这些文化资源中所蕴含的特有的族群文化传统也是吸引旅游者前往旅游的原因。例如，中国文化讲求中庸，而西方文化宣扬开放和自由，这种精神上的差异在各自不同的旅游文化资源上有着直接的反映。中国建筑通常以一种模式修建并都带有一定程度的内倾和封闭性。例如，作为旅游资源一部分的古代书院，一定会有一个封闭规整的院落和院门，而西方不少历史悠久的大学往往和周围的环境融为一体，既没有围墙也没有大门，以一种开放自由的姿态实现与周围环境的交流，难以找到中国那样人为划定的明显的界限。这实际上是中西族群文化性格的外在表现。

"旧时王谢堂前燕，飞入寻常百姓家"，大众性带来的不仅是参与人数的增多，同时在旅游需求上也会更加多样。原先适合特权阶层品鉴体验的内容，由于文化背景的差异不一定能为普通百姓所欣赏。而随着人口素质的整体提高，社会大众之间的一部分群体因为有更高的文化素养和欣赏水平，也不会仅仅满足于一般娱乐性的旅游文化内容。旅游文化社会性的特点就要求其应具有更强的包容性，充分考虑到各个阶层不同人群的需要。

11.2.2 旅游文化的功能

旅游文化的功能是指其对人类社会生活和个人发展所具有的效能和作用，这种作用主要表现在以下几方面。

1．愉悦、审美功能

旅游可以愉悦身心，陶冶情操。旅游者在接触自然山水、领略历史文化时，会受到强烈的感官刺激和心灵震撼，进行对世界和自身的意义及价值的反思，从而达到情感精神上的升华。旅游者在参与节庆活动、通过各种娱乐设施放松身心时，就会实现身体和精神的休息和放松，为自己在工作的紧张状态和休息的轻松感觉中寻求到一种平衡。

旅游活动是一种审美活动，相应的旅游文化也就具备了审美的功能。不论是巍峨的高山，还是广阔的平原，不论是浩瀚的大海，还是蜿蜒的小溪，不论是矗立江边乐山大佛千年的祝福祈祷，还是高耸山崖卢舍那眼中永恒的悲悯慈祥，不论是秦始皇兵马俑所展现的一代帝王的傲人功绩，还是武则天陵前无字碑的千秋功过留于后人评说的智慧超然，都能带给旅游者极大的美感。旅游文化的这种审美功能满足了人们对美的渴求，能陶冶人们的思想情操，提高人们的文化素养。

2．教育、教化功能

"读万卷书，行万里路"，在对大好河山的游历过程中，人们可以进一步对历史文化进行探究思索，对民俗风情进行体验感受，这不仅能够增长知识、开阔视野、陶冶情操、强健体魄，还能提高人们对事情的应变处理能力。同时，通过对名山大川、文物古迹、革命遗迹及现代化建设成就的观赏，会激起旅游者的族群自尊心和自豪感，使其发出对祖国由衷的礼赞，是最生动有效的爱国主义教育。

3．储存、传播功能

旅游文化汇聚了人类在旅游过程中创造的物质文明和精神文明，这些经验财富借助旅游文化的延续而得以传承。人们可以通过建筑设施、生产生活工具、旅游文学作品等去触摸历史的脉搏，感受古人的气息，了解当时的思想和行为方式。旅游文化是人们在实践中获得的经验、知识、观念得以沿袭传承被后人所复原感知的绝佳载体。同时，旅游文化的传播扩散性又使其成为不同地域间文化传播交流的媒体，正是这种交流传播促进着社会的不断向前发展进步。

4．凝聚、控制功能

相同的文化会使人们的价值观念、社会习俗和生活方式更容易趋于一致，彼此间的关系更容易协调，作为一种"粘合剂"加固群体间的关系。这种凝聚功能在族群群体之间体现的尤为明显，分散于天南海北的伊斯兰教信徒见面时一句"色俩目"的问候就能识别出彼此，迅速拉近相互间的距离。尤其是旅游文化中的精神文化、行为文化能通过习俗规范、道德观念、法律制度等协调稳定着人与人、人与社会之间的关系，控制规范着人的行为，从而协调社会关系、控制社会冲突。例如，土家人禁食蛇肉就可以保护动物，苗族人禁砍村中的风水树可以保护古树，回族禁止在井边洗手洗衣可以保护水源，而旅游者在去少数族群聚居地旅游之前都会了解当地有什么禁忌，从而避免出现冲突。

5．经济功能

旅游文化本身作为旅游资源的一部分，在吸引旅游者产生经济效益方面有着不可估量的作用。据国家旅游局调查，在入境游客中有80%都是受到中国的文化景观吸引而来，可见旅游文化对经济的促进影响作用之大。但在充分发挥旅游文化经济功能的同时，还要切实保护好旅游文化景观资源，才能使旅游文化可以长远地发挥其经济功能。

11.3　旅游文化的形成和发展

11.3.1　旅游文化的发展过程

旅游文化是人类独特的文化成果，伴随着旅游活动的产生而产生，也随着旅游活动的发展而发展，旅游活动是其形成和发展的先决条件。在旅游活动产生发展的基础上，旅游文化大致经历了古代、近代和现代3个发展阶段。

1．古代旅游文化的发展

古代旅游文化产生于原始社会后期，形成于奴隶社会中期，兴盛于封建社会中后期，它奠定了近现代旅游文化的基础。古代旅游文化的产生发展通常由几种原因导致：一是在由物质需求所引发的异域经商探险的过程中产生，如意大利旅行家马可·波罗在元朝探访中国并撰写了《马可·波罗行记》，这本书对后世欧洲文化中的航海探险活动起到了极大的刺激引导作用；二是在旅游者求知探奇的旅游过程中产生，明代李时珍为撰写《本草纲目》而进行医学考察，徐霞客遍游海内考察地貌风物皆属此列；三是由宗教旅行所引发，如唐代玄奘西行求经、鉴真东渡弘法；四是政治失意使人们寄情山水娱情逸性，我国魏晋南北朝时期大量文人雅士的隐逸之游创造了灿烂的旅游文化成果。

2. 近代旅游文化的发展

近代旅游文化的兴盛原因众多，除了对传统的继承和人类本能的驱动，欧洲工业革命对交通工具的改进也使人们大规模远距离出游成为可能，而地理的新发现又极大地引燃了人们对海外旅游的热情。旅游者的队伍逐渐扩大，旅游开始从少数上流社会王公贵族专享的奢侈物转化为能够为大众所参与享受的放松身心求取知识的活动；旅游文化的制度层面全面建构起来，正式形成了近代旅游文化；旅游的休闲娱乐性从根本上得到确立；旅游者不再满足于对本国本土的游览，开始进行跨文化的旅游，并从此长盛不衰。1841年托马斯·库克包租火车组织570人从英国莱斯特到拉夫巴罗参加戒酒大会，开辟了近代旅游业、旅行社服务的先河，之后又编发旅游手册、创制旅行支票、编印旅行杂志，这些成为近代旅游文化形成的标志。

3. 现代旅游文化的发展

现代旅游文化兴起于20世纪50年代初，随着各国经济的复苏与飞跃，出现了世界性的旅游文化热。参加旅游的人数、消费开支，以及由此带来的旅游就业人数和经济收入都呈几何级数增长，规模数量前所未有，旅游业已成为世界上影响力巨大的产业。现代旅游表明，旅游活动在各国经济中所占的比重不断增加，经济的因素越来越多地介入其中；科技因素比重迅速增大，与旅游呈现出既相互促进又彼此制约的互动关系；旅游者对消遣娱乐的需求空前高涨；旅游活动的负面影响也开始随着暴露并引起广泛关注。

11.3.2 中国旅游文化的形成发展

中国旅游文化是在五千年悠久历史文明的基础上发展起来的，它植根于中国这片土地，与中华族群的旅游行为相伴相生，是中国传统文化的一部分。要深入了解中国旅游文化的特质，就必须要通过前人旅游活动的历史足迹去探究中国旅游文化生成发展演变的历程。

1. 先秦两汉——旅游文化的形成期

中国是世界文明古国之一，我国先秦时期的旅游文化是与人类文明发展同时孕育起来的。先秦时期的旅游文化的载体，主要分为艺术类和宗教类两类。艺术类主要是一些原始艺术品和歌舞，包括陶塑、陶绘、木雕、骨雕和石雕。陶塑中较为闻名的是河姆渡的陶猪和半坡的陶塑人头像。雕刻艺术则以平面线条为主，尤以1979年发现的江苏连云港将军崖上新石器时代的石刻岩画最为著名，画有人面、农作物、鸟兽、太阳、月亮、星云等图案，表现了当时人们为获丰收而向上天求祈的情景，可以称为今天民俗风情旅游文化的鼻祖。先民还用形象化的语言、韵律感的曲调及富于节奏感的动作来表达各种情绪：为丰收而喜悦，为节日而欢乐，为不幸而忧伤，形成了原始歌舞，体现了一般民众的生活。由于当时生产力低下，人们对未知的自然灾难既无法预料又无法抵御，因此，只能寄希望于神灵保佑平安，由此产生了原始宗教，主要表现为自然崇拜、生殖崇拜、祖先崇拜和图腾崇拜。这个时期人们的关注度都集中在日常的生产以满足生活需要，以及对神的崇拜中，因而不可能产生独立的旅游文化意识。但正是这些日常生活场景的记录及对神崇拜所留下的印记，为后世的旅游文化发展留下空间，成为后世旅游活动的重要吸引物。

殷商西周时期，对神的崇拜开始演化成对巫术占卜的倚赖，这在当时的社会宗教、政治生活中占有重要的地位。将钻孔的龟甲兽骨放在火上烧，依据其裂纹的走向判断行事的吉凶，这本身只显示了人们对未知的恐惧和对所谓神灵旨意的重视。如今，甲骨已成文物，由甲骨文而衍生的汉字则成为旅游文化的重要载体之一。用阴阳八卦去演算吉凶祸福，并在此基础上产生了以《周易》为代表的博大精深的哲学体系。这些中国独有的传统文化，在今日仍引起西方旅游者的向往和追求。今日被视为珍品的商周时期铸造的青铜器也因其折射出该阶段特有的宗教情感、观念和理想而蕴涵着极高的旅游文化分量。进入阶级社会以后，产生了封禅、游猎、会盟、外交游说修学等特殊的生活方式，可以视为早期的旅游。

春秋战国时期，诸子百家争鸣，最终确定了中华文化的人文主题：重伦理道德和个人修养的价值判断标准，并由此产生了不同区域特色的旅游文化。齐鲁文化中孕育的道家的天人合一的思想、儒家的义利观、尚古意识，楚文化中屈原的诗歌、丝织、漆器及奇特风俗，吴越地区的釉陶、丝绸、青铜戈剑冶炼术、鬼神崇拜、越歌，巴蜀地区的蜀锦、栈道、舞蹈、风俗都在中国旅游文化的发展中留下了深刻的印记，是整个中华族群共同拥有的旅游文化资源遗产，其文化的多样性为后世旅游业的发展提供了可进一步开掘的宝藏。

秦始皇统一后建立的大一统帝国对当时的旅游发展极为有利，强盛的国力、开拓的精神，使秦汉两代的旅游文化呈现出多元、开放、恢弘的风采。秦始皇、汉武帝在位期间经常外出巡游，留下了众多的碑刻遗迹和传说故事。两汉时期对西域的出使不仅开辟了之后闻名世界沟通东西方文化的重要通道"丝绸之路"，还显现了人类可以挣脱客观世界和外部影响进一步把握自己的命运，自由地支配更多的时空，这永远激励着后人在探寻世界、周游世界的道路上勇往直前。"丝绸之路"的开辟促进了中西方的商贸旅行，在这种活动持续的1 000多年里，中国古代的经济、文化得到了繁荣和发展，世界各国经济、文化等多方面的交流和发展也受到了促进。汉代著名史学家司马迁为撰写《史记》，足迹几乎遍布全国，开创了中国知识分子游历九州、纵览山川形势、博采轶事以广其见闻而质证其所学的优良传统，是中国古代学术考察型文化旅游的表率。此外，这一时期的文人学士的旅游活动留下不少优秀的游览题材的文学作品，给后世山水游记的作者以很大的启发参考。而平民百姓的旅游活动以春游、秋游最为盛行，并配以相应的民俗娱乐活动，开后世群众性旅游活动的先河。

2. 魏晋南北朝——旅游文化的勃兴期

魏晋南北朝时期，社会的长期分裂和动荡不安，政治的黑暗腐朽都使达官显贵和文人学者感到恐惧和厌恶。为了逃离现实世界的阴暗丑陋，他们选择将情感投诸于自然山水以获得心灵的自由和慰藉。这使得当时的旅游之风大盛，玄谈与佛理结合，名士与高僧合流，山水和寺庙一体，园林和人性相谐，自然和空门同归，汇成了魏晋南北朝特有的逍遥玄虚、不拘一格的旅游文化的主流。

以竹林七贤为代表的不得志的文人为逃避黑暗现实寄情于山水，以达到消愁解闷、陶冶性情的目的。因此，有了阮籍在旅游中仰观宇宙、俯察人生的82首咏怀诗，有了田园诗的代表陶渊明和他的《桃花源记》、《归园田居》，有了谢灵运的山水诗和古代游记文学诞生的标志《游名山志》，有了不朽的散文名篇和书法巨作《兰亭集序》。而以贾思勰、郦道元为代表的士人则借助山水之游，进行科学的考察和总结，获得了另一种意义上的事业的成功。贾思勰为总结人民的生活方式、生产资料和技术而旅行各地，写出了《齐民要术》这样一部农业科技专著，成为考察中国农业旅行的较早记录。郦道元以自己的亲身经历以及出游中收集到的各地山川水系、名胜古迹等的实地考察资料，为前人的《水经》一书作注。《水经注》转引其他的众多书籍及碑刻材料，详尽地记述了河道的变迁、城镇的兴衰、各地区的风俗民情、经济生活和前代的史迹，并纠正了一些谬误，真实地反映了我国当时的历史地理状况，还涉及了许多涉外地理知识，如东面的扶桑(今日本)、西面的安息(今伊朗)等，具有极高的学术价值、经济价值和文学艺术价值。魏晋南北朝时期的士人漫游，有着无比热情的旅游文化创造力。他们对人性自然的追求、对摆脱世俗束缚的渴望、对本体人格的顺应显现衍生出了山水文学、游记、山水诗、书法艺术等，为中国的旅游文化开辟了前无古人后无来者的崭新境界。

魏晋南北朝时期的宗教主要是佛教和道教，他们一同渗透到中国的政治、经济、思想、文化、艺术各个领域，和中国的旅游文化结下了不解之缘。为传经、取经开展的修学旅游和为居静休闲、清谈佛理而开展的山水旅游是这个时期宗教旅游的两种主要形式，包括法显、达摩在内的中外僧侣的佛学旅游，为浩瀚深沉的中国旅游文化增添了新的色彩和活力。魏晋南北朝时期宗教旅游的开展，形成了独特的宗教景观，并产生了宗教旅游文化。工整、肃然的道观，香火缭绕、辉煌的寺院，雄伟的石窟，庄严的浮屠等宗教建筑艺术，遍布于祖国各地，给多元化的旅游文化增添了庄严的宗教内涵。道观佛寺及鬼斧神工的佛教石窟雕刻与此时山水人文精神的结合、名士与高僧的合流等，突破了传统的旅游文化概念，形成了旅游哲学精神，开创了特色鲜明、新意迭出的时代旅游文化，为后世旅游的高度发展奏响了序曲。

魏晋南北朝时期，北方战乱，而南方相对稳定，南方各代统治阶级沉溺于奢侈淫逸的宫廷生活，不再醉心于动态的田猎，而对静态的自然山水发生兴趣，希望把游玩时见到的山水景象复原到家中。加之这一时期文人崇尚自然，山水诗、山水画流行，促使园林艺术有了更迅速的发展。此时既有以乐游园和华林园为代表的规模宏大的宫廷园林，也有布置小巧精致，利用天然地形、物品规划布局，既展现山林野趣又将自然人性化与山水诗、山水画意境统一的江南文人园林。这些园林建筑的出现及其艺术手段上的推陈出新为旅游文化的丰富多彩开辟了更广阔的天地。

3．隋唐与宋——旅游文化的鼎盛期

隋唐是中国古代文明最为灿烂夺目的时代，也是中国古代旅游文化最为辉煌的时代。

这个时期国家长治久安，经济繁荣，文化昌盛，声威远播，族群自尊心自豪感和创造力都达到了前所未有的高度。这使得人们对旅游活动的需求不断增长，游览观赏之风弥漫全国。

最有条件开展旅游活动的就是王公贵族，他们运用手中的权力和财富，以极为奢侈的方式展开了自己的巡游。隋炀帝为了巡游将洛阳营造成楼阁重迭、商旅聚集的旅游中心城市，同时修建了世界上最早最长的人工运河，这样的奢侈之旅带给了民众深重的灾难，但客观上也开启了水上旅游项目的开发，丰富、扩大了旅游活动的种类和内容。隋唐时期的皇室旅游充分折射出了中国旅游文化中特有的封建性一面。

不同于统治者的奢侈巡游，也不同于魏晋南北朝时期士人的避世出游，身处盛世的唐朝文人开创了自己独有的兼得自然山水之美和乡野田园之乐的山水田园旅游，并产生了许多像王维、孟浩然这样有名的田园山水诗人。与山水诗相对应的边塞诗则通过记录西北地区的雄浑山河、奇特景观和特殊风俗及戍边者的情怀，为唐代的旅游文化添加了一抹苍凉的色彩，进一步开拓了文人的社会视野。"茶圣"陆羽则在出游中仔细区分水之优劣，品评水对茶的影响，评出天下几大名泉，著有《茶经》。政治家也是这个旅游群体的一员，柳宗元在宦游中留下了许多优秀山水游记，《永州八记》是中国山水旅游文学的瑰宝。而"诗仙"李白、"诗圣"杜甫更是在其旅途中留下了大量的或浪漫或真实或豪放或深沉的绝世篇章。

佛教在唐代真正得以兴盛，各个教派为了更好地宣传本派教理，纷纷搜集、翻译、整理佛教经典，这加速了佛教中国化的进程。此期出现了以玄奘为代表的著名的漫游僧侣，他远赴印度求取大乘佛经，其著作《大唐西域记》记载和传播了古印度灿烂的物质文明和精神文明，是我国伟大的佛学家兼旅游家。玄奘、鉴真、阿倍仲麻吕等人这样跨越国境的往来互访，对国家间的经济、文化都产生了重要的影响。而国内的宗教旅游也非常兴盛，留下的大量遗迹都成为了今天的旅游胜地。

除了僧侣间进行跨国的交往，唐朝还接纳其他国家派遣的留学生，这些留学生回国后对本国的政治、经济、文化、科技起到了极为重要的作用。唐朝时期的中外交流达到极为繁盛的地步，不仅将中华文化远播海外，还促使外国的宗教进一步传入中国。世界三大宗教中的伊斯兰教和基督教，继佛教之后，在唐朝纷纷传入中国。总之，通过这一时期的国际旅行活动，唐文化对外辐射，有力地推进了世界文化的进程。

唐朝因为文人雅士而名扬天下的楼台景观建筑不少，如黄鹤楼、滕王阁等。众多的佛寺、佛塔、道观等也是隋唐时期宗教旅游为后人留下的宝贵文化遗产，五台山佛光寺的东大殿和南禅寺的大殿是我国唐代木质结构建筑的代表作，西安大雁塔和小雁塔，洛阳的玄元皇帝庙、洛阳龙门奉先寺卢舍那大佛(见图11.3)、上清宫和天台山的桐柏观也是宗教建筑中的上品。名人祠庙也是隋唐建筑艺术的成就之一，如成都的武侯祠，祠内的诸葛武侯碑因书法、撰文和刀法均技艺高超，世称"三绝碑"。艺术包括书法、绘画、乐舞、雕刻等。中国书法在唐代登上了顶峰，草书飞动、篆书圆劲、行书飘逸、楷书端正。唐代的画坛题材广泛，风格多样，有人物、山水、花鸟等，新鲜活泼，充满了生命力，涌现了画圣吴道子这样的佼佼者。唐朝不仅是诗和书法的殿堂，也是乐舞的时代。唐代乐舞既有气势宏大的《破阵乐》，也有轻柔优美的《霓裳羽衣曲》，而被称为"参军戏"的滑稽表演是中国戏剧的雏形。在雕刻艺术上，四川大足石刻是唐朝新创的佛教艺术之一，可与敦煌石窟相媲美。唐代的节日风俗有了新的发展，开始向娱乐、礼仪型转变，还有一些风俗性的娱乐活动如舞龙、赛龙舟、斗鸡、放风筝、马球等，内容十分丰富。总之，唐代发达的旅游活动给后世留存了丰富而宝贵的旅游文化遗产。

图 11.3　洛阳龙门奉先寺卢舍那大佛

宋代的旅游活动与唐代昂扬奋进的旅游相比，稍有散淡，显得内敛而更有理性。宋代最主要的是山水旅游，并在审美能力与意境领悟上有了提高。宋代的政治经济军事制度导致了其积贫积弱的状况，爱国人士对国家的现状既深感忧心却又无能为力，这就导致他们通过出游以求忘却这种痛楚、寻求保家卫国的途径和志同道合的同志，并由此产生了相应的旅游文化，如范仲淹的《岳阳楼记》、岳飞的《满江红》、辛弃疾的《菩萨蛮·书江西造口壁》等就是当时爱国人士心境的真实写照。他们游中未敢忘忧国，这些爱国忧愤的游唱既显示了其拳拳爱国之情，也为中国古代的旅游文化抹上了浓重的一笔，散发出强烈的历史沧桑感。

宋代"尚理"，认为世上万物皆有其理。受理学的影响，这一时期的文人士大夫在游山玩水中探求人生和自然的种种哲理，可谓是因游及理，因景言理。苏轼《题西林壁》中，景随步移而换形的顿悟就是代表之一。此时，理学还与佛教的禅学相结合，提高了宋代旅游的鉴赏和审美能力，丰富了这一时期旅游文化的理性层次。

宋代重文，因而记游诗、记游词、游记文，景观的题记、楹联，记录风物的笔记、地理图志等旅游文学作品，极为可观。王安石的《游褒禅山记》、苏轼的《石钟山记》、欧阳修的《醉翁亭记》等都是其中的精华。宋代记录当地风土人情、物产典故、景物的杂记、专记、笔记在旅游文化史上独树一帜，如李格非的《洛阳名园记》、欧阳修的《洛阳牡丹记》、宋代孟元老的《东京梦华录》等，相当于古代的旅游文化丛书，对当时的旅游文化做了小结。宋代的题记、题名、匾额、楹联等文化装饰十分盛行，它使景观更有文化意味，更具高尚情怀，如陆游于绍兴沈园与前妻相遇，触景生情，题《钗头凤》于园壁等。宋人不仅继承了前代旅游以文载游的传统，还在体裁和写作上有所创新。

宋代的园林在宅园生活气息的基础上又透析出文化气息，其造园艺术更为深入、精致，向综合化的方向又进了一步。南宋禅宗的发展带动了茶文化的发展，茶成为启发禅意、增加谈兴的辅助品和消闲品。由茶带来的平和、洁净、幽雅的风尚及茶文化在世界各地的传播，为旅游文化注入新的活力。瓷器的制作在宋代有更大的发展，画花已经普及，釉色种类走向多彩，瓷器的造型也愈趋多样。随着经济、物资的流通和娱乐活动的开展，宋代形成了一批旅游城市，如汴梁(开封)、杭州、苏州等，这些城市的市民文化十分兴盛，种种通俗文艺、杂耍、曲艺等遍布于繁华的街头。当时东京汴梁城的繁华热闹可从宋人张择端的《清明上河图》中略窥一二，如图11.4所示。这些发达的旅游城市促使了都市旅游业、娱乐业的诞生，对于城市旅游文化的发展起着举足轻重的作用。

图 11.4 开封仿照清明上河图修建的清明上河园

4．元明清——旅游文化的发展期

元朝是一个空前广大的帝国。元代统治者为适应中原与蒙古草原频繁交往的需要，大规模地设置交通网络，不仅促进了京师与各地政治、经济的密切联系，也有力地促进了文化的交流和传播。但由于在总体上元朝政府推行歧视汉族的政策，严重打击了汉人的生活积极性，因而其国内旅游表现平淡。但作为一个横跨欧亚大陆的世界性帝国，其为东西方旅游家的远游提供了极大的方便。东方与西方的情形不断地由这些旅行家报告给各自的国家，东西方之间的交流远高于此前任何时代。此时期的旅游文学在艺术水平上虽然没有取得超过前人的成就，但在题材和内容的革新方面有新的开拓。

元代交通是对汉唐大陆交通和两宋海外交通的综合与开拓。元代的旅游交通，不论是陆运还是海运，都是中国古代最繁荣畅通的时代。在这种开放的国际环境下，东西方的交往空前频繁，政府使节、商团行旅、宗教和其他各界人士的往来络绎不绝。马可·波罗、鄂多立克、马黎诺利、伊本·拔图塔被称为四大旅行家，他们传播了中国的文明。这一时期，伊斯兰和基督教的建筑样式也开始传入。同时，中国人对外部世界的了解也在元代有了新的拓展。元代旅游文化的意义主要在于国际交流，在中外旅游文化交流史上具有深远的影响。元代旅游文学声势虽大不如前，但在题材和内容的革新方面有新的开创，出现了旅游散曲。其在对旅游生活的描写中，常常表现出对人生是非、国家命运的漠不关心，社会内容虽不深厚，却更多地显示出元代旅游文学的特色。

明清是中国封建社会的最后阶段。一方面，它仍在表面上以空前的大一统和高度强化的中央集权专制维系王朝；另一方面，生产力的发展走向了尽头，各种社会矛盾日益激化，危机四伏。这不能不影响到人们的社会生活，其旅游失去了盛唐的昂扬、宋代的精巧，但却又在默默地发展。其最主要的特点是人们的旅游意识更加浓厚，旅游范围更为广泛，旅游活动更如普及。旅游不再是少数文人学士的专利，而逐渐下移到黎民百姓间。明清旅游文化正是在旅游生活深入发展的情况下持续发展，但正如传统文化进入烂熟阶段，此期旅游文化已成强弩之末，颓势渐显，潜移默化之中孕育着新的变化。

明朝统治阶级为了加强专制统治，大兴文字狱，设锦衣卫，为避免灾难，不少文人及官员放弃仕途，归隐于山水，留下了大量有着鲜明个人特色的旅游文学作品。而徐霞客、李时珍则是明代寓游于学讲究实事求是科学精神的杰出代表。同时，明代又出现了郑和这样的著名航海家，七下西洋的壮举集中体现了中华族群放眼世界的气魄胆略和开放进取的时代精神，在国际旅游的历程中具有里程碑的意义。

清初，明末遗民为坚持贞节，游山游水，以寄亡国之痛。因而这一时期的文人旅游带有沉郁悲凉之气。清朝中叶，由于政治压制，游风颇显沉重。清朝康熙、乾隆的出游，兴起了中国封建宫廷皇室旅游的最后余波。由于皇帝喜游园林，清朝建造了大量皇家园林，使中国的造园艺术达到极盛。康熙、雍正、乾隆在北京分别建造了5座大型皇家园林：静宜园、静明园、清漪园(颐和园)、圆明园、畅春园，连同清代最大的御苑避暑山庄，这是历代皇家园林造园艺术的大总结，代表了中国的造园艺术的最高成就。

明清时期建造的故宫、十三陵等人文建筑都是我国古代文化中的瑰宝，也是我国旅游文化的重要组成部分。

5．近现代——旅游文化的转型期

鸦片战争后的中华文化在与异质文化的交锋中实现了近代形态的转型，社会的大变动中使旅游文化出现了许多新的变化。大批志士仁人所作的旅游诗文表现出了强烈的爱国精神，如龚自珍的《己亥六月重过扬州记》、魏源的《游山吟》等。为寻求救国真理，有识之士竞相走出国门，开眼看世界，开一代旅游之新风，如梁启超、康有为、严复等都曾出国游历并在中国近代史上占有着显著地位。这些走向世界的近代旅游者，在国外期间写下了不少反映异国山川风情的诗文，扩大了旅游文学的题材和内容，同时，这些旅游作品充满弃旧图新、与时俱进的鲜明特色，为近代旅游文化的转型注入了生机和活力。近现代旅游的另一个主要特点便是随着人类生产方式的进步和国际社会环境的稳定，旅游活动不再是少数人的事情，而演化成大众的一种普通的生活方式。这一时期的旅游文化日趋现代化、综合化、多样化。

中华人民共和国成立后，劳动者成了国家的主人，满足人民群众不断增长的物质文化生活的需要一直是党和政府十分关注的事情，也是发展社会主义旅游产业的根本目的。随着我国改革开放的巨大成功，国民经济持续、快速、健康发展，人民生活水平与质量显著提高，近年来旅游业走上快车道，进入了空前大发展的新阶段。当今，旅游产业的经济文化含量越来越高，旅游需求日趋多样化、细分化、个性化，旅游活动愈益丰富多彩、不断创新，与之相适应的旅游文化也同步发展，走向更高更广的境界。

11.4 旅游文化的地位和作用

11.4.1 旅游文化的地位

1. 旅游文化是旅游业的灵魂

旅游业作为一个既具有文化性又具有经济性的产业，其所经营管理的是同文化有关的产品和服务，既要获得好的效益又要求其充分重视旅游者对旅游文化的需求。旅游者出游主要是为了满足审美与求新求异等精神生活的需求，追求的主要是文化享受。但以往仅仅停留在游山玩水这种感官愉悦的观光旅游已经不能满足现代旅游活动中旅游者日益提高的审美品位，旅游者要求在获得感官享受的同时还能实现心灵的互动。这就要求开发出的旅游产品应具有一定的文化含量与文化品位，能够满足旅游者的文化需求。也只有这样，才能使开发出的旅游产品具有吸引力与生命力。旅游的文化是构筑旅游产品深度与魅力的最核心因素，只有将旅游文化的内容和特点充分渗透表现在旅游业内食住行游购娱各个环节当中，旅游产品才能进一步得到升华，满足旅游者的要求。

2. 旅游文化是旅游产业形成的前提条件

旅游产业的魅力在于旅游产品的特色，而旅游产品的特色同民俗风情、文化积淀、科学普及密不可分。旅游产品必须通过对历史和文化传统的融汇渗透来塑造美化自己，才能真正具有长久的吸引力，实现其价值。

一方面，旅游者的旅游行为是一种文化消费行为，不仅其旅游的需求和动机受旅游者文化背景的影响，而且这种需求动机本身就指向通过对异地文化的了解以获得精神上的享受和心理上的满足。这种消遣和审美的活动需要文化的参与。旅游者作为旅游的主体也是一定文化的承载者和传播者，旅游本身作为一种文化交流活动是不同文化之间的交流整合的过程。旅游活动尽管具有经济色彩，但本质上是一种文化。旅游者受文化影响，为文化而行，承担交流文化的角色，文化贯穿了旅游者整个旅游活动。可以说文化是旅游者活动的本质属性。而旅游经营者要满足其经营目标达到盈利目的就必须提供一种能满足旅游者文化享受的旅游产品，这种产品应该具有独特而有魅力的族群地方文化内涵，满足人们对科学、史学、文学和社会学等方面的不同需求。

另一方面，旅游文化是提高人的素养，提高管理水平的关键。旅游文化大量体现在旅游业的管理者和从业人员的身上，其文化素质的优劣和经营管理水平的高低直接影响着旅游者能否获得良好的审美享受和精神满足，关系到旅游资源能否得到合理的开发利用，进而影响到旅游业的发展。一个对旅游文化内涵了解深刻、知识面广泛、文化素养高的优秀导游在讲解过程中可以向游客清晰地揭示旅游资源所蕴藏的文化内涵，帮助游客了解旅游景点的现状，引导游客从更深层次上欣赏旅游景点的自然美、社会美和艺术美，从而使游客在文化上产生共鸣、在精神上得到享受。未来旅游业的竞争主要会集中在旅游文化方面，旅游者更趋向于文化性强、科技含量高、富于参与度的旅游资源和旅游服务。

3. 旅游文化是提高旅游产品竞争力的坚实基础

旅游产品是否有竞争力，最重要的是看它的文化资源、文化氛围和文化品位。从旅游产品在市场运作的角度而言，第一个层次的竞争是价格的竞争，进一步上升到质量竞争，达到最高层就是文化竞争。旅游者进行旅游，其本质上是购买文化、消费文化、享受文化。在这个过程中，如果缺少文化的东西，游人势必产生乘兴而来、败兴而归之感。缺乏文化品位的旅游产品就谈不上具有竞争力。

旅游企业如果不能满足旅游者精神文化的需要，便失去了存在的价值。同时，由于文化的地域性、族群性、传承性等特点，往往为一个国家和地区所独有，难以模仿复制。因此，拥有优良的旅游文化资源禀赋就在竞争中具有垄断地位，形成了强有力的竞争能力，容易创出自己的特色和品牌效应。

旅游文化是一个国家旅游业保持自身特色的决定因素。人们常说："族群的东西是独特的，文化的流传是久远的。"一个国家的旅游业若缺少了自己本族群传统文化的底蕴，便失去了特色，不能反映出本族群独有的精神内涵，也便失去了强大的吸引力。实践证明，大凡旅游业昌盛之国，莫不以旅游文化取胜。

4. 旅游文化是旅游业可持续发展的根本保证

旅游文化作为旅游业的灵魂，是旅游业可持续发展的根本保证。保持旅游地社会文化风貌的独特性是旅游可持续发展的重要源泉与保障。旅游业的可持续发展必须建立在旅游地社会文化良性发展的基础之上。旅游从根本上说是一种文化精神的享受，良好的居民素质和社会风尚都是宝贵的无形的旅游资源，能对游客产生极大的吸引力。但是旅游对接待地社会文化同时也存在着消极影响。大量涌入的旅游者使接待地的历史文化遗产遭受到不同程度的破坏；为了迎合旅游者猎奇的需求，接待地原有文化被舞台化、商品化和庸俗化，失去其本真面目。对对这些旅游地进行适当合理的文化调试，以保证其文化环境免遭污染和破坏，促进旅游业可持续发展。

旅游业的发展依赖于旅游资源。旅游资源作为旅游经济活动中的一个生产要素，人们必须认识到它的有限性和脆弱性。自然旅游资源无论是大自然鬼斧神工的创造，还是内含人类劳动和智慧的半自然景观，都不再是可以任意、无偿使用的资源，对它们的利用一定要考虑到它的再生能力。人文旅游资源具有垄断性、不可复制性，对它同样要采取"只取利息，不动底本"的消费方式，以保证后人对这些历史文化遗产的继承和使用不受侵害。对这类文化性很强的旅游资源不合理的开发和利用，带来的成本支出将是无穷的，也必将是永远的负效益。因此，开发不可再生的历史文化资源时，必须本着"保护第一"的原则，杜绝过度开发和掠夺性的破坏开发，适度开发旅游产品，保持资源的文化特性。

11.4.2 旅游文化的作用

旅游文化在旅游发展中能起到的作用可以从以下角度进行理解。

1．从旅游者角度理解

1) 刺激旅游动机

旅游文化最直接的实用价值是刺激旅游者的旅游动机，并为旅游者对旅游地和旅游时机的选择提供参考。

旅游文化的地域差异强烈地激发着人们的好奇心和求知欲。感受异地文化，领略异域风情已越来越多地成为人们的旅游动机。例如，欧美等西方国家的旅游者为神秘古老的东方文化所吸引，纷纷涌向中国、日本及东南亚各国；而与此同时，越来越多的东方国家的旅游者也正逐渐把好奇的目光投向多姿多彩、光怪陆离的西方社会。即使同一个国家，不同族群的异族风情也深深地相互吸引着各族人民。多样的旅游文化对于激发人们的旅游动机，其功用不可忽视。由于文化的传承性，同一文化的异地继承者往往还会产生"寻根"的愿望，海外华侨、华裔中一浪高过一浪的"寻根热"和"寻根旅游"，就是一个例证。

旅游文化对于旅游活动的参考价值同样十分重大。假如一个人想目睹一下热带雨林的奇异风光，就一定会去美丽的西双版纳；如果他想领略一下傣族风情，就一定会去云南，而且很可能在清明前后，因为那里有欢乐的泼水节在等待着他。假如他心仪城市风景，那他的旅游目的地一定是杭州；如果他要看"断桥残雪"，那就得选择冬天；如果他想看的是"曲院风荷"，那么夏天是最好的时间。

2) 丰富旅游活动

旅游文化极大地丰富着人们的旅游活动，使旅游者在旅游活动中能够身心愉悦，眼界开阔。进入旅游者视角的山山水水，如果仅仅具有地理学或者地质学上的意义，那么它的美就变得十分有限，因为这种纯静态的自然景观迟早会让旅游者感到枯燥乏味。而当多彩的旅游文化赋予这些静态的景观以人文美之后，一切便不同了，一山一水不再仅仅是一山一水，它或嶙峋突兀，状似困兽；或婀娜多姿，形如美人。无数的神话传说，如上历代文人骚客的吟咏，身临其间，眼前是如画美景，路边是亭台楼阁，耳边又萦绕着幽怨动人的传说、抑扬顿挫的千古名句；这边是"小桥流水人家"的玲珑剔透，那边是"古道西风瘦马"的悲凉沧桑，哪还会有"乏味"二字，这全赖于旅游文化作用的体现。

2．从旅游业角度理解

旅游业的快速发展为旅游文化的发展进步奠定了良好的基础，而当旅游文化发展到一定阶段以后，它又成为一股推动旅游业发展的巨大的实在的力量。

1) 旅游文化具有强大的宣传作用

由于旅游文化具有地域、历史和族群方面的差异，所以它往往成为一个旅游区独特的"商标"乃至"产品说明书"。四川丰都的"鬼文化"，让人们一说到丰都就想到"鬼城"，就想到当地闻名全国的民俗旅游；浙江舟山的普陀山，则让人马上想到"佛国"，想到神秘的宗教旅游。还有诸如山东曲阜、云南大理、浙江绍兴、江苏扬州……几乎所有的著名旅游城市都有自成一体的、独特的标志性旅游文化。通过宣传学上的"口碑效应"，旅游文化轻而易举地在广大民众中造成深刻印象，为旅游业的宣传做出了巨大贡献。

2) 旅游文化对旅游资源开发具有很大的实用性

旅游资源开发是旅游业的一项重大任务,如果没有旅游文化的介入,旅游资源的开发就无从谈起。无视旅游文化的指导作用,旅游资源开发就仅仅意味着破坏。因此,如何体现文化、突出文化、宣传文化,正越来越多地成为旅游资源开发的重点。

在旅游资源开发过程中,旅游文化起指导作用。把握景观文化的内涵是旅游资源开发的一个重要原则,它要求让旅游者身临其境时思想感情能受到感染,即力求做到情境交融。我国历代对寺庙旅游资源的开发都有极高的造诣,处深山古刹,听梵钟吟唱,看香烟袅袅,其情其景颇让旅游者有超凡脱俗之感。倘若脱开文化的内涵不管,盲目建设,硬要在海天佛国建造现代化的摩天大楼,不但不能锦上添花,反而不伦不类。

旅游文化也为旅游线路的设计提供了有实用价值的参考。旅游者如果想窥祖国饮食文化之一斑,那么旅游线路的设计使可以是广州、成都、北京、南京、无锡、上海,如果想领略江南的水乡风情,那么可以去南京、扬州、镇江、常州、苏州、杭州、绍兴,如果对佛教文化感兴趣,那么可以到山西五台山、四川峨眉山、安徽九华山、浙江普陀山。由此可见,旅游文化是旅游规划的指导思想,没有它的指导,旅游线路就会显得松散混乱,缺乏整体感。

3. 从旅游产品角度理解

旅游产品包括旅游资源及旅游企业为旅游者提供的各种设施和服务等。旅游景点的宣传、介绍、旅游地图、导游手册等旅游产品都是旅游文化的组成元素,而它们在旅游活动中为旅游者提供的各种服务正是旅游文化的又一作用显现。

本章小结

旅游文化是指所有从旅游活动中产生或能参与到旅游进程中发挥作用的人类文明成果,既包括旅游业发展过程中形成的价值观念及其在行为方式、物质载体上的外在表现也包括旅游主体、客体、介体相互作用产生的文明成果。由于旅游文化所包含的内容十分广泛,因此,对其构成也可以从不同角度进行不同划分。

旅游文化具有传承性与可变性、经济性与文化性、地域性与传播性、族群性与社会性。因此旅游业的经营管理者在实际操作中应注意做到文化求雅与娱众的统一、文化求异与认同的统一、文化求新与守真的统一。旅游文化具有愉悦、审美、教育、教化、储存、传播、凝聚、控制,经济等多种功能。

旅游文化的发展大致经历了古代、近代和现代 3 个发展阶段。中国的旅游文化发展更是于五千年的悠久历史相伴经过了漫长的发展过程。先秦两汉时期是旅游文化的形成期,魏晋南北朝时期是旅游文化的勃兴期,隋唐与宋是旅游文化的鼎盛期,元明清是旅游文化的发展期,近现代是旅游文化的转型期。

旅游文化在旅游业的发展当中有着非常重要的地位和作用。旅游文化是旅游业的灵魂,是旅游产业形成的前提条件,是提高旅游产品竞争力的坚实基础,是旅游业可持续发展的根本保证。旅游文化对旅游者而言既可以刺激其产生旅游动机，又可以丰富其旅游活动；对旅游业的发展而言，旅游文化则具有强大的宣传作用，并且对旅游资源的开发具有很大的实用性；同时，旅游文化对旅游产品也具有重要的作用。

关键术语

旅游文化

复习思考题

一、填空题

1．任何一种文化都必须包含的3个因素是_____、_____、_____。
2．从旅游产品交换双方角度可以将旅游文化划分为_____、_____。
3．旅游活动的形成必须有3个基本要素的参与，是_____、_____、_____。

二、判断题

1．旅游文化就是文化旅游。（   ）
2．旅游学术研究、旅游价值观念、旅游经营意识都属于旅游制度文化的范畴。（   ）
3．族群文化一旦形成，就会成为一种稳定的因素沉淀在一个族群之中，成为一个族群强有力的"粘合剂"与内聚力。（   ）

三、简答题

1．旅游文化的地域性特点产生的原因有哪些？
2．旅游文化具有哪些特点？
3．旅游文化的特有属性要求旅游业的经营管理者应该注意什么？
4．旅游文化具有哪些功能？
5．旅游文化有哪些作用？

四、名词解释

旅游文化　　旅游介体　　双向扩散性

五、案例分析

杭州充分利用旅游文化做文章

"许仙从这里出发巧遇白娘子，张小泉在这里制出第一把剪刀，胡雪岩在这里设店售药……"杭州把西湖旅游的文章做了巧妙延伸，从断桥走到了清河坊，也让旅游与文化、商业价值和历史价值合理嫁接。

清河坊历史街区是杭州目前唯一保存较完整的旧街区，许多百年老店都集中在这一带，街区现存古建筑大多建于明末清初。走在河坊街上，胡庆余堂、保和堂、同仁堂、万隆火腿庄、羊汤饭店、王星记等老字号店招一个接着一个，充足的人气让原本挺宽敞的街道显得有些拥挤。"天气不好，不然人更多。"同行的街区管理办公室负责人这样说。看着那么多撑着伞的游客穿行在一个个店铺里，饶有兴致地吃吃龙须糖，买买龙井茶就知道此言非虚。

据了解，2001年开街的清河坊街区在业态布局上除保留区内著名老字号外，以招租、联营等形式，引入商家经营古玩、字画、旅游纪念品、工艺品、杭州及各地名土特产等符合街区历史文化氛围的项目。"为了让老字号焕发新生机，我们政府斥资进行老字号商标抢注，引进街区的老字号在管理费、租金、相关手续费等方面都有优惠。"上城区副区长顾文友介绍说，老字号发展面临的技术更新难、市场观念弱等共性问题，在加大政府扶持力度的同时，清河坊在市场营造方面找到了保护与发展的结合点，像集中于街区的老字号中药铺形成店多成市的规模效应，形成以胡庆余堂为主线，以叶种德堂、保和堂、方回春堂、万承志堂等药铺为副线的中医药文化氛围。"去年一年的营业额达到了10个亿，人流量上千万。"顾文友言语里透着自豪。

(资料来源：http://www.timedg.com/zhuanti/dgxx2010/2010-02/05/content_504376.htm．)

问题：
1. 杭州旅游成功招徕众多游客的原因何在？
2. 在实际运作中，怎样充分发挥旅游文化在旅游业中的经济作用？
3. 杭州的做法对旅游文化和旅游者的体验是否会产生不利影响？如果有，怎样避免和消除？

第12章 旅游业的公共管理

教学目标

通过本章学习，了解旅游管理体制的特点和构成及主要国家的旅游管理体制；熟悉国际性的旅游组织和我国的旅游行政组织及职责；了解各国设置国家旅游管理机构的特点；了解我国旅游政策、旅游法规，熟悉旅游业国际惯例；熟悉和掌握旅游安全管理措施。

教学要求

知识要点	能力要求	相关知识
国家旅游管理体制	能够正确了解国际旅游管理的模式的作用	主要国家管理体制的主要职能和主要机构
国际性旅游组织	能够正确了解主要国际性旅游组织的作用	主要国际性旅游组织的性质、特点和作用
国家旅游组织和我国旅游局	能够了解国家旅游组织和我国旅游局的职责	国家旅游组织的主要形式、我国国家旅游局的职责
国家旅游政策和旅游法律法规	能够熟悉旅游政策及有关法律法规	我国当前的旅游政策及有关旅游法律和法规
旅游安全管理	能够熟悉旅游安全保险体系	旅游全过程的安全管理措施

导入案例

菲律宾劫持香港游客事件

8·23菲律宾劫持香港游客事件发生于2010年8月23日，一辆乘坐23名(包括22名香港乘客和1名香港领队，其中包括3名儿童)乘客的旅游车在菲律宾马尼拉市中心基里诺看台附近被菲律宾前警察门多萨劫持，经过谈判，6名香港游客于中午前获释。

8月23日晚7时40分左右，菲律宾警方实施突击解救行动，结果香港游客中8人死亡，6人受伤。香港特区政府于2010年8月24日下半旗向遇难同胞致哀，8月25日菲律宾全国哀悼香港遇害游客。

8月24日外交部长杨洁篪就香港游客被劫持事件与菲律宾外长通电话，杨外长表示，中国政府对发生此事件深感震惊，对多名香港同胞罹难深感悲痛，对劫持歹徒对我无辜游客实施暴行的行为表示强烈谴责。中方要求菲方彻查此事件，尽快通报事件有关详细情况，全力抢救受伤人员，妥善处理善后事宜。

"8·23人质事件"发生后，香港公众对菲律宾当局和警方表示强烈的愤怒。菲律宾警方承认参与营救行动的警察团队训练不够，团队领导无能，营救计划不周。菲律宾政府已经下令对这起事件展开认真调查,并且将派遣一个高级代表团访问香港,做出解释。

菲律宾马尼拉人质案于2011年3月23日宣判。

(资料来源:根据百度百科材料整理.)

问题:
1. 菲律宾警方营救行动有何失误?
2. 菲律宾政府公共危机管理有何失策?

旅游业是一个关联度高、带动性强的高度综合性的产业。2010年8月23日发生了震惊世界的8·23菲律宾劫持香港游客事件,此次事件属于公共危机管理的典型失败案例。在危机管理过程中,政府起主导作用,但表现难以让人满意,而媒体的作用则部分放大了危机。本案充分反映了公共管理在旅游管理体系中的重要作用。从这次事件中可以得到有益的启示,必须进一步加快旅游公共管理体系的建设和完善,旅游业的管理与规范已成为各个国家旅游管理部门的重要工作。

12.1 国家旅游管理体制

12.1.1 旅游管理体制的含义、特点及构成

1. 旅游管理体制的含义

旅游管理体制是指国家对旅游企业或相关部门进行规范、制约及协调的有机体系,具体包含管理机制、经济管理机构和经济管理制度三大内容。旅游管理机制是指推动旅游经济活动运行的各种社会动力和约束力,具体表现为中央和地方、国家与企业在旅游经济活动中的管理权限、职责划分及利益关系等,这些因素共同影响着旅游经济活动的发展方向和发展形式。旅游经济管理机构是指各级旅游管理部门的设置方式、职责、层次、权限和相互关系等。旅游经济管理制度是指由旅游经济管理机制决定,体现管理主体意志并借助强力实行的行为规范的总和,它明确了管理主体实施管理的范围、程度、程序和准则等。以上3个部分相互联系、相互影响,主要解决了旅游经济运行过程中谁来管、管什么和怎么管等问题。

2. 旅游管理体制的特点

1) 综合协调性

旅游业是国民经济的一个组成部分,旅游业的健康发展不仅依赖于旅游经济管理体制,更与整个经济体制密切相关,建立旅游经济管理体制,一方面要与整个经济体制相一致,另一方面也要符合旅游业的特点。

旅游产业的一大特点是众多行业、众多企业之间有着广泛的联合。这种联合主要有3种方式:按照部门利益进行联合、按照特定的旅游目的地进行联合、按照旅游活动进行联合。这些联合方式形成了各方面的经济效益关系,如国家与旅游企业之间、旅游企业与旅游企业之间、旅游企业与职工之间、旅游主管部门之间、旅游主管部门与其他部门之间、各个

旅游地区之间的经济关系。旅游管理体制必须能够协调与旅游业相关的各种经济关系与利益关系,并使这种利益关系制度化、规范化、协调化。

2) 应变性

旅游管理体制应具有较强的应变能力,这是由旅游业的不稳定性决定的。受季节、习惯、气候、传统、消费者的感受或偏好,以及各种政治、经济、社会、文化等因素的影响,旅游需求具有较大的不稳定性,由此决定了旅游业的不稳定性。

因此,旅游管理体制应该具有灵活的自我调整能力,能够及时适应旅游经济活动外部因素和内部条件的变化,能够对全球旅游环境的变化做出灵敏的反应。

3．旅游管理体制的构成

1) 管理主体

管理主体一般包含两个方面：政府部门和行业组织。

政府部门主要包括中央旅游管理部门和地方旅游管理部门。中央旅游管理部门是国家旅游局,其主要职能是运用法律、经济和行政手段,对旅游经济活动及其组织者进行控制、指挥、监督和管理,保证国家关于旅游业发展的方针、政策、战略及规划能够实现。地方旅游管理部门是各省、自治区、地、市、县的旅游局或旅游业主管机构,其主要职能是运用法律、经济和行政手段,对本地区旅游经济活动及其组织者进行控制、指挥、监督和管理,保证本地区旅游业的健康发展。

旅游行业组织是政府和企业之间的市场中介组织,是旅游行业利益的代表。例如,全国旅游协会、全国旅游饭店协会、全国旅行社协会等,其主要职能是协助政府管理旅游市场,保护旅游业的合法权益,推动旅游行业自律机制的形成。

2) 管理对象和管理内容

旅游管理体制的管理对象是旅游市场。具体而言,就是培育市场机制,建立市场规则,维护市场秩序,规范市场行为,为企业的发展创造良好的外部环境。

旅游管理体制的管理内容：通过长远规划和短期计划引导旅游业的投资和经营方向；通过产业政策和经济手段调节市场规则,建立执法队伍进行市场监督；开展行业性服务,培育和完善市场组织；优化配置重大的经济技术项目；组织全行业的市场促销,提高旅游业的整体形象；协调行业、部门之间的关系,形成有利于行业发展的市场体系；开展行业性的国际交流,建立旅游业国际合作体系。

3) 管理手段

行政、经济及法律是旅游经济管理体制的基本手段。具体可以概括为政策与法规手段、金融与财税手段、计划与审批手段、监理与检查手段、考核与评比手段、奖励与奖罚手段和舆论与宣传手段等。

12.1.2 世界各国的旅游管理体制

各国的自然条件和社会条件不同,政治和经济制度各异,旅游业的发展道路也不一样,由此,世界各国的旅游管理体制呈现出多样性的特征。

1．各国的旅游管理与决策机构

世界上许多国家都有专门的机构负责制定和实施旅游政策，这个机构被称为国家旅游组织。根据机构的设置方式和功能，大体可以将其分为3个层次。

1) 全国旅游协调与决策机构

许多国家都设有最高旅游决策机构，直接对议会或内阁负责，成员包括与旅游业相关的政府部门的代表，主要职责是制定旅游业的法规与发展规划，协调各部门之间的关系。

2) 旅游行政管理机构

各国旅游行政管理机构的设置方式是不同的。希腊、埃及、菲律宾和墨西哥等国设有完整的旅游部或部级的旅游局，法国、意大利等国将旅游与其他部门合并成立一个部，日本、挪威及比利时等国则在政府的某一部门下设一个旅游机构。上述设置方式，反映出各国旅游业在国民经济中的不同作用，以及政府对旅游业的重视程度。

3) 半官方的旅游管理机构

政府通过宏观调控手段对旅游业进行管理，管理手段主要体现在财政金融和政策法规等方面。为了协助政府更全面地管理旅游业，一些国家便通过财政拨款设置专门机构，部分履行旅游行政的职能，这些机构被称为半官方的旅游管理机构。在一些发达国家，还存在大量的行业组织，这些行业组织除维护本行业利益、交流有关信息外，也具有一定的管理协调职能。

在旅游业的发展过程中，国家旅游主管部门的作用可以概括如下。

(1) 开拓者。在旅游业发展初期，国家旅游主管部门大量投资于基础设施建设，制定旅游业的战略规划，推动旅游业的发展。

(2) 规范者。旅游业逐步兴起，旅游投资与日俱增，饭店、旅行社等旅游企业越来越多，市场情况复杂化。这一时期，国家旅游主管部门主要是制定、执行旅游法规，规范市场竞争秩序，保护旅游业的良性发展。

(3) 协调者。旅游业已发展成为国民经济的支柱产业，在为国家赚取外汇、提供就业机会的同时，其负面效应也日趋明显。这一时期，国家旅游主管部门主要是进行调控和协调工作，提高旅游业的社会效益。

2．日本、英国、泰国、韩国和美国的旅游管理体制

1) 日本的旅游管理体制

日本旅游业经历了国际入境旅游优先发展、国内旅游继之发展、国际出境旅游发展3个阶段。旅游业的发展目标也由获取外汇逐步向综合性转化。与其市场经济体制相适应，日本形成了一种官民协办的旅游管理体制，政府、企业和各种协会组织彼此协调又相互约束，促进旅游业的发展。

日本的中央旅游管理机构分为内阁、运输省、观光部3个层次。"内阁观光对策省厅联络会议"直接对内阁负责，为常设议事机构，受总理府直接领导，17名委员分别来自警视厅、环境厅、国土厅、法务省、大藏省、运输省、冲绳开发厅等部门，其主要职责是，协调各省、厅在旅游管理中的相互关系，审议有关旅游业发展的方针、政策和规划。运输省

是日本旅游业的主管部门，下设运输政策局、航空、物资流通局和国际运输观光局等。观光部是运输省国际运输观光局中具体分管旅游业的办事机构，仅有 40 多名员工，与庞大的决策与协调机构相比，这是一个精干有效的操作班子，其主要职能是，提出并执行旅游方针、政策和法规，负责旅游规划、资源开发、设施建设和景点的整顿，对旅行社、导游员、饭店及旅馆进行审批、注册、指导、监督和培训，加强国际业务往来与对外宣传，负责旅游调研与统计等。

日本的中央旅游管理机构是在大旅游的指导思想下建立起来的，它适应了旅游业综合发展的要求，有利于旅游业发挥多方面的功能、协调各方面的关系。这种管理模式与日本的经济体制是一致的，国家对旅游经济实行较为彻底的间接管理，政府不必、也不可能直接干预企业的经营，大量的行业协会代行了部分行政管理职能，旅游业的投资主要依靠地方和民间的财力，中央与地方各级旅游管理机构分工明确，市场法规健全，执法严格。

日本的地方旅游管理机构没有统一的模式，而是因地制宜灵活设置。有的隶属劳动部门，有的隶属林业或文化部门，这些管理部门除具有一般的行政职能外，还负责宣传招揽、资源开发、改善投资环境、协商中央与地方的关系等方面的工作。

日本的行业协会在旅游经济活动中的作用十分显著，这些行业组织既是企业之间的横向连接点，又是政府与企业之间的中介，根据行业组织的职能，可以将其分为服务型、协调型、管理型、经营型、研究型和混合型等类型。通过行业协会的桥梁作用，对旅游业实行间接管理，既有利于企业间的信息交流和横向联合，增加行业的保险功能，又可以协助政府对旅游业进行管理和协调，处理好国家与企业之间的利益关系。

2) 英国的旅游管理体制

英国是旅游业发达的国家之一，其旅游管理部门有官方的行政机构和民间的行业组织。高层旅游管理机构由英国旅游总局、英格兰旅游局、苏格兰和威尔士旅游局组成，经费由各级政府承担。旅游总局主要负责向国外推销英国旅游业，在国内外的旅游机构和企业之间进行沟通和交流，出版宣传推销的文献及旅游手册、地图和纪念卡，通过 20 多个国外办事处向全世界提供信息服务等。英格兰、苏格兰和威尔士旅游局则具体负责各地旅游业的发展，负责资源开发、计划研究和资料统计工作，积极参与本地旅游业的推销活动，对本地旅游业提供信息咨询，对当地旅游业实施资金援助等。

基层旅游管理机构是地区旅游委员会，其经费由旅游局、地方政府和私人企业共同承担。地区旅游机构代表本地区旅游业的利益和同地方政府制定该地区的旅游发展战略，支持各地兴建旅游设施，协助各地开办旅游项目，负责旅游接待工作和信息服务等。

除了官方的旅游管理机构，还有许多民间的行业协会，如英国饭店与餐馆协会、英国导游协会、英国旅行社代理人协会等，这些行业协会积极维护本行业的利益，促进跨行业的横向联系，制定相互制约的行业条例和准则，负责人员培训，建立信息反馈系统，为企业提供各种信息服务等。

3) 泰国的旅游管理体制

旅游业是泰国的支柱产业，随着旅游经济的发展，泰国政府对旅游业的管理也在不断加强，管理职能由单一的市场促销逐渐扩展到行业管理，从中央到地方，形成了一套集权式的旅游管理体制。

泰国最高层次的旅游管理机构是旅游委员会。它由内务部、交通部、外交部、国家环境委员会、国家经济和发展委员会、立法委员会的高级官员和泰国航空公司总裁、泰国旅游局局长,以及行业工会领袖等人士组成。主席由总理或总理授权的部长担任。旅游委员会的职责是制定旅游政策和旅游法规,管理和监督旅游局的工作。

泰国旅游局是旅游委员会领导下的旅游行政管理机构,其职责包括市场促销、投资引导、信息统计、教育培训、行业管理、景点开发、受理旅客投诉等。投资开发和市场促销是泰国旅游局的主要职能,泰国旅游局每年都要制订年度计划和发展战略,通过广泛宣传,引导企业的投资方向和经营方式。同时,泰国旅游局对旅行社、饭店也实行严格的管理,保证了旅游服务的质量。

泰国的地方旅游机构由泰国旅游局直接设置、派驻人员并提供经费。

泰国政府还设立了旅游警察,负责受理旅客投诉,保障旅客安全。旅游警察归警察署领导,同时接受协调,经费由旅游局提供。旅游警察在打击旅游活动中的犯罪现象、保障旅客利益、保证旅游服务质量等方面发挥了有效作用。

4) 韩国的旅游管理体制

韩国有 5 个法定的旅游组织管理韩国的旅游业,分别是韩国旅游政策委员会、韩国旅游局、国家旅游公司、韩国旅游者协会和韩国旅游代理商协会。

旅游政策委员会是 1965 年成立的,负责协调并决定国家的旅游政策,首相为该组织的主席,财政部长、经济部长、文化体育部长为副主席,20 个委员分别来自与旅游业有关的政策部门。

旅游局在文化和体育部的管辖之下,其具体职能是,编制计划、负责旅游宣传促销、负责旅游设施建设等。

韩国国家旅游公司成立于 1962 年,它的主要任务是:开展旅游市场营销、负责度假区的开发、负责旅游工作人员的教育与培训、促进国际会议在本国召开、进行旅游研究等。韩国国家旅游公司是政府投资的机构,主要通过韩国国际机场及海港的免税商店获得财政资助。韩国国家旅游公司的总部设在汉城,下属 18 个分部和 1 个专门负责旅游市场的部门,在国内外的工作人员共有 1 000 名。

韩国旅游者协会由 4 000 多个与旅游业有关的公司组成,如饭店、餐馆、旅行社、旅游景区和旅游商店等。韩国旅游者协会成立于 1963 年,其主要职责是,监督旅游接待工作,促进客流量的增加,提高公众的旅游意识等。

韩国旅游代理商协会是一个成员性组织,它的主要职责是,推动韩国旅游业的发展、帮助韩国旅行社打开国际旅游市场等。目前,该协会在韩国旅游机构里有 333 名成员,在国际上有近 100 名成员。

5) 美国的旅游管理体制

截至目前,美国采用的国家公园管理体系的治理方法已经产生了良好的效果,该模式也已经在世界范围内产生了巨大的影响。首先是国际自然及自然资源保护联盟已经于 1974 年正式接纳了美国国家公园管理体系的概念,并确立了一套国家公园的国际标准。其次是包括加拿大、日本、德国、挪威、泰国等国家相继采用的国家公园管理体系。

黄石公园的成立是美国国家公园管理体系产生的标志。其建立的最初指导思想是,壮丽奇特的原始景观是大自然赐予人类的遗产，作为世代享用它的人类必须认真加以保护，将它原貌完整无损地留给人们去观赏。后来，国家公园的概念在不断拓展和深化，美国需要不断建立新的国家公园。当初建立天然公园只是为了游览观赏，后来则逐渐变为特别强调保护自然生态环境，再后来，国家公园由最初的天然景观扩展到人文景观领域。1935年，美国国会通过的历史遗迹法案，规定将国家文化资源和自然资源统一交给国家公园局管理，从而形成了国家公园体系。美国黄石国家公园如图12.1所示。

图 12.1 美国黄石国家公园

美国国家公园体系治理模式有以下特点。

特点之一：清晰、明确地将不同的旅游资源划归于不同的类别，分别进行管理，与我国纷繁多样的划分类别和错综复杂的管理关系形成鲜明对比。

美国国家公园体系将旅游资源划分为三大类：自然资源、人文资源和娱乐资源。对于这3类资源，美国政府都予以大力保护，世代供民众进行科学研究活动和娱乐旅游之用。第一类自然资源保护区，就是现在的54座国家天然公园，在美国简称为"国家公园"，多分布于美国西部和阿拉斯加、夏威夷等地。第二类人文资源保护区，其中包括5万年前印第安人活动的遗迹，15世纪末哥伦布发现新大陆以来的古迹，以及美国建国以来的历史遗迹、城市、古建筑、文物等。在美国称之为"国家历史公园"。对这些资源，要求一律按原有历史面貌保护下来，并设立专门研究机构进行保护和修复，其重视程度要远高于许多文明古国。第三类是国家娱乐资源保护区，由于美国国家天然公园的环境容量是有限的，为了满足大城市居民对大自然野外娱乐旅游生活的需要，政府把一些山岳、海滨、湖泊、森林、河川等辟为自然风景区，其资源价值低于国家天然公园，但环境容量大于国家天然公园，人工的工程和建筑设施要多一些，满足了美国民众日常休闲娱乐的要求，因而这类景区也被称为"国家休闲娱乐区"。

三大类国家公园的每一类又细分为若干类别。在国家级以下，每个州都有州立公园，两者分工非常明确：国家公园以保护国家自然文化遗产和在保护的前提下，以提供全体国民观光机会为目的；州立公园主要为当地居民提供休闲度假的场所。州立公园体系的建立既缓解了美国国家公园面临的巨大旅游压力，又满足了地方政府发展旅游，增加财政收入的需要。

特点之二：运用法律手段建立了一套简明、高效的治理体系，如图12.2所示。

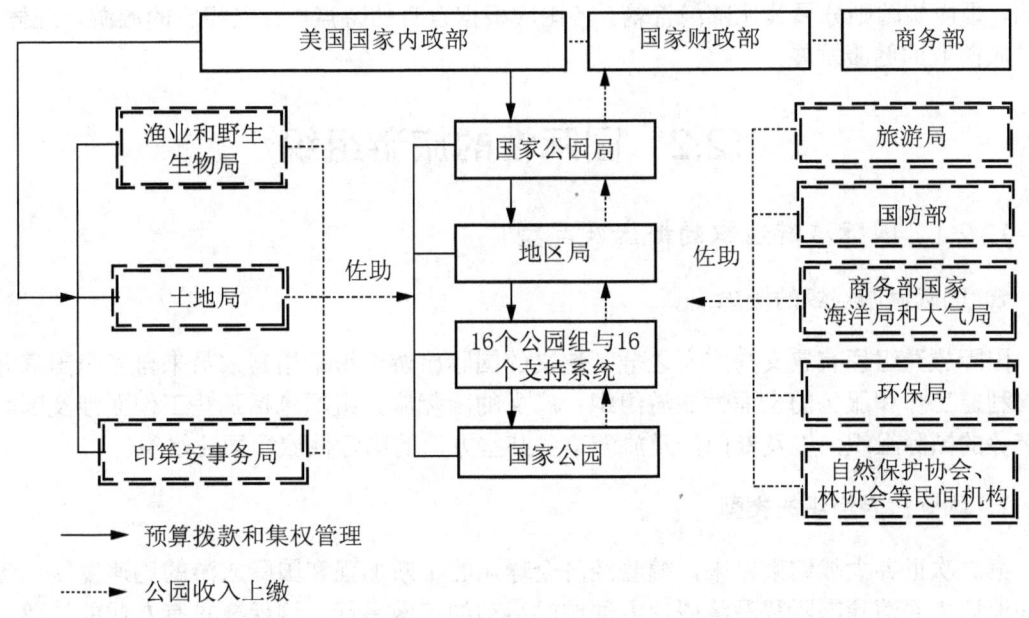

图 12.2　美国国家公园治理模式

　　1872 年美国国会通过建立黄石公园法案，1916 年国会通过法律成立国家公园局，同年，通过《国家公园事业法》。在美国制定的国家公园管理法规里，首先明确的是，美国国会是执行保护国家公园、娱乐及文化资源的主体。国会对国家公园等资源拥有绝对权威的处置权，并负责制定适合各州属的和全国的国家公园资产适宜的法律法规。管理所涉及的主要内容是国家公园体系管理、国家公园项目管理、国家公园局自身管理。内政部部长主管国家公园，并负责提出制定有关公园法律的详细条文，以资"保护国家公园免受伐木者、矿业主、自然资源猎奇者或其他人员的损害和掠夺"。赋予国家公园开发游客食宿设施、建设游览道路或林间小路、驱逐非法进入者、保护资源免遭无规划的渔业或娱乐业破坏等管理功能。

　　国家内政部(Department of Interior)对国会负责，国家公园局又对内政部负责。国家公园实行中央、地区、基层三级管理，自上而下垂直领导。国家公园局代表国家直接管理全国各座国家公园的行政、人事任免、业务技术、旅游经营、规划建设等事宜。各座国家公园的运作与各州、市政府没有关系。国家公园的运转经费靠预算拨款、收支两条线，只管理，不经营。所需的经费由国家公园局直接拨给，公园的收入一律上缴财政部(Department of Treasury)。

　　另外，美国的国家公园也得到内政部的渔业和野生生物局、土地局、印第安事务局、农业部林务局、商务部的旅游局、商务部的国家海洋和大气局、田纳西流域管理局、国防部、环保局、自然保护协会、林协会等部门和民间机构的佐助。这些部门和机构只是佐助国家公园的运行和管理，不具有实质性的隶属管理权力。

　　总之，由于各国的旅游资源不同，政治制度和经济体制各异，旅游业的发展过程也不一样。由此，导致了各国旅游管理体制的不同模式。有些国家的旅游管理体制较为完备，既有中央系统，又有地方系统，既管理国际旅游，又管理国内旅游。有些国家则偏重某一方面，或以中央为主、地方配合，或以地方为主、中央协助。有些国家仅有国际旅游管理机构，国内旅游则分属其他部门管辖。各国应根据自身的特点，建立相应的旅游管理体制，促进旅游业的健康发展。

12.2 国际性的旅游组织

12.2.1 国际旅游组织的概念及类型

1. 国际旅游组织的概念

国际旅游组织有狭义与广义之分。狭义的国际旅游组织是指其成员来自多个国家并为多国利益工作和服务的全面性旅游组织；广义的国际旅游组织包括那些工作面涉及国际旅游事务的国际组织，以及专门涉及旅游事务某些方面的国际性旅游同业组织。

2. 国际旅游组织的类型

第二次世界大战结束以来，随着经济全球化的不断加强和国际旅游的迅速发展，各国之间迫切需要消除国际贸易障碍，方便旅游活动的跨国举行，这就要求有专业的旅游组织协调各国旅游发展活动。目前的国际旅游组织形式不一，其性质也不尽相同。按照不同的标准可以划分为3种不同类型：按组织的地位和成员身份划分为政府间组织和非政府间组织；按组织的工作内容划分为全球性旅游组织和地区性旅游组织；按组织的工作性质划分，有全面涉及旅游事务的专门性组织，有涉及某一方面旅游事务的专业性组织和部分涉及旅游事务的一般性国际性组织。国际旅游组织在促进旅游信息的交流和传播，方便旅游活动的组织与开展，正确引导旅游行业导向，推动和促进旅游行业的跨国合作和协调等方面做出了积极而有效的贡献。

12.2.2 主要国际性旅游组织

1. 世界旅游组织

世界旅游组织是联合国系统的政府间国际旅游组织，也是世界上唯一一个全面涉及旅游事务的全球性政府间机构，成立于1975年1月，总部设在西班牙马德里。它的前身是1925年在荷兰海牙成立的官方旅游宣传组织国际联盟，当时是一个非政府间的技术机构，在第二次世界大战期间停止了活动，1946年在伦敦重建，1947年更名为国际官方旅游组织联盟，总部迁至日内瓦，当时仍为非政府间组织，直至1975年1月才成为世界唯一全面涉及旅游事务的全球性政府机构。1976年应西班牙政府邀请将总部迁往马德里。2001年世界旅游组织致函联合国，要求成为其专门机构，2003年10月在北京召开的世界旅游组织第15次全体大会上正式宣布成为联合国专门机构。

世界旅游组织的成员包括3种类型：正式国家成员(代表主权国家)、联系会员(未独立领地)和附属会员(多为与旅游有关的组织团体，如航空公司、旅行社、饭店、旅游研究机构等)。联系成员和附属成员对世界旅游组织事务无决策权。截至2010年12月，世界旅游组织有正式成员151个。

世界旅游组织的宗旨是通过推动和发展旅游事业，促进各国经济的发展和繁荣，增进国际间理解与和平，尊重人类基本的自由和权力。并强调在贯彻这一宗旨时，要特别注意发展中国家在旅游事业方面的利益。

该组织最高权力机构是全体大会，下设6个地区委员会：非洲委员会、美洲委员会、欧洲委员会、中东委员会、东亚与太平洋委员会和南亚委员会。每两年举行一次全体大会，休会期间由执行委员会行使大会职权，执行委员会每年至少召开两次会议。秘书处负责世界旅游组织的日常行政工作。

WTO于1979年9月在其第三次代表大会上确定每年9月27日为世界旅游日。因为这一天是WTO章程诞生纪念日(1970年9月27日)，而且这一天又是南北半球旅游旺季相互交替时节。通过每年旅游日的活动为世界各国提供一个宣传旅游的机会，以促使人们对旅游产业的了解、重视和支持，同时促进各国旅游业的交流与合作。

1975年5月，世界旅游组织承认中华人民共和国为中国唯一合法代表。1983年10月5日，该组织第五次会议全体大会通过决议，接纳中国为该组织的正式成员，成为它的第106个正式会员。1987年9月，在第七次全体大会上，中国首次当选为该组织执行委员会委员，并同时当选为统计委员会委员和亚太地区委员会副主席。1991年，再次当选为该组织执委会委员。该组织的主要出版刊物有《世界旅游组织消息》、《旅游发展报告(政策与趋势)》、《旅游统计年鉴》、《旅游统计手册》、《旅游及旅游动态》等。世界旅游组织的标志如图12.3所示。

图12.3　世界旅游组织标志

知识链接12-1

世界旅游日

世界旅游日(world tourism day)是由世界旅游组织确定的旅游工作者和旅游者的节日。1970年9月27日，国际官方旅游联盟(世界旅游组织的前身)在墨西哥城召开的特别代表大会上通过了将要成立世界旅游组织的章程。1979年9月，世界旅游组织第三次代表大会正式将9月27日定为世界旅游日。选定这一天为世界旅游日，一是因为世界旅游组织的前身国际官方旅游联盟于1970年的这一天在墨西哥城的特别代表大会上通过了世界旅游组织的章程。此外，这一天又恰好是北半球的旅游高峰刚过去，南半球的旅游旺季刚到来的相互交接时间。

每年9月27日是世界旅游日，它是全世界旅游工作者和旅游者的节日。这个节日是在1979年9月27日世界旅游组织第三次代表大会上确定的，目的是为了引起人们对旅游的重视，给旅游宣传提供一个机会和促进各国在旅游方面的交流合作。为不断向全世界普及旅游理念，促进世界旅游业的不断发展，世界旅游组织每年都推出一个世界旅游日的主题口号。2010年世界旅游日的主题为"旅游与生物多样性"(Tourism & Biodiversity)，体现了绿色、环保、和谐世界的理念，倡导低碳生活，倡导人与自然和谐相处、人与人之间和谐相处。中国于 1983 年正式成为世界旅游组织成员。自 1985 年起，每年都确定一个省、自治区或直辖市为世界旅游日庆祝活动的主会场，在每年 9 月 27 日举办系列庆典活动。2010 年世界旅游日全球主会场庆典首次来到中国，在广东省举行。

为了阐明旅游的作用和意义，加深世界各国人民对旅游的认识和理解，促进旅游业的发展，世界旅游组织从 1980 年起每年都为世界旅游日确定一个主题，各国旅游组织根据主题和要求开展一系列庆祝活动。中国于 1983 年正式成为世界旅游组织成员。自 1985 年起，每年都确定一个省、自治区或直辖市为世界旅游日庆祝活动的主会场。

（资料来源：http://baike.baidu.com/view/59496.htm．）

知识链接 12-2

历年世界旅游日的主题口号

1980 年：旅游业的贡献：文化遗产的保护与不同文化之间的相互理解
1981 年：旅游业与生活质量
1982 年：旅游业的骄傲：好的客人与好的主人
1983 年：旅游和假日对每个人来说既是权利也是责任
1984 年：为了国际间的理解、和平与合作的旅游
1985 年：年轻的旅游业：文化和历史遗产为了和平与友谊
1986 年：旅游：世界和平的重要力量
1987 年：旅游与发展
1988 年：旅游教育
1989 年：施行者的自由活动创造了一个共融的世界
1990 年：旅游：一个还未被完全认识的产业，一个有待开发的服务
1991 年：交流、信息与教育：旅游业发展的生命线
1992 年：旅游：社会经济的稳定和人民之间的交流的重要因素
1993 年：旅游业发展和环境保护：营造持续的和谐与发展
1994 年：高质量工作，优质旅游
1995 年：WTO：为世界旅游业提供了 20 年的服务
1996 年：旅游业：宽容与和平的因素
1997 年：旅游业：21 世纪提供就业机会和倡导环境保护的先导产业
1998 年：政府与企业的伙伴关系：旅游的开发和促销的关键
1999 年：旅旅游：为新千年保护世界遗产
2000 年：技术和自然：21 世纪旅游业的双重挑战
2001 年：旅游业：和平和不同文明之间对话服务的工具
2002 年：经济旅游：可持续发展的关键
2003 年：旅游：消除贫困、创造就业和社会和谐的推动力
2004 年：旅游拉动就业
2005 年：旅游与交通——从儒勒凡尔纳的幻想到 21 世纪的现实

2006年：旅游让世界受益
2007年：旅游为妇女敞开大门
2008年：旅游：应对气候变化挑战
2009年：庆祝多样性
2010年：旅游与生物多样性

(资料来源：http://www.cnta.gov.cn.)

2．世界旅行社协会

世界旅行社协会是最大的民间性国际旅游组织，其前身是1919年在巴黎成立的欧洲旅行社和1964年在纽约成立的美洲旅行社，1966年10月由这两个组织合并组成，1966年11月22日在罗马正式成立，总部设在比利时的布鲁塞尔。

该协会的宗旨：①负责政府间或非政府间旅游团体的谈判事宜，对各国全国性旅行社联合会或旅游联盟给予职业上的指导和技术上的援助，各国有信誉的旅行社建成一个世界性的协同网络；②各会员社保证按公布的固定价格向游客提供优质服务；③通过世界各国的旅游代理商，保证其会员社的经济效益。

现在该协会由237家旅行社组成，分布在86个国家的208个城市。凡财政体制健全、信守道德最高标准的旅行社均可加入。不到300万居民的城市只能有一家旅行社入会。中国旅游协会于1995年8月正式加入该会，作为国际级会员，属亚太地区联盟。该组织每年召开一次全体大会，交流经验，互通信息。《世界旅行社协会万能钥匙》是该协会向旅游代理商提供最新信息而出版的综合性刊物，每年一期。它刊登会员社提供的各种服务项目的价目表。年刊还专门介绍各旅行社所在国的国家概况并附有饭店名录。

3．太平洋亚洲旅游协会

太平洋亚洲旅游协会是具有广泛代表性和影响力的非政府间国际旅游组织，1951年1月成立于夏威夷，原名太平洋临时旅行协会，1953年改名为"太平洋地区旅游协会"，1986年在吉隆坡召开的年会上决定改用现名，总部设在美国旧金山，还另设有两个分部：一个设在菲律宾的马尼拉，负责处理东亚地区的事务；另一个设在澳大利亚的悉尼，负责主管南太平洋地区的事务。

截至2002年，该协会有37名正式官方会员呢，44名联系官方会员，60名航空公司会员，以及2 100多名财团和企业会员。我国于1993年加入该组织，并成为其官方会员。同时，协会内的中国台湾所有会员更名为"中国台北"。该协会还在全球38个国家和地区设有77个分会。1994年1月8日太平洋亚洲旅行协会中国分会正式成立，分会秘书处设在国家旅游局国际联络司，分会现有16名会员。1997年在北京举办了该协会年会和交易会。

太平洋亚洲旅游协会的宗旨：①联合亚洲及太平洋地区所有热心于旅游的团体和组织，鼓励和支持本地区旅游业的发展，保护本地区特有的旅游资源；②发展、促进和便利世界其他地区的游客前来亚太地区各国旅游，以及本地区各国居民在本地区内开展国际旅游；③宣传和促进发展本协会会员国的旅游业，加强会员国之间的旅游业务联系；④召开国际会议，交流经验，协调旅游和运输部门的工作，在组织广告、制定规划和完善旅游企业及服务行业管理方面，对本协会会员给予实际援助；⑤分析和研究市场行情，简化各种旅游手续，促进合作，发展本地区国家间的业务和文化联系。

该协会每年召开一次年会，讨论和修订协会的工作和长期计划。协会设有4个常务委员会，即管理工作常委会、市场营销常委会、开发工作常委会和调研工作常委会。该协会出版发行各种旅游教科书、研究报告、宣传资料、旅游指南及多种期刊，其中主要期刊为《太平洋旅游新闻》。

4．世界一流酒店组织

世界一流酒店组织是世界性的一流酒店和订房组织，1928年在瑞士成立，创办时有近50家成员。该组织的宗旨：①吸收世界上最佳旅馆为成员，促进世界各地一流酒店提高和保持其卓越地位、一流服务和优良传统；②每年召开一次年会，交流经验，相互学习，相互促进；③组织成员之间相互介绍客人。

该组织主要是欧洲国家投股，委托美国管理集团进行管理。总部设在美国纽约，并在纽约、洛杉矶、墨西哥城、伦敦、法兰克福、米兰、香港、东京、新加坡、悉尼、宜诺斯艾利斯、里约热内卢、圣保罗等地设有18个办事处。为方便客人预订房间，各地的办事处通过地球卫星通信系统由电脑连接，能非常正确、及时地提供每个世界一流酒店里的客房信息，并能处理、确认宾客的预订。

要申请作为世界一流酒店组织的成员，必须在位置、组织、管理、服务、烹饪、装饰和环境等方面都具备最佳条件和最高标准，并具有设备先进、管理技术现代化、格调高雅、豪华、舒适的优质服务等条件，以及达到最高的服务水平，经过专门的严格检查和审定，包括现场考察后提交执委会讨论通过，合格者才能被接纳为该组织正式成员。我国广州白天鹅宾馆、北京贵宾楼、北京王府饭店都为该组织成员。

目前，该组织已有200多个成员，拥有约5.4万个客房、600多个大餐厅、30多个高尔夫球场、500多个大小网球场及400多个室内、外游泳池等。它们分布在40个国家的140多个城市旅馆和80个左右的乡村旅馆或休养胜地。

该组织设有执委会、国际顾委会等机构。该组织是一个自我管理的组织，每个酒店成员必须定期接受检查，并由该组织的执行委员会进行监督，检查不合格的将被除名，以保持酒店具有一定水准，为顾客提供最高水平的服务，从而维护会员酒店的形象和声誉。

5．国际饭店与餐馆协会

国际饭店与餐馆协会是一个世界性饭店行业组织，成立于1946年3月。它的前身是国际饭店协会。在墨西哥召开的第34届年会上，把国际餐馆协会纳入国际饭店协会，更名为国际饭店与餐馆协会。总部设在法国巴黎。

该协会的宗旨：成为全球范围内饭店及餐饮行业的国际性代表组织，为促进世界饭店业的发展，与国际上有关组织进行协调合作，加强国际饭店业之间的联系与交流，研究全球饭店业的发展，共同参与饭店业管理、国际金融结算、保险货币兑换、建立业务评估制度等活动，召开专业性会议和通报饭店业信息。

该协会每年召开一次全体大会，讨论协会重大事件与决定。协会有 4 500 多个会员，分布在世界 145 个国际和地区。我国于 1994 年正式加入国际饭店与餐馆协会，中国旅游饭店业协会成为该协会的国家级饭店协会会员。2005 年 10 月 28 日～30 日，国际饭店与餐馆协会第 42 届年会在北京凯宾斯基饭店举行，本次年会主题为"东方快车——目的地中国：新市场、新竞争"。

6．国际航空运输协会

国际航空运输协会于 1945 年在古巴哈瓦那成立，是一个包括全世界各航空大公司的国际性组织。

该协会的宗旨：促进安全，正规和经济的航空运输，促进航空业并研究与此有关的问题，促进与联合国国际民用航空组织的合作。中国航空协会于 1978 年 10 月成为该会的正式会员。

7．国际民航组织

国际民航组织成立于 1947 年 4 月，是联合国的一个专门机构，总部设在加拿大蒙特利尔。

该协会的宗旨：①发展安全而有效的国际航空运输事业，满足世界人民对空中运输的要求；②保证缔约国的权利受到充分尊重，使各缔约国享有经营国际航线的均等机会。

我国 1974 年 2 月正式加入该组织，在同年大会上被选为理事。

12.3　国家旅游组织

为适应旅游业的发展，保证旅游业与国民经济各部门的均衡协调，规范行业管理，加强行业间的合作，旅游行业需要一定的组织来有效地组织实施国家旅游总体规划，有效地执行旅游政策。因此，目前几乎每个国家都建立起了全国性的旅游管理组织——国家旅游组织，全面负责推动本国的旅游业发展。成立于 1901 年的新西兰旅游局是全球最早的国家旅游组织。

12.3.1　国家旅游组织概述

1．国家旅游组织的概念

国家旅游组织是指一个国家中为国家政府所承认，负责管理全国旅游事务的组织，是国家对旅游业的领导机构。其职能是代表国家政府工作，直接或间接地协助执行国家指定的旅游政策，并负责使本国的旅游业朝优化方向发展。

国家旅游组织并没有一个固定的模式，各国的情况不同，其组织形式也不一样。这些都是官方机构，也是最为常见的国家旅游组织设立形式。

2．国家旅游组织的主要形式

(1) 由有国家政府直接设立，并且在编制上作为国家政府的一个部门或者机构。

第一，设立一个独立的旅游部或旅游局，如我国、土耳其、墨西哥、泰国、菲律宾等国家均采用这种模式。

第二，设立一个混合部(与其他部门合并一个部)。如法国的工业、邮电与旅游部，马来西亚和巴基斯坦的文化旅游部，西班牙的交通、旅游与通讯部。

第三，设立为某一部下的下辖机构，如美国商业部下设旅游与民航局，日本在运输省下设国际观光局。

(2) 经国家政府承认，代表国家政府行使全国性旅游行政事务的半官方组织。

其最主要的区别就是它在编制上不属于政府机构，其人员编制也不属于政府雇员，但其主要负责人需由国家政府中分管旅游的部任命。这种国家旅游组织一般由政府资助，具有独立的法人地位，并在行政和财政上独立，这种形式的机构在欧洲国家较为常见，如爱尔兰、英国、瑞典等。

(3) 经国家政府承认，代表国家政府行使旅游行政管理职能的民间组织。

这种民间组织一般是全国有较大影响力、由民间自发组织的全国性旅游协会。领导成员不由政府指定，而是由该组织的会员自己选举产生。一般这种形式的机构在政府同意其代行政府职能后可获得一定的财政拨款。

12.3.2 我国旅游行政组织

1. 我国现行的旅游管理体制的含义

我国现行的旅游管理体制是国家旅游局是我国旅游行政管理机构，负责统一管理我国的国际国内旅游业。各省、自治区、直辖市均成立旅游局，是地方旅游行政管理机构，受地方政府和国家旅游局双重领导。以地方政府为主，负责统一管理本地区的旅游工作。有200多个旅游重点发展城市、地区及一大批县都成立了旅游行政管理机构。

2. 国家旅游局的职责

国家旅游局作为国务院主管全国旅游行业的直属机构，其主要职责如下。

(1) 制定旅游业发展的战略目标和方针政策，编制发展旅游事业的中长期规划和年度计划并组织实施，进行综合平衡和宏观调控。

(2) 研究和推动旅游业体制改革，协同有关部门培育和完善旅游市场，扩大旅游业的对外开放，推动旅游企业集团的发展，落实国有旅游企业的经营自主权。

(3) 制定旅游业各项行政法规、行业标准和规范并组织实施，参与制定和协调旅游行业有关财政、税收、外汇、信贷、价格等政策和规章制度，负责全国旅游统计工作，为发展旅游业提供信息服务。

(4) 促进和引导旅游行业利用外资和社会投资工作，负责全国旅游资源的普查、规范，并协调资源开发利用和保护工作，负责国家下达的旅游事业发展资金的投资立项审批，对国家旅游度假区和其他重点旅游建设项目实施宏观指导和检查，管理和监督直属企业国有资产的保值增值。

(5) 制定开拓国际旅游市场的规划并组织实施，负责组织国家旅游整体形象的宣传和重大促销活动，组织并指导重要旅游产品的开发。

(6) 负责国内旅游的宏观管理，制定发展国内旅游的政策，引导国内旅游市场的健康发展。

(7) 制定中国居民出国旅游政策，管理出境旅游事务，研究掌握出境旅游的发展规模和外汇平衡。

(8) 对从事旅游业务的企事业单位进行行业管理，归口审批经营出入境旅游业务的旅行社(公司)，组织和指导旅游饭店的星级评定，会同有关部门协调旅游交通运输、景区秩序，会同有关部门协调和指导旅游购物品生产销售、旅游安全、旅游娱乐等工作，监督、检查旅游服务质量，受理国内外旅游者投诉，维护旅游者合法权益。

(9) 归口管理旅游涉外事务和旅游签证，负责旅游对外交往与合作，负责旅游行业派驻境外的机构及外国和港澳台地区在境内开设旅游机构的审批、管理事宜。

(10) 管理和指导全国旅游教育培训，组织和指导旅游业岗位资格考试认证，指导旅游行业的劳动工资工作和直属单位的人事管理工作，指导旅游行业精神文明建设，指导旅游行业协会和旅游事业单位的工作。

(11) 承办国务院交办的其他事项。

12.4 国家旅游行业组织

12.4.1 国家旅游行业组织概述

1. 国家旅游行业组织的定义

国家旅游行业组织是旅游企业自愿联合的社会旅游组织，不是政府的行政机构，如旅游协会、旅行社协会等。它们在平等的基础上自愿组成和不盈利为原则，具有独立的社团法人资格，积极参与旅游的发展活动，为国家协调旅游业的发展创造良好的社会条件。

2. 国家旅游行业组织的分类

国家旅游行业组织按地域可分为全国性旅游组织和国内区域旅游组织。按会员性质可分为饭店和餐饮业组织、旅行社行业组织、旅游交通行业组织，以及由旅游专家、学者组成的旅游学会等，如全国性行业组织：中国旅游协会、中国旅游饭店业协会、中国旅游车船协会、中国旅行社协会、中国旅游报刊协会等。另有地方行业组织多个及一批各类学术协会。我国的旅游民间组织主要有中国旅游文化学会(成立于1986年)、中国乡村旅游协会(成立于1987年)、中国旅游文学研究会(成立于1987年)等。

12.4.2 中国旅游行业组织

1. 建立旅游组织及发展的必要性

旅游组织的建立，对协调国内外旅游企业之间的关系，旅游企业参与旅游形象的确定，加强旅游市场管理、处理旅游投诉，提供旅游基础设施和公共产品，规范旅游社会行为，保护旅游资源和旅游环境等，起到了很大的促进作用。

2．旅游行业组织的主要任务

我国旅游行业组织的主要任务如下。

(1) 参与旅游发展规划和一些政策法规的制定，参与行业重大决策的协商，承担政府委托的部分行业管理职能和任务。

(2) 制定行业自律公约，规范行业行为，使行业在统一制度约束下规范经营、健康发展，发挥行业协会自我管理、自我约束的作用。

(3) 加大市场调研力度，完善行业协会信息系统，加强企业纵横向联系，成为行业的信息交流中心。

(4) 维持市场秩序，参与市场管理，保障经营者和游客的合法权益。

(5) 经常组织业务培训并出版本行业的刊物，以提高旅游企业素质及从业人员的业务水平。

12.5　旅游政策与旅游法规

国家和旅游行政组织对旅游业的领导和管理主要是通过它所制定的方针政策来实现。随着旅游业的发展，运用法律手段加强旅游业的管理势在必行。

12.5.1　旅游政策

1．旅游政策概述

旅游政策是国家和最高旅游行政组织为实现旅游发展的目的，根据一定时期内国家社会政治利益、经济发展的总体目标和旅游发展的具体情况，所制定的一系列措施和办法。

旅游政策按制定的目的和级别，一般可分为基本政策(如国务院)和具体政策(如导游人员管理实施办法)。按对象分为经济政策、政治政策、外交政策、文化政策。按范围分为全国性政策、地方性政策、区域性政策等。

2．我国当前的旅游政策

当前国际金融市场急剧动荡，世界经济不确定性、不稳定性上升，应分析当前旅游市场形势，冷静观察，采取有效措施，沉着应对，促进我国旅游市场持续稳定较快发展。

1) 全面把握当前旅游市场形势

2011 年以来，我国旅游业总体上保持平稳较快发展的态势，国内、出境和入境三大旅游市场延续"两高一平"格局。其中，国内旅游较快增长，出境旅游快速增长，入境旅游平稳增长。总体来看，国内市场、出境市场比预想的要好，但入境旅游要实现年初确定的增长目标难度加大。对此，我们必须保持冷静的头脑，既要充分认识到当前国际国内经济的复杂因素对我国旅游市场特别是入境市场带来的挑战，又要清醒地看到，我国旅游业发展良好的基本面没有改变，仍然有诸多有利条件和发展机遇。面对当前形势，要未雨绸缪，积极应对，同时要善抓机遇，推动发展。

(1) 从不利因素分析。

一是当前国际金融市场出现急剧动荡,全球旅游发展的不确定因素增多。近期国际金融市场动荡增加了全球经济发展的不确定性和不稳定性,也增加了全球旅游业发展的不确定因素。特别是美债上限调整、主权评级下降,希腊、意大利等欧洲国家债务危机等一系列金融事件已经从金融领域蔓延到整个经济体系。因担心美国经济会陷入新一轮衰退,近日美国纽约股市下跌,亚太与欧洲主要股市也相继下跌,国际金融市场处于动荡之中。从历史经验看,国际金融动荡将影响居民消费,抑制居民消费意愿,2008年全球爆发的金融危机使得2009年全球旅游下降了4.2个百分点,超过了2003年"非典"疫情影响的下降幅度。国际金融危机还没有过去,当前全球金融市场又急剧动荡,对我国入境旅游市场定会带来新的冲击。

二是主要客源国家可能调整的经济政策,将进一步挤压我国入境市场增长空间。金融动荡引发的经济不确定性将影响我国主要客源地的居民出游意愿与旅游消费支出,同时影响投资信心,导致商务旅行减少。如国际金融市场继续动荡,有可能促使部分国家进一步实施紧缩性的出境政策与宽松的入境政策。有的国家已实施征收"出境税"政策,不排除其他国家或地区对出境旅游采取进一步紧缩政策的可能。另外,各国对入境旅游可能采取宽松政策,如对高收入人群发放多次往返个人旅游签证等,这将加剧国际旅游市场竞争,对我国入境旅游形成新一轮挤压。

三是国内价格上涨压力加大等因素影响居民旅游消费预期。2011年7月,我国CPI(consumer price index,消费物价指数)同比上涨6.5%,创37个月新高。物价上涨相对降低了部分居民特别是中低收入者的旅游消费能力。同时,受美国量化宽松政策等的持续影响,我国输入性通胀压力进一步增大,加上股市、汇市、房市等诸多不确定性因素都将一定程度上影响居民旅游消费预期。

四是各种传统和非传统安全因素都增加了旅游市场发展的不确定性。2011年,全球"东震西乱、南升北降",直接影响年初对全球旅游市场的预测。1~4月,东北亚因日本复合型灾害国际游客仅增长5%,中东地区的乱象使其旅游下降14%。同期,挪威枪击事件、伦敦骚乱等导致欧洲旅游市场下滑。受全球气候变化和极端天气事件频发的影响,韩国首都圈、国内部分地区发生洪涝灾害等因素都将对旅游市场产生影响。

(2) 从有利因素分析。

看到不利因素的同时,必须而且应该充分看到有利因素。

一是我国旅游业正处于难得的"黄金发展期"。21世纪前20年,是我国经济社会发展的战略机遇期。这个阶段,我国经济保持持续稳定较快发展的基本面不会变;我国扩大内需、促进消费这个长期战略方针和基本立足点不会变;我国人均GDP持续增长、居民收入稳定增加、旅游消费需求快速发展的趋势不会变;随着消费结构升级加快,居民旅游消费支出占居民总消费支出比重增加的态势不会变。这一时期,我国旅游发展大众化趋势更为明显,散客市场快速成长,包括农民、农民工及部分老年人等一般收入人群,成为旅游消费新的重要组成部分。中国经济基本面持续向好,将继续促进出境旅游较快增长,加上许多国家采取放宽签证政策,人民币升值等因素,我国出境旅游保持快速增长的势头不会改变。中国旅游业至少有10年的"黄金发展期",这个发展趋势不会变。

二是旅游发展政策环境持续向好。在转变发展方式、调整经济结构,更多地依靠扩内需、促消费的战略推动下,各级领导更加重视旅游业发展,促进旅游业发展的政策强度、措施力度都将不断增强。国家已把旅游业确立为国民经济的战略性支柱产业和人民群众更加满意的现代服务业加以培育,并且批准设立了"中国旅游日",这都增强了各级政府和全社会对旅游业的认识,我国旅游业发展的社会氛围更加浓郁,全民的旅游意识不断提高。全国有 27 个省区市将旅游业定位为支柱产业或第三产业的龙头产业。北京、上海、江苏、云南、新疆等省区市提出把旅游业建设成为战略性支柱产业。各相关部门支持旅游业发展的力度明显提高,旅游业与一、二、三产业融合发展的态势正在加快推进。

三是旅游产业化发展加速。近年来,我国高速铁路、高速公路、民航航线等不断增加,旅游通达条件进一步改善。宾馆饭店、景区景点等旅游设施建设进一步加快,仅 2011 年二季度全国就新开业五星级饭店 30 多家。旅游投资持续升温,初步统计全国有近 4 000 个在建旅游项目,上半年实际完成投资 600 多亿元,同比增长一成以上。新建项目总体投资大,质量、档次和综合配套水平更高,出现了一批数十亿乃至上百亿的投资项目。旅游供给的不断增加,缓解了旅游供求矛盾,进一步引导了旅游消费需求。

四是入境旅游发展潜力仍然很大。我国入境旅游经过改革开放 30 多年的高速发展,随着市场基数的不断扩大,市场增幅有所放缓是正常现象。总体来看,我国入境旅游发展潜力仍然很大。一方面,我国作为文明古国、文化大国和新兴经济体,对各国和地区旅游者仍然有很强的吸引力;另一方面,我主要入境市场仍然有很大拓展空间,如港澳台市场,港澳游客目前绝大部分到的是广东,台湾游客大部分到的是福建等沿海省市,内地很多省区市特别是西部地区都没去过。中日韩旅游部长会议提出到 2015 年三国间人员双向往来 2 600 万人次,目前只有 1 700 万人次。东南亚市场中目前来华游客 80% 是华人,开发非华人市场潜力很大。中美省州旅游局长会提出到 2015 年中美双向旅游往来 500 万人次,目前只有 300 万人次。印度出境旅游已近 1 000 万人次,但是到中国目前只有 60 万人次。因此,无论是传统市场还是新兴市场,都有很大发展潜力。

2) 采取更加有力措施,促进三大市场协调发展

我国成功应对了如南方雨雪冰冻灾害、"5·12"汶川特大地震、甲型 H1N1 流感、国际金融危机等一系列事件对旅游业的冲击。这说明,无论是现在还是将来,各种危机,包括传统和非传统的安全因素,都将始终伴随着旅游业的发展过程。在应对各种危机中,要善于在危机中增强工作的预见性,把握工作的主动权;要善于利用危机形成的倒逼机制,加快旅游业改革创新;要善于从危机中发现积极因素,抓住机遇,乘势而上。针对当前国际金融市场动荡对旅游市场带来的变数,一定要未雨绸缪,冷静观察,沉着应对。要及时分析旅游市场发展面临的新形势、出现的新情况,做好防范风险的准备。进一步采取有力措施,推动我国旅游市场持续健康稳定发展。

一是要全面认识和推动三大旅游市场协调发展。三大市场协调发展,符合中国国情,也符合旅游业发展的基本规律。要始终坚持"大力发展国内旅游、积极发展入境旅游、有序发展出境旅游"的基本方针。针对当前入境旅游市场复杂性增强、不确定性增大的情况,各地、各旅游企业尤其要将开拓入境旅游市场作为当前开拓市场的一项重点工作。总结借

鉴国际上旅游业发展的经验教训，不能等到出境旅游和入境旅游出现大幅逆差时，再来重视入境旅游市场。立足于中国国情，我国旅游市场主体是国内旅游，但入境市场事关中国对外开放，事关我国旅游业全面协调可持续发展，事关我国旅游业的国际地位，各地要在大力发展国内旅游的同时，一定要始终坚持积极发展入境旅游的方针。

二是要加强对重要旅游市场研究。港澳台是我国入境旅游基础市场，入境过夜人数约占我入境过夜旅游者总量的62%，必须保持并且巩固这一市场的主体地位。入境外国人中，日本、韩国、东南亚、西欧、北美是我国传统市场，占我国入境旅游的"半壁江山"；俄罗斯、澳新是发展很快的新兴市场；印度、中东、南美等地来华旅游市场发展潜力很大。对此，我国要始终坚持"巩固传统市场，开拓新兴市场，培育潜在市场"的方略，进一步加强对不同市场的研究，针对新情况、新趋势、新变化，采取不同的工作方法和工作措施，以不断巩固和扩大这些市场的游客规模。不管国际经济形势如何变化，我国入境旅游市场占全球国际市场份额不能减少。

三是要加大入境旅游宣传推广力度。要在继续用好传统的旅游市场宣传推广办法和手段的同时，不断创新旅游营销推广方式，加大投入力度。近年来，各地由省级旅游部门牵头，联合相关地州市在央视等媒体做捆绑宣传推广，效果很好。这种方式也可借鉴运用到对海外旅游推广工作中，由国家旅游局或驻外办事处牵头，联合有积极性的省区市进行捆绑推广。要积极运用现代网络信息优势，积极拓展网络、短信、视频、微博、手机等新媒体宣传渠道。要创新宣传推广手段，广泛使用客源地旅游消费群体看得懂、听得明、受影响的宣传推广方式。要整合各种宣传促销平台，推出国家旅游形象，推出若干国家旅游线路，认真办好中国国际旅游交易会，运用好各种国际会议、旅游展览会等促销渠道。

四是要充分发挥各省区市和旅游企业特别是骨干旅游企业的积极性。总结近年来海外宣传推广的经验，经过认真总结，国家旅游局提出，要努力形成"政府主导、企业主体、产品主打、品牌主旨"的旅游市场宣传推广总体思路。核心是要发挥地方的积极性和旅游企业的主体作用，重点是要采取各种鼓励措施，推动地方政府和企业更加积极地参与入境旅游市场开发。鼓励有条件的省区市和国家旅游局在宣传推广尤其是广告营销方面实现合作，相对集中资金、集中区域、集中时段对重点客源市场进行持续宣传推广。鼓励各地出台具体措施，对旅游企业积极吸引入境游客予以奖励。要高度重视边境入境旅游市场开发。

五是要充分运用国际国内各种合作平台。运用各种合作机制和平台举办各种大型主题活动，是开拓旅游市场行之有效的方法。2012年是中日邦交40周年，中韩邦交20周年及中俄旅游年，要积极借助这些机制和平台，研究大思路、策划大活动。在推动中日韩、中美、中俄、中澳、中国-东盟、海峡两岸、内地与港澳等旅游合作方面，要积极利用政府、中介机构、企业、民间的各种合作平台和机制，强化务实合作，推动大产业合作，继续推动旅游市场互换，鼓励企业"走出去"。要推动各国各地区秉承开放合作理念，务实推动区域和国际旅游合作，共同应对各类危机挑战，不轻易对本国出境市场采取紧缩政策。

六是提升质量，规范秩序，保障安全，推动旅游市场持续健康发展。随着中国出境旅游的快速发展，中国游客将遍布全球，成为一种世界现象。加上活动在祖国各地的入境旅游和国内旅游游客，不可避免地会出现各种旅游安全事故、旅游质量问题等，这就要求我们必须未雨绸缪，认真做好旅游质量、秩序、安全工作，尤其要加快推进旅游紧急救援体

系建设和旅游保险体系建设，增强抵御风险和应对突发事件的能力，推动旅游市场持续健康发展。

12.5.2 旅游法规

法规是由国家制定或认可，受国家强制力保证执行的行为规则的总称，包括法律、法令、条例、规则、章程等。旅游法规是指调整旅游活动领域中各种社会经济关系的法律规范总称。它不是单一的法律或法规，而是一系列的法律规范；它既包括国内法、国际法规范，也包括我国旅游业加入世界贸易组织的承诺和有关的国际惯例。

1．中国旅游的法律规范的表现形式

在我国，旅游的法律规范借以表现的形式有以下几种。

(1) 由国家最高权力机关——全国人民代表大会或其常委会通过的旅游法律，如正在研究探讨的《中华人民共和国旅游法》。

(2) 由国家最高行政机构——国务院公布的旅游法规，《旅行社条例》已经 2009 年 1 月 21 日国务院第 47 次常务会议通过，现予公布，自 2009 年 5 月 1 日起施行；《中国公民出国旅游管理办法》经国务院批准，自 2002 年 7 月 1 日起施行；《导游人员管理条例》经国务院批准自 1999 年 10 月 1 日起施行，1987 年 11 月 14 日国务院批准、1987 年 12 月 1 日国家旅游局发布的《导游人员管理暂行规定》同时废止。

(3) 由地方政府和立法机关公布，仅限于其辖区内适用的地方性法规，如《河南省旅游条例》已经河南省第 10 届人民代表大会常务委员会第 30 次会议于 2007 年 3 月 30 日审议通过，现予公布，自 2007 年 9 月 1 日起施行。

2．中国旅游法规调整的社会经济关系

在我国，旅游法规调整的在旅游活动领域中各种社会经济关系主要包括以下几种。

(1) 旅游者与旅游经营单位，如旅行社、旅游饭店、旅游车船公司等之间的关系。

(2) 旅游经营单位与旅游相关部门，如民航、铁路、文物、园林、工艺美术等部门、企业之间的关系。

(3) 旅游经营单位与旅游行政管理部门，如各级旅游主管机构以及工商、税收、外汇、物价等综合管理部门之间的关系。

(4) 旅游经营单位之间在横向的经济联系方面所形成的关系，如旅行社与旅游饭店之间、旅行社与旅游车船公司之间因专业化协作所产生的关系等。

(5) 各旅游经营单位内部在经营管理方面形成的关系，如旅行社总社与各分支机构之间、饭店集团内各成员及各部门之间。

(6) 旅游经营单位与国外旅游组织在业务交往中所发生的关系，如中外合资经营中双方经营者的关系等。

3．旅游专业法

旅游专业法是指有关旅游各个具体方面的法规。旅游专业法主要有以下几种。

(1) 旅游企业方面的管理法规，如《旅行社管理条例》、《中华人民共和国评定旅游(涉外)饭店星级的规定》、《关于下放三星级饭店审批权限的通知》、《内河旅游船星级评定规则(试行)》。

(2) 旅游资源的开发、利用和保护方面的法规，如《中华人民共和国文物保护法》、《风景名胜管理暂行条例》、《旅游发展规划管理办法》等。

(3) 旅游人才培训、管理方面的法规，如《关于颁发旅游行业工人技术等级标准的通知》。

(4) 旅游安全管理法规，如《漂流旅游安全管理暂行办法》、《重大旅游安全事故处理程序试行办法》。

(5) 涉外旅游管理法规，如《边境旅游暂行管理办法》。

(6) 旅游投诉管理制度，如《旅游投诉暂行规定》。

4．旅游业国际惯例

1) 国际惯例的含义

国际惯例，顾名思义，就是国际上公认的大家一致遵循的经营方式或交往规则。其内涵包括 3 个方面：一是超越了各国的社会制度和意识形态；二是大家在交往中习惯遵从；三是确有实际成效。这样才有可能得到普遍的认可和施行。

2) 国际惯例的分类

国际惯例大体分为两类。一类是成文法，即各种国际商法、公约，加入有关国际组织的条件和权利、义务及其重要会议所通过的文件等，它们具有相应的约束力。遵循这一类惯例在一定程度上也是一个国家的国际性义务，虽然也有一定的难度，但至少在观念上和舆论上疑问不多。另一类是不成文的，即相沿成习的交往方式、通行做法等。它是以国家政府和企业的声誉及完整严密的市场运行规则为基础的，虽然没有现实的约束力，却有着不容忽视的影响和无形的约束力。若不遵从这一类国际惯例，只能以自己声誉的下降和规则的破坏为代价，国际经济的交往就难以正常进行。

12.6 旅游安全管理

根据马斯洛的需求层次理论，安全是继生理需求之后人的第二基本需求，必须得到优先满足。旅游活动中的安全需求亦成为旅游者的基本需求，尤其是当旅游成为越来越普遍的生活方式时，旅游安全问题也就成为越来越受关注的社会问题。

12.6.1 旅游安全概述

旅游业关联度大、产业链条长、涉及环节多、抗风险能力弱。任何一个涉旅突发事件，都可能给旅游者生命财产造成重大损害，都可能使一个国家或地区的旅游业遭受重大挫折。所以说，安全是旅游的生命线。近年来，我国旅游业快速发展，旅游行业规模不断扩大，出游人数不断增加。截至 2009 年底，我国共有各类旅游景区景点 2 万多个，星级饭店 14 237 家，旅行社 20 399 家。2009 年全年国内旅游人数 19 亿人次，入境过夜旅游人数 5088 亿人次，出境旅游人数 4 766 万人次。据预测，到 2015 年，国内旅游人数将达 33 亿人次，入境过夜旅游者人数将达 9 000 万人次，出境旅游人数将达 8 300 万人次。急剧扩大的旅游市场规模，使旅游安全保障压力空前增大。我国又正处经济社会转型期和社会矛盾的多发期，各种社会问题凸显，安全生产隐患增加，不稳定因素突出；境外安全局势日趋复杂，恐怖活动等对我出境游客的安全保障工作带来新的挑战；我国还是自然灾害高发国家，因灾造成旅游者人身财产损失的情形时有发生；传染病疫情等公共卫生事件也威胁着游客的健康安全。

而今，旅游安全已成为影响旅游决策和旅游发展的重要因素。无论是旅游者、旅游企业、还是政府主管部门，对旅游安全都倾注了越来越多的目光。重视旅游安全工作，对处于发展阶段的中国旅游业具有重要的时代意义。

1. 旅游安全管理工作的方针与原则

1) 旅游安全管理工作的方针

根据《旅游安全管理暂行办法》的规定，为了切实加强旅游安全管理工作，保障旅游者人身、财物安全，旅游安全管理应当贯彻"安全第一，预防为主"的方针。

所谓"安全第一"，就是说，在旅游活动中，无论是旅游行政管理部门，还是旅游经营单位或旅游从业人员，都必须自始至终把安全工作放在首位，丝毫不得有懈怠的思想。

2) 旅游安全管理工作的原则

旅游安全管理机关做好旅游安全管理工作，应当遵循"统一指导，分级管理，以基层为主"的原则。为了在旅游安全管理工作中贯彻这一原则，各级旅游行政管理部门必须建立和完善旅游安全管理机构，使这一工作有专门的机构负责。

2. 旅游安全管理部门及其职责

1) 旅游安全管理部门

各级旅游行政管理部门必须建立和完善旅游安全管理机构，各级旅游行政管理部门，在当地政府的领导下，会同有关部门对旅游安全进行管理。

各级旅游行政管理部门是我国旅游安全管理机关，其设立的旅游安全管理机构是管理旅游安全工作重要的机构。

2) 旅游安全管理部门的职责

根据《旅游安全管理暂行办法》的规定，旅游安全管理机构有下列职责。

一是指导、督促、检查本地区旅游企、事业单位贯彻执行本办法及国家制定的涉及旅游安全的各项法规的情况。

二是组织、实施旅游安全教育和宣传。

三是会同有关部门对旅游企、事业单位进行开业前的安全设施检查验收工作。

四是督促、检查旅游企、事业单位落实有关旅游者人身、财物安全的保险制度。

五是受理旅游者有关安全问题的投诉，并会同有关部门妥善处理。

六是建立和健全安全检查工作制度，定期召开安全工作会议。

七是参与涉及旅游者人身、财物安全的事故处理。

3. 旅游安全事故

旅游安全事故是指在旅游活动的过程中，涉及旅游者人身、财物安全的事故。根据旅游安全事故造成旅游者人身或财物损失程度的不同，可将旅游安全事故分为轻微、一般、重大和特大事故4个等级。

轻微事故是指一次事故造成旅游者轻伤，或经济损失在1万元以下者。

一般事故是指一次事故造成旅游者重伤，或经济损失在1万至10万(含1万)元者。

重大事故是指一次事故造成旅游者死亡或旅游者重伤致残，或经济损失在10万至100万(含10万)元者。

特大事故是指一次事故造成旅游者死亡多名，或经济损失在100万元以上，或者性质特别严重，产生重大影响者。

4. 旅游安全事故处理的一般程序

根据《旅游安全管理暂行办法》规定，事故发生单位在事故发生后，应当按下列程序处理。

(1) 陪同人员应当立即上报主管部门，主管部门应当及时报告归口管理部门。

(2) 会同事故发生地的有关单位严格保护现场。

(3) 协同有关部门进行抢救、侦查。

(4) 有关单位负责人应及时赶赴现场处理。

(5) 对特别重大事故，应当严格按照国务院《特别重大事故调查程序暂行规定》进行处理。

5. 外国旅游者重大伤亡事故的处理

对外国旅游者重大伤亡事故的处理对于涉及外国旅游者伤亡的事故，应当特别注意下列事项。

(1) 立即通过外事管理部门通知有关国家驻华使、领馆和组团单位。

(2) 为前来了解、处理事故的外国使、领馆人员和组团单位及伤亡者家属提供方便。

(3) 与有关部门协调，为国际急救组织前来参与对在国外投保的旅游者(团)的伤亡处理提供方便。

(4) 对在华死亡的外国旅游者严格按照外交部《外国人在华死亡后的处理程序》进行处理。

12.6.2 做好安全管理工作

我国积极防范并有效应对各类突发事件，为2008年初雨雪冰冻灾害、"3·14"西藏打砸抢烧暴力事件、"5·12"汶川大地震、新疆"7·5"暴力事件、2008年我游客滞泰事件、甲型H1N1流感疫情等突发事件的处置，以及成功举办2008年北京奥运会、2010年上海世博会等世界级大型活动安保工作做出了应有贡献，旅游安全保障工作水平得到了进一步提升，积累了旅游安全及应急管理工作经验。具体来说，做好管理工作，可以从以下几个方面入手。

1．加强旅游安全与保险工作的全面保障

一是进一步强化领导。各地、各单位"一把手"要负总责、亲自抓，主要领导对旅游安全要有非常明晰的发展理念，要清楚认识保险对旅游风险转移的作用，并给予足够的重视，要把安全和保险工作列入本部门、本单位的重要议事日程，建立健全旅游安全与保险工作机构。

二是进一步落实责任。各级旅游部门要按照职能分工，做好旅游安全服务、协调、监管工作，要落实企业的旅游安全主体责任，把责任层层细化分解和落实到基层、落实到企业、落实到每个岗位，做到"人人有责、人人负责"。

三是进一步加大投入。各地、各单位要加大对旅游安全和保险工作的投入，确保资金到位、设备到位、人员到位，切实解决安全保障工作中的重大问题。

四是进一步创新工作方法和手段。各地要敢于打破旧框框，不墨守成规，积极推进工作方法和手段的创新。要利用先进技术，在安全和保险信息的收集、评估、发布、报送以及突发事件的应急处置和安全监管等方面，开创新的工作手段，提高工作效率。

2．提高旅游行业的风险防范能力

一是要进一步完善旅游安全法律规制和应急预案体系，明确安全职责，增强预案的科学性和可操作性。

二是要加强旅行社的安全监管，特别要加强用车、用餐、游览等重点环节的安全管理。

三是要协同相关部门，加强重点时段、重点部位和重点环节的旅游安全检查，对存在安全隐患的要督促整改，整改后仍不具备安全保障能力的要坚决予以关停，并及时披露有关信息。

四是要加强与相关部门和单位的信息沟通与合作，逐步建立健全旅游目的地安全风险评估和信息发布制度，拓宽信息发布渠道、扩大信息覆盖面、提高信息发布时效，引导旅游企业和游客主动规避和防范各类旅游安全风险。

3．提升旅游安全应急处置水平

一是进一步强化多部门、跨区域和境内外合作的旅游突发事件应急处置机制，提高旅游突发事件协同处置能力。

二是建立健全旅游专业化和社会化、政府救助与商业救援相结合的旅游紧急救援体系。

三是强化 24 小时值班制度，畅通信息，确保发生突发事件后，能够及时报送信息、妥善处置。

四是建立健全导游、领队等旅游从业人员的安全教育培训制度，持续组织开展安全思想教育、安全知识教育和安全技术知识教育，提高旅游企业和从业人员的安全责任意识，增强应对和处理突发事件的能力。

4. 增强旅游保险转移和化解旅游风险的能力

一是要进一步发挥旅行社责任保险统保示范项目的积极作用。首先，各地要统一认识，服从大局，加大推动力度，尽快建立健全项目领导机构和联合工作机构，统筹协调推进各地的统保工作，争取 2013 年全国统保率达到 90%。第二，要进一步健全调解处理中心，扩大覆盖面，预计在年覆盖全国省、区、市及重点旅游城市；壮大调处员队伍，提高人员素质，争取调处员人数超过 180 人，形成全国调处中心、城市调处中心、地方调处员的分工负责的局面，在调解旅游纠纷、妥善处置事故、创造和谐旅游环境等方面发挥更大作用。第三，项目的保险经纪公司要增强对旅游行业的了解，强化人员素质、健全服务网络，进一步提高协助旅行社投保、索赔和向旅行社和旅游部门提供风险防控服务的水平。项目的保险公司及分支机构要严格履行合约，提高理赔效率，进一步提高统保示范项目的服务水平。

二是各地要深化"旅保合作"机制，结合本地实际，在旅行社责任保险统保示范项目基础上，引导保险机构开发适合旅行社和旅游者需求的、与统保示范产品相补充的保险产品。

三是各地要积极培育旅游各环节保险保障体系的建立，推动景区、饭店、车船等投保责任保险，引导旅游者购买个人保险产品，解决旅游者在境内外突发意外和疾病、行程延误、行程取消后的经济补偿。

5. 加强对游客的安全和保险宣传教育

要采取播放旅游安全公益广告、免费发放旅游安全应急手册及宣传挂图、组织旅游安全和保险主题宣传活动等多种形式，广泛开展旅游安全和保险的宣传教育，普及旅游安全、保险知识和安全防范技能，提高游客自我防范意识和应急自救能力。

保障旅游安全既是旅游业成为国民经济的战略性支柱产业和人民群众更加满意的现代服务业的需要，也是我国建设世界旅游强国的需要。目前，各级政府、各有关部门对旅游安全和保险工作高度重视，旅游安全生产的舆论氛围逐步形成。经过各级旅游部门和广大干部职工的努力，旅游安全和保险工作的体制、机制和法制建设都有了较大进步，旅游安全保障能力得到明显增强，这些都是我国进一步做好旅游安全和保险工作的有利条件。经过努力，旅游安全事故是可以减少并有效控制的，旅游保险保障体系是可以逐步健全和完善的。

各级旅游部门要牢固树立"旅游安全无小事、游客利益无小事"的理念，充分认清当前和今后一个时期的旅游安全形势，增强旅游安全和保险工作的紧迫感和责任感。既要认清旅游安全保障工作的长期性、艰巨性、复杂性和反复性，也要进一步增强信心，以高度负责的态度，扎实的作风，全力做好各项旅游安全和保险工作，为旅游业又好又快发展提供安全保障。

国家旅游局组织编制了《中国旅游公共服务"十二五"专项规划》，该规划明确指出"十二五"期间将进一步完善旅游安全保障体系，向旅游者传递准确、全面、及时的旅游安全信息，营造安全、高效、放心的旅游环境。旅游安全保障体系受业界广泛关注源于我国旅游法律法规一直在这方面的缺失。"十二五"规划对旅游安全保障体系的构建，将赋予旅游行业应对突发事故时能够采取最有效的措施保障旅行社和游客的生命财产安全，将突发事故带来的损失降至最低。按照规划,到"十二五"末期,我国旅游安全保障体系将逐步完善,形成以建立健全旅游安全生产和应急管理的"一案三制"工作为基础,以旅游安全风险防范为重点,以健全旅游应急救援体系为突破口、以完善保险体系为保障,全面实施"安全旅游目的地"战略的保障体系,为旅游者营造安全、高效、放心的旅游环境。同时,"十二五"规划亦重点提到旅游安全保障体系届时将覆盖国内、入境、出境三大市场,基本建立健全旅游目的地的风险评估预警体系、旅游紧急救援体系及旅游保险保障体系。

知识链接 12-3

实务指导:旅游安全事故处理的一般程序

旅游事故发生后,一定要按照规定程序进行处理。依照《旅游安全管理暂行办法》的规定,旅行社在接待旅游团体过程中,发生旅游安全事故后,应按下列程序处理。

1. 组织紧急救援

在场的导游人员应冷静、沉着地协同有关部门抢救重伤员和遏止事态的继续发展。

2. 立即报告

导游人员应立即向所在旅行社和有关消防、公安、交通部门报告,旅行社应当及时报告当地旅游行政管理部门,同时报告组团旅行社。当地旅游行政管理部门在接到一般、重大、特大旅游安全事故报告后,要尽快向当地人民政府报告。对重大、特大旅游安全事故,要同时向国家旅游行政管理部门报告(即在24小时内写书面报告,报上述部门)。

3. 保护事故现场

在旅游安全事故发生后,公安部门人员尚未进入事故现场前,如因抢救工作需移动物证时,应做好标记,并尽量保护事故现场的客观、完整。

4. 妥善地做好旅游安全事故的善后工作

1) 确认伤亡人员

事故报告单位在组织救援的同时,应检查伤亡人员的团队名称、国籍、姓名、性别、年龄、护照号码及国内外保险情况,做书面记录。

2) 通知外国使、领馆及伤亡者家属、海外组团社

如有死亡事故发生,伤亡者中有来自海外的旅游者,有关单位应迅速通过外事部门通知伤亡者所在国驻华使、领馆和死难者家属;同时通过国内组团社通知有关海外组团社。

3) 慰问伤者及接待伤亡者家属

事故发生后,接待社、组团社及有关部门应派人前往医院慰问伤员;海外伤亡者家属抵达后,有关部门、接待社或组团社要向其提供必要的食宿和交通条件,并前往住地表示慰问。

4) 向伤残者或伤亡家属提供必要的证明文件

责任方及主管部门负责联系有关部门向伤残者或伤亡者家属提供以下证明文件。

由县级或县级以上医院向伤残人员出具"伤残证明"。

由县级或县级以上医院向伤亡者家属出具"死亡证明书"、抢救经过"诊断书"或"病历摘要",若死者家属或其所有国驻华使、领馆提出解剖要求,则应向其出具"解剖结果证

明书"；对于非正常死亡，由公安机关或司法机关的法医出具"死亡鉴定书"。须注意的是以上证明必须与死因相符。

5) 尸体处理

对死因尚未明确的伤亡者的尸体要做好防腐、冷冻处理，妥善保存。对死因明确的伤亡者尸体的处理，应尊重其家属的意见，可在当地火化，也可同意将尸体运送出境。但对严重腐败的尸体或因患检疫传染病而死亡的尸体，必须就近火化。

若尸体在当地火化，应由死者家属或所在国驻华使、领馆提出书面请求并签字，再由医院出具"死亡证明书"或由公安机关、司法机关的法医出具"死亡鉴定书"，到民政部门开具"火化证明书"后进行，骨灰盒交签字者带回或运送出境。

若遗体遣返回国，则除了具备"死亡证明书"或"死亡鉴定书"外，还必须由医院出具"尸体防腐证明书"，及防疫部门检疫后出具的"棺柩出境许可证"。

6) 死者遗物的清理

对死者的遗物，应由死者同行人员及其所属国在华使、领馆人员和我方人员共同清点。若无同行人员及使、领馆人员在场，可请公证人员到场。清点完毕，列出清单，由清点人员逐一签字，并办理公证手续，一式数份。遗物移交时，请接受遗物者出具收据，并注明接受地点、时间、在场人员等。若死者有遗嘱，应将遗嘱拍照或复印留存，原件交死者家属或所有国驻华使、领馆。

7) 事故的调查

事故调查的内容应包括事故发生的原因、人员伤亡及财产损失情况，事故的性质和责任等内容。

8) 写出书面总结报告

书面总结报告应包括：①事故调查结果；②事故处理经过；③善后工作的进行及伤者、死者家属和有关人员的反映；④提出防止类似事故再次发生的建议；⑤提出对事故有关责任人的处理建议；⑥检查事故的应急措施的落实情况等内容。

5. 理赔

根据《旅游安全管理暂行办法》第十一条规定："对于外国旅游者的赔偿，按照国家有关保险规定妥善处理"。

(资料来源：http://www.233.com．)

本章小结

旅游经济管理体制包含管理机制、管理机构和管理制度三大内容。3个部分相互联系、相互影响，主要解决了旅游经济运行过程中谁来管、管什么和怎么管等问题。旅游经济管理体制有综合协调性和应变性的特点。政府和行业组织运用行政、经济及法律手段培养旅游市场机制、建立旅游市场规则、维护旅游市场秩序、规范旅游市场行为，为企业的发展创造良好的环境。

世界各国的旅游管理体制呈现出多样性的特征。主要有全国旅游协调与决策机构、旅游行政管理机构和半官方的旅游管理机构3个类型。

第二次世界大战结束以来，随着经济全球化的不断加强和国际旅游的迅速发展，各国之间迫切需要消除国际贸易障碍，方便旅游活动的跨国举行，这就要求有专业的旅游组织协调各国旅游发展活动，如世界旅游组织、世界一流酒店组织等。

国家旅游行业组织是旅游企业自愿联合的社会旅游组织，不是政府的行政机构，如旅游协会、旅行社协会等。

旅游政策按制定的目的和级别，一般可分为基本政策(如国务院)和具体政策(如导游人员管理实施办法)。旅游法规是指调整旅游活动领域中各种社会经济关系的法律规范总称。它不是单一的法律或法规，而是一系列的法律规范；它既包括国内法、国际法规范，也包括我国旅游业加入世界贸易组织的承诺和有关的国际惯例。

旅游安全已成为影响旅游决策和旅游发展的重要因素。为了切实加强旅游安全管理工作，保障旅游者人身、财物安全，旅游安全管理应当贯彻"安全第一，预防为主"的方针。重视旅游安全工作，对处于发展阶段的中国旅游业具有重要的时代意义。

关键术语

旅游管理体制　旅游组织　旅游政策法规　旅游安全

复习思考题

一、填空题

1．旅游经济管理体制是指国家对旅游企业或相关部门进行规范、制约及协调的有机体系，具体包含_____、_____和_____三大内容。

2．旅游经济管理体制的构成有管理主体，即_____和_____，管理对象和管理内容，以及_____。

3．世界上许多国家都有专门的机构负责制定和实施旅游政策，这个机构被称为国家旅游组织。根据机构的设置方式和功能，大体可以将其分为3个层次：_____、_____、_____。

4．每年9月27日是"_____"，它是全世界旅游工作者和旅游者的节日。这个节日是在1979年9月27日世界旅游组织第三次代表大会上确定的，目的是为了引起人们对旅游的重视，给旅游宣传提供一个机会和促进各国在旅游方面的交流合作。

二、简答题

1．简述我国旅游行政组织的设置状况。
2．介绍世界旅游组织和太平洋亚洲旅游协会。
3．简述旅游安全管理工作的方针与原则。

三、名词解释

旅游经济管理体制

第12章 旅游业的公共管理

四、实际操作训练

旅游安全事故

2007年9月,中国太和旅行社组织,北京王府国际旅行社具体实施接待的中国商业联合会一行14人赴非洲访问,途经肯尼亚时,旅游车与一辆卡车发生追尾,造成3名游客死亡、两名游客受伤。车祸前,因路途有点颠簸,坐在后排的一名游客与导游调换了座位,原本坐在副驾位置的导游坐到了后排(通常情况下,导游应坐在离司机最近的位置,如司机身后或者副驾的位置,便于工作及提醒司机安全驾驶等)。根据事故鉴定调查结果,旅游车与其他车辆发生追尾,属旅游车全责。

你认为如何妥善处理这一事故?

五、案例分析

谁 之 过

2006年6月底,张某(82岁)向甲旅行社报名参加了某名山二日游,7月16日,张某依约参加旅游团前往该景区旅游。由于受到台风"碧利斯"的影响,景区虽然没有闭门谢客,但景区内索道停止运营,张某等游客只能徒步登山。导游带领张某等26名游客于当日下午2时左右开始登山,下午5时许,张某在登山过程中突然摔倒在地,不省人事,导游立即拨打求救电话。张某经抢救无效死亡。张某家属向旅游管理部门投诉,要求旅行社承担责任。旅游管理部门经核实认定,甲旅行社在组团和经营中存在漏洞:旅行社不能提供证据证明在组团时已向张某推荐了意外保险;导游在登山前没有履行相关劝阻和告知义务,也没有向张某推荐购买景点保险。由于双方对于张某的死因看法截然不同、赔偿数额悬殊过大,旅游行政管理部门从中多次协商未果,张某家属向当地法院提起民事诉讼,要求甲旅行社承担36万余元经济赔偿。

(资料来源:吕安. 老年游客登山猝死安全事故案例分析[N]. 中国旅游报,2009-02-23(03版).)

问题:
1. 这是张某和甲旅行社谁的过错?
2. 请结合相关法规分析说明他们的责任。

第13章 旅游的影响

教学目标

通过本章学习，了解和掌握旅游对当地的经济、文化和环境等产生巨大的正负两方面的影响；熟悉和掌握我国实施可持续旅游发展的策略。

教学要求

知识要点	能力要求	相关知识
旅游的经济影响	能够分析旅游对国民经济的重要作用，了解旅游是扩大就业机会的主要途径及过分依赖对经济的消极影响	旅游业是国民经济的支柱和主导产业
旅游的社会文化影响	熟悉旅游促进国民素质、提高生活质量、增进国际间的友好往来、保护民族文化	提高民族素质和生活质量的重要途径
旅游的环境影响	能够分析对历史建筑和古迹的保护、基础设施的改善和生态环境的建设，以及过度开发对环境的破坏	旅游对环境影响的保护对策
旅游消极影响的应对策略发展	能够正确分析旅游业的诸多错误观念，能够正确理解旅游业发展的可持续性	实现可持续旅游发展的措施

导入案例

徽文化的代表——西递村

旅游发展对旅游目的地的影响是目前旅游学研究中的一个热点问题。古村落作为文化旅游的重要载体，在旅游发展过程中受到的影响更为突出。西递村位于皖南黟县的东南部，面积0.13平方千米，始建于公元1047年，有950余年的历史，整个村落呈船型形态分布，村前临百亩良田，似平静港湾，村后倚连绵山峦，似层层波涛，村头七哲祠象征眺台，旁边有大树和牌坊象征桅杆和风帆，鳞次栉比的民居好似船舱，喻一帆风顺之意。1987年西递村进行旅游开发，距今已经20多年了，游客数量呈现出快速增长态势。2000年11月30日西递村被列入世界文化遗产名录，认为西递村具有真实性与完整性，为日渐消失的古村落及其所代表的逐步衰弱的徽文化提供了一种特殊见证。

随着旅游业的不断发展，西递古村落的性质发生了重大改变，成为"以传统文化为底蕴，以徽州传统村落建筑群和家庭园林为景观特色，以旅游业为支柱的重要历史文化地区和地方性旅游小村镇"，西递的建筑风貌和空间格局由于旅游业的发展而受到高度重视和严格保护。西递村旅游业的发展使本村在经济结构、制度文化、精神面貌及环境等方面都发生了剧烈的变化。

(资料来源：http://hs.wenming.cn/whhzl.)

问题：旅游业的发展对西递村的经济文化和环境有何影响？

随着旅游活动规模的不断发展和扩大，旅游业正逐渐成为影响国民经济、社会文化和生态环境发展变化的重要力量，对所在地区的经济、社会文化和环境产生着积极或消极影响。正确认识和处理旅游对经济、社会和环境的作用和影响，对于促进旅游业的全面、协调和可持续发展具有特别重要的意义。

13.1 旅游的经济影响

旅游的经济影响是旅游产生影响的基础和中心环节，是旅游业发展的强大内在动力。在现代旅游中，游客在旅游目的地的消费不仅为当地的旅游企业提供了商业机会，而且还通过其继发效应对当地经济中的很多其他方面产生间接影响。旅游的发展对一个国家的经济的影响可以从正反两方面来分析，即既有其积极方面的影响，也有其消极方面的影响。我们要因势利导，千方百计促进旅游业又好又快的发展。

13.1.1 旅游对经济的积极影响

旅游属于第三产业，是一个以提供服务为主的综合性服务行业，是国民经济的有机组成部分之一。旅游活动不仅包括吃、住、行、游、购、娱等综合性社会经济活动，还涉及国民经济许多其他行业和部门。随着大规模的现代大众旅游的展开，旅游的市场也将会越来越大，旅游业对社会经济发展造成了巨大而深远的影响。旅游业是国民经济收入的重要来源之一，具有独特的"旅游乘数效应"，在整个国民经济中有着非常重要的地位和作用。

鉴于旅游业综合性强和涉及面广的特点，旅游学术界在一些旅游经济学的著作中往往对经济学的乘数理论加以修正和发展，形成旅游乘数理论，并以此说明旅游业"兴一业，胜百业"的产业关联性。马西森和沃尔于 1982 年提出旅游乘数概念的雏形，即"旅游乘数是这样一个数值，最初旅游消费和它相乘后能在一定时期内产生总收入效应"；世界著名旅游学者、英国萨瑞大学的阿切尔认为，旅游乘数是指旅游花费在经济系统中(国家或区域)导致的直接、间接和诱导性变化与最初的直接变化本身的比率。一般来说，旅游乘数是用以测定单位旅游消费对旅游接待地区各种经济现象的影响程度的系数，是用以测定旅游消费(即接待国或地区的旅游收入)所带来的全部经济效应(直接效应＋间接效应＋诱导效应)大小的系数。旅游业对国民经济的促进作用从以下几个方面得到充分体现。

1．旅游业将成为国民经济的支柱和主导产业

目前，我国旅游增加值占 GDP 比重的 4%以上，旅游业已经成为我国新的经济增长点。2009 年 12 月，《国务院关于加快发展旅游业的意见》出台，明确提出要把"旅游业培育成为国民经济的战略性支柱产业和人民群众更加满意的现代服务业"，标志着发展旅游业已经成为国家的重大战略，旅游业将成为推进经济社会发展的重要引擎。

改革开放以来，我国旅游业一直保持了每年两位数的高增长，在国民经济的整体构成中所占的比重逐年提高。按照经济学理论中比较通行的观点，一个产业的收入占国民经济总收入的比重达到 5%时，该产业即可称为国民经济的支柱产业。当一个产业的收入占国民经济比重超过 5%又具有较高的增长速度时,则称其为国民经济的主导产业。到 2007 年,我国国内旅游收入 7 770.62 亿元人民币,旅游业总收入在国民经济中所占的比例为 4.44%,已非常接近 5%,加之其快速增长的势头,其重要性是不言而喻的。国内旅游收入变动趋势如图 13.1 所示,旅游业总收入占 GDP 比重如图 13.2 所示。

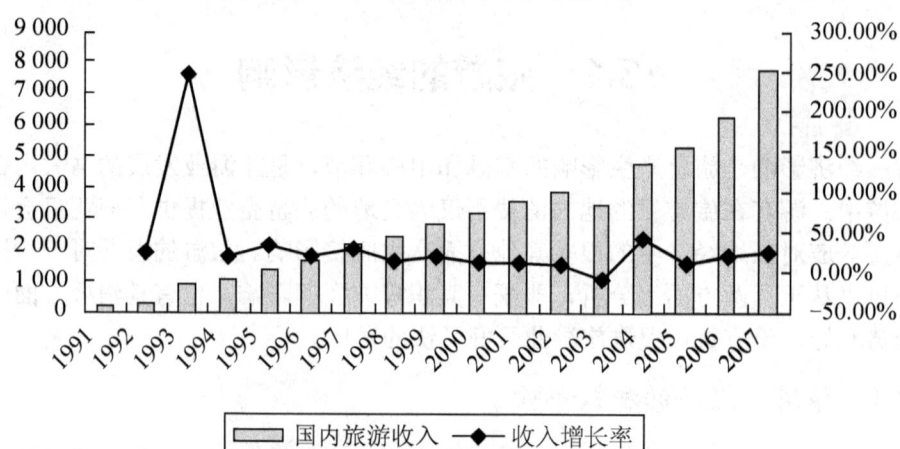

图 13.1　国内旅游收入变动趋势（单位：亿元）

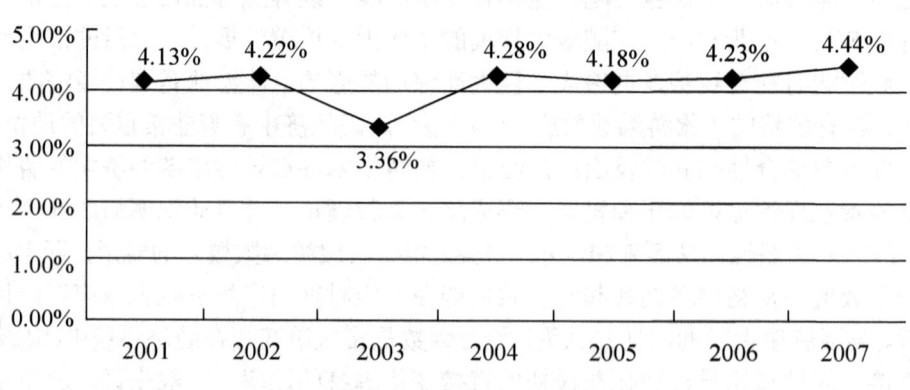

图 13.2　旅游业总收入占 GDP 比重

2007 年我国的旅游业达到了历史高点,国内旅游人数 16.10 亿人次,收入 7 770.62 亿元人民币,分别比上年增长 15.5%和 24.7%;出境人数达到 4 095.40 万人次,比上年增长 18.6%,旅游业总收入 10 957 亿元人民币,历史上第一次超过了 10 000 亿人民币,比上年增长 22.6%,总体状况是非常理想的。2010 年,我国旅游业三大市场实现全面恢复并较快增长,国内旅游人数达 21 亿人次,比上年增长 10.6%;国内旅游收入 1.26 万亿元,增长 23.5%;入境旅游人数 1.34 亿人次,增长 5.8%;入境过夜旅游人数 5 566 万人次,增长 9.4%;旅游外汇收入 458 亿美元,增长 15.5%;出境旅游人数 5 739 万人次,增长 20.4%;全国旅游业总收入 1.57 万亿元,增长 21.7%。有关专家预测,到 2015 年,中国将成为世界最大的旅游市场,并且中国将取代法国成为最受欢迎的旅游国家。2015 年我国游客市场总量可达 30 亿人次左右,旅游业总收入可达 2 万亿元人民币左右。我国已经建设成为世界旅游大国,正为建设世界旅游强国夯实基础。

2. 旅游业是带动相关行业快速发展的龙头产业

旅游业是一项综合性的服务产业，属于第三产业的范畴。它主要包括了旅行社业、饭店业、旅游企业和交通运输业、娱乐业，并与建筑、房地产、园林、商贸、邮电、信息及金融保险等众多行业有直接和间接的关系。可以说，旅游业的存在和发展需要这些产业做支撑，同时，旅游业的发展也会拉动支持其发展的其他产业和部门一起发展。例如，旅游业的发展需要足够的设施、设备、和物质消耗，而这些都由其前向产业生产和提供；旅游业的发展需要有不同档次的交通工具作运送游客的物质凭借，而这些交通工具需要制造业提供；为满足旅游者的住宿需求要提供不同档次的酒店，而这些房屋需要建筑业提供；为满足游客的不同饮食需求，而需要第一产业提供的粮食产品等。

旅游业作为第三产业中的龙头产业，作为能向第一产业和第二产业辐射的产业，对相邻产业有很强的先导带动作用，有着依赖和促进其他经济部门发展、改善国民经济结构的作用。根据世界旅游理事会的测算，全球旅游总收入对国民经济总产出的乘数为 2.5，即每 100 万美元的旅游收入可为其他行业带来 250 美元的增加值。旅游业的关联带动作用，有利于促进资源合理配置，优化产业结构。

发展旅游业可以促进一、二、三产业融合发展。旅游业与第一产业的融合前景广阔，可依托广大农村的特色旅游资源。旅游业与第二产业(主要是现代工业)融合发展大有文章可做，可大力发展旅游装备制造业，鼓励对旅游用品的研发与制造，提高旅游工艺品、纪念品的设计和制造水平，大力发展工业旅游。旅游业与第三产业(主要是服务业)融合发展潜力巨大，可以通过与文化、体育、医疗、交通、信息、金融、物流、动漫、影视、气象等现代服务业的融合发展，推动开发新的产品形态和产业形态。

发展旅游可以带动相关产业发展。旅游业关联性强，拉动性明显。与旅游相关的经济部门多达 29 个，旅游直接和间接影响细分行业达 100 多个。旅游对住宿业贡献率超过 90%，对民航和铁路客运业贡献率超过 80%，对文化娱乐业贡献率超过 50%，对餐饮业和商品零售业贡献率超过 40%；同时，对国际商务、影视娱乐、会展博览、文化创意、信息咨询等现代服务业，也都有着重要的促进作用。

3. 旅游是增加国家外汇收入、平衡国际收支的重要途径

旅游对国家的国际收支有着重要影响。外汇是用于国际间经济结算的以外国货币表示的一种支付手段，一个国家拥有外汇数量的多少，是其经济实力强弱和国际支付能力大小的标志。国际旅游是一种异地消费的行为，同时也是外币消费，非常有利于创汇。发展旅游业是一个国家取得外汇的一个非常重要的途径，具有其他产业不具备独特的优势。

改革开放以来，我国入境游客和旅游外汇收入快速增长，年均增长率超 20%，入境游客从年仅几百万人次到 2010 年的 1.34 亿人次，旅游外汇收入从几十亿美元到 2010 年的 458 亿美元，可谓天翻地覆的变化。它对我国增加外汇收入、促进国民经济快速发展起到十分重要的作用。我国入境游客和旅游外汇收入增长如图 13.3 所示。

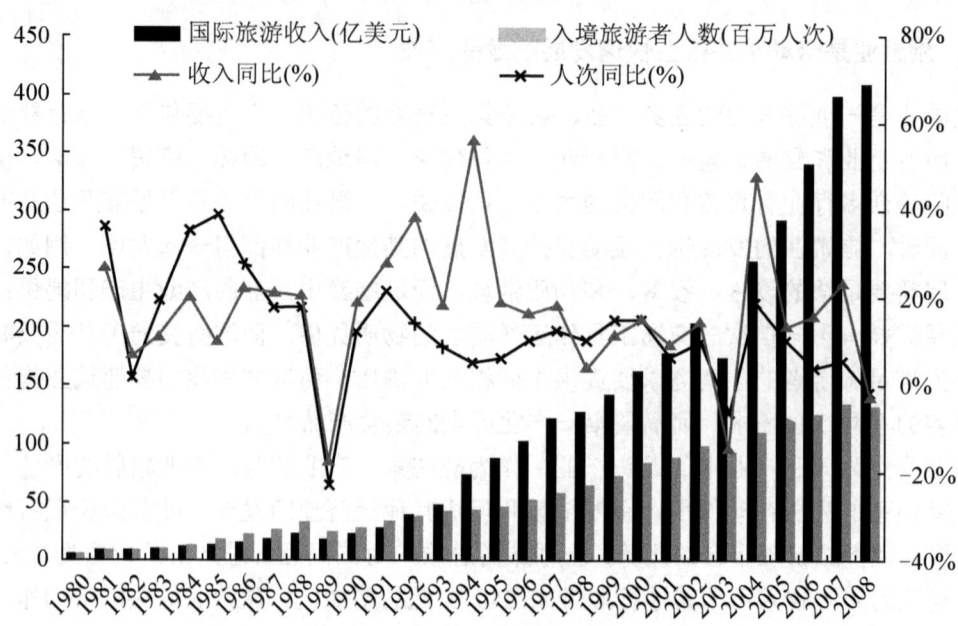

图 13.3 我国入境游客和旅游外汇收入增长

(资料来源：东方证券研究所.)

2007 年我国的旅游业达到了历史的相对高点，全年一共接待入境游客 13 187.33 万人次，实现国际旅游外汇收入 419.19 亿美元，分别比上年增长了 5.5%和 23.5%。2008 年，由于受金融危机影响，我国入境旅游人数为 13 003 万人次，比上年下降 1.4%。其中，外国人 2 433 万人次，比上年下降 6.8%；入境过夜旅游者 5 305 万人次，比上年下降 3.1%；国际旅游(外汇)收入 408 亿美元，比上年下降 2.6%；入境旅游收入 2 839 亿元，同比略有下降。在金融危机影响缓解和世界经济向好形势下，2010 年以来入境游客和旅游外汇收入有较大上升。

4．旅游是国家扩大内需、回笼货币的重要手段

发展旅游业对扩大内需、促进增长具有重要作用。旅游消费是最终消费和综合性消费，是可持续消费和多层次消费，在我国社会总需求特别是居民消费需求中占有重要地位。大力发展旅游业，有利于激发经济发展的内生动力。

积极发展国内旅游对经济的重要作用之一便是有助于拓宽货币回笼的渠道，加快货币回笼速度和扩大回笼货币量。在任何一个实行纸币制的国际或地区，当人们持有的货币量超过了流通的商品价格总量后，就有可能出现通货膨胀，产生货币贬值，从而引发系列的经济问题和社会问题。因此，国家必须重视监督和控制货币的投放和回笼，以保持社会上流通的货币量与流通的商品量协调一致，以维护社会经济的正常运行。由于旅游消费水平高、消费面广、消费层次多，通过提供各类购物和服务，可以更快地回笼大量货币，从而减轻由于人们手头货币过多对市场造成的压力，促进市场稳定和繁荣。实践证明，发展国内旅游、鼓励人们旅游消费，不仅有利于货币回笼，还可以起到稳定物价和市场的作用。

我国国内旅游是在改革开放后逐渐起步的，20世纪90年代快速增长，随着国民经济的发展、国民收入水平的提高、闲暇时间的增加，国内旅游规模迅速扩大，显示出扩大内需拉动消费的强大作用。从1985年的2.4亿人次增加到2010年国内旅游总人次21亿人次，国内旅游收入从80亿元增加到2010年1.26万亿元。2010年我国旅游业总收入1.26亿元人民币，充分显示了旅游回笼货币的作用。

5. 旅游是扩大就业机会的主要途径

世界旅游旅行理事会的预测报告中指出："在全世界范围内，旅游作为一个整体雇佣了全世界从业人员的1/10，已经成为世界上创造新就业机会最多的行业。"旅游直接就业占到全球就业总量的3%，旅游经济就业占到全球就业的8%，约有2亿人，即每11.2个就业人员中就有1个从事于旅游相关的工作。国家发展和改革委员会和国家旅游局预测，到2020年，与旅游相关的就业人数将达到14 689.9万。

旅游业是劳动密集型行业，创造就业机会的成本比其他行业低，旅游服务是人性化服务，许多工作都必须靠员工手工完成，因而需要大量的劳动力。和其他行业相比，旅游就业具有容量大、门槛低、岗位层次多、包容性强、就业方式灵活等特点，能够吸引大量的剩余劳动力和下岗职工。根据2002年的数据统计，在1 685.7万旅游就业人口之中，转移农村剩余劳动力为1 055.2万人，转移下岗职工大约65万人。现代大众化旅游的规模之大，以致旅游业必须拥有庞大的提供服务的能力才能满足产业发展的需要，旅游业因此可以吸收大规模的劳动力。

6. 旅游是国家财政收入的重要来源

税收是国家财政收入的主要来源，没有足够的税收，国家便难以有效地提供国防、治安、教育、科技等公共产品。如果政府不能够提供足够的公共产品，将会给社会经济的发展形成严重的制约，甚至影响国家的安全。发展旅游对增加税收有着重要的意义。

目前，国家的旅游税收主要来自以下3个方面：一是从国际旅游者获取的税收，主要包括入境签证费、出入境时交付的商品海关税、机场税、和执照税等；二是来自旅游业的各有关部门，包括各旅游企业的营业税和所得税等；三是许多旅游企业的前向产业和部门，当这些产业和部门为满足旅游业发展的需求而扩大其业务量时，国家可以从这些产业和部门得到更多的税收。

7. 旅游是缩小地区间经济差距、促进脱贫致富的重要措施

地区经济发展不平衡常常是国家经济社会全面进步的一大障碍。旅游的发展在缩小地区间经济差距，促进区域经济协调发展方面有一定的优势。一般来说，我国沿海地区的经济要比内陆地区经济发达，交通便利地区的经济要比交通落后地区发达，平原地区的经济要比边远地区和山区发达。随着区域性经济旅游的发展，国内旅游带来了国内财富的移动和再分配，常常是经济发达的高收入地区居民把钱流向经济相对落后收入低的地区，这种财富的流动，刺激和带动了当地的经济发展，加速了当地经济发展的步伐，从而逐渐缩小了地区差别。同样，国际旅游者，从发达国家流向发展中国家，也就是把客源国财富转移

到接待国，促进了发展中国家的经济的发展，一定程度地缩小了与发达国家的经济差距。

我国经济发展非常不平衡，对于那些经济水平较低而旅游资源又较丰富的地区，通过发展旅游业来带动本地经济的发展尤其重要。很多旅游胜地都在偏远的山区，地区经济非常不发达，然而许多旅游地在开发以后就发生了很大的变化。这就说明开发旅游可以发展地方经济，也就是旅游可以扶贫。开发旅游增加贫困地的经济收入，提高了当地居民的生活水平创造了新的就业机会，扩大就业率，使当地的居民有了较高的和较稳定的经济收入；并且稳定了当地的经济，促进当地的经济向多元化方向发展，催生当地的企业和服务业，促进其发展改善当地的基础设施建设；增加当地税收，一定程度上又改善了投资环境，吸引其他外部企业的参与发展，有助于当地手工业和贸易的发展，进而从根本上改变当地人的生活，使当地人摆脱贫困。例如，洛阳栾川县深山区重渡沟村非常贫困，后因 20 世纪 90 年代旅游兴起而走上富裕之路，别具特色的农家宾馆给深山区农民铸就了打开致富之门的金钥匙。

13.1.2　旅游对经济的消极影响

毫无疑问，旅游业的发展对国民经济有很大的促进作用，但是如果旅游接待国(或地区)不是量力而行，而是片面强调发展旅游业，那么则会扩大发展旅游业所可能带来的副作用，甚至会得不偿失。因此，对旅游对目的地经济的消极影响要客观看待，辩证分析；当地政府也要因势利导，正确应对可能发生的负面影响。

1. 过分依赖旅游业给国民经济带来不稳定的消极影响

旅游业是一个易受突发事件影响的比较脆弱的产业。一旦一个国家或地区的政治、经济、社会等发生重大变化，都会引起旅游业的强烈波动，严重冲击的脆弱的旅游产业。一旦这些旅游业所不能控制的因素发生不利变化，就会使旅游需求大幅度下降，旅游业乃至整个经济都严重受挫，造成严重的经济和社会问题。2002 年 10 月，印尼巴厘岛发生连环爆炸，造成 202 人死亡，其中包括 88 名澳大利亚公民、28 名英国人和 8 名美国人。事件发生后，出于对巴厘岛旅游环境的不安全预期，各旅行社巴厘岛旅游出现大量退团，往日的繁荣景象几乎一夜之间毁于一旦，当地旅游市场一度严重停滞，其负面影响至今难以消除。毫无疑问，如果一地发生大大小小的意外爆炸事件，经媒体报道后，必然会对旅游产生很大的负面效应，不仅严重冲击脆弱的旅游产业，而且会给国民经济带来不稳定的影响。

2. 旅游市场明显季节性带来的不良影响

旅游活动具有明显的季节性，旺季人手短缺，淡季人员无事可做。旅游业的季节性波动加大了供需之间的矛盾——劳动力闲置；当地物质剩余而导致大降价，居民收入减少。虽然需求方面的这种季节性波动有时可通过旅游业的营销努力减小，但毕竟不可能完全消除。有人把旅游业称为"建在流沙上的大厦"，这是有一定道理的。因此，旅游接待国或地区在把旅游业作为基础产业的情况下，淡季时不可避免地会出现劳动力和生产资料闲置或严重的失业问题，从而会给接待国或地区带来严重的经济问题和社会问题。

3．旅游活动严重受制于市场变化的被动影响

旅游需求在很大程度上取决于客源地居民的收入水平、闲暇时间和有关旅游的流行时尚，而这些都是旅游接待国或地区所不能控制的。如果客源地出现经济不景气，其居民对外出旅游的需求势必会下降。在这种情况下，接待地区很难保住或扩大市场。此外，一旦客源地居民对某些旅游地的兴趣爱好发生转移，使原接待地区的旅游业衰落，甚至是相当长一段时间的萧条。特别是从长远的观点来看，这些问题都难免发生。

4．旅游可能对产业结构产生的不利影响

旅游接待地除城市外，往往是经济比较落后的山区。在有的原先以农业为主的国家或地区，由于从个人收入来看，从事旅游服务的所得税高于农务收入，常使得大量的劳动力弃田从事旅游业。这种产业结构变化的结果是，一方面旅游业的发展扩大了对农副产品的需求，然而另一方面却是农副产品产出能力的下降。当地居民失去了赖以生存的基本生产方式，一旦旅游业由于种种原因不能满足其生活的基本需要，如果再加上农副产品价格上涨的压力，就会产生社会问题，还可能会影响该地区社会和经济的安定。

5．游客大量涌入可能引起的物价上涨

就一般情况而言，由于外来旅游者的收入水平较高或者他们为了旅游而长期积蓄的缘故，旅游者的消费能力高于旅游目的地的居民。从供求关系看，游客涌入大大增加了需求总量，难免会引起物价的上涨，从而损害当地居民特别是低收入者的经济利益。此外，随着旅游业的发展，地价也会迅速上升。很多国家的大量事实证明，在某些最初来访游客不多的地区兴建旅馆时，对土地的投资只占全部投资的1%。但是在这一地区旅游业发展起来之后，兴建旅馆地皮投资很快上升到占全部投资的20%。由此而造成的地价上涨，显然会影响当地居民的住房建设与发展。

可见，旅游业的产业特性和潜在危险说明了旅游业的健康发展需要加强和改善宏观调控和总体规划，更加说明政府和旅游从业者要有抵抗风险和应对意外的必要性和紧迫性。旅游业在国民经济各行业中不是关系国民生计的行业，一个国家或地区不宜过分依赖旅游业来发展自己的经济。对旅游业的过度依赖，将导致经济发展，偏离良性循环轨道，特别是对于过度依赖旅游业的国家或地区更是如此。

13.2　旅游的社会文化影响

现代旅游业的蓬勃发展，不仅对各旅游目的地乃至世界经济产生了巨大的影响，而且对旅游目的地乃至全人类的社会文化也具有不可忽视的影响。大量外来人口在接待地之间流动，在与当地主人的接触中产生了一系列交流活动和复杂的人际关系，这些活动和关系对客人和主人两方面都将产生影响。与旅游对经济的影响一样，旅游活动所带来的社会接触和文化交流对旅游者和目的地社会文化的影响既有其积极的一面，又有其消极的一面。

13.2.1 旅游对社会文化的积极影响

旅游是一种重要的社会文化现象。旅游对社会文化的影响是深刻的、多方面的，积极影响应该居于主导地位。概括起来，旅游对社会文化的积极影响主要有以下几点。

1．旅游促进国民素质和生活质量的提高

对于国内旅游而言，一是旅游活动具有促进人们身心健康的作用。旅游活动适应现代人的消费需求，调剂生活内容，缓解现代城市生活的紧张和压力，调节生活节奏。在城市化程度不断提高的现代社会中，都市的公害、紧张的工作和生活节奏迫使人们更加向往能够经常地适时地改变一下生活环境，回到安谧、优美的大自然中，以便重新"充电"，恢复体力，焕发精神，增加人们对人生的热爱。这一方面是大众旅游的重要动机之一。二是旅游活动的开展有助于突破惯常环境对思维的束缚，使人们开阔眼界、增长知识。事实表明，在古今中外各个领域的伟人中，几乎没有哪一位不曾有旅行或旅游的经历。对于青年人来说，外出旅游更是学习和接受新事物启发的有效途径。他们通过旅游，可以了解世界、熟悉社会、增长知识和才干。正因为如此，人们才有了"行万里路，读万卷书"的经验总结。三是在自然美景、人文历史和艺术中去获得审美享受，提高审美鉴赏能力，获得极大的精神享受。例如，李白所写的著名诗篇《望庐山瀑布》脍炙人口，"日照香炉生紫烟，遥看瀑布挂前川。飞流直下三千尺，疑是银河落九天"可谓妇孺皆知。四是旅游的开展有助于培养人们的爱国主义情感。无论是在国内旅游时亲眼目睹的各地的自然名胜、历史文化和建设成就，还是在国外旅游时看到或听到对祖国历史和建设成就的称颂，都会激发和增强人们的民族自尊心和自豪感，从而会加深人们对自己祖国的热爱。

2．旅游增进国际间的人民往来和和平发展

由于旅游是不同国度、不同民族、不同信仰及不同生活方式的人们之间直接交往，而不是以文字媒体或者以个别人为代表而进行的信息传递和间接沟通，因而更有助于增进不同国家人民之间的相互了解，增强国际间的和平友好关系。自1980年以来，世界旅游组织每年为世界旅游日确定一个主题。从一个侧面可以看出，旅游对社会文化的重要功能和积极作用。在这个意义上，国际旅游活动的开展在缓和国际关系及促进在国际事务中实行人类和平共处方面起着非常重要的作用。旅游是大众化的文化传播形式，它为异质文化的融合提供了机缘。旅游者是文化传播的主要导体，人际交往是人类信息交流不可替代的主要形式，人际传播的主要特点可以在旅游交流中体现出来。实际上，只要人们通过旅游交往，彼此能更好地相互理解，人类整体和世界大同的观念便会随之加深。

3．旅游有助于促进民族文化的保护和发展

民族文化是一个国家或地区的重要旅游资源。随着旅游业的发展和接待外来旅游者的需要，当地一些原先几乎被人们遗忘了的传统习俗和文化活动重又得到开发和恢复；传统的手工艺品因市场需要的扩大重又得到发展；传统的音乐、舞蹈、戏剧等重又受到重视和发掘；长期濒临湮灭的历史建筑重又得到维护和管理等。所有这些原先几乎被抛弃的文化遗产不仅随着旅游的开发而获得了新生，而且成为其他旅游接待国或地区所没有的独特文化资源。例如，驰名中外的洛阳唐三彩，一直到今天还受到广泛的喜好与收藏。唐三彩是陪葬的陶器，色彩亮丽有黄、绿、青三色铅釉，故名唐三彩，但不一定每件唐三彩都三色俱全，但可利用三色交叉混合的上釉技术来制造出美丽的花朵，以及先在坯体上刻花成暗色图案，变化无穷，彩色斑斓，如图13.4所示。唐三彩是大唐文化盛开的奇葩，是那些默默无闻的艺匠们聪明才智的结晶，无论是经典原作还是精致仿作，唐三彩的收藏作为那一辉煌历史时期的记录手法的意义是非同寻常的。它不仅受到旅游者的欢迎，而且使当地人民对自己的文化增添了新的自豪感。

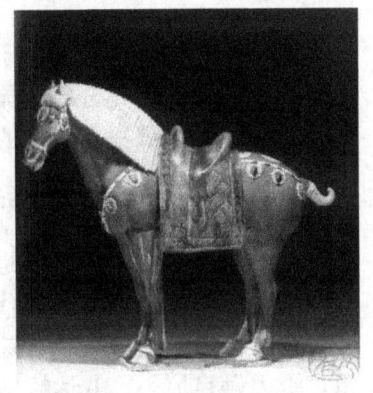

图13.4　洛阳唐三彩

旅游需要民族文化，具有个性特征的民族文化构成了旅游吸引物；旅游促进了不同民族文化的融合，促进了民族文化的保护与发展。

4．旅游有利于推动科学技术的交流和发展

科学技术的发展是旅行和旅游产生的和发展的前提条件，这一点已为历史的发展所证实，除此之外，旅游也是科学研究和技术传播与交流的重要手段。在旅游发展的各个阶段，都曾有人以科学考察为主要目的，客观上也起到了传播和交流知识与技术的作用，如《徐霞客游记》、《马可·波罗行记》等。《马可·波罗行记》是欧洲人撰写的第一部详尽描绘中国历史、文化和艺术的游记。它在13世纪末年问世后，一般人为其新奇可喜所动争相传阅和翻印，成为当时很受欢迎的读物，被称为"世界一大奇书"，其影响是巨大的。它打开了中古时代欧洲人的地理视野，在他们面前展示了一片宽阔而富饶的土地，国家和文明，引起了他们对于东方的向往，也有助于欧洲人冲破中世纪的黑暗，走向近代文明。学术界的一些有识之士，更以它所提供的最新知识来丰富自己的头脑和充实自己的著作。例如，1375年的西班牙喀塔兰大地图，便是冲破传统观念，摒弃宗教谬说，以马可·波罗的行记为主要参考书制成，图中的印度、中亚和远东部分都是取材于《马可·波罗行记》这部著作，成为中世纪有很高科学价值的地图，以后地图多以此为依据。它让西方人了解了东方，对东方充满向往，也为资本主义扩张提供了理想上的对象。

在当代世界，现代商务旅游、专业会议旅游及消遣旅游中的访问同行活动，都使得交流的广度和深度不断获得新的发展。此外，旅游在发展过程中也不断对科学技术提出新的要求，尤其是在交通运输工具、通信及旅游服务设施和设备方面，要求更加快速、便利、舒适和安全，从而推动了有关领域科学技术的发展。

5．旅游有助于促进目的地生活环境的改善

为了适应客观上旅游业发展的需要，旅游接待地区的基础设施会得以改进，生活服务设施和其他方便旅游者的设施也会有所增加。虽然这一切都始自发展旅游业的需要，但在客观上也改善了当地居民的生活环境，方便了当地人民的生活。

13.2.2 旅游对社会文化的消极影响

在市场经济条件下,由于受利益驱动和商家主导的影响,旅游对社会文化的消极影响是不容忽视的。在充分肯定旅游活动对旅游者和目的地社会文化所带来的积极的影响的同时,必须关注和重视其消极的一面,防范和处置旅游可能对社会文化的消极影响。

1. 旅游对文物古迹的破坏比较严重

旅游对文物古迹的破坏是不容忽视的。首先,由于部分游客的文化修养不高,认识不到文物古迹的珍贵和不可替代性,盲目地在文物上刻画或坐卧、在文物古迹上拍照等不文明行为,会直接造成文物古迹不同程度的损耗和破坏。例如,我国长城刻画现象就十分严重,令人触目惊心。八达岭从19世纪50年代起,就开始遭受乱写乱刻的破坏,如图13.5所示。如今墙体的表面,包括两侧墙的内表面、垛口都已被密密麻麻的刻字所覆盖,有些留言还是外文的。这些字迹很多是用刀子直接刻到砖体上,还有用喷涂留念方式的。北京八达岭长城满目疮痍,整个景区很难找到没被刻过字的城砖,明代万里长城墙体较好的部分尚存不到20%。可以说,人为破坏成为长城保护面临的最大问题。

图 13.5 伤痕累累的长城(北京八达岭长城)

其次,众多的游客在游览过程中,呼出的二氧化碳气体中含有大量的水分,使文物古迹受到侵蚀,特别是一些古老洞穴、佛教石窟中的壁画和雕像等文物古迹表现得非常明显。由于洞穴和石窟中原本湿度就高,再加上众多游客呼吸作用所带来的大量水分,加快了珍贵的壁画和雕像的腐蚀速度。另外,照相机的闪光灯,数以百万计游客的汗水、指印,也会使得壁画和雕像受到腐蚀。例如,著名的敦煌石窟,因受照相机闪光灯及数以百万计游客的汗水、呼吸(二氧化碳)和指印的破坏和腐蚀,许多壁画的逼真细节已失去光泽,变得暗淡模糊,红色和肉色逐渐变为黑色。

第三,众多游客的脚踏也会损害文物古迹。例如,我国的万里长城长期以来由于大量游人的攀登,造成挤踏破坏,很多地方已受到严重损害;北京的故宫由于游人川流不息,碰肩抵足,曾将大殿内的金砖踩出凹坑,广场和通道的金砖也损害得很厉害,有人估算,故宫铺地的"金砖",每年磨损达10~20毫米;颐和园蜿蜒700余米的彩饰长廊,路面的砖,几年就要更换一次。

2. 旅游对接待地社会文化产生不良"示范效应"

随着旅游活动的深入开展，旅游者不可避免地会将自己的生活方式带到旅游目的地。特别是在国际旅游方面，由于旅游者来自世界各地，他们具有不同的价值标准、道德观念和生活方式，因而这些东西无形之中也在传播和渗透，对目的地社会产生"示范效应"。有人认为，色情、犯罪和赌博是旅游业带来的三大灾难。

首先，有些人通过对来访旅游者行为的观察，逐渐在思想和行为上发生消极变化。他们开始对自己的传统生活方式感到不满，从而先是在装束打扮和娱乐方式方面盲目模仿，继而发展到有意识的追求，从而使一些犯罪和不良社会现象增多，影响社会秩序的安定。其次，受西方性自由思想的影响，传统的道德观念受到冲击，婚姻破裂多、离婚率上升。再次，崇洋思想的泛滥。由于受社会历史因素和旅游者的生活方式的影响，使得在有些人看来，西方旅游者乃是发达资本主义国家经济财富力量的活象征，是资本主义成功的物质证明，从而在过高地评价西方社会的同时，贬低自己本国社会，认为外国的一切都好，自己国家的一切都不如外国。

3. 旅游使地方文化的独特性逐渐消失

文化的独特性与地理环境的封闭性紧密相连，而旅游的发展却与当地的可进入性息息相关。随着交通的改善，地理的封闭性被打破，旅游地文化的独特性也必然受到冲击。一个国家、一个地区的人们在历史长河中所形成的生产方式、生活方式和思维方式，如果没有受到外界的影响，该地区的文化就能长期保留其固有的特征，而无实质性的变化。20世纪20年代末，美国生物学家洛克博士多次来到素有"女儿国"之称的滇西北泸沽湖畔，从采集动植物标本到研究摩梭文化，并写下了《中国西南的摩梭王国》。在不断涌入的旅游者的影响下，摩梭文化进入了历史上变化最快的时期。洛克当年在书中所记录的大量的摩梭人的民俗，今天有些已很难看到了。闯世界的摩梭姑娘杨二车娜姆感叹道："如果认为外来的、一切新鲜的东西都是最好的，一概不加选择地吸收，那么，不要几年的功夫，在泸沽湖将再也见不到真正的摩梭人，说得严重一点，只能见到一些穿着摩梭服装的服务员。然而，如果不吸收外来文明，那里将永远贫穷和落后。如何找到自己的路呢？"这种现象和困惑在西部少数民族地区极具普遍意义。一些少数民族文化在现代文明冲击下鲜活的成分会越来越多，这是可喜的一面。但与此同时，其民族文化的独特性会削弱。摩梭人的转山转海节如图13.6所示。

图13.6　摩梭人的转山转海节(农历7月25日)

4. 旅游容易导致当地文化被不恰当的商品化

传统的民间习俗和庆典活动都是在传统特定的时间、传统特定的地点，按照传统规定的内容和方式举行的。但是，很多这种活动随着旅游业的开展逐渐被商品化，它们不再按照传统规定的时间和地点举行，为了接待旅游者，随时都会被搬上"舞台"，为了迎合旅游者的观看兴趣，活动的内容亦往往被压缩，并且表演的节奏明显加快。因此，这些活动虽然被保留下来，但在很大程度上已经失去了原来的意义和价值，甚至几百、上千年的民族传统也毁于一旦。此外，为了满足旅游者对纪念品的需要，当地工艺品大量生产，很多粗制滥造的产品充斥于市，这些产品实际上已不再能表现传统的风格和制作技艺。对于只求价廉而不计货真的购买者来说，这也许算不了什么。但是，一旦旅游者误以为他们所购买的就是反映当地传统工艺和地方特色的真正艺术品，以及将它们带回本国去向亲友展示时，便会使当地文化的形象和价值受到损害和贬低。

5. 旅游过度激化游客和居民之间的矛盾冲突

在接待地综合接待能力有限的情况下，旅游者的大量涌入和游客密度的增大，使当地居民的生活空间相对缩小，干扰当地居民的正常生活，侵害当地居民的利益。这些情况发展到一定程度时，当地居民对旅游者的态度就有可能从起初的友好热情转为不满甚至怨恨。世界著名旅游城市巴黎，每逢旅游旺季城市交通严重阻塞，人们怨声载道，于是一些景点的居民自发组织起来，阻止满载游客的大巴车进入市区；在意大利的威尼斯，卖纪念品的商店挤垮了许多为当地人服务的店铺，咖啡店和餐馆的价格飞涨，超过了市民的承受能力，熙熙攘攘的游客令当地居民不胜其烦，城市人口锐减。此外，一些旅游者对其他文化任意贬低和批评的傲慢态度导致接待地居民的反感和排斥，造成旅游者与当地居民之间人际关系的紧张，加剧了旅游业个体经营中比较普遍的"宰客"现象等。

13.2.3　正确对待旅游的社会文化影响

一个国家或地区的文化需要得到外来文化的促进才能不断完善、发展和前进。面对大规模旅游带来的消极影响，不能因噎废食而反对发展旅游，其主要原因有3个：一是因为旅游对经济和社会文化毕竟有其众多的积极作用；二是因为很多消极问题的产生未必是发展旅游的必然结果；三是因为一些消极问题是可以通过努力去控制和改变的。认识旅游对社会文化的影响，主要目的是要在澄清问题的基础上采取措施，发展旅游对社会文化的积极作用，抵制和最大限度地缩小其消极影响。

1. 旅游的社会文化影响是自然而有限的

旅游活动对目的地社会文化的影响是自然而有限的。开展国际旅游的国家，给游客留下的印象并非是自己期望宣传的形象。如果要实现这一点，很大程度上要取决于国际游客在接待国旅游期间是否实现了自己预期的愿望，取决于游客是否通过旅游产生或加深了对接待国的好感。如果游客在旅游期间没有获得预期的满意，甚至发生不愉快的经历，那么游客带回本国的非但不是对接待国的好感，甚至是牢骚、怨恨和批评。

2. 旅游对社会文化的消极影响并非必然结果

任何文化交流，不论是旅游带来的文化交流还是通过其他途径产生的文化交流，都不可避免地使交流双方受到彼此之间的影响。西方很多社会学家在论及旅游目的地社会文化的影响时，往往偏重于消极的一面，并且以已经发生了的大量事实作为结论的依据。事实上，在世界各地旅游发展过程中，特别是在一些发展中国家，的确也因此出现了这样或那样的消极问题。但是，这些问题的形成和严重化不是没有条件的，也并不是不可克服或不可控制的。任何问题的形成都有一个从量变到质变的发展过程。

3. 政府规划和指导是减少旅游消极影响的有效途径

随着旅游者的大量拥入和游客的密度不断增加，旅游带给目的地社会的消极影响的程度也会随之加深。游客来访的数量一旦超过了当地的承载能力，这些消极影响的增长速度便会成倍地增加。这些社会心理问题的膨胀和加剧会进一步造成真正的社会问题。因此，根据当地的自然条件和社会经济条件制订相应的旅游规划，防止和控制接待量饱和或超负荷是非常重要的。它并非单纯的经济问题，更重要的是通过制订量力而行的发展计划，既要尽量缩小和纠正大规模旅游所带来的消极影响，同时又要保证和维护扩大旅游者与当地居民之间的文化接触与交流所带来的好处。

13.3 旅游的环境影响

旅游对目的地环境的影响，既包括目的地自然生态环境，也包括经人工创造的社会生活环境(人文环境)。旅游的发展与良好的环境之间有着非常密切的联系，是一种相互依赖又相生相克的关系，关系到良性共生关系或恶性冲突关系的建立。旅游项目的开发和旅游活动的开展在导致环境发生变化方面既有其积极的影响，也有其消极的影响；既有其直接的影响，也有其间接和诱导的影响。人们应切实提高环保意识，高度重视旅游对目的地环境的消极影响，采取各种得力措施建设良好的生态环境，有力促进旅游业走可持续发展的健康道路。

13.3.1 旅游对环境的有利影响

20世纪以后，工业化给生态环境带来了新挑战：水源、空气受到污染，森林、植被、耕地遭到破坏，许多物种绝灭，全球变暖等，保护生态，保护环境，建立人与自然和谐相处社会成为迫切任务。而发展旅游业，必须有良好的环境质量，否则旅游业就不可能得到良好发展。应该看到，合理的旅游项目开发和旅游活动开展，总体上对于环境改善有其积极的影响，并不是对环境一无是处的。

旅游对目的地环境的有利影响，具体表现在以下几个方面。

1. 旅游使历史建筑和古迹遗址得到维护、恢复和修整

目前所进行的文物保护，不仅包括历史文化名城、遗址的保护、整治与抢救，而且越

来越重视与之相依存的历史文化环境与氛围的保护。如今世界各国政府和国际组织对文物古建和文化遗迹保护越来越重视，文物保护工作已经取得了卓有成效的进展。法国首都巴黎在保护古都风貌的活动中，维修保存了一大批有价值的古建筑和遗迹，并结合城市建设进行现代化改造，使得巴黎历史核心区的艺术魅力与日俱增。意大利也非常重视历史街区和文物古迹的保护，不仅在城市规划、国土规划方案中加以强调，而且还将其写入宪法。由于保护和整治工作周到细致，罗马、威尼斯、庞培古城成为世界闻名的旅游城市，旅游业成为意大利经济发展的龙头。我国的故宫博物院、布达拉宫、平遥古城(见图 13.7)等历史建筑和古迹遗址都得到了比较完善的维护、恢复和修整，世界遗产焕发出越来越迷人的光彩。例如，布达拉宫，1989—1994 年，中央政府拨款 5 500 万元和大量贵重物资维修。2002 年起，中央政府又投资 3.3 亿元人民币来修缮西藏三大重点文物：布达拉宫、罗布林卡和萨迦寺，其中布达拉宫维修工程将耗资 1.79 亿元，目前第二次维修项目已经进入尾声。

图 13.7　平遥古城

2．旅游使道路交通、宾馆服务等基础设施得以改善

游览业发展以后，旅游六要素吃、住、行、游、购、娱配套发展，旅游宾馆、旅游餐饮、旅游交通、旅游购物等，都相应带动起来。尤其是偏远深山区，正是旅游的快速发展才有力促进了道路交通、宾馆服务等基础设施得以改善。例如，张家界遗产地曾投资 3 亿余元，打通了进山隧洞，建成了高等级公路，从而为游人观赏、体验世界遗产提供了极大方便。武夷山景区发展后，就带动了度假区的发展，昔日的茅草滩如今变成了拥有 30 000 个床位的武夷山国家级旅游度假区即是明证。

3．旅游使休闲娱乐场所及相关设施的数量得以增加

为了发展旅游，必然大量兴建和增加相应的休闲和娱乐场所及相关设施。比如清明上河园，就是由开封市人民政府与海南置地集团公司合作建设的一座大型宋文化主题公园，它是依照北宋著名画家张择端的传世之作《清明上河图》为蓝本建造的。景区占地 600 余亩(1 亩≈666.67 平方米)，其中水面 180 亩，大小古船 50 多艘，房屋 400 余间，景观建筑

面积 30 000 多平方米，形成了中原地区最大的仿宋古建筑群，成为中原大黄河旅游线上的一个重要景区(点)，游人进入园区仿佛穿越时空隧道走进了一幅活动的历史画卷，常令人有"一朝步入画卷，一日梦回千年"的时光倒流之感。清明上河园设立了"宋代科技馆"、"宋代名人馆"、"宋代犹太文化馆"和"张择端纪念馆"。根据宋代历史故事创编了"包公巡案"、"梁山好汉劫囚车"、"武松路救兄嫂"、"王员外招婿"和"李师师艺会青公子"等剧目定时演出。为展现宋代文化艺术之辉煌，大型晚会"东京梦华魂"把宋代东京舞蹈、音乐、服饰融于一体，使您全身心地去体味宋代艺术之美妙绝伦，宋代文化之神韵幽长，去激发您的诗情画意，去燃烧您的民族激情。清明上河园对流传至今的宋代民间手工艺和民俗文化进行广泛征集，对失传的古老艺术进行挖掘、抢救，并在园内集中体现。游于园中您可尽情欣赏如汴绣、木版年画、官瓷、茶道、纺织、面人、糖人等手工艺术的现场表演制作，以及曲艺、杂耍、神课、博彩、驯鸟、斗鸡、斗狗等民俗风情表演。清明上河园民俗表演如图 13.8 所示。

图 13.8　清明上河园民俗表演

4．旅游使旅游接待地区的环境卫生得以重视和维持

近年来，按照国家《旅游区(点)质量等级的划分与评定》标准，我国各景区重点解决了旅游景区环境卫生存在的"脏、乱、差"问题，努力打造环境优美、卫生整洁、服务优良、健康文明的旅游景区，有力地促进了旅游业的快速健康发展。总的来说，旅游使旅游接待地区政府和人民更加重要环境卫生，旅游环境也更加优美，如武夷山遗产地通过强化卫生管理、改进园林绿化，青山绿水，清新诱人，被世界旅游组织总干事巴尔科夫人称誉为"世界环境保护的典范"。

5．旅游有利于加快环境治理步伐，促进生态环境建设

旅游业有利于增强人们的环保意识，并为环保提供资金来源，对在全国各地正在兴起的生态环境建设也有明显的积极影响。在旅游资源开发中，便可采取旅游生态建设和污染治理的措施，使开发出来的旅游资源比原来的生态环境质量更高，即旅游开发美化了生态环境，旅游业还能保持生态环境，旅游资源开发出来进入利用阶段，若能科学地管理，能使当地生态环境进入良性循环。例如,上海市崇明岛东滩湿地就是很好的例子。崇明岛的湿地面积很大,西沙湿地公园占地 4 500 亩,是一片有自然潮汐现象和成片滩涂林地的自然湿地,而东滩湿地也有 326 平方千米之大,是野生动物的资源基地,如图 13.9 所示。湿地是自然界最富生物多样性的生态景观和人类最重要的生存环境之一,被誉为"地球之肾"。东滩位于中国第三大岛崇明岛的最东端,是上海市最大的滩涂湿地之一,享有"上海之肾"美誉。同时,崇明东滩是东亚候鸟迁徙的最大驿站、东亚迁徙水鸟重要研究基地和国家级重点禽流感监测站点。当地鸟类资源丰富,其中有列入国家一级保护动物的东方白鹳、黑鹳、白头鹤和白尾海雕等,其邻近水域更是国家一级保护动物中华鲟的栖息地。

图 13.9　上海崇明岛东滩湿地

13.3.2　旅游对环境的消极影响

随着大众旅游时代的来临,人们越来越关注旅游对环境的消极影响,世界上许多国家和地区政府还为旅游如何保护环境采取不少针对性措施,也取得了一定实效。

一般来说,旅游对环境的消极影响主要表现在以下几个方面。

1. 旅游增加污染来源,降低环境质量

旅游对环境造成的污染和破坏,既有旅游供给方面的,也有旅游需求方面的。随着旅游者的大量涌入和由此而导致的排污量的增加,以及机动船只使用量的加大,当地的水质污染问题会更加严重;旅游交通运输量的增大和机动交通工具废气排放量的增多,以及因旅游接待设施特别是空调和冷藏设备用电量的增大而导致而发电燃油废气排放量的增多,都会加重当地空气质量的下降;旅游交通尤其是汽车、火车和飞机运输量的增大,以及夜总会和迪斯科舞厅的增多,都将会加重当地特别是城市中的噪声污染程度。

2. 旅游损害自然环境,破坏生态环境

随着旅游项目的开发和旅游活动的开展,旅游者对自然生态环境的影响和破坏从一开始就不是潜在性的,而是事实上的,显而易见的。这方面,旅游者的素质和环保意识特别重要。例如,旅游者的渔猎活动会影响野生动物的生存环境;沙丘会因人们的过度活动而遭受侵蚀；植被会因人们的过度踩踏而被破坏；旅游者乱丢废弃物不但会影响环境的美感质量，而且还会危机动植物的生存等。文明旅游漫画如图 13.10 所示。

图 13.10　文明旅游漫画

(资料来源：徐林，新华社发．)

3．旅游增大人口密度，缩小生活空间

游客的数量相当于当地居民的数量，甚至超过数倍是旅游地常见的情况。人口密度的增大，侵占了当地居民的生活空间，无论怎样都会对社区生活产生消极的影响。居民的私密空间受到威胁，社区的和谐被打破，舒适度被降低，居民生活的习惯被强行改变等。北京西城区什刹海是典型的老北京胡同聚焦地，有大小胡同 90 多条、民居院落 2 000 多处、居民 6.48 万人之多，其特点是景区范围小、人口密度大、道路交通窄。近几年随着胡同游发展而造成三轮车数量和中外游人的剧增，使得什刹海旅游秩序较为混乱，甚至呈无序状态，引起了当地居民的较大反响，严重影响了北京旅游形象和胡同产品的品牌度。

4．旅游危及历史古迹，破坏原始风貌

这不仅仅与旅游者的触摸攀爬及乱刻乱画等不正当行为有关，而且游客接待量的增大本身就会侵害历史古迹的存在寿命。众多的游客在游览过程中呼出的二氧化碳气体中含有大量的水分，使文物古迹受到侵蚀，特别是在洞窟、古墓、地下室等古迹中表现得非常明显，旅游者的踩踏、攀登、抚摸等行为可严重损坏文物。正确的策略应是在保护好的前提下，合理地利用文物为旅游服务，边用边保，采取各种政策和措施，尽量消除对文物保护的负面影响，使文物事业与旅游事业的结合达到和谐、完美的境界。

5．旅游盲目开发和过度开发破坏自然景观

旅游项目不合理的开发和建设，就是破坏性建设。这方面典型的例子也是争论的热门话题，不仅有山区景点建设旅游索道的问题，还有在海滨沙滩的近水地段建造高层饭店问题。例如，广西北海市是一个风景优美的海滨城市，北海银滩以其"滩长平、沙细白、水

温净、浪柔软、无鲨鱼"的特点,被誉为"中国第一滩",如图 13.11 所示。然而,银滩海边一度建起了许多宾馆酒店,严重破坏污染和影响了海边环境。为此,北海花费数以亿计资金,将银滩国家旅游度假区内数十幢临海建筑全部拆除,逐步实现着还滩于大海、还滩于自然、还滩于人民的目标。随着整治工程以及相关的城市建设工程的推进,北部湾畔这座南国珠城再度引起了世人关注——一个湛蓝的天空、明媚的阳光、洁白的沙滩、干净的海水、适宜人居的美丽家园重新回到了人们的视野。

图 13.11　广西北海银滩

在 20 世纪 80 年代以前,这种事例在欧美国家中多有发生,曾成为媒体批评和报道的热点问题。尽管这类事例在今天的发达国家中已比较少见,但是在不少发展中国家,这类事例依然是比较常见的问题。在毛里求斯,政府规定在海滩地区兴建有关设施时,其建筑物的高度不得超过当地椰树的高度。在印度的某些地区,政府规定建筑物的兴建必须退后于海滨沙滩一定的距离。

13.3.3　人类对旅游和环境影响关系问题的研究

人类对旅游和环境影响关系问题的研究可追溯到 20 世纪 60 年代。1962 年美国海洋生物学雷切尔·卡尔森发表了《寂静的春天》一书,其中包含着可持续发展的思想萌芽。1970 年 4 月 22 日,美国 2 000 多万人(相当于美国人口的 1/10)举行了大规模的游行,要求政府重视环境保护,根治污染危害。随着世界各地的环保呼声日益高涨,许多国家成立了负责环境管理的政府部门,通过了清洁空气法和清洁水法,环境保护逐渐登上了各国政府的议事日程,并成为国际关注的焦点。

1980 年推出的《世界自然保护大纲》,是国际自然保护联盟受联合国环境规划署的委托,在世界野生生物基金会的支持和协助下制定的。许多国家的政府和非政府组织及个人参加了这一大纲的起草工作,大纲虽然主要是针对自然资源的保护提出的,但其涉及的范围远远超出单纯的保护,而是把保护和发展看作相辅相成的不可分割的两个方面。所提出可持续发展的概念及现实的前景和途径，至今人仍具有指导意义。在大纲的鼓励下，世界上 50 多个国家根据自己国家的具体情况也制定了本国的自然保护大纲。

1983 年 11 月，世界环境与发展委员会成立，发表了著名的《共同的危机》、《共同的安全》、《共同的未来》3 个纲领性文件，3 个文件都提出了"可持续发展战略"。1987 年世界环境与发展委员会发表了由该组织主席布伦特兰夫人提交的《我们共同的未来》。该报告对当前人类在经济发展与环境保护方面存在的问题做了系统而全面的评价，并正式提出了"可持续发展"这一术语和口号。这就是著名的《布伦特兰报告》。该报告中对"可持续性"概念做了简短而明确的解释，即"可持续发展就是满足当代人的需求，又不损害后代人满足其需求能力的发展；既实现经济发展的目的，又要保护人类赖以生存的自然资源和环境，使子孙后代能安居乐业，永续发展。"也就是说，所谓"可持续发展"既要以满足当代人的需要为目的，同时也要以不损害后代人为满足其自身需要而进行发展的能力为原则。因此，就其所主张的社会发展观而言，可持续发展强调的是代际公平分配，以使当代及未来人类的需要都能够有条件得到满足；就其经济观而言，强调经济发展和增长必须建立在维护地球自然系统这一基础之上；就其生态环境观而言，强调人类应与大自然和谐相处，使人类赖以生存的自然环境能够切实得到保护等。

13.3.4　旅游对环境影响的保护对策

旅游产业对经济社会，既有积极功能，又有消极弊病。无论是积极功能，还是消极弊病，都是有一定条件的。一般来说，旅游产业的功能是主要的、现实的，而旅游产业的社会弊病是次要的、潜在的。既要绿水青山，还要金山银山是人们共同的心声。因此，应当在澄清认识的基础上，发挥和扩大旅游产业的社会功能，抵制和清除旅游产业的社会弊病，使旅游产业沿着与环境协调可持续的健康文明的方向发展。

1．加强旅游环境保护知识的宣传教育

既要金山银山，还要绿水青山，这已经成为人们的基本共识。旅游诚可贵，环境价更高，若为环保顾，开发皆可抛，这应该成为人们的共同选择。为了旅游业的可持续发展，人们务必加强旅游环境保护知识的宣传，向全体游人、旅游从业人员和区附近居民宣传旅游环境保护知识，努力提高人们的旅游环境保护意识。要通过多种途径，不断加大对全社会的环保宣传教育力度，进一步增强各级领导干部和决策部门的环保意识，使其在实践工作中更加重视环保，努力用可持续发展的战略眼光来规划、设计旅游城市的环境与发展蓝图；使旅游经营单位和个人认识到，生态环境是旅游业发展的基础，保护环境就是保护自己的"饭碗"，在旅游经营中要采取有效措施做好环境的保护工作；使旅游区周边的群众意识到，保护环境发展旅游业，可带动当地农业及其他相关产业的发展，为其创造更多的就业机会，使其能够早日实现脱贫致富，进而使其以实际行动自觉参与到环境保护工作当中去；使旅游者认识到，保护环境是地球上每个正常人应尽的义务和应具备的文化素养，旅游过程中要爱护旅游区的一草一木，自觉做一些有益于生态保护的事，让旅游者从"污染源"转变为"环境保护卫士"。

阅读案例 13-1

滕头——蓝天碧水的生态村

"田成方，屋成行，绿树成荫花果香，清清渠水绕村庄。"这一陶渊明笔下描述的世外桃源的景象，就是现今的浙江宁波奉化市滕头村的真实写照，如图 13.12 所示。这个只有 296 户村民的浙东沿海平原上的村庄，却有着与村子规模不相匹配的众多荣誉：全球生态五百佳、世界十佳和谐乡村、全球唯一世博乡村、全国唯一农村 5A 旅游景区、首批全国文明村、全国村镇建设文明村、全国先进基层党组织、全国环境教育基地等。

图 13.12 "乡村，让城市更向往"——奉化市滕头村

有别于其他忙于致富的村庄，从一开始，滕头人就深深认识到了生态环境对于人类生存的重要性。几十年来，滕头村围绕建设优美生态环境、提高村民生活质量这一主题，每年都拿出相当数额的资金用于生态环境建设上，做到年年有投入、年年有建设，年年有变化。尤其是近几年来，用 2 000 多万元打造了"蓝天、碧水、绿色"三大工程，建成了江南风景园、百鸟园、农家乐、农民公园、盆景园等 20 多处生态景致，滕头的整体环境由此大放光彩。

在生态环境建设的同时，滕头村还注意加大对村民的教育宣传力度，并相继制定实施了《村规民约》、《保护生态环境和加强卫生管理若干规定》、《滕头人形象 8 条准则》等规章制度，使保护生态环境成为每一位滕头人的自觉行动。2001 年 11 月，滕头村顺利通过了 ISO 14000 国际环境管理体系认证，成为全国第一个通过 ISO 14000 认证的行政村。

(资料来源：http://news.cnnb.com.cn.)

2. 认真调查研究旅游资源与环境

对资源和环境的清醒认识是旅游业持续发展的前提。只有了解和掌握旅游资源与环境的情况，才能真正进行保护和持续利用。我国旅游资源类型多，分布广，价值评价及开发潜力评价难度大；地理环境垂直分异和水平分异均较明显，形成多种多样的自然生态。而具体区域的环境容量测定必须把资源、环境与区域性主导旅游活动形式结合起来，所以显得更为复杂。这样的调查研究工作,对于目前已成热点的景区和度假区尤为迫切。

3. 加强旅游开发的环境影响评价

全面推进 ISO 环境体系和 ISO 14000 国际环境体系,对我国强化旅游区环境保护至关重要。从保护的角度出发,在开发前对开发活动进行环境影响评价、分析、识别、建设、经营过程中可能造成的影响提出相应的对策,把可能对旅游环境造成的负面影响降低到最低程度。旅游开发的环境影响评价内容包括旅游区环境承载力分析、旅游规模分析、开发活动对环境的影响识别、旅游过程对环境的影响分析等。环境影响评价通不过的,就不能开发建设。在旅游资源开发问题上,一方面要积极开发资源、发展旅游业,为人类造福;另一方面又要确保资源能永续利用。应遵循"科学评价,会理开发,综合保护"的原则,把保护与开发有机地统一起来,实施保护性开发。此外,对不具备开发能力或开发条件暂不成熟的,要采取有效措施,实行严格的封闭性保护;对于那些开发条件已经成熟的,要在保护的前提下,有计划、有步骤地进行适度开发,以建立起旅游开发和环境保护良性的互动关系,进而使经济效益、社会效益和环境效益实现同步发展。

4. 做好旅游区建设旅游环境规划

旅游环境问题的产生、旅游区环境质量下降的主要原因是人类经济活动的不当,所以需要制定具有科学性、严谨性和预见性的旅游环境规划,用于组织、管理经济、旅游及其他破坏旅游环境的活动,来解决发展生产、扩大旅游规模与景点环境保护之间的矛盾,使其协调一致,以保证经济发展和旅游活动持续稳定地进行,防止旅游区环境的破坏。旅游发展规划必须建立在生态环境承载能力的基础上,不能单凭经济效益的高低作为标准,而应把资源和生态的可持续发展放在首要地位。例如,清澈的湖水、湛蓝的天空、成群的藏羚羊、坐上开往拉萨的火车、穿行在世界屋脊,是一件令无数人向往的事。然而,一个不可忽视的现状是青藏铁路沿线地区环境干旱、生态系统极为脆弱。如何在开发旅游的同时让美景长留?国家旅游局主持编写的《青藏铁路沿线地区旅游发展总体规划(2006—2020)》获专家组评审通过,为未来青藏铁路沿线地区旅游布局勾画出一幅科学发展蓝图。自然与人文和谐,开发与保护并重,青藏铁路沿线地区将合理控制旅游环境容量。综合考虑区位、规模、性质等方面的因素,青藏铁路沿线被划分为禁止进入区、限制进入区、自由进入区和鼓励进入区,并针对不同区域设定了不同的旅游开发原则和环境规制措施。

5. 合理控制热点旅游区的旅游规模

区分不同同情况,运用经济及其他手段,采取提高热点旅游区的门票价格、划定特殊旅游景点并控制其旅游人数等手段,调整旅游区的旅游规模,在保证一定经济效益的同时使旅游区的环境得到保护。我国布达拉宫、九寨沟等热点旅游区采用这种办法就取得了明显成效。随着青藏铁路的开通,面对蜂拥而至的游客,布达拉宫即采取"限客令",每天只允许 2 300 人参观,这与青藏铁路每天给拉萨带来 3 000~4 000 名游客的数字间存在相当大的差距。为控制"十一"黄金周期间旅游人数,2007 年九寨沟在 10 月 2 日~5 日首次实行游客限量分时的规定。从 9 月 3 日起,网上开始预售黄金周门票,并实行游客总量控制,每天网上限售 1 万张当日门票,售完即止。10 月 2 日~5 日,8:30~9:00 和 9:00~9:30 的游客高峰时段，每个时段限售 3 000 张门票。未购买该时段门票者，不得在该时段验票进入景点。

6. 加强旅游环境立法执法

完善的法律制度是做好旅游环境保护工作的保证，通过对旅游者和旅游经营者制定行为规范，对破坏行为实行强制性的干涉与惩罚。首先要加强立法，主要内容包括旅游区建设项目的审批办法和权限、旅游区保护范围和保护内容的确定、对违反者的处罚办法等。现有的 3 部旅游行政法规及部门规章早已不能适应旅游产业发展的需要，急需通过制定专门的旅游法，理顺旅游运行中的各种法律关系和责任，规范旅游市场。可以说，目前制定和颁布《中华人民共和国旅游法》的各项条件已经基本具备。同时，要切实把执法工作做好，真正解决执法不严、违法不究问题。切实加强生态环保工作的执法监察力度，切实采取法律手段避免、减少或控制有利于环境保护的旅游项目的开发建设，对那些违反有关规定、对环境造成破坏和污染的行为，要依法采取行政的、经济的、政治的手段进行强制性的干涉和惩罚；构成犯罪的，要依法追究刑事责任。

阅读案例 13-2

月牙泉里折射出的生态环境保护意识

被誉为"天下沙漠第一泉"的鸣沙山月牙泉，自古以来被认为是敦煌的眼睛，也是大漠深处最具特色的景点之一，因其形状酷似一弯新月而得名。泉水被鸣沙山四面环抱，"沙水共生、山泉共处"，构成了举世闻名的沙漠奇观，与世界文化遗产莫高窟一起成为人们向外的旅游胜地。

1. 奇特的现象

2008 年 4 月 6 日，酒泉西汉酒泉胜迹景区内"霍去病出征"群雕景观区因地下水持续上升，浸泡在水中。2008 年 4 月 12 日位于甘肃省敦煌市城南 5 千米处的月牙泉水位出现回升，旁边不远的低洼处还渗出泉水，面积约 400 平方米，形成"二泉相映"奇观。2008 年 4 月 25 日，敦煌月牙泉再生"子泉"，出现罕见的"三泉相依"奇观。2008 年 10 月 18 日，月牙泉水位持续上升，创下 7 年来最高水位。

2. 高度的重视

2006 年 3 月 31 日，温家宝总理看了人民日报《甘肃敦煌面临沙漠化威胁》的"情况汇编"和刊载的消息《敦煌不能在重演楼兰悲剧》后做出重要批示："敦煌生态保护工作，必须高度重视，科学规划，综合治理，加快进行。请甘肃省政府研究。发改委、水利部、环保总局予以指导和协调。"总理的批示使百万酒泉儿女备受鼓舞。

2007 年 12 月 13 日，省委书记陆浩在《甘肃日报》发表署名文章《拯救湿地保护绿洲》，对敦煌生态问题的表现及又来进行了客观分析，深刻阐述了湿地与绿洲的内在联系，提出了解决敦煌生态问题的思路和具体措施，在酒泉市广大干部群众中引起了强烈反响。

2008 年 4 月 10 日、6 月 26 日，酒泉市委书记李建华在敦煌调研时强调："敦煌的生态建设是中央、省委高度重视的一个重要问题，各级党委、政府一定要把这项工作做好。""敦煌正处于一个新的重要发展时期，敦煌的生态问题已引起了温家宝总理的高度重视。走节水之路，加强生态保护，对于敦煌来说尤为重要。"

3．积极的措施

近年来，酒泉市把加强生态环境保护与建设作为可持续发展的头等大事常抓不懈，采取了一些列行之有效的措施，取得了明显成效。

优化结构调整，大力发展高效节水农业。以农业增效、农民增收、节约用水为目标，通过政策扶持、资金支持、技术指导等措施，加大农业调整力度，着力壮大葡萄、日光温室等高效节水特色农业。大力发展二、三产业，促进农村劳动力转移。

压缩规模关(井)压(田)，严格限制和减少地下水开采。严格落实禁止开荒、禁止打猎、禁止移民的"三禁"政策。在稳定农民承包土地和持续增加农民收入的前提下，采取停止配水、铲埂毁渠、吊销取水许可证、拆除取水设备等措施，强力推进关井压田。

依靠科技节水，提高水资源利用率。通过推广滴灌、渗灌等农业节水技术，改造城市节水管网，新建城市污水处理厂，实施城市节水器具改造工程，重点对星级宾馆和居民水表进行改造，对新上工业企业采用先进的水循环利用技术。

创新管理机制，深化水权水价制度改革。严格审定各行业用水定额和不同作物用水标准，将以往配水到灌所改为配水到单位、到农户，建立农民用水协会，对农用机井安装智能水表，发放水权证和水票，鼓励因到农户进行水权水量交易。改革水价制度，实行阶梯水价和超定额加价制度。

夯实项目基础，加大工程建设力度。编制《敦煌市生态环境和文化遗产近期工作方案》。积极推进"引哈济党"、月牙泉水位下降应急管理、阳关自然保护区申报国家级自然保护区等大型工程项目。

4．清醒的认识

酒泉市委书记、市人大常委会主任李建华在接受新华社记者采访时说，敦煌月牙泉水位的提高，是总理关心、省委省政府关心的结果，月牙泉的水位是敦煌乃至酒泉生态的一个写照。2008年月牙泉水位虽然有所提高，但我们对成绩的取得还不能估计过高。近些年来，从总体趋势上说月牙泉的水位是下降的，水位下降的原因实际上是人口过载，人与自然的和谐被破坏。这个趋势没有从根本上得到扭转，我们不能说月牙泉水位上升了，就能给总理一份满意的答卷，这项工作我们做得还远远不够。在当前这种情况下，我们要从工业、农业、社会事业发展、居民生活等方面"五管齐下"，采取价格节水、工程节水、工业节水、农业生产方式节水、污水回用等方式加强节水工作。这里面最重要的是农业生产方式节水，要着力发展高效特色农业。

(资料来源：新华网甘肃频道．)

13.4　旅游消极影响的应对策略

实现旅游健康良性发展，在不损害环境持续性的基础上实现旅游业长期稳定和良性发展，其实质就是不断保持环境资源和文化的完整性，并能给旅游区的居民公平地分配旅游业的社会和经济效益。必须坚持适度发展和循序发展的观点，坚定不移地走可持续旅游发展的道路。

13.4.1 树立正确的可持续旅游发展观

旅游业是一项对环境依存程度很高的新兴产业，可持续旅游发展是我国旅游发展的必由之路。就我国旅游业开发的现状而言，确实存在诸多突出问题，旅游的可持续发展已经成为一项迫切任务。我国旅游业的开发历史较短，目前仍然表现为典型的发展中国家旅游开发模式，即将旅游业的发展简单化为数量型增长和外延的扩大再生产，在旅游资源开发中，缺乏必要的环境保护，从整体上讲尚属于粗放型发展模式。事实表明，这样的发展已经给生态环境和旅游资源带来较大的破坏，旅游与环境、生态之间的矛盾越来越尖锐。如果不能从根本上解决好旅游业发展中的环境问题，就会从根本上削弱甚至摧毁我国旅游业持续发展的基础。

旅游业是一个比较年轻的产业，许多与这一产业有关的理论问题和认识有一个由浅入深、由片面到全面的过程。直至当前，国内外旅游界对旅游业有关的问题依然存在着诸多模糊和偏差，与旅游可持续发展观相违背。

(1) "旅游业是无烟产业，不像其他产业那样对环境造成污染。"正是在这种错误观念指导下，旅游开发遍地开花，旅游设施建设如雨后春笋，旅游区人满为患，旅游业到处炙手可热。但是，只要冷静思考和认真分析，不难发现，旅游作为一种产业，也会生产各种废物。它不仅排放各种"常规"废物，而且产生对旅游区社会和环境构成致命威胁的"旅游公害"，已经并将继续造成更加严重的危害。

(2) "旅游业是一项投资少、见效快、产出高的劳动密集型产业。"人们之所以把旅游业看成低投入、高产出的产业，其重要原因是没有把旅游资源消耗，特别是环境资源的消耗纳入"旅游成本"之中，从而忽视或歪曲了旅游成本的结构，低估了旅游成本水平，因而也就增加了旅游业的"新创造价值"。在资源紧缺、环境污染日益严重的今天，如果把旅游资源，特别是生态环境的消耗和衰退纳入旅游成本之中，那么旅游业应该是一种资源密集型或环境密集型产业。

(3) "旅游资源主要是由可再生性资源组成，而旅游消费又基本上是一种'感觉消费'或'精神消费'过程，因此旅游资源不存在枯竭问题。"认为旅游资源可以永续使用下去的观念来自人们对资源"可再生性"的肤浅理解。其实，旅游资源的最根本或最可贵属性在于其他原始、原物或自然环境状态。一方面，各种旅游开发或旅游活动导致的旅游环境衰退现象实属对旅游资源的严重消耗和破坏；另一方面，人为新建的"人文旅游景观"虽然也可构成资源，但其价值与历史遗存或处于原始和自然状态者不能相提并论。也就是说，旅游资源并非绝对"可再生"，而旅游活动对资源的消耗则是不可再生的。所谓旅游资源的使用永续性，是建立在人们的适度开发和生态平衡允许的基础上的。

鉴于上述对旅游业认识上的模糊和偏差，必须树立正确的旅游可持续发展观。要切实纠正"有资源就可开发"、"靠山吃山，靠水吃水，靠风景吃风景"、"充分利用本地区的丰富资源，加大开发利用力度，力争在近时期内取得可观的阶段性成果"之类的错误或片面性提法，真正把开发和建设思想统一到与社会和环境协调一致的可持续发展思路上来。世界上十分知名的"瑞士旅游观"是："保护文化历史传统，注意环境保护，(旅游业)数量上不求在发展，重在提高服务质量。"举世公认的有"世界公园"之称的旅游发达国家瑞士，以这样看似保守的口号作为自己的国策，实际就是可持续发展观的具体体现。

13.4.2 实现旅游业健康良性发展

1. 坚决避免重走"先污染，后治理"的老路

"先污染，后治理"，这是一条前人曾走过的以牺牲自然环境的巨大代价来换取经济"令人鼓舞的繁荣"的错误之路，世界上许多国家为此付出了高昂的代价。旅游开发必须在规划中充分论证开发的社会和环境影响，特别要重视对环境的消极影响，实行开发与保护相结合，或者是在保护的基础上适度开发。把"保护"写在"开发"之前，并在"开发"一词前加上限定词"合理"，这些的写法与以前片面地"为开发利用这些资源"相比，具有明显的科学性和进步性。例如，素有高原明珠之称的云南滇池，浩浩五百里，可由于围湖造田和工业生活废水污染，现已失去昔日的光彩。如今，不得已投入大量资金予以整治，其沉痛教训是人们不得不吸取的。

2. 努力实现旅游业向生态旅游发展

世界旅游组织对生态旅游定义：以生态为基础的旅游，是专项自然旅游的一种形式。强调组织小规模旅游团(者)参观自然保护区，或者具有文化吸引力的地方。1993年9月在北京召开的第一界东亚国家公园自然保护区会议对生态旅游的定义：倡导爱护环境的旅游，或者提供相应的设施及环境教育，以便旅游者在不损害生态系统或地域文化的情况下访问、了解、鉴赏、享受自然及文化地域。

生态旅游本身就是旅游可持续发展的重要基础，是旅游可持续发展的核心，要求旅游开发和旅游活动以不违反生态规律为原则。各种旅游地都有其"环境承载力"，即一定时期内、一定状态或条件下的某一地区自然环境所能承受的人类活动的最大值，具体地说，就是该旅游区所能容纳的最大游客量。如果游客是超越这一最大承载力，则旅游区的环境衰退和破坏现象随之发生和加剧。旅游生态发展的实质是要在旅游业发展中充分认识开发与保护、经济发展与生态平衡的辩证关系，坚持经济发展和环境保护"两手一起抓，两手都要硬"，这样才能使旅游生态发展真正落到实处。

3. 坚持旅游开发的"时序性"

所谓"时序性"，即开发顺序，这本来就是旅游资源可行性评价要解决问题。开发有先有后，既要考虑到目前，又要考虑到未来，决不能与子孙后代"抢饭吃"。"暂时不开发的先保护起来，留待以后去开发。"这是一个非常有远见的开发观。西安周围有秦始皇陵及许多汉、唐帝陵，大部分没有开发而加以保护，这一方面是考虑直到目前科技水平尚未达到保证地下文物一旦出土不致变质，另一方面也是为了给后人留下一些开发对象。杭州的南宋太庙遗址出土后予以回填，也是基于这种考虑，国家已做出近期内暂不发掘大型帝王陵寝和王城的决定。

4. 旅游业要建立政府主导的宏观调控体制

世界上并无绝对自由的"市场经济",成功的"市场经济"都是在一定的宏观调控下实现的。作为产业,旅游业也应既顺应市场需求,又具有调控措施。滥建大型人造景点、游人过量接待等现象,实属既违背市场供求原则,又缺乏宏观调控的错误做法。旅游资源的配置是以旅游需求为基准的。旅游开发不能"遍地开花",而是应优化资源配置,使有限的资源发挥出最大的效益。有关部门对旅游开发要加强管理,严格科学论证和严格审批手续。对于违反这两个"严格"而上马的开发项目,应予以制止。杭州西湖、广西桂林等一大批风景名胜区之所以开发千年依然保持原有风采,基本上做到古今风光一脉相承,主要归功于管理的实施部门严格把关。旅游区游人接待量的控制问题也可以用拉开淡旺季旅游价格、规定游人区内活动时间乃至旺季限时限量接待等不同做法来实现。鉴于我国人口众多这一特定国情和旅游业对旅游场所的依赖性相对较强这一行业特点,旅游热点旺季人满期为患问题必然突出,对此必须实行适当的人为客流调控,这同国家实行计划生育的道理一样。

5. 提倡文明旅游,杜绝旅游污染

游人的文明程度在很大程度上决定着旅游景区的环境质量,我国游客乱扔垃圾、随地吐痰、乱涂乱画、高声喧哗等不文明习惯改变之日,就是我国旅游环境改善之时。对此要加强宣传教育,同时配之以严格的处罚规定。对于不文明行为,罚而不严,等于不罚。在这一点上,新加坡等国家的经验值得借鉴。中华民族是一个优秀的民族,不可能永远被人认为缺乏环境意识,而要保证我国的大好河山和千古名胜永葆青春,必须与不文明旅游行为告别,否则中国旅游业纵然有再大家产,也是难以维持其可持续发展的。

本章小结

随着旅游活动规模的不断发展和扩大,旅游业正逐渐成为影响国民经济、社会文化和生态环境发展变化的重要力量,对所在地区的经济、社会文化和环境产生着这样那样的积极或消极影响。正确认识和处理旅游对经济、社会和环境的作用和影响,对于促进旅游业的全面、协调和可持续发展具有特别重要的意义。

现代旅游业的蓬勃发展,不仅对各旅游目的地乃至世界经济产生了巨大的影响,而且对旅游目的地乃至全人类的社会文化也具有不可忽视的影响。旅游的经济影响是旅游产生影响的基础和中心环节,是旅游业发展的强大内在动力。而大群外来人口在接待地之间流动,所带来的社会接触和文化交流对旅游者和目的地社会文化的影响也是深刻的。旅游与环境之间密切联系,是一种相互依赖又相生相克的关系。一般地说,旅游产业的积极影响是主要的、现实的,而旅游产业的社会弊病是次要的、潜在的。

旅游消极影响的应对策略,就是要树立正确的可持续旅游发展观,旅游开发必须在规划中充分论证开发的社会和环境影响,特别要重要对环境的消极影响,开发与保护相结合,或者是保护的基础上适度开发,实现旅游业可持续性的发展。

关键名词

旅游效应　旅游经济　旅游文化　旅游环境　生态旅游

复习思考题

一、填空题

1. 旅游属于第_____产业，是一个以提供服务为主的综合性服务行业，是国民经济的有机组成部分之一。旅游活动不仅包括吃、住、行、游、购、娱等综合性社会经济活动，还涉及国民经济许多其他行业和部门。随着大规模的现代大众旅游的展开，旅游的市场也将会越来越大，旅游业对社会经济发展造成了巨大而深远的影响。旅游业是国民经济收入的重要来源之一，具有独特的"_____"，在整个国民经济中有着非常重要的地位和作用。

2. 一般来说，_____是用以测定单位旅游消费对旅游接待地区各种经济现象的影响程度的系数，是用以测定旅游消费(即接待国或地区的旅游收入)所带来的全部经济效应(直接效应＋间接效应＋诱导效应)大小的系数。

二、简答题

1. 旅游对经济发展有哪些积极和消极效应？
2. 旅游对社会文化发展有哪些积极和消极效应？如何应对？
3. 旅游对环境有哪些积极和消极效应？如何应对？

三、名词解释

旅游乘数　生态旅游

四、案例分析

超容量接待引发的文化冲突

泸沽湖又名左所海，位于云南省丽江地区宁蒗彝族自治县和四川省西南部盐源县交界处，面积约9 935公顷(1公顷＝10 000平方米)，海拔2 685米，平均水深40米，是丽江玉龙雪山国家级风景名胜区的重要组成部分，也是云南省省级自然保护区及旅游区。湖水清澈透明，倒映着蜿蜒起伏植被茂密的青山，形成色彩碧翠绚丽的湖光山色。泸沽湖旅游区阳光充足、降水适中、气候冬暖夏凉。景区内有8岛、14湾、17个沙滩和一个海堤，还有以格姆山为主体的森林风光、草甸风光、河流瀑布风光、溶洞风光及地质地貌等自然景观。泸沽湖景区被专家誉为"中国西南的一片净水"、"高品位世界级的旅游资源"。

1989年泸沽湖景区旅游人数为6 120人，到了1997年猛增为10万人左右，增加了16倍。目前，每年的游客已经超过了20万人，2010年超过35万人。旅游业已经成为当地的经济支柱产业，旅游业的发展所带来的社会效益和经济效益是显而易见的。

目前，泸沽湖的接待能力每年最多时为11万人左右，落水村民间接待区床位仅2 400个，而每年接待的实际游客已经超过20万人，有限的旅游接待措施已经在超负荷运转。除了专门的招待所、宾馆，大部分摩梭人家都设有专供游客住宿的房间，可是仍然无法满足过于饱和的客流量。原本很清爽的湖光山色现在是人头攒动，原本很宁静的村落现在变得人声鼎沸。远道而来为了一睹摩梭风情的游客，满眼看到的不是身着民族服装的摩梭人，而是与自己一样的游客，听到的也是熟悉的语言，路旁的花草常常还没有来得及从前一批游客的脚下缓过劲儿来又惨遭践踏。随着游客的增多，接送游客的车辆、游客自己的车辆增多了，汽车的尾气、扬尘等对泸沽湖的大气环境也造成了一定的影响。各种车辆的喇叭声、马达声让那些寻找大自然的幽静躲避都市喧嚣的游客无处可逃，对当地人的生活也是一大干扰。

自古以来，摩梭人独特的人文风情，由于地域的偏僻和交通的不便而得以保持完好，具有较高的人文科研和历史保存价值。旅游的兴起使得泸沽湖与外面世界的跨文化交流多了。来自国内外的游客或多或少地将不同的文化背景带到这里，在各种文化交融趋同的同时，本民族的传统文化猝不及防地与外界遭遇，造成了一定的冲突，影响了摩梭风情的保护和保存。

传统的摩梭人的民居是低矮的木楞房、幽静的庭院、开合变通的邻居小巷、上枕青山，下依清流，古朴自然。但是，为了接待源源不断的游客，各种旅游设施纷纷上马。于是出现了一些违法建设旅游接待设施、建筑物越建离水越近、建筑物与自然景观极不协调、摩梭风情建筑风格被改变的现象，大大污染了景区的景观，破坏了景观的美学效果，对摩梭人文风情形成了严重的威胁。旅游业的发展使传统以耕作型自然经济结构向旅游服务型转变，农业对耕地的依赖减轻，从而减轻了垦荒对森林的压力，但同时却增加了对陆地生态系统的环境压力。摩梭人的思想观念改变了，经济意识增强了，除了搞农业生产，大多数摩梭人加入到旅游服务行业中来，学会了做生意、开商店、开旅馆、划船、卖烧烤、当导游。整个泸沽湖摩梭人的文化和社会正在转型。原来的泸沽湖在高原湖泊景观、湖泊学及生物多样性保护中具有特殊和重要的地位，并被列入《中国生物多样性保护行动计划》。区内因长期呈半封闭的原状态，受外界影响少，湖周围无工矿企业，只有农业，环境本底状况较好。随着旅游资源的开发，旅游人数逐年增加，威胁环境的各种因素也随之而来。再加上环境保护措施相对滞后，旅客环保意识淡薄，旅游污水、旅游垃圾和一些新建的旅游设施都对原有的自然环境造成了一定的影响和破坏。旅客进入到摩梭人家中亲自体验摩梭人生活的接待方式在当地很受欢迎，但由于摩梭人家没有供水、排水设施，生活污水直接排入湖内，增加了对湖水的污染。1995年，泸沽湖旅游污水仅为农村生活污水的20%，占污水总量的17%。2010年旅游污水将占农村生活污水的65%。对比自然村生活污水、地径流和大气沉降的发展趋势，未来泸沽湖入湖污染负荷的增加主要是由旅游业带来的，且呈快速增长之势。

水是泸沽湖的灵魂，水质的恶化对泸沽湖湖水生态系统将造成严重影响。泸沽湖中生长的特有物种波叶海菜花、裂腹鱼等将遭到严重破坏，面临绝迹的威胁。这些生物对维持湖泊生态系统良性循环有十分关键的作用。大量游客的涌入，随之产生的垃圾不但极大地破坏了景观，同时对环境造成的污染，对区内的生物造成威胁。

文化和环境是互相依赖、互相作用、互相制约的，其在相互适应的过程中达到平衡。长期以来，摩梭人的饮食起居、风俗习惯、宗教信仰都与泸沽湖的自然生态系统息息相关，相辅相成。摩梭人的独特文化与泸沽湖的自然环境是密不可分的。李英南先生深怀忧虑地说:"皮之不存,毛将焉附?一旦自然生态环境遭到破坏,居住在这里的人们也不得不另迁他处,原有的文明将消失殆尽。"

(资料来源:章海荣. 旅游文化学[M]. 上海:复旦大学出版社,2004.)

问题:
1. 超容量接待对泸沽湖的经济文化社会产生了什么影响?
2. 案例中的"皮之不存,毛将焉附?"说明了什么旅游原理?

第 14 章　旅游业的发展趋势

教学目标

通过本章学习，了解我国和世界旅游业发展的现状；熟悉世界旅游经济发展的主要模式和特点；掌握我国旅游业发展的趋势、旅游可持续发展的基本要求。

教学要求

知识要点	能力要求	相关知识
世界旅游业发展现状和趋势	能够分析世界旅游业发展的不平衡现状 理解掌握世界旅游业发展的主要趋势	发达国家和发展中国家旅游发展的特点 国家旅游重心向东转移 休闲度假体验旅游逐渐大众化 可持续旅游发展
世界旅游经济发展模式	能够正确鉴别世界主要旅游国家的旅游经济发展模式	美国模式、西班牙模式、印度模式、岛国模式的主要特点和代表国家或地区
我国旅游业的发展现状和趋势	掌握我国旅游业的特点和发展趋势	旅游区域联合发展 旅游文化特色 从旅游大国向旅游强国加速发展
旅游业的可持续发展	掌握旅游可持续发展的基本要求	可持续发展的内涵 旅游可持续发展的支柱

导入案例

未来世界旅游业发展新趋势

2009 年 10 月，在英国首都伦敦开幕的世界旅游交易会发布了《2008 年全球旅游趋势报告》，详细预测了世界旅游业的发展新趋势。

英国：带着宠物去旅游。报告说，英国约有 4 900 万只宠物，宠物食品和护理用品的消费支出达到 27 亿英镑(约合 54 亿美元)，宠物已成为英国人生活中不可或缺的组成部分。带着宠物去旅游的呼声因此日渐强烈，成为英国旅游业界考虑提供相应的旅游设施与服务，满足这一需求。

亚洲：旅游项目进手机。亚洲目前是世界上手机拥有量最大的地区，几乎达到 10 亿部。手机的大众化和手机短信的低廉费用使手机成为继电视和电脑之后的"第三屏幕"，旅游服务运营商将利用手机作为联系消费者和推销旅游项目的重要渠道。

北美：偏爱享乐式旅游。北美地区许多居民崇尚"玩命工作，疯狂享乐"的信条，或希望抓住青春的尾巴延长无拘无束的生活；或希望效仿名人休闲方式，在酒店游泳池边举办派对；或喜欢租艘豪华游艇，呼朋唤友狂饮至天明。报告认为，加勒比地区的度假胜地对北美这些追求享乐的游客充满吸引力。

南美:"世界尽头"的诱惑。世界最南端的城市位于阿根廷,名叫乌斯怀亚,被称为"世界尽头"。由于全球媒体都在关注气候变暖问题,加上《帝企鹅日记》等电影的热映,当地旅游业趋热,特别是来自北美和欧洲喜爱冒险的游客希望从这里出发,进行极地探险,游轮业和酒店连锁业也瞄准了这一新兴旅游目的地。

西欧:慢节奏让心灵放假,对工作压力很大的人来说,慢节奏旅游是帮助他们放松自己的有效方式。他们喜欢走进大自然的怀抱,享受简单生活的乐趣,在快速运转的世界上放慢自己的脚步。报告预计,随着人们越来越重视环保,到郊区或农场度假,以及火车旅游都将进入西欧旅游业的主流,成为海滨度假和文化旅游之外的新选择。在西欧,这种旅游方式不仅独具特色,还将带动地方经济。

东欧:流动人口返乡游。欧盟东扩为西欧国家带来大量经济移民,廉价航班又使这些移民和其他国际流动人口能经常返乡探亲。返乡旅游项目包括文化遗产游、假日游及投资居住游,东欧国家将有更多旅行社提供这些特色旅游,满足境外同胞的需求。

中东:宗教旅游潜力大。报告分析说,中东地区其他重要城市已开始效仿阿联酋商业城市迪拜的成功经验,将旅游作为重要收入来源之一。目前,中东国家尚未针对全球穆斯林开发特色旅游产品,这意味着宗教旅游的潜力巨大。宗教旅游不仅吸引中东地区居民,还能让世界各地的穆斯林纷至沓来。

非洲:北非游蒸蒸日上。在北非摩洛哥,由于政府鼓励外资,并采取多项措施在海外宣传摩洛哥作为旅游目的地的优势,加上廉价航班的出现,摩洛哥将成为北非旅游的后起之秀,吸引众多欧洲国家的游客。报告同时预测说,突尼斯和埃及的旅游业目前相当成功,今后还将更上一层楼。

(资料来源:崔晓文. 旅游经济学[M]. 北京:清华大学出版社,2010.)

问题:
根据案例提供的资料,谈谈你对这种预测的看法。

世界旅游业持续发展,旅游产业已经成为世界上最大的产业之一,并且形成适合各国不同国情的旅游经济发展模式。我国旅游业高速发展,呈现出入境旅游持续稳定增长、国内旅游持续全面增长、出境旅游快速增长的态势,逐渐由旅游大国向世界旅游强国发展。如今我国旅游业在世界旅游业中的地位越来越重要,如何促进旅游业可持续发展,不仅是世界也是我国旅游面临的重要课题。

14.1 世界旅游业发展现状和趋势

随着世界经济的发展和人们生活水平的提高,旅游已经成为人们休闲度假的主要选择方式之一。旅游业的发展不仅给许多国家提供了大量的就业机会,而且还带来了丰厚的外汇收入。因此,旅游业日益引起各国政府的重视。

14.1.1 世界旅游业的发展现状

20 世纪 60 年代以来，旅游业以持续高于世界经济增长的速度发展，已超过了石油、汽车、化工等行业，成为世界第一大产业。20 世纪 90 年代以来更是世界旅游业蓬勃发展的黄金时期，逐渐形成欧洲、亚太地区和美洲三足鼎立的局面。如今，旅游业增长呈加速趋势，旅游业全球格局将有较大的变化，总体可归纳为"亚洲迅猛，美洲平稳，欧洲趋缓，非洲起步"。

多年来，世界旅游业主要以欧洲为主体，现在受世界经济因素影响，未来国际旅游市场的竞争亦将日趋激烈。一些旅游大国的地位正在受到来自像中国这样新兴旅游国家的冲击。对此，世界旅游组织总干事长弗朗西斯科·弗朗加利指出："实际上，中国入境游人数已从美国那里夺走了入境游第三的位置。如果中国旅游业持续发展下去，到 2015 年就有可能从西班牙手里夺走入境游第二的位置。到 2020 年就有可能从法国那里夺走入境游第一的交椅。"

目前国际旅游业发展现状呈现出以下几个显著特点。

1. 旅游业高速发展

国际旅游业的发展速度是极快的，它在世界经济中的地位也是举足轻重的，它的兴衰直接影响到世界经济的发展和人们生活水平的提高。根据世界旅游组织历年的统计数字，1950—1993 年，全世界旅游人次已经从 2 500 万增加到 5 亿，43 年间大约增长了 20 倍，同时，国际旅游收入也由 1950 年的近 26 亿美元增加到 1993 年的 3 240 亿美元，43 年间增长了近 124 倍，1998 年世界旅游业接待人数 6.35 亿人次，旅游收入 4 394 亿美元，2004 年国际旅游人数达到 7.6 亿人次，旅游收入达到 6 220 亿美元，达到了空前的规模。据联合国世界旅游组织统计，2011 年全球国际旅游人数达到 9.8 亿人次，同比增长 4.4%。预测到 2020 年，全球将接待 16 亿国际旅游者，旅游消费将达到 2 万亿美元，旅游人数和消费年均增长率分别为 4.35%和 6.7%，远高于世界财富年均 3%的增速。

另据有关资料显示，1996 年全球国际旅游总人数达 5.92 亿，旅游业总产出达 3.6 万亿美元，占世界 GDP 的 10.7%，旅游就业与总就业之比为 1∶9，旅游消费占总消费的 11.3%，旅游投资占总投资的 11.9%，旅游业税收占总税收的 10.4%，旅游出口占总出口的 11.4%，旅游业成为名副其实的世界第一大产业。2010 年 5 月 28 日，中共北京市委研究室与北京市旅游局联合发布了《旅游产业作为世界第一大产业发展状况研究》报告。该报告指出，国际旅游已经成为一股新的时代潮流，2015 年、2020 年全球国际旅游人次将分别达到 12 亿、16 亿人次，国际旅游人口将占世界总人口的 3.5%。

2. 世界旅游业地区间发展不平衡

旅游业的整体情况是高速发展的，但并非是每年都在高速发展，而是相对世界经济中其他传统产业而言的。因为世界旅游业在发展过程中，受社会政治、经济、技术、文化、自然灾害等因素的影响是很显著的，每当世界经济出现危机和波折时，发生重大的自然灾害和恐怖主义活动时，都会对世界旅游市场产生很大的冲击。

例如，1974 年第一次世界石油危机和 1982 年世界性经济衰退，都减缓了当年国际旅游业的发展速度，甚至一度使处于高速增长阶段的世界旅游业出现负增长。20 世纪 80 年代初，旅游业面临的是世界经济的急速衰退，无论是发达国家还是发展中国家，都发生了全面的经济紧缩，导致旅游需求突然下降，当国民经济复苏时，旅游业开始持续增长。20 世纪 80 年代后期，西方股市风潮又影响旅游业的发展，使其增长率下滑。进入 20 世纪 90 年代，国际旅游业进入新一轮高速增长阶段，到 1996 年旅游业也已经成为世界上最大的产业之一，1999 年以来西方国家不断遭受恐怖主义袭击。2003 年以后又陆续在世界各地爆发疯牛病、禽流感、SARS 等传染病，2004 年南亚的海啸、地震，2005 年美国遭受飓风、法国持续数月的骚乱、罢工，2008 年四川汶川地震，2010 年日本海啸、地震和核泄漏等天灾人祸都不同程度地冲击着旅游业的发展速度。

1990—1995 年旅游业发展最快的地区是中东(接待人数平均增长 8.5%)、东亚太地区(年均增长 8.4%)、南亚(年均增长 6.3%)、非洲(年均增长 5.9%)，而欧洲和美洲旅游业的发展速度却低于世界平均水平(分别年均增长 3.6%和 3.4%)。在旅游收入方面，2011 年增幅居前几位的是美国、西班牙、中国香港地区和英国。旅游消费最多的是中国、俄罗斯、巴西和印度。

如果全球经济保持适度增长，信息技术与交通技术的不断发展，国际旅游障碍逐渐减少，全球一体化不断加强，人类对社会文化和换将的保护意识不断增强，21 世纪的旅游业仍将保持强劲的发展态势。

3．世界旅游市场出现新格局

经济全球化和区域经济一体化的进程深刻地影响着世界旅游业的发展轨迹，打破了原有的旅游市场格局。东亚太经济的崛起，为世界旅游热点向亚太转移创造了经济平台。现在已经运行的中国-东盟自由贸易区，将出现一个拥有 17 亿消费者、近 2 万亿美元 GDP、1.2 万亿美元贸易量的经济区。东亚太地区接待国际旅游人数占世界的份额将从 1995 年的 14.2%上升为 2020 年的 27.3%，超过美洲(2020 年为 17.8%)，位居世界第二。欧、美主宰世界旅游市场的局面已被打破，全球旅游市场已形成欧、亚、美三足鼎立的新格局。

东亚地区旅游日趋活跃。2011 年 6 月 8 日上午，韩国文化体育观光部和旅游发展局宣布，委任中国演员为韩国文化观光宣传大使，以吸引中国游客。

在这一大格局下，区域经济一体化的推进加速了区域旅游的发展，使世界各大洲内部的区域性旅游成为国际旅游的主体。据世界旅游组织预测，2020 年世界各主要旅游区内部的国际旅游者将占其国际客源的份额如下：非洲为 70.5%，美洲为 71.0%，东亚太为 78.5%，欧洲为 84.8%，中东为 73.0%。

4．度假旅游呈持续增长之势

从世界旅游业发展来看，度假旅游的发展历程已经走过了半个多世纪。随着世界各国经济的发展和生活水平的提高，众多旅游者旅游的目的也从传统的开阔眼界、增长见识向通过部旅游使身心得到放松休息、陶冶生活情趣等转变，度假旅游活动成为现代人生活的重要组成分。随着旅游者中度假人数比例的不断增大，现在度假旅游已经成为重要的市场方向，世界旅游强国在很大程度上都是休闲度假旅游比较发达的国家。而海岛、滨海旅游度假则是旅游业的一大支柱，在一些国家和地区成为主要的经济收入来源，如在百慕大、巴哈马、开曼群岛，旅游业收入占其国民收入的 50%以上。目前，地中海沿岸、加勒比海地区、波罗的海，以及大西洋沿岸的海滨、海滩成了极负盛名的旅游度假胜地。

5. 休闲度假与旅游体验逐步迈上大众化轨道

社会财富的积累与个人消费能力的提高为休闲旅游提供了条件和便利,旅游休闲已深入人们的日常生活。人们的休闲时间与时俱增,恩格尔系数则与时俱减。1995 年,全世界 145 个国家实行每周 5 天工作制,其中大多数国又实行每年 5~52 天不等的在职带薪休假制。有些发达国家有可能实行每周工作 4 天、每天工作 5 小时、每周工作 20 小时。带薪休假也将逐步延长,弹性工作制将进一步推广。在发达国家和地区,恩格尔系数已降到 20%~30%,人们的可自由支配收入将大幅度增长。在美国,美国人已有 1/3 的休闲时间,2/3 的收入用于休闲,1/3 的土地面积用于休闲。休闲度假已成为现代社会人们的重要生活方式,休闲经济成为经济社会发展的重要经济形态,休闲经济在 21 世纪的前 20 年将占有世界 GDP 的半壁江山。旅游体验成为人们旅游和娱乐的核心内容,旅游和娱乐已成为驱动休闲经济发展的两大轮子。中国社科院旅游研究中心主任张光瑞认为,大众旅游时代到来,休闲经济将是 21 世纪推动经济发展的动力,消费的休闲化和休闲的市场化是一个重要的时代特征,有一句名言说得很动人,"一个人的休闲可以换来另外一些人的就业"。

6. 旅游市场的供求内容发生了实质性变化

与传统观光旅游的基本内容相比较,整个旅游市场的供求内容发生了实质性变化。21 世纪的旅游者已不满足传统的大众化的观光旅游产品,开始选择具有鲜明地域特色、时代特色和个性特色的度假旅游产品。因此,供给者便着力培育世界一流的旅游度假胜地这一主流产品,除了得天独厚的自然资源和历史文化资源以外,核心就是度假地特有的、不可复制的社会资源、民俗文化资源和交通、通信、网络等基础设施,以及度假地的游憩设施,形成规模性的复合型度假产品体系,满足各个层面的游客需求。度假者在度假期间除了在度假地活动以外,往往还会以该地为中心,做短途游览,进行观光、考古、探险、运动等,认识、感悟和体验不同旅游度假地的特色文化,扩大视野,放松身心,提升内涵。

7. 在旅游中追求更多的参与性和娱乐性

旅游者将转向追求那些富有活力、情趣、具有鲜明特点的旅游场所,喜欢那些轻松活泼、丰富多彩、寓游于乐、游娱结合的旅游方式。能亲身体验当地人民的生活,直接感受异国的民族文化风情,通过参与和交流得到感情的慰藉和心灵的撞击。因此,旅游产品设计开发将更加注重民族风情、地方特色、游娱结合。

阅读案例 14-1

登山是我的一种生活状态

——对话著名登山玩家王石

"山在那儿,王石。"

2007 年 7 月 9 日,也就是王石在成功登上瑞士最高峰——杜富尔峰后第二天的庆功宴上，记者找他签名，他给记者写了上面的字。

第二天，在去往铁力士的火车上，王石与记者一班火车，记者与王石面对面，畅谈人生。眼前的王石，手拿佳能 EOS-1v 相机，身穿 ARCTERYX(十足鸟)，与记者侃侃而谈，完全没有一点名人的架子。

现任万科企业股份有限公司董事长，万科企业股份有限公司目前是中国最大的房地产上市公司。作为登山运动的爱好者，王石 2003 年成功登顶珠穆朗玛峰，至今保持着国内登顶珠峰的最年长纪录。他又于 2004 年、2005 年先后完成了攀登世界七大洲最高峰和穿越北极和南极的探险，是成功登顶七大洲最高峰的 4 个华人之一。

2007 年 6 月，应瑞士国家旅游局邀请，王石出任瑞士旅游形象大使，并于 7 月 2 日，与香港攀山训练中心总教练钟建民和曾 5 次登顶珠峰的藏族登山队员阿旺赴瑞士挑战马特宏峰。经过在瑞士几天的适应和调整，登山团队于 7 月 6 日抵达马特宏峰的家乡采尔马特。由于当地气候变化原因，马特宏峰山上积雪较多，条件不适于登顶。登山团队临时改变计划，挑战瑞士最高峰——杜富尔峰(海拔 4 634 米)。7 月 8 日，登山团队正式向杜富尔峰发起挑战并于当地时间 11 时 30 分成功登顶，并于下午 4 时返回采尔马特。这是首次内地和香港登山人联手成功登上瑞士最高峰。同时，为了纪念香港回归 10 周年，登山人将一面中国国旗和一面香港特别行政区区旗带上了杜富尔峰山顶，如图 14.1 所示。

图 14.1　瑞士旅游局策划组织攀登瑞士最高峰——杜富尔峰峰顶

中国攀登队 3 名队员之一王石(左)说："很多人以为我是为了健康而选择登山，其实不是。登山只是我选择的生活状态。其实，登山对人的健康还是会有些影响的，但我想我应该在命运的挑战前做些事情。于是我选择了登山。"没想到从此王石对登山上了瘾。"登山改变了我的很多思考方式，让我过着有质量的生活。"王石给记者列数他现在进山的频率："从去年 5 月攀上西藏 7 000 多米的拉不日一直到刚爬完的瑞士杜富尔山。我现在至少要两个月进一次山，爬山已成为我的一种生活方式。当你从缺氧的状态回到山下时，你会感到非常适应，人感觉好像是透明的，像个隐形人，整个身体都很通畅很舒服，因此，登山已成为我生理上的一种需求。"

记者问了一个大家都有的疑问："作为一名上市公司的董事长，您这样成天爬山会不会影响工作？"面对这个问题，王石很坦诚："如果你们认为我要成天在办公室呆着，那你们就把我定位为一个要亲力亲为的老总。其实很多企业的老总也不是都亲力亲为的，只不过他们把我去登山的时间用去打 golf。其实我不打 golf 是有损失的，主要是商业损失。但我打 golf 根本不行，9 个洞的我只能打 70 多杆，因此如果你们问我 golf 的东西，我就不吭声了。但如果我打 golf，你们这些老记会对我有兴趣吗？其实，对我来说没有损失，起码我可以做我喜欢做的事。""很多人对我不理解，有句话是'父母在不远游'，像我这样 50 多岁还整天登山似乎有点大逆不道。其实，登山带给我的感受恰恰不是冒险，而是要珍惜生命，踏实走每一步。"

曾经历生死考验王石直言，在大自然面前，大山并不知道你是谁。因此，任何盲目都是危险的。因此，要对山敬畏，对登山教练尊重。"最难忘的一次登山经历曾面对生死考验。当时自己有点个人英雄主义，一人进山，到第三天回来时，保护绳给飞石打断了。当时正处于 60 米的冰壁上，10 年前日本队曾有队员在此摔下去。当时用对讲机和大本营对话，有两个方案，一是等两天，大本营的人来营救，但我已无气无水；二是自救，但随时会有滑下去的危险。当时，我决定关掉对讲机，自救。刚开始的时候，我浑身哆嗦，后悔自己来这里，吃饱了撑的，真是有点绝望。但后来我强迫自己镇定，于是我学田径运动员热身，打了自己两耳光，不再哆嗦了。当我在风雪中用两小时走回大本营时(如果有保护绳只需 20 分钟)，我后背全湿了。后来我得出的教训是：进山不能个人英雄主义。"要玩就要玩出个名堂王石表示他喜欢登山的刺激，可并不是心血来潮。其实除了登山，他还玩飞伞、驾驶帆船，每一项喜欢的运动他都会接受专业的训练，像认真工作一样认真玩。要玩就要玩出个名堂。"今年还有两座山要登。山是登不完的，无数山峰在召唤。其实，每个人心中都有一座山峰，人的一生就是一个攀登的过程。"王石说。

(资料来源：http://travel.sohu.com/20070716/n251088182.shtml.)

14.1.2 世界旅游业的发展趋势

随着社会经济的变革、科学技术的进步，以及旅游市场地域结构、人口结构和消费需求结构的变化，世界旅游业在发展中将呈现出如下的发展趋势。

(1) 更加重视在国家战略中的地位，把发展旅游作为参与国际竞争的重要平台。

许多国家和地区把旅游发展提升到国家战略高度，增加导向性投入，改善公共服务设施，开发旅游精品，提高国际旅游竞争力。通过举办国家主体文化节、体育赛事、盛大展会等活动，更加广泛地吸引国际游客，增进各层面、各领域的国际交流，扩大本国历史、文化、价值观的输出，有利于提升国家"软实力"。许多国家元首、政府要员亲自宣传本国旅游，甚至担任"旅游大使"，把旅游作为参与国家事务的平台或媒介，积极扩大国家影响力。

(2) 国际旅游区域的重心向东转移。

世界旅游市场将由过去传统的"北美到西欧，欧洲到美洲"的两大主流格局逐渐转移为欧洲、东亚太和美洲三足鼎立的时市场格局。在 21 世纪的发展中，欧洲和北美地区在国际旅游市场上的份额将呈现进一步缩小之势，旅游重心将由传统市场向新兴市场转移的速度将会加快，随着发展中国家和地区经济的持续增长和繁荣，这些国家和地区的居民去邻国度假者必定会增加，区域性国际旅游将大大发展，特别是随着全球经济重心正从大西洋地区转移到太平洋地区，势必导致国际旅游市场重心也相应东移，使亚太地区成为未来国际旅游业的"热点"区域。

第14章 旅游业的发展趋势

(3) 重视发挥服务贸易功能,把旅游作为平衡国际贸易的重要手段。

人类社会走过了农业革命,工业革命进入尾声,服务革命正进行,服务经济、知识经济、体验经济成为主流。随着全球经济一体化,国际贸易总量不断增加,贸易不平衡问题愈加突出,旅游时服务贸易的重要组成部分,在平衡国际贸易中具有独特作用。通过调控入境旅游或出境旅游总量,可实现对外贸易差额的双向调节,发展入境旅游可扩大本国外贸顺差,鼓励出境旅游可弥补外国贸易的逆差,从而减少国际贸易摩擦。

(4) 可持续发展是未来旅游业发展的基本准则。

旅游可持续发展可以这样理解在充分考虑旅游与自然资源、社会文化和生态环境相互作用下,把旅游开发建立在生态环境承受能力之上,努力谋求旅游业与资源、人类生存环境的协调发展,并能造福于后代子孙的一种旅游经济发展模式。世界旅游界的共识是,日益重视企业和旅游者的社会责任、环境责任,呼吁关注和积极应对全球变暖问题,努力减少旅游活动对环境、社会和文化的负面影响,以实现旅游业的可持续发展。人类从自己的切身体验和反思中逐渐认识到发展和环境之间的关系,可持续发展的理念成为国际社会经济发展的基本准则,成为所有产业的出发点和归宿。当然,可持续发展也是旅游业发展的基本准则。

(5) 旅游电子商务正在改变旅游经济的运行模式。

在人类社会的发展中,科学技术的发展呈加速进行。新技术的发展不仅仅改善人类的生产方式、经营方式,也会改变人们的生活方式和思维方式。"准备上的失败就是准备失败"。现在越来越多的国家把高新技术应用于旅游业,加快提升了旅游产业现代化水平,全球旅游预订系统、酒店预订系统、民航机票预售系统等,已成为旅游经营的重要技术平台。旅游电子商务正在改变旅游经济的运行模式。据世界旅游组织预计,未来5年之内旅游电子商务将占全球所有旅游交易的25%,世界主要旅游客源地约1/4的旅游产品订购将通过互联网进行。

(6) 对旅游安全更为重视。

"安全第一",这是每一个出游者最担心的问题。民族冲突、宗教冲突、国际恐怖主义、政局动荡、传染性疾病、旅游目的地社会不安定等因素,都会随时对国际旅游业的发展形成局部威胁。在具备闲暇时间和支付能力的条件下,唯一能使旅游者放弃旅游计划的因素就是对安全的顾虑。旅游安全和旅游目的地的社会和谐将被越来越重视。设立相应的安全机构和预警系统,完善旅游保险,加强旅游安全教育,提高企业和旅客安全意识。

(7) 旅游竞争将会更加激烈。

进入21世纪,旅游业仍保持持续发展的势头,与之相伴的,是国际旅游市场也成为竞争最激烈的市场之一。在其他产业市场上,发达国家和发展中国家的分界比较鲜明,形成产业垂直分工体系,竞争分层次,范围相对清晰,而旅游市场则是各个国家都可以一展身手之处。特别是发展中国家的旅游业,发展潜力很大,发展条件较为机动,发展手段多样化,有可能逐步与发达国家平分秋色。一些国家和地区为了加强在旅游业上的竞争,与邻国结成协作关系,对共同的客源市场开展联合促销,旅游区域联合、地区旅游一体化已成为一种趋势。

14.2 世界旅游经济发展模式

14.2.1 旅游经济发展模式的概念及类型

1. 旅游经济发展模式的概念

旅游经济发展模式是指一个国家或地区在某一特定时期内旅游产业发展的总体方式。不同的国家或地区,虽然都把旅游业作为一项重要产业来发展,但旅游经济发展模式可能是完全不同的。这是因为:第一,不同国家或地区的社会经济发展水平存在较大差异;第二,不同国家的经济制度和经济模式不同,经济制度是指一个国家在一定历史时期生产关系的总和,在市场经济发展模式中,有资本主义市场经济模式和社会主义市场经济模式两大类,其中,资本主义市场经济模式又有不同的现实模式;第三,不同国家或地区旅游资源的差异性对旅游产业发展模式也会产生影响。

2. 旅游经济发展模式的类型

1) 旅游发展的经济增长驱动型模式——发展中国家模式

这种旅游发展模式主要发生在经济相对落后的国家或地区,其经济发展长期受控于政府,或者政府对经济干预较多。这些国家或地区经济往往因为经济发展的相对落后,存在着希望实现发达国际发展水平的"追赶情结"。由于本国居民的生活水平相对低下,国内旅游没有起步,旅游收益的主导消费群体为国际旅游者。旅游发展的主要受益并不主要回馈于旅游业发展自身,而是更多地用于国家急需的其他方面的发展。这种旅游发展模式由于给旅游目的地国家或地区带来巨大的经济利益,外来游客与当地居民的关系比较融洽,甚至使当地人产生一种"旅游盲目崇拜"心理情结。

这种旅游发展模式的优点在于,能够为国家的经济增长与社会发展提供巨大的资金收入。同时,在借助国外资金和服务来提升本国的旅游业管理水平时,能够引进国外旅游业管理的先进经验,并加速本国向世界的开放过程。因此,从旅游业自身发展的角度来看,更容易受到国家的重视和尽快成为国家经济增长的主要产业和发展的突破口。这种旅游发展模式的缺点是,这种发展模式往往忽视旅游业发展的自身规律,在快速增长目标和利益的驱动下,容易造成对旅游资源(自然和人文)的破坏,甚至出现不可逆的损害结果,进而损害了这些国家或地区的可持续旅游的发展。

2) 旅游发展的市场调节驱动型模式——发达国家模式

这种模式主要发生在经济比较发达的国家或地区。由于这些国家的发展是市场机制调节的结果,其市场运行和调节机制都比较健全,对市场机制的配置效率有深刻的理解。这种旅游发展模式的发展目标并不追求经济的快速增长,它主要的目标在于满足本国居民(及国外旅游者)的休闲与享受的消费需求。这些国家和地区的旅游发展过程基本上是由社会发展内在需求的演变而发生进化的。这种旅游发展模式虽然也给当地居民带来利益上的好处,但是当地居民有时会因为自己的平静生活和原有生存环境被大量外来游客所打扰,当地居民与外来游客产生抵触,并引发对发展旅游认识的矛盾心理。

14.2.2 旅游经济发展的主要模式

在世界旅游业发展中,由于社会制度、政治体制、经济发达程度、文化传统背景、国土面积大小、地理位置及旅游资源条件等方面的国情差异,形成了多种多样的旅游发展模式。这些不同的发展模式可以说是这些国家发展旅游业的基本条件和旅游发展特点的综合反映。各个国家根据本国的情况,选择符合自己国情的旅游发展模式,是旅游业得以健康发展的基础。目前,世界旅游业发展主要有以下5种模式。

1. 美国模式

美国模式是以美国为代表的经济发达,同时旅游业也相应发达的国家的旅游发展模式。它包括美国、加拿大、英国、德国、比利时、日本等国家。

1) 经济发展特征

第一,这些国家人均国民生产总值高,一般在5 000美元以上。第二,服务业在GDP中所占比例高,一般占50%以上。第三,旅游收入相当于商品出口总收入的5%~10%。第四,国际旅游收入小于旅游支出,旅游国际收支平衡呈逆差。

2) 美国模式的主要特点

第一,旅游业发达程度与国民经济发达程度基本同步。这些国家的旅游业都经历了国内旅游到区域(邻国)旅游再到国际旅游这样一个层次递进的自然常规发展过程。第二,国内旅游是整个旅游业的基础,国际旅游收入小于支出。第二次世界大战之后,美国旅游业重点长期放在国内旅游上,国内旅游收入占全部旅游收入的90%以上。直到20世纪70年代末,美国的旅游发展战略才发生重大变化,从偏重国内旅游到国内、国际旅游并重,使美国成为国际旅游的主要客源国,同时又是接待国。和美国一样,其他发达国家的国际旅游业也都发展到了成熟的阶段。这些国家一直是全球国际旅游的主体构成,既是主要的客源国,又是主要的接待国。第三,旅游管理体制以半官方的旅游机构为主,而管理职能主要是海外推销和政策协调。第四,旅游经营体制以大公司为主导,小企业为基础,行业组织发挥着重要作用,旅游经营企业几乎全部是私营的。

3) 美国模式在宏观管理上的趋势

第一,更加重视旅游业,更加注意旅游业在政治、文化方面的意义。美国的钢铁、金融、轻纺和农业加强为旅游业服务并以此获利。美国还把发展国际旅游业作为促进经济稳定、发展友谊与了解、提高国家声誉的手段。英国把发展旅游作为扩大作为改善日本在国际社会中的形象及改善公民文化素质的手段。第二,更加注重国家旅游业发展的总体规划,对国家旅客的流向进行引导控制。第三,利用各种方式消除旅游的障碍,如简化或取消出入境手续,开放天空以达到自由旅行的目的。日本则把发展旅游,特别是出国旅游,作为改善日本在国际社会中的形象及改善公民文化素质的手段。

2. 西班牙模式

西班牙模式是以西班牙为代表的,经济中等发达,而旅游业特别发达的国家的旅游发展模式。这种模式还包括葡萄牙、希腊、意大利、摩洛哥、埃及、突尼斯、泰国、新加坡等国家。

1) 国家或地区经济发展特征

第一，这些国家地理位置优越，与主要旅游客源国相毗邻，旅游资源丰富。第二，人均国民生产总值一般在 1 000 美元以上，服务业占国民经济比重在 50%左右。

2) 西班牙模式的主要特点

第一，旅游业成为国民经济的支柱产业。政府的特别重视旅游产业，国内和国际旅游总收入相当于国民生产总值的 5%～10%，其中国际旅游收入是最重要的外汇收入来源。第二，20 世纪 70 年代以来，大多数国家旅游业持续高速发展，国际旅游收支呈现顺差。第三，以邻国大众市场为目标。在出入境、外汇管理与税收方面限制少，旅游企业产品多样化，旅游质量优质化。

3) 西班牙模式的主要趋势

第一，旅游产品多样化，旅游管理体制比较完善。第二，重视旅游业带来的不利影响。第三，加强区域协调，使地中海旅游国家向一体化方向发展。

3．印度模式

印度模式是以印度为代表的许多发展中国家，包括巴基斯坦、尼泊尔、肯尼亚、坦桑尼亚、卢旺达、冈比亚和不丹等国家。

1) 经济发展特征

第一，这些发展中国家国民经济比较落后。第二，农业仍是国民经济的主体。第三，工业与服务业均处于低水平。

2) 印度模式的特点

第一，有特殊的旅游资源，旅游业的发展受其经济落后的制约，采取国际旅游业超前发展的政策。第二，远离主要客源国使旅游规模难以扩大。第三，旅游管理体制难以发挥作用。第四，旅游国营企业发挥了主要作用。

3) 存在的主要问题

第一，经济落后限制着旅游业的发展。第二，利用旅游业赚取外汇，弥补贸易逆差和减缓外债压力。第三，对自然和人文环境产生较大的破坏和影响。

4．岛国模式

这里的岛国不包括前面提及的诸如澳大利亚、日本、英国、新西兰等经济发达面积比较大的岛国，而指那些面积较小、人口较少、历史上曾是西方某个国家殖民地的岛国。主要有加勒比海诸国、南太平洋若干岛国、马尔代夫、马耳他、塞浦路斯、马达加斯加、斐济、海地等国家。

1) 经济发展特征

第一，旅游资源得天独厚，有独特的海洋风光、岛国风情、荒漠草原、野生动物、民族舞蹈等。有些曾是殖民地、附属国、处在国际交通要道，靠近主要客源国。第二，国际旅游业是国民经济的重要支柱。第三，这些岛经济状况差异很大，一般为中等水平。

2) 岛国模式的特点

第一，有着比较充裕的客源市场。第二，旅游管理机构地位高、权限较大。第三，旅游业受世界经济影响较小。例如，发生世界性政治或经济危机，洲际长途旅游大量转向这些小国，反而会"渔翁"得利。

3) 存在的主要问题

第一旅游发展使国家经济主体倾斜，潜在着很大的危机。第二，旅游收入的一大部分又漏出本国。第三，旅游业的发展以文化和环境的破坏为代价。

14.3 我国旅游业的发展现状和趋势

14.3.1 我国旅游业的发展现状

1. 中国旅游业发展现状概述

中国旅游业持续快速增长，必将对旅游需求增长发挥基础性的支撑作用。根据国际货币基金组织公布的数据，2011年中国人均GDP为5 414美元，排名世界第89位，这将进入世界旅游界公认的旅游业爆发性增长阶段。国家扩大内需的经济发展方略和加快推动服务业的发展，将为旅游业进一步发展创造新的机遇。中国对外开放的进一步扩大，将为我国旅游业在国际市场和世界舞台更好地发挥作用，创造更为有利的条件。中国政通人和，社会安定，将成为世界上最安全的旅游目的地之一。随着对现行休假制度的完善和带薪休假制度的落实，将形成巨大的国内旅游消费市场。尽管当前面临百年不遇的国际金融危机，但我国经济社会发展的战略机遇没有发生逆转，我国旅游业发展仍属于上升期。

1) 中国旅游市场将持续强劲增长

主要入境旅游市场经济持续增长，以信息化和知识经济发展为核心的新科技革命的高潮，对世界经济的推动作用还远未消失，面对利率上调和油价上涨，从经济运行的中长期周期来看，世界经济的走势依然看好。美国能源部对美国基本情况下的世界基本国家的经济增长做了一个预期，美国平均增长3.2%，2010—2025年的长期增长为2.8%，亚洲国家的发展中国家在本预测周期内的经济增长率为5.1%，中国将成为亚洲最大国家的经济实体之一，到2025年将有可能成为既美国和日本之后的世界第三大经济实体。

2) 中国积极参与全球和区域合作

中国加入世界贸易组织不仅有各行各业的开放连动效应，为旅游业的发展提供了有利的环境，而且为旅游业的对外开放和发展提供了条件和动力。入世以来，旅游业的开放进程是明显加快，1988年泰国成为中国公民开放的第一个旅游目的地国家，此后对中国公民开放的旅游目的地国家和地区迅速扩张，呈现出速度空前、规模空前、影响空前的特点。截至2011年底，中国已批准140个国家和地区为中国公民出境旅游目的地，实施111个。其次，中国积极参与区域合作，为旅游业发展创造了有利的环境。1991年，中国加入亚太经济合作组织，2001年中国、俄罗斯联邦、哈萨克斯坦等六国签订了上海合作组织成立宣言，宣布成立上海合作组织。2002年，中国和东盟十国共同签署了中国东盟全面经济合作框架协议，确定到2010年建成中国东盟自由贸易区。2003年，我国的中央政府与香港特区政府签署了《内地与香港关于建立更紧密经贸关系的安排》，中央政府与澳门政府也签订了《内地与澳门关于建立更紧密经贸关系的安排》。我国积极参与区域合作的举措,将十分有利于旅游业的发展。

3) 全面建设小康社会

中国在全面建设小康社会的进程中,实现了经济的快速增长,未来较长时间内经济发展仍将处于平稳的上升期,在建设小康社会与和谐社会的目标下,人民整体的生活水平将得到显著提高。据国家统计局的分析,我国人均消费从目前到2020年,将以每年10.8%的速度递增,新的消费高峰就要来临,居民消费将由实物消费为主走上实物消费和服务消费并重的轨道,旅游将是消费升级的主要消费行业之一,我国人口基数大,随着人均收入水平的逐步提高,人们消费的倾向增加,再加上不同收入层次的居民旅游消费升级,将给我国旅游业的发展带来巨大的市场和发展契机。根据世界旅游业发展的规律,当人均收入达到1 000美元时,国内旅游就会兴旺起来,当人均收入达到1 000~2 000美元后,度假旅游市场会逐步形成,那么达到3 000美元时,就会出现到周边国家的热潮,达到5 000美元时就会从洲内市场扩展到洲际市场。2011年我国城镇居民人均可支配收入23 979元人民币,接近4 000美元大关,国内旅游实现了快速的增长,度假旅游市场开始形成,我国人均收入持续增长为旅游业的发展提供了市场需求。

4) 旅游功能进一步发挥

今后一段时期,旅游发展对全面建设小康社会的贡献将更为明显。预计到2015年,旅游业主要指标全面超越,全国旅游业增加值可达2万亿元左右,约占GDP的4.8%,约占服务业增加值的11%,旅游业对GDP增长的贡献率可达1个百分点,对服务业增长的贡献率可达2个百分点,旅游业可以为经济发展发挥积极作用;旅游就业总量将达1亿人左右,旅游业对社会就业增长的贡献率可达2个百分点,旅游业可以为社会就业发挥积极作用;到中西部地区的旅游收入将占全国旅游总收入的50%左右,农村地区的旅游收入将占全国旅游总收入的1/3,旅游业可以为新农村建设和区域发展发挥积极作用;中外旅游交流人数将达到2亿多人次,海峡两岸及香港、澳门旅游交流人数将超过1亿人次,旅游业可以为国家总体外交和对台港澳工作发挥积极作用;我国公民出境旅游将达1亿人次,境外旅游花费可达1 000亿美元以上,相当于减少我国国际贸易顺差1 000亿美元,旅游业将发挥平衡国际贸易、缓解贸易摩擦的润滑剂作用。

5) 中华文化的伟大复兴

我国正在跨入中等收入国家的行业,已经成为全球第二大经济实体,中华文化正在进入伟大的复兴,党和国家高瞻远瞩、因势利导,提出了让中华文化走向世界,将文化振兴作为我们的战略。当前开始的在世界各地资助设立孔子学院,在联合设立孔子教育奖等,这些为中国旅游品质的提升增添了光彩。截至2011年底,我国已在全球105个国家和地区建立了350多所孔子学院,还有很多孔子课堂,中华文化影响越来越大。孔子学院标志如图14.2所示。

图14.2 孔子学院标志

6) 成功举办各类国际性节会

2008年北京奥运会、2010年的上海世界博览会和2011年深圳世界大学生运动会的相继成功举办,都是中华文化在世界文化中崛起的良好时机,向全世界展示自己的舞台,通过一系列大型活动,中国进一步提升了在国际旅游市场中的形象,入境旅游、出境旅游及国内旅游将面临前所未有的发展机遇。

7) 高技术的发展和应用给旅游业带来了新的机遇

现代信息技术的发展和广泛应用,使旅游业经营管理手段、思维和经营方式都发生了革命性的变化,旅游业信息化不仅提高了劳动效率,节省人力,而且使管理工作迅速准确,是旅游业管理高技术化最优化的途径,并可以满足旅游业迅速发展的需要,有助于中国旅游业直接面向世界较高水平,实现蛙跳战略,后来居上。

8) 旅游产业加快升级

在新的发展阶段,我国旅游业处于发展的关键期,既有重要的发展机遇,又有严峻的挑战。我国旅游业已处在"市场转型期、矛盾凸显期、管理提升期",面临着优化产业结构、转变增长方式、提升发展质量和水平的艰巨任务,迫切需要由粗放型经营向集约化经营转变,由数量扩张向素质提升转变,由满足人们旅游的基本需求向提供高质量的旅游服务转变。

我国旅游业在今后一段时期要完成促进旅游产业体系建设,全面提升旅游产业素质,综合发挥旅游产业功能三大任务,达到建设世界旅游强国,培育新型重要产业的战略目标。

2. 中国旅游业发展的特点

1) 入境旅游持续稳定增长

中国的旅游是从入境旅游开始,纵观世界各国旅游发展,首先都是从国内旅游开始,先有国内旅游,然后才有入境旅游。我国从1978年开始,当时社会经济发展,国家正在建设,外汇紧缺,所以一直都提倡入境旅游,大力发展入境旅游。

随着我国综合国力持续上升、国际影响不断扩大、市场拓展更加深入,入境旅游持续稳定增长。其中,外国人入境旅游市场发展很快,如在2011年一共接待入境旅游13 542.35万人次,入境旅游(外汇)收入484.64亿美元。

2) 国内旅游持续全面增长

国内旅游是旅游量最大、潜力最深、基础性最强的,国内旅游良好的成长性能和强劲的带动功能使其继续蓬勃发展。现在国内旅游迅猛发展,2011年国内旅游人数约26亿人次,同比增长12%;国内旅游收入约1.9万亿元,同比增长21%。中国目前是世界上最大的国内旅游市场。

3) 出境旅游快速增长

随着我国社会经济的不断发展,我国公民生活水平不断提升,出国旅游目的地不断的增多,我国国民出境旅游,保持快速增长的速度,出游范围更加宽广、出游方式更加灵活、出游规模日益扩大,2011年中国出境旅游人数7 025万人次,增长22.42%,快速发展公民出境旅游市场越来越受到社会的广泛关注。

14.3.2 我国旅游业的发展趋势

1. 我国旅游业发展趋势概述

中国是世界上四大文明古国中现存最大的国度,幅员辽阔,经济的高速发展,社会安定团结，人民生活富足，为这个古老的民族注入了新的活力，为中国的旅游业开辟了广阔的发展空间；加上我国的南北跨度大，东西纵横长，民族众多，地方文化差异大，旅游资源十分丰富；中国人口众多，正在全面进入小康社会的，国民收入的增加，为旅游业的发展奠定了丰富的物质基础。

我国旅游业的发展在 2008 年金融危机中受到一定冲击，产业有所回落。到 2010 年，中国旅游经济收入已达 1.5 万亿元，较 2009 年的 1.29 万亿元增长 16.3%，是最近几年的最高增幅。其中，国内旅游人数 21 亿人次，收入超过 1.29 万亿元；中国公民出境人数超过 5 000 万人次。预计 2015 年全年旅游人次将在 30 亿以上，旅游收入增幅将在 25% 以上。

中国旅游业总收入正以年均约 12% 的速度增长，高于同期 GDP7% 左右的平均增长率。旅游业已成为中国社会新的经济增长点，中国的旅游现正在朝着国内旅游大国、入境旅游大国、出境旅游大国发展。21 世纪的世界经济将进入新一轮的上升阶段，为旅游业的发展提供了极其广阔的市场空间，中国的旅游业将在全球占有更重要的地位。

知识链接 14-1

旅游成为城市营销的主力

我们提出一个观念叫"牵文化旅游一发，动城市发展全身"，旅游作为拉动面最大的现代服务业，其对城市产业的整体拉动是至关重要的。加上旅游产品公共产品的性质，这两方面决定了在旅游发展方面政府责任和重视程度是比较大的。旅游主导城市营销，政府主导旅游发展的必然性主要体现如下。

(1) 地方竞争。地方经济的竞争逼着政府来重视旅游，这是一个最重要的原因，而且旅游发展起来，很多事情都在转换。

(2) 政绩体现。旅游业发展是政府政绩的一个直接的体现。原来的政府看得更多的是 GDP 财政收入这一数字，后来发现这个数字只在某一个范围之内有效。可是旅游发展起来，对全国都有效。

(3) 创造形象。形象创造地方品牌，形象好品牌就好，品牌好发展机会就好。旅游在一定程度上就起到创造好形象的作用，也就成为地方抓旅游的主要原因。

(4) 创造好的发展环境。通过旅游的综合性、关联性来使整个的发展环境优化，从而使这个城市本身得到提升。

(5) 产业结构优化。经济发达地区，第一产业的比重逐步下降，第二产业越来越大，第三产业发展现在还处在一个不足的、薄弱的位置。发展旅游能拉动整个第三产业的发展，旅游的功能性越来越强。同时旅游业自身也有一个结构优化的问题，如工商城市，商务旅游就需要强化。商务旅游者多，整个城市的品质就提升，整个城市在转型，是一个国际规律。

旅游营销城市完整的解释应该是政府主导、部门联动、市场运作、全民参与。以下介绍几个成功的通过旅游营销城市的模式和样板。

(1) 四川模式。四川省委省政府对旅游的重视程度非常高，2003 年 8 月四川第一次召开全省旅游发展大会，会议由省委省政府主持召开，要求各地州市的一把手参加，各个部门的"一把手"参加。当时的四川省委书记说，旅游不是涉及一个行业，而是涉及全局的。

会议在全国产生了很大的影响，陆续有30多个省市区的党政代表团来四川省取经。总结下来，四川模式就是，大手笔的政府主导战略、高起点的精品发展战略、市场化配置资源的投资主体多元化战略，以及软硬兼顾、基础设施建设与诚信旅游建设并重的有效做法。2003—2010年，四川旅游宣传促销24项工作，其中20项工作由宣传部负责、牵头，效果立竿见影，旅游每年增加100亿的收入。在增长的基础上，2005年开始，四川的旅游发展大会一年两届，开创了一个冬季旅游发展大会的模式，目的是把"冬季"的四川旅游拉动起来。

目前，四川省委书记刘奇葆提出了"打造中国白酒金三角，加快名酒名镇建设"的战略思路，我们受邀为中国白酒第一镇沱牌镇提供策划规划，整个四川白酒产业马上迎来一次历史性的升级转型。四川的运作套路就是全省一盘棋，全盘都活棋。

(2) 栾川模式。栾川是河南洛阳市的一个县，在伏牛山的腹地，完全是一套强理模式。栾川原来是个林业县，主要靠林业，1998年以后国家的林业政策调整，基本禁止筏木，林业县不得不从采伐经济转向旅游经济，从砍树转向看树。县委县政府制定了"党政主导、部门联动、全民参与"的发展思路，核心方法是营销打头，一共52个部门，全员出动做栾川的促销。栾川周围22个市县都有一项工作，要把客人请来，还不能请客，要让自己花钱。在52个部门的努力下，2003年在SRAS的影响下，栾川接待40万人，2004年80万人，2005年160万人。这一个县通过短短的几年，从林业为主导转向旅游为主导，创出了一条好路，同时推出了一系列项目招商引资，修建了一座滑雪场，做项目的人员都是从哈尔滨请来的，他们是国内第一批搞滑雪的人，又请加拿大的设计师做设计。处于中原地区能有雪可滑即是一个最大的卖点和吸引力，2004年11月滑雪场建成，年年火爆，又创造了一个亮点。

(3) 宁波经验。宁波市有着现代港口城市与历史文化名城双重称号，有着现代东方大港、河姆渡文化、儒商摇篮、佛教圣地等丰富的旅游资源。而市政府长期以来积极致力于营造合力兴旅的氛围积极进取打造"东方商埠，时尚水都"的城市整体旅游形象的举措，并积极促进城市建设与旅游功能相融合，提出"推销旅游就是推销城市"的城市营销策略。这些"创建优秀旅游城市"工作极大地促进了"城市营销"的步伐，提高了城市的核心竞争力和市场知名度。宁波以"创优"为契机，真抓实干，高分达标。在国家旅游局召开的创优现场会上，宁波市长一口气说了10个"抓"。近几年，宁波已成为长三角城市群的一颗新星，在全国副省级城市中脱颖而出，《中国旅游报》曾连续用6个长篇系列报道宁波发展旅游的实践，许多其他城市地方领导都带队纷纷去宁波取经，这就是所谓的"宁波经验"。

(4) 焦作现象。历史上的焦作曾被称为"煤城"它是一个因煤而兴起的资源型城市，从20世纪90年代中期开始，这座城市因煤的枯竭而遭遇到前所未有的挑战。焦作市政府为了实现产业结构的成功转型，1999年做出了"把旅游业作为龙头产业进行培育"的重大决策；2000年提出了"旅游名市"的口号和目标，并确立"焦作山水"的旅游定位；2001年着力打造"焦作山水"旅游品牌；2002年全面实施"品牌带动"战略；2003年"焦作山水"和"云台山"双双被评为中国旅游知名品牌；2004年焦作市正式被命名为"中国优秀旅游城市"，同年联合国教科文组织正式命名以云台山为首的五大景区为世界首批地质公园，"焦作现象"国际研讨会在北京召开。2006年焦作接待游客达950万人，门票收入2.65亿元，旅游综合收入 73.97 亿元，在焦作市 GDP 总量中比重超过了 10%，而且全市旅游直接从业人员达到 3.56 万人。至此，"焦作山水"享誉海内外，焦作现象引起全国瞩目。焦作现象的核心：第一，发展旅游业是焦作市委、市政府这几年来的头等大事，被列为"一号工程"。市委、市政府每年都多次召开专题会议，研究旅游发展工作在全市形成了主要领导亲自抓、分管领导具体抓、其他领导配合抓、一级抓一级、层层抓落实的工作机制；第二，对客源市场进行了全面的宣传、集中轰炸式的营销，始终把宣传促销放在突出位置。

(5) 石屏模式。石屏地处云南东南部，是一个国家级贫困县。2006 年全县成立旅游工作小组，县委书记亲任组长。当年邀请熊大寻策划机构策划石屏，建议县里抓住一点突破全局，"伤其十指不如断其一指"，集中所有人财物力大搞文化旅游，通过我们的策划和运作和石屏县委县政府的紧密配合，半年后游客总量增长了 5 倍，出现了不少本地老人向县政府反映"游客太多造成吃早点还要排队，给生活造成不便"。一年后招商引资成绩增长 10 倍，在我们提出的"地以人传，以人带城"的策略实施下，2006 年石屏歌手李怀秀兄妹获得 CCTV 中国青年歌手大赛第一届原生态唱法金奖，按照定向爆破的宣传策略，在全省实施高密度广告投放，迅速打响"中国原生态歌舞之乡"的品牌，并导入"清泉石上流"的核心形象定位，锁定中越边境口岸城市河口的广告牌，对整个东南亚产生影响。2007 年被云南省旅游局和国家旅游局命名为"石屏现象"，甚至使石屏的花腰歌舞上了 2007 年的春晚。县委张书记在 2007 年国家旅游发展大会上，代表云南 127 个县委书记发言汇报石屏现象的成果。目前，此书记已调任红河州旅游局党组书记，因为红河将成为继丽江、香格里拉后，云南旅游最新推出的重点旅游版块。

(资料来源：http://www.cnscdc.com/f34414.html．)

2. 我国旅游业的发展趋势

国务院 41 号文件提出要把旅游业培育中国民战略产业，使之成为调整服务业结构转变服务业发展方式的重点，可以说，中国旅游业进入新一轮快速发展的重要时期。专家预测，我国民旅游业的长远发展趋势如下。

(1) 市场规模不断扩大，中国将由旅游大国向旅游强国加速发展。

改革开放以来，我国的旅游业得到了突飞猛进的发展，我国旅游业在世界上由一个不起眼的"小国"已经跻身为世界旅游大国的行列。国内旅游从有统计的 1994 年算起至 2000 年，旅游规模由 5.24 亿人次增加到 7.44 亿人次，平均增长率为 6.6%，旅游收入由 1 023.5 亿元增加到 3 175.5 亿元，年均增长率为 20.8%，这是世界上少有的。

在保持国际旅游竞争力的同时，国内旅游、出境旅游将步入快速发展时期。中国旅游市场将从以入境旅游为主导、国内旅游为基础，发展到国内、入境、出境三大旅游市场共同发展。预计到 2015 年，我国入境过夜旅游者将达到 1 亿人次，国内旅游将达到 28 亿人次，人均出游 2 次，出境旅游将达到 1 亿人次，三大市场游客总量达 30 亿人次，中国将成为世界上第一大旅游接待国、第四大旅游客源国和世界上最大的国内旅游市场。随着我国经济、文化、政治进一步崛起和国际交往的发展，国际旅游将继续保持高速增长，国际旅游产品及行业管理将逐步达到世界先进水平，中国将真正实现由旅游大国向旅游强国的迈进。

(2) 旅游业在服务贸易和对外交往中的地位更加显著。

"十一五"期间,我国出境和入境旅游均取得了新的进展。过去的 5 年中,我国入境旅游增长速度在全球居于前列。2010 年,旅游外汇收入 430 亿美元,比 2005 年增加 137 亿美元;入境旅游人数 1.32 亿人次,比 2005 年增加 1 200 万人次;入境过夜旅游者人数 5 450 万人次,比 2005 年增加 769 万人次;外国入境旅游者人数 2 500 万人次,比 2005 年增加 474 万人次。2006—2009 年,我国入境过夜旅游人数、旅游外汇收入先后进入世界前 5 位,出境旅游人数稳居亚洲最大的客源国地位,并成为全球出境旅游增长最快的国家之一。截至 2010 年底,经国务院批准的中国公民出国境游目的地国家和地区总数达到 140 个。我国与美国、俄罗斯、欧盟、东盟、日本、韩国等的多边及双边合作取得了较大进展,初步形成了有效的工作方式和运行机制。我国出入境旅游在发挥民间外交功能、促进服务贸易等方面取得重要进展,全面融入世界旅游发展的新格局。我国在国际旅游业发展事务中的影响和地位进一步增强,世界旅游大国地位更加突出,建设世界旅游强国的基础进一步加强。

(3) 旅游业对外开放加快。

随着加入世界贸易组织过渡期的结束,旅游业将启动新一轮的对外开放,国内外旅游市场一体化进程将加快,与国际市场、国际规则、国际水平将进一步接轨。中国入境旅游、出境旅游的规模不断扩大,旅游业将进一步发挥提升国家软实力的作用,我国旅游业在世界旅游界的话语权将继续增强,国际地位和影响力不断提升,参与国际规则、标准的制定与应用的空间进一步扩大。

(4) 旅游消费结构由低级向高级发展。

随着社会经济的进一步发展,国民收入的提高,人民将会产生普遍的旅游需求,人们出门旅游将由基本满足型向舒适型、享受型过渡。当前国内旅游消费的结构中食、住、行的比重加大,达到 75%~85%,游、购、娱占 25%~15%,而旅游业发达的国家和地区,旅游消费中游览、购物、娱乐支出占 60%。随着旅游产品生产开发的多样化、系列化和旅游配套设施投资结构的进一步改观,今后我国国内旅游消费结构中游、购、娱的比总将进一步上升,精神消费资料的比重也将上升。

(5) 旅游形式将由单一化向多样化发展。

首先,旅游人数稳步增长,有组织的团体将逐步增多。其次,旅游路线由短途向长途发展,人们将不满足家门口的短距离启蒙式旅游,而是向中、长途涉足,甚至国际旅游也日趋增多。再次,旅游内容方式的多样化。目前人们的旅游形式一般为观光型旅游,活动内容贫乏单一。随着人们生活内容的多样化,同样要求旅游内容的多样化,人们要体验更多的美好经历,初级的游山玩水已经不能满足人们的需要,专题和特种形式的旅游日益增加,享受性和游乐性的旅游内容会大大增加。

(6) 旅游变化和新的变革必然促进新的商业模式。

旅游业将进入转型升级的关键期,国民经济结构转型升级必将推动旅游产业转型升级,旅游产业必将随着跟全局大局一样进入转型周期。"十二五"期间旅游在发展战略上更加注重统筹国内国际两种资源,在发展目标上更加注重发挥旅游产业综合布局,在发展方式上更加注重走内涵式的发展道路。以往是外延式的发展,以后旅游业更加注重内涵式的发展,更加注重市场,注重市场配置资源的作用,这就使得各个行业或者旅游业各个旅行社、酒店、景区更加注重市场在发展中的基础性的作用。在要素投入上更多依靠资本和技术推进产业发展，在发展道路上更加注重城乡统筹的发展，从而推动旅游业更好更快的发展。

(7) 文化竞争将是旅游业竞争的核心。

旅游业正逐步由高速增长转向成熟、稳定增长。目前，中国入境旅游人数和旅游外汇收入的世界排名达到了前 5 位，但与前 4 位的法国、西班牙、美国和意大利尚有 1 000～4 500 万人次/年的市场规模差距。同时，随着旅游业市场竞争的加剧，外资企业与内资企业已经内资企业之间将展开更为激烈的资源、客源和人才的争夺。旅游的竞争，其实就是文化的竞争。旅游的本质属性是文化性，旅游企业是生产文化、经营文化和销售文化，旅游者进行旅游，就是在购买文化、消费文化和享受文化。在旅游开发、旅游管理和旅游经营的过程中没有文化就谈不上竞争力，追求文化底蕴和文化含量，成为旅游发展的必然趋势。

(8) 保护资源环境是未来旅游业可持续发展的根本保证。

旅游业是环境友好型、资源节约型产业，与资源环境和人文生态系统是相互依存、相互促进的关系。"十二五"期间继续坚持环保和节能，牢固树立保护性开发的原则，牢固树立旅游开发服从于保护的原则。在旅游项目的规划、开发、经营和评估过程中，坚持强化自然、文化和遗产旅游资源的保护，在全行业推进节能环保的绿色发展理念，走生态旅游、低碳旅游的道路，促进旅游与自然环境、历史文化的全面协调和可持续发展。以旅游目的地、景区、饭店、旅行社为重点，通过试点、示范和标准，落实旅游业节能减排目标的实现。加大生态旅游的舆论宣传，在社会形成环境友好型旅游方式与资源节约型旅游经营方式的广泛共识。加大对民族地区旅游业发展的支持力度，以旅游业带动当地经济社会环境的全面发展，努力将旅游产业建设成为资源保护与节能环保的绿色产业。

(9) 旅游业法制化得以强化。

国务院颁布的《旅行社管理条例》，国家旅游局和公安部联合发布的《中国公民出国旅游暂行管理办法》等行政法规，对我国旅游业发展起过重大作用，但是法律层次低，涉及面有限。很多省份出台了旅游业地方性法规，但是立法水平参差不齐、法规内容不一。为了旅游业的健康快速发展，保证旅游业管理，必须进一步强化旅游业立法工作。

(10) 游业将出现高科技化趋势。

一方面，旅游资源开发的高科技化。特别是近年来各种高科技主题公园建设过程中对各种旅游环境的模拟已成为现实，同时，科学技术的发展使得海底游、南北极游等作为大众旅游方式已成为可能，已有人预测太空旅游都将付诸实现。另一方面，旅游服务的高科技化。TIRMS 可以使得旅游者利用 Internet 进行旅游地的游览、旅游饭店的入住、旅行社旅游线路的网上浏览，同时实现网上预订，最后实现旅游业全方位的网络化服务。另外，旅游消费的电子化趋向十分明显，主要是信用卡消费形式的普及化，这在国外已经比较成熟，在中国也已有尝试，将很快推开，值得注意的是，它会给旅游业发展带来机遇也会提出挑战。

14.4　旅游业的可持续发展

随着人类旅游活动的频繁，许多目的地为了争取短期利润而掠夺和滥用旅游业所依赖的生存基础，出现了人们不愿意看到的情景。其实，当无节制地消耗人类生存的自然资本，也就注定了会走向长远的失败,因为该目的地自然资本的消耗殆尽只是一个时间问题。因此,人们应该关注旅游的可持续发展。

14.4.1 可持续发展的由来和内涵

1. 可持续发展的由来

"可持续发展"观念在中国传统文化的中有相当明确的体现。早在春秋战国时代,人们已提出了这方面的许多精辟观点。例如,《管子·八观》中指出:山泽纵然广大,土壤纵然肥沃,草地尽管丰茂,如果砍伐树木过多、种植桑树麻过多或是放养牲畜过分,也将造成恶果;《吕氏春秋·义尝》中说:竭泽而渔当然会有收获,但明年不会有鱼;焚林打猎当然会有收获,但明年不会有兽(是用现代话解释过来的)。这种观念对我国以农业为主、多种生产力并存的经济格局的形成和长时期延续产生了很大影响,与现时提倡的"可持续发展"观念其实是一致的。

但是,现代意义上的"可持续发展"产生于20世纪60年代。工业革命以后,人类以人定胜天的主人姿态,在经济增长与环境保护相背离的道路上走了近300年的历史。两者的背离,主要表现为人类掠夺式地向大自然夺取资源,肆无忌惮地向大自然排放废物,走了一条以牺牲生态环境换取经济增长的道路。这种竭泽而渔的做法,造成了全球性的资源恶化和生态破坏,严重危及人类的生存环境。20世纪60年代以来,人类在大自然负面回报面前,不得不总结生态环境与经济发展相互关系的经验和教训。人们越来越认识到,经济发展问题不可能独立于环境问题,现在的发展模式侵蚀着经济发展所依存的环境基础,环境退化正削弱着经济的发展。因此,人们开始思索如何改变经济发展的模式来协调环境与经济的关系,保持社会经济的持续发展。可持续发展理论正是在环境生态危及到人类的生存和发展,传统发展模式严重制约经济发展和社会进步,人类对环境保护的呼声日益高涨的背景下逐步形成的。由此可见,可持续发展观念的提出是对传统发展模式的挑战,是为谋求新的发展模式而创立的新的发展观。

1992年,在联合国环发大会上,全球100多个国家的首脑共同签署了《21世纪议程》,即著名的地球宣言,它宣布全世界人民应遵循可持续发展原则,并采取一致行动,使可持续发展上升为国家间的准则。之后,各国政府相继发表宣言和行动计划,可持续发展成为20世纪和21世纪人类经济、社会发展的重大课题。

2. 可持续发展的内涵

1) 可持续发展的概念

自20世纪80年代中期以来,西方发达国家对可持续发展做出了几十种不同的定义,概括起来主要有5种类型。

其一,从自然属性定义可持续发展。认为"可持续发展是寻求一种最佳的生态系统以支持生态的完整性,即不超越环境系统更新能力的发展,使人类的生存环境得以持续"。这是由国际生态联合会和国际生物科学联合会在1991年11月联合举行的可持续发展专题讨论会的成果。

其二,从社会属性定义可持续发展。1991年,由世界自然保护同盟、联合国环境规划署和世界野生生物基金会共同发表的《保护地球——可持续生存战略》中给出的定义，认为"可持续发展是在生存不超出维持生态系统涵容能力之情况下，改善人类的生活品质"，并提出人类可持续生存的9条基本原则。主要强调人类的生产方式与生活方式要与地球承载能力保持平衡，可持续发展的最终落脚点是人类社会，即改善人类的生活质量，创造美好的生活环境。

其三，从经济属性定义可持续发展。认为可持续发展的核心是经济发展，是在"不降低环境质量和不破坏世界自然资源基础上的经济发展"。

其四，从科技属性定义可持续发展。认为可持续发展就是要用更清洁、更有效的技术，尽量做到接近"零排放"或"密闭式"工艺方法，以保护环境质量，尽量减少能源与其他自然资源的消耗。着眼点是实施可持续发展，科技进步起着重要作用。

其五，从伦理方面定义可持续发展。认为可持续发展的核心是目前的决策不应当损害后代人维持和改善其生活标准的能力。

根据国内外的研究可以发现，可持续发展是人类能动地调控"自然-社会-经济"复合系统，在不断超越资源和环境承载力的条件下，保持资源永续利用，促进经济持续发展，人类生活质量不断提高，既能满足当代人的需要，又不损害后代人满足其需求的能力。

2) 可持续发展的内容

可持续发展包含两个最基本的方面，即发展与持续性。发展应理解为两方面：首先，它至少应含有人类社会物质财富的增长，因而经济增长是发展的基础；其次，发展作为一个国家或区域内部经济和社会制度的必经过程，它以所有人的利益增进为标准，以追求社会全面进步为最终目标。持续性也有两方面意思：首先，自然资源的存量和环境的承载能力是有限的，这种物质上的稀缺性和在经济上的稀缺性相结合，共同构成经济社会发展的限制条件；其次，在经济发展过程中，当代人不仅要考虑自身的利益，而且应该重视后代的人的利益，既要兼顾各代人的利益，又要为后代发展留有余地。可持续发展是发展与可持续的统一，两者相辅相成，互为因果。放弃发展，则无可持续可言，只顾发展而不考虑可持续，长远发展将丧失根基。

可持续发展是一项经济和社会发展的长期战略。其主要包括资源和生态环境可持续发展、经济可持续发展和社会可持续发展3个方面。首先，可持续发展以资源的可持续利用和良好的生态环境为基础；其次，可持续发展以经济可持续发展为前提；再次，可持续发展问题的中心是人，以谋求社会的全面进步为目标。可持续发展战略追求的是近期目标与长远目标、近期利益与长远利益的最佳兼顾，经济、社会、人口、资源、环境的全面协调发展。可持续发展涉及人类社会的方方面面。走可持续发展之路，意味着社会的整体变革，包括社会、经济、人口、资源、环境等诸领域在内的整体变革。

可持续旅游发展的基本内容可归纳为6个方面。

(1) 强调发展。发展是人类永恒的主题，是人类共同的、普遍的权利和要求。无论发达国家还是发展中国家都享有平等的、不容剥夺的发展权利。发展是可持续旅游发展的基点，偏离发展，可持续旅游发展也就无从谈起。这里的发展包括旅游经济、社会和自然环境在内的多种因素的共同发展。

(2) 强调持续性。可持续旅游发展要求人类对地球生物圈的作用必须限制在生物圈的承载能力之内，要求人们根据生态系统可以保持相对稳定的限度内确定自己的消耗标准，也就是对旅游发展规模、发展速度要有一定限度的限制，改变长期以来人类在追求发展、经济利益的过程中以牺牲生态环境、历史文化遗产为代价的做法，以保证地球资源的开发利用能持续到永远。

(3) 强调公平性。资源分配是可持续旅游发展的关键。资源分配在时间、空间上都应该体现出机会选择的平等性，即公平性，既应该允许当代人平等享受，也应该保持代际间的公平分配和发展，反对为满足自身需要而损害或剥夺后代人公平开发利用资源的权利。同时还应该做到不同区域间或同一区域内资源利用和环境保护的公平负担和分配。总之，要求实现代际间、不同区域间、不同国家间、不同人群间的公平。

(4) 强调质效性。可持续旅游发展在追求实现经济增长的同时，更重视如何实现经济增长。以往传统旅游发展方式只注意数量、速度的增长而忽视质量、效益的增长，即使注重效益增长，也只重视经济效益的提高，而忽略社会效益、生态效益的增长。其结果是投入多、产出少，效益低、消耗高，资源浪费和生态环境破坏严重。因此，必须改变发展思路，将主要依靠加大投入、追求数量，转变到以经济效益为中心，兼顾社会效益、生态效益上来。

(5) 强调环境与发展整体性。可持续旅游发展认为，旅游发展与环境保护相互依赖、相互作用，是一个有机的整体。环境建设不仅是实现旅游发展的重要内容，而且是衡量旅游发展质量、发展水平和发展程度的客观标准之一，尤其是现代社会的发展对环境和资源的依赖性越来越强，而环境和资源为发展提供的支持力量却越来越有限，所以有人把环境保护作为可持续旅游发展与传统旅游发展的分水岭。

(6) 强调摒弃传统的旅游生产消费方式和自然概念。联合国环境与发展大会通过的《21世纪议程》明确指出："地球所面临的最严重问题之一，就是不适当的生产和消费模式，导致环境恶化、贫困加剧和各国的发展失衡。若想达到合理的发展，则需要提高生产的效率和改变消费，以最高限度地利用资源和最低限度地产生废弃物。同时，人类应用现代生态学观点重新调整人与自然的关系，改变以往传统的观念，把人类看作自然界的成员，而不是自然界的主人，真正完全树立可持续发展的世界观和价值观。"

14.4.2 旅游的可持续发展

虽然人们在不断地提倡可持续的思想，但鉴于世界各地人类对地球环境的压力，所以应当将注意力重点集中在如何使旅游可持续发展。可持续旅游有四大支柱：生态环境、经济环境、社会文化环境和政治管理环境。若要实现真正的可持续性，则必须针对每一个支柱制定出恰当的政策和管理方案。

1．旅游生态的可持续性

对于大多数旅游目的地而言，生态环境都是重要的旅游吸引物，同时也是旅游目的地旅游产品的核心产品。这些特有的、良好的生态环境，对于有些旅游目的地来说，是其旅游业发展的基础，其价值的任何下降都会对旅游目的地产生极为不利的影响。

生态环境资源的独特性、脆弱性、稀缺性和不可再生性都高出其他旅游资源。因此，对旅游生态环境的管理和保护，没有普遍适用的一个公式。对于具体的问题，就需要具体解决，这意味着每一个旅游目的地都应该根据自身的生态环境状况和制约因素，制定一个对症的可持续旅游发展战略。这里除了当地居民在环境保护上有紧要的利害关系外，旅游业也要发挥重要的作用，不光将旅游开发对当地生态环境的损害降到最低，更为重要的是要通过一定的经济刺激去发展和鼓励对生态的维持和保护。当然，旅游目的地的旅游管理部门或组织业一同有责任去保护生态环境。

2. 旅游经济的可持续性

作为旅游目的地经济的重要组成部分，旅游业应当建立一个有活力、有生命力的经济基础。一个良好运行的经济会使一个国家、地区主动采取措施，提升当地居民的生活质量，从而推动旅游业的健康良好的发展。因此，站在长远的角度来看，任何一个旅游目的地的旅游战略都要能满足当地居民的经济需要和经济追求。具体来讲，利益分配的均衡、劳动力的就业、收入水平等方面都将影响旅游目的地经济的可持续发展。首先，利益分配的均衡。即使绝大多数人受益，而不是少数人受益。无论是什么样的状况，当地相关群体都应该公平合理的共同分享和承担。因此，如果通过旅游业使某一部分群体获得特别丰厚的收益，将会是绝大多数群体的生活质量因此而恶化，这样就是利益分配的不均衡而造成当地旅游经济环境的不可持续。其次，劳动力的就业情况反映的是当地居民是不是积极地支持当地旅游业的发展，同时能自我地保护当地旅游资源。如果当地居民能充分就业，那么其工资收入将会通过消费环节渗透到当地经济的诸多领域，无论是直接旅游业就业，还是有旅游业派生的间接旅游就业，这对一个旅游目的地来说都是十分重要的。再者，当地旅游就业人口的工资、薪金及利益的水平也是旅游目的地经济可持续性的一个重要指标。如果旅游业中的员工人均收入水平与其他部门的情况相同，甚至常常会高于其他部门就能推动当地经济环境的可持续性发展。

3. 社会文化的可持续性

旅游者外出旅游的基本动机是希望看到、了解到和感受到旅游目的地的社会文化情况，特别是和常住地表现截然不同的社会环境。尽管旅游者所体验的文化常常还有虚幻和不真实的成分，但对于旅游者的到来，还是很有可能对旅游目的地的社会和文化产生影响的。这些影响可能是暂时的，可能是永久的；可能是正面的，可能是负面的；可能影响很小，可能影响很大。因此，为了实现可持续旅游发展，旅游目的地的旅游发展战略应当致力于解决这些由于旅游活动的发生而产生的影响问题。这一点应当在旅游目的地的发展规划和发展目标中有所反应。因为这些规划和目标中包含着当地居民的社会准则、社会观念和生活梦想。只有所制定的解决方案有助于培养人们对当地文化或社会的关心和自豪感，与此同时又能够将旅游对当地社会和文化的负面影响减小至最低，这样才有利于实现社会文化的可持续性发展。

4. 政治的可持续性

政治的可持续性很少被人们作为旅游业可持续性发展的支柱之一。但就解决方案的可接受性而言，政治都是一个潜在的重要因素。在民主国家中，政府往往保留按人们不同意见的表决结果处理问题的权力。在民主社会中，由于政治家的生存以民众的广泛支持位基础，因而这一政治过程往往能确保政治家关注经济、社会文化及生态等方面的问题，以及关注该地公众对这些问题的关心情况。但是，在实行极权主义制度的社会中，这种政治模式可能不多。由此可见，政治的关注点也是旅游目的地可持续发展的一大影响因素。

旅游目的地的可持续性的四大支柱是一个相互依赖的系统。就某一特定的战略指向而言，如果其不能经受这4个方面可持续性的检验，则不能成为具有可持续性的发展战略。

本章小结

国际旅游业的发展现状是旅游业高速发展，已经成为世界上最大的产业之一，然而世界旅游业地区间发展却不不平衡，不同国家采取适合国的旅游经济发展模式，世界旅游业的发展呈现出七大发展趋势；中国旅游业发展的现状呈现出入境旅游持续稳定增长、国内旅游持续全面增长、出境旅游快速增长的态势。在宏观上呈现出来的一些发展趋势表明中国旅游业在各方面与世界旅游业发展逐步接轨，中国在世界旅游业中的地位越来越重要，中国正由一个旅游资源大国向建设世界旅游强国努力。旅游可持续发展不仅是世界也是中国旅游发展的重要课题。

关键术语

旅游业发展趋势　美国模式　西班牙模式　印度模式　岛国模式　旅游可持续发展

复习思考题

一、填空题

1．中国旅游日是_____年_____月_____日。
2．世界旅游经济发展的两大类型是_____和_____。
3．世界旅游经济发展的主要模式有_____模式、_____模式、_____模式、_____模式。
4．经济全球化和区域经济一体化的进程深刻地影响着世界旅游业的发展轨迹，打破了原有的旅游市场格局。欧、美主宰世界旅游市场的局面已被打破，全球旅游市场已形成_____、_____、_____三足鼎立的新格局。

二、简答题

1．国际旅游业的发展现状有哪些特点？
2．谈谈世界旅游业发展的新趋势。
3．目前中国旅游业发展有哪些特点？
4．联系实际，谈谈中国旅游业发展的新趋势。
5．联系实际，谈谈旅游可持续发展问题。

三、名词解释

旅游经济发展模式　　美国模式　　印度模式　　可持续发展

四、案例分析

21世纪最受欢迎的旅游项目

《中国水利报》2001年9月21日报道：据旅游界权威人士预测，21世纪最受欢迎的旅游项目有以下几种。

1. 上山

人们将对人烟稀少的山川更有兴趣。在登山组织的参与下，人们会组成自由的团体攀登高峰，以领略大自然的无穷魅力。

2. 下乡

长期生活在大都市的人们，已经开始重视身体的健康，于是就有为锻炼身体、呼吸新鲜空气而去农村垂钓、散步的，有的还三五成群顺便提着篮子去乡下赶集。

3. 飞天

能像鸟儿那样飞翔，是每个人小时候的梦想。如今，飞伞运动能让你如愿以偿。在上千米的高空俯瞰大地，使人心胸豁然开朗，增添无比豪迈气概。

4. 入海

海底世界充满着新鲜、神秘感。随着海底公园及透明的潜水船的普及，使人们能欣赏到海底世界如梦似幻的美景，并乐此不疲。更有先进的潜水设备供游人在海底散步，尝试新鲜体验。

5. 观文化

在世界各地文化交流更普遍的时代，到欧洲、中东、亚洲等地进行特色文化旅游，成为人们了解世界历史的最好场所，传统的文化受到高度重视。

6. 走沙漠

新世纪，条件恶劣的沙漠也会受到人们的青睐，优良的物品供应和救援设备使沙漠不再有太大的危险，人们可以从容地感受大自然的威力。

7. 游森林

集探险、求知、求新、求异、健身、治疗等多种功能于一体的森林旅游，将成为人们生活的新时尚，特别是热带雨林更受欢迎。森林将成为人们定期享受自然气息的最佳旅游之地。

8. 进工厂

现代化的企业不再有环境污染之患，且随着生产自动化程度的提高，人们可以到自己喜爱的工厂参观旅游，还能亲自操作生产出自己喜欢产品，工厂旅游将成为新世纪的旅游热点。

(资料来源：http://www.china.com.cn/chinese/TRsummer/71760.htm.)

问题：

根据案例提供的资料，谈谈你对这种预测的看法。

参 考 文 献

[1] 冯学钢，胡小纯．中国旅游就业理论与实证研究[M]．合肥：安徽人民出版社，2008．
[2] 李肇荣，曹华盛．旅游学概论[M]．北京：清华大学出版社，2006．
[3] 田里．旅游学概论[M]．天津：南开大学出版社，2006．
[4] 张文．旅游影响——理论与实践[M]．北京：社会科学文献出版社，2007．
[5] 苏勤．旅游学概论[M]．北京：高等教育出版社，2001．
[6] 张立明．旅游学概论[M]．武汉：武汉大学出版社，2003．
[7] 魏敏．旅游学概论[M]．北京：对外经济贸易大学出版社，2008．
[8] 常莉．旅游学概论[M]．北京：对外经济贸易大学出版社，2008．
[9] 张超广．旅游学概论[M]．北京：冶金工业出版社，2008．
[10] 张跃西．新概念旅游学[M]．北京：中国科学技术出版社，2005．
[11] 王洪滨．旅游学概论[M]．北京：中国旅游出版社，2004．
[12] 张华容．现代旅游学[M]．北京：旅游教育出版社，2002．
[13] 李天元．旅游学概论[M]．北京：高等教育出版社，2006．
[14] 田孝蓉，李峰．旅游经济学[M]．郑州：郑州大学出版社，2002．
[15] 田里．旅游经济学[M]．北京：高等教育出版社，2002．
[16] [美]克莱尔·A. 冈恩，[土]特格特·瓦尔．旅游规划：理论与案例[M]．吴必虎，吴冬青，党宁，译．4版．大连：东北财经大学出版社，2005．
[17] 钟行明，喻学才．国外旅游目的地研究综述——基于Tourism Management近10年文章[J]．旅游科学，2005，(3)：1~9．
[18] 宋振春．当代中国旅游发展研究[M]．北京：经济管理出版社，2006．
[19] 张东明，张建国．旅游学概论[M]．郑州：郑州大学出版社，2006．
[20] 李玉华．旅游文化学[M]．北京：对外经济贸易大学出版社，2009．
[21] 马勇，李玺．旅游规划与开发[M]．北京：高等教育出版社，2006．
[22] 保继刚．旅游开发研究——原理、方法、实践[M]．北京：科学出版社，1996．
[23] 魏小安．旅游目的地发展实证研究[M]．北京：中国旅游出版社，2002．
[24] 杨振之．旅游资源开发[M]．成都：四川人民出版社，1996．
[25] 杨振之．旅游原创策划[M]．成都：四川大学出版社，2005．
[26] 杨振之．四川省都江堰市旅游发展总体规划[R]．成都：四川省旅游规划设计研究所，2000．
[27] 王晨光．旅游目的地营销[M]．北京：经济科学出版社，2005．
[28] 国家旅游局规划发展与财政司．中国旅游投资报告[M]．北京：中国旅游出版社，2006．

北京大学出版社本科旅游管理系列规划教材

序号	书　名	标准书号	主编	定价	出版时间	配套情况
1	饭店管理概论	7-5038-4996-1	张利民	35	2008	课件
2	现代饭店管理	7-5038-5283-1	尹华光	36	2008	课件
3	旅游策划理论与实务	7-5038-5000-4	王衍用	20	2008	课件
4	中国旅游地理	7-5038-5006-6	周凤杰	28	2008	课件
5	旅游摄影	7-5038-5047-9	夏　峰	36	2008	
6	酒店人力资源管理	7-5038-5030-1	张玉改	28	2008	课件
7	旅游服务礼仪	7-5038-5040-0	胡碧芳	23	2008	课件
8	旅游经济学	7-5038-5036-3	王　梓	28	2008	课件
9	旅游文化学概论	7-5038-5008-0	曹诗图	23	2008	课件
10	旅游企业财务管理	7-5038-5302-9	周桂芳	32	2008	课件
11	旅游心理学	7-5038-5293-0	邹本涛	32	2008	课件
12	旅游政策与法规	7-5038-5306-7	袁正新	37	2008	课件
13	野外旅游探险考察教程	7-5038-5384-5	崔铁成	31	2008	课件
14	旅游学基础教程	7-5038-5363-0	王明星	43	2009	课件
15	民俗旅游学概论	7-5038-5373-9	梁福兴	34	2009	课件
16	旅游资源学	7-5038-5375-3	郑耀星	28	2009	课件
17	旅游信息系统	7-5038-5344-9	夏琛珍	18	2009	课件
18	旅游景观美学	7-5038-5345-6	祁　颖	22	2009	课件
19	前厅客房服务与管理	7-5038-5374-6	王　华	34	2009	课件
20	旅游市场营销学	7-5038-5443-9	程道品	30	2009	课件
21	中国人文旅游资源概论	7-5038-5601-3	朱桂凤	26	2009	课件
22	观光农业概论	7-5038-5661-7	潘贤丽	22	2009	课件
23	餐饮经营管理	7-5038-5792-8	孙丽坤	30	2010	课件
24	现代旅行社管理	7-5038-5458-3	蒋长春	34	2010	课件
25	旅行社门市管理实务	7-301-19339-6	梁雪松	39	2011	课件
26	旅游文化与传播	7-301-19349-5	潘文焰	38	2012	课件
27	旅游财务会计	7-301-20101-5	金莉芝	40	2012	课件
28	旅游地形象设计学	7-301-20946-2	凌善金	30	2012	课件
29	会展概论	7-301-21091-8	来逢波	33	2012	课件
30	餐饮运行与管理	7-301-21049-9	单铭磊	39	2012	课件
31	旅游规划原理与实务	7-301-21221-9	郭　伟	35	2012	课件
32	旅游学导论	7-301-21325-4	张金霞	36	2012	课件
33	休闲学导论	7-301-21655-2	吴文新	49	2013	课件
34	导游实务	7-301-21638-5	朱　斌	32	2013	课件
35	旅游学概论	7-301-21610-1	李玉华	42	2013	课件

请登录 www.pup6.cn 免费下载本系列教材的电子书（PDF 版）、电子课件和相关教学资源。

欢迎免费索取样书，并欢迎到北京大学出版社来出版您的大作，可在 www.pup6.cn 在线申请样书和进行选题登记，也可下载相关表格填写后发到我们的邮箱，我们将及时与您取得联系并做好全方位的服务。

联系方式：010-62750667，liuhe_cn@163.com，moyu333333@163.com，lihu80@163.com，欢迎来电来信。